Pythagoras 5

MATHEMATIK
REALSCHULE BAYERN

Herausgeber
Dieter Baum • Hannes Klein

Autorinnen und Autoren
Franz Babl – *Utting am Ammersee*
Evelyn Häusler – *Donauwörth*
Wolfgang Kolander – *Uffenheim*
Nikolaus Schöpp – *Weißenburg*
Barbara Theis – *Straubing*

Berater
Stephan Baumgartner – *Brannenburg*

Cornelsen

Pythagoras

Herausgeber
Dieter Baum, Hannes Klein

Autorinnen und Autoren
Franz Babl, Evelyn Häusler, Wolfgang Kolander, Nikolaus Schöpp, Barbara Theis

Unter Verwendung der Materialien von
Dieter Baum, Sabine Biere, Carina Börsig, Kerstin Dobhan, Nicole Grüninger, Michaela Hofer, Hannes Klein, Andrea Köditz, Reiner Mecherlein, Christine Munk, Mathias Nimmrichter, Joachim Poloczek, Klaus Gierse, Heinrich Hausknecht, Susanne Lautenschlager, Klaus Markowski, Thilo Schmid, Nicola Steinkamp, Joachim Schmidt, Peter Scholze, Sabine Ungerer, Alisa Wanner, Caroline Weber

Redaktion:	Michael Link; Dr. Hans-Peter Waschi, Wolnzach
Illustration:	Cleo-Petra Kurze, Berlin
Grafik:	Detlef Seidensticker, München;
	Kapiteleingangsbilder: Elke Rohleder/floxdesign, Berlin;
	Seite 15: Tom Menzel/Atelier tigercolor Grafikdesign & Illustration, Scharbeutz/Klingberg
Umschlaggestaltung:	SOFAROBOTNIK GbR, Augsburg & München
Layoutentwurf:	Elke Rohleder/floxdesign, Berlin
Technische Umsetzung:	PER MEDIEN & MARKETING GmbH, Braunschweig

Begleitmaterial zum Lehrwerk für Lehrerinnen und Lehrer	
Schülerbuch als E-Book	ISBN 978-3-06-041113-9
Lösungen zum Schülerbuch	ISBN 978-3-06-041142-9
Handreichungen für den Unterricht	ISBN 978-3-06-041123-8
Kopiervorlagen für eine Lerntheke	ISBN 978-3-06-041145-0
Arbeitsheft	ISBN 978-3-06-041143-6
Begleitmaterial auf USB-Stick inkl. Unterrichtsmanager und E-Book auf scook.de	ISBN 978-3-06-001257-2

www.cornelsen.de

1. Auflage, 1. Druck 2017

Alle Drucke dieser Auflage sind inhaltlich unverändert
und können im Unterricht nebeneinander verwendet werden.

© 2016 Cornelsen Verlag GmbH, Berlin

Das Werk und seine Teile sind urheberrechtlich geschützt.
Jede Nutzung in anderen als den gesetzlich zugelassenen Fällen bedarf
der vorherigen schriftlichen Einwilligung des Verlages.
Hinweis zu den §§ 46, 52 a UrhG: Weder das Werk noch seine Teile dürfen ohne eine
solche Einwilligung eingescannt und in ein Netzwerk eingestellt oder sonst öffentlich
zugänglich gemacht werden.
Dies gilt auch für Intranets von Schulen und sonstigen Bildungseinrichtungen.

Druck: Mohn Media Mohndruck, Gütersloh

ISBN 978-3-06-041104-7

PEFC zertifiziert
Dieses Produkt stammt aus nachhaltig bewirtschafteten Wäldern und kontrollierten Quellen.

PEFC
PEFC/04-31-1033
www.pefc.de

Inhalt

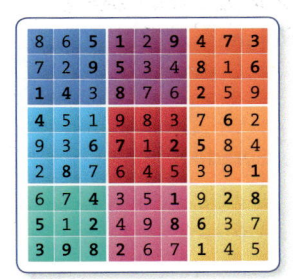

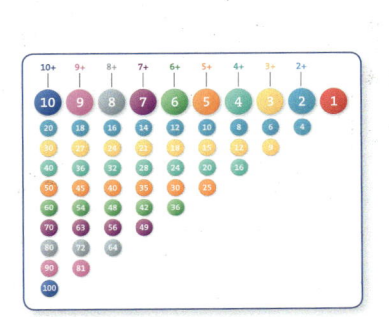

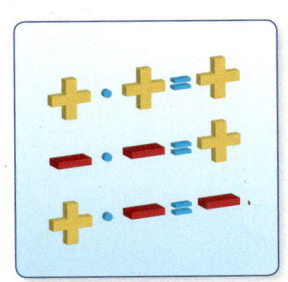

Vorwort 8

1 Natürliche Zahlen

1.1	Natürliche Zahlen	10
1.2	Natürliche Zahlen ordnen und vergleichen	11
1.3	Das Zehnersystem	13
1.4	Große Zahlen	15
1.5	Runden	17
1.6	Schätzen	19
1.7	Andere Zahlensysteme	21
1.8	Zählen	23
1.9	Mach dich fit!	27
1.10	Grundwissen	30
1.11	Mehr zum Thema: Die Geschichte unserer Zahlen	32

2 Rechnen mit natürlichen Zahlen

2.1	Addition	34
2.2	Subtraktion	37
2.3	Verbinden von Addition und Subtraktion	40
2.4	Multiplikation	44
2.5	Potenzen und Quadratzahlen	47
2.6	Division	49
2.7	Verbinden der Grundrechenarten	52
2.8	Teiler und Vielfache	56
2.9	Teilbarkeit	57
2.10	Primzahlen	59
2.11	ggT und kgV	61
2.12	Mach dich fit!	63
2.13	Grundwissen	66
2.14	Mehr zum Thema: Mathemagisches	68

3 Ganze Zahlen

3.1	Ganze Zahlen an der Zahlengeraden	70
3.2	Betrag und Gegenzahl ganzer Zahlen	72
3.3	Addition und Subtraktion	74
3.4	Multiplikation und Division	78
3.5	Verbinden der Grundrechenarten	82

Inhalt

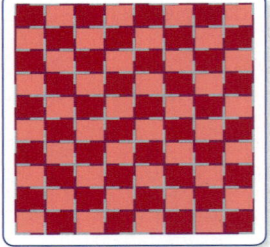

3.6	Mach dich fit!	85
3.7	Grundwissen	88
3.8	Mehr zum Thema: Zahlenfolgen	90

4 Geometrie

4.1	Punkt, Strecke, Halbgerade, Gerade	92
4.2	Zueinander senkrecht und parallel, Abstand	94
4.3	Das Gitternetz (Koordinatensystem)	96
4.4	Kreise	98
4.5	Winkel	100
4.6	Winkeleinteilung	103
4.7	Winkel messen und zeichnen	105
4.8	Nebenwinkel und Scheitelwinkel	109
4.9	Kreisteile	111
4.10	Dreiecke	113
4.11	Vierecke	115
4.12	Körper im Überblick	117
4.13	Würfel, Würfelnetze	120
4.14	Quader, Quadernetze	122
4.15	Schrägbild von Quader und Würfel	124
4.16	Mach dich fit!	126
4.17	Grundwissen	130
4.18	Mehr zum Thema: SOMA-Würfel	134

5 Größen

5.1	Was sind Größen?	136
5.2	Geld	138
5.3	Masse	140
5.4	Zeit	142
5.5	Längen	144
5.6	Hohlmaße	146
5.7	Maßstab	148
5.8	Dreisatz	150
5.9	Umgang mit Größen	152
5.10	Mach dich fit!	155
5.11	Grundwissen	158
5.12	Mehr zum Thema: Zeitzonen	160

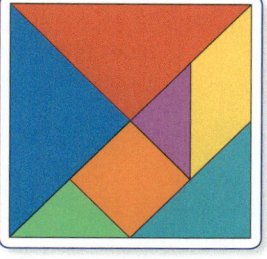

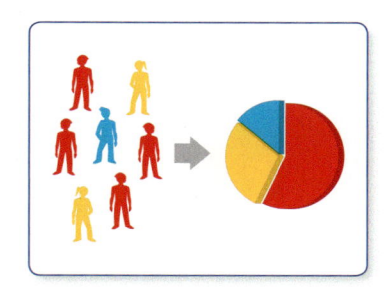

6 Umfang und Flächeninhalt ebener Figuren

6.1	Umfang	162
6.2	Umfang von Vielecken	164
6.3	Flächen vergleichen	166
6.4	Flächenmaße	168
6.5	Flächeninhalt	170
6.6	Flächeninhalt von Vielecken	172
6.7	Flächengleiche Rechtecke und Quadrate	174
6.8	Mach dich fit!	175
6.9	Grundwissen	178
6.10	Mehr zum Thema: Flächen von Vielecken	180

7 Daten

7.1	Daten sammeln	182
7.2	Daten darstellen	185
7.3	Daten auswerten	188
7.4	Strategie: Wir führen eine Umfrage durch	190
7.5	Mach dich fit!	191
7.6	Grundwissen	193
7.7	Mehr zum Thema: Liniendiagramme	194

Lösungen zu „Mach dich fit!"	195
Stichwortverzeichnis	214
Bildquellenverzeichnis	216

Was du in diesem Buch findest

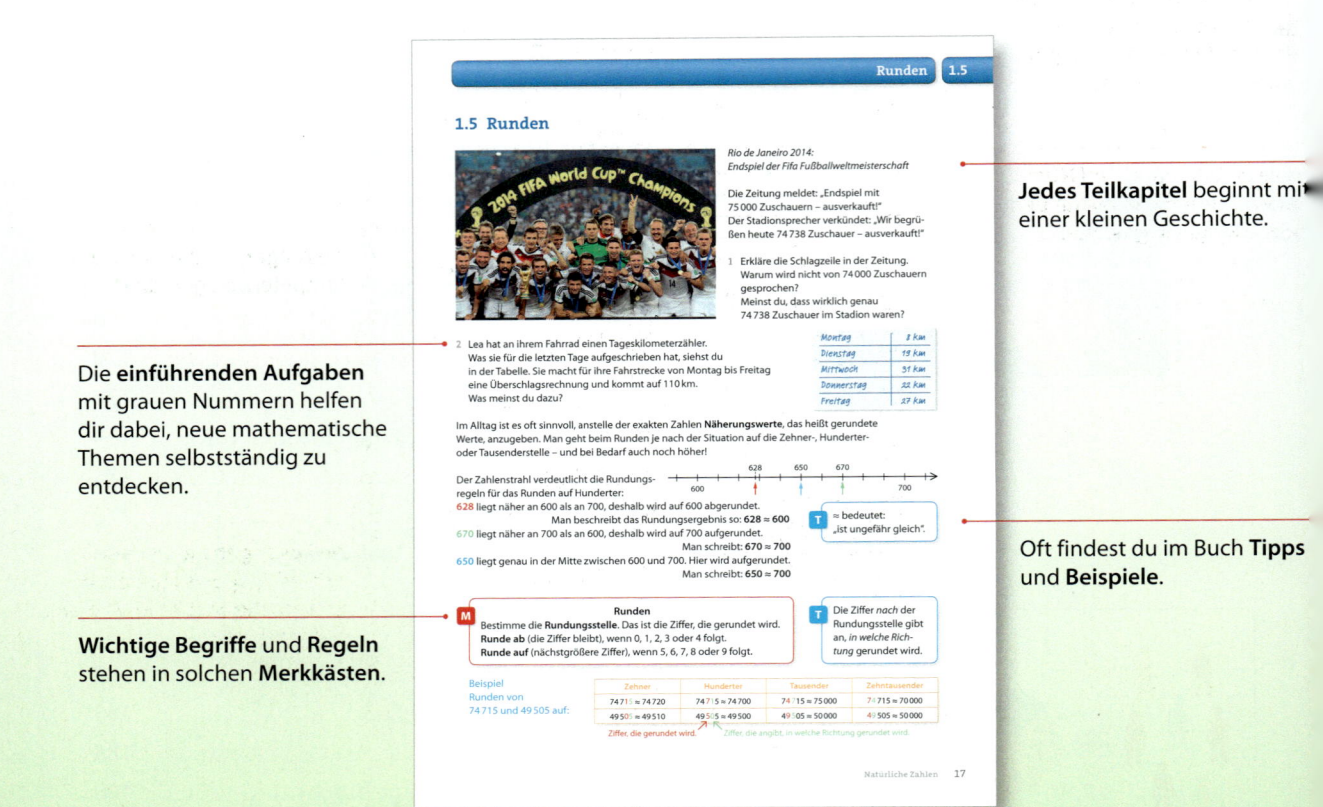

Jedes Teilkapitel beginnt mit einer kleinen Geschichte.

Die **einführenden Aufgaben** mit grauen Nummern helfen dir dabei, neue mathematische Themen selbstständig zu entdecken.

Oft findest du im Buch **Tipps** und **Beispiele**.

Wichtige Begriffe und **Regeln** stehen in solchen **Merkkästen**.

Die **Übungsaufgaben** haben eine blaue Nummer. Sie sind unterschiedlich schwierig, was durch Punkte unter den Nummern gekennzeichen ist.
- Grundlage
- ∙∙ Vertiefung
- ∙∙∙ Vernetzung

Wenn eine Übungsaufgabe keine Punkte unter der Nummer hat, kannst du sie auf unterschiedlichen Wegen bearbeiten.

Knifflige Aufgaben, bei denen du vielleicht etwas aufpassen musst, sind mit einem **Ausrufezeichen** gekennzeichnet.

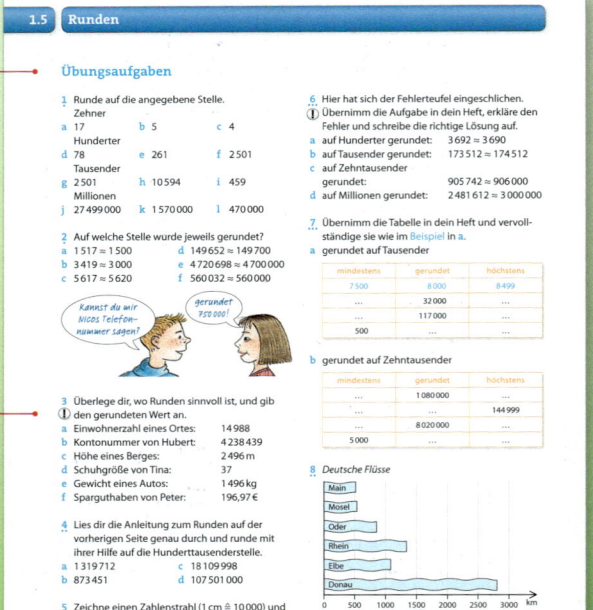

Auch in den Aufgaben erhältst du gelegentlich **Tipps**.

Auf den **Mach-dich-fit!**-Seiten findest du Übungen, mit denen du das ganze Kapitel wiederholen kannst.

Die Punkte unter den Nummern weisen wieder auf den Schwierigkeitsgrad hin.

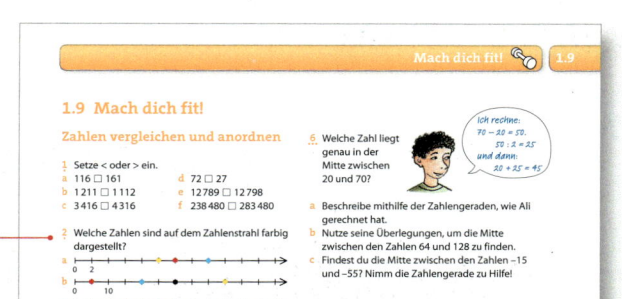

1.9 Mach dich fit!

Zahlen vergleichen und anordnen

1. Setze < oder > ein.
   a 116 ☐ 161
   b 1211 ☐ 1112
   c 3416 ☐ 4316
   d 72 ☐ 27
   e 12789 ☐ 12798
   f 238480 ☐ 283480

2. Welche Zahlen sind auf dem Zahlenstrahl farbig dargestellt?

3. Zeichne für jede Teilaufgabe eine geeignete Zahlenhalbgerade und trage die Zahlen ein.
   a 13; 3; 7; 5; 9
   b 220; 400; 325; 180; 275;
   c 30; 0; 20; 55; 35; 5
   d 800; 400; 225; 150; 75

4. Übertrage in dein Heft und setze den Platzhalter eine passende Zahl ein.
   a ☐ > 20
   b 13 < ☐
   c 3 > ☐
   d 3 < ☐ < 6
   e ☐ < 5
   f 15 > ☐ > 13
   g ☐ > ☐ > 40
   h ☐ < 12 < ☐

5. Ordne die Zahlen.
   Beginne mit der kleinsten Zahl:
   a 56; 555; 656; 565; 65; 655; 600
   b 121; 212; 213; 131; 311; 321; 232
   Beginne mit der größten Zahl:
   c 9009; 9090; 9890; 9880; 8999; 9908; 9898
   d 800000; 900008; 80008; 800080; 900009; 900090; 800009; 90009
   e 112; 211; 121; 221; 212; 122
   f 696; 669; 966; 996; 969; 699

6. Welche Zahl liegt genau in der Mitte zwischen 20 und 70?

   Ich rechne: 70 − 20 = 50. 50 : 2 = 25 und dann: 20 + 25 = 45.

   a Beschreibe mithilfe der Zahlengeraden, wie Ali gerechnet hat.
   b Nutze seine Überlegungen, um die Mitte zwischen den Zahlen 64 und 128 zu finden.
   c Findest du die Mitte zwischen den Zahlen −15 und −55? Nimm die Zahlengerade zu Hilfe!

Zehnersystem und große Zahlen

7. Gib 356982, 9271005 und 23575845 in Summenschreibweise, Stufenschreibweise und Wortform an.

8. Lies folgende Zahlen:
   a 21002615312
   b 5090500400301
   c 960401820003747000100
   d $8 \cdot 10^9$
   e $4 \cdot 10^{13}$

9. Schreibe die Zahlen mit Zehnerpotenzen.
   a 300
   b 500000
   c 270000000
   d eine Million
   e fünfundzwanzig Milliarden
   f eine Billion zweihundertdreißig Milliarden

10. Gib die größte und die kleinste fünfstellige Zahl mit der Zehnerziffer 3 und der Tausenderziffer 9 an.

11. Ordne die Zahlen aufsteigend nach der Größe und verwende das Zeichen <.

a	$4 \cdot 10^5$	$2 \cdot 10^5$	$5 \cdot 10^5$	$6 \cdot 10^5$	$9 \cdot 10^5$
b	$2 \cdot 10^7$	$4 \cdot 10^6$	$4 \cdot 10^8$	$4 \cdot 10^5$	$4 \cdot 10^7$
c	$3 \cdot 10^6$	$33 \cdot 10^7$	$333 \cdot 10^1$	$33 \cdot 10^2$	$30 \cdot 10^5$

Natürliche Zahlen 27

Die Aufgaben sind nach den Kompetenzen geordnet.

Die **Lösungen** zu den *Mach-dich-fit!*-Aufgaben findest du zur **Selbstkontrolle** im **Anhang** dieses Buches.

Am Ende des Kapitels gibt es eine Doppelseite mit dem **Grundwissen**.

1.10 Grundwissen

Zahlen

natürliche Zahlen
Menge der natürlichen Zahlen:
$\mathbb{N} = \{1; 2; 3; 4; 5; 6; 7; 8; 9; 10; 11; \ldots\}$
Menge der natürlichen Zahlen mit der Null:
$\mathbb{N}_0 = \{0; 1; 2; 3; 4; 5; 6; 7; 8; 9; 10; 11; \ldots\}$
Mit den natürlichen Zahlen kann man **zählen** und **ordnen**.

Vergleichszeichen
= ist gleich
> ist größer als
< ist kleiner als
≥ ist größer oder gleich
≤ ist kleiner oder gleich

8 = 3 + 5
8 > 4
3 < 9
9 ≥ 3 + 4
7 ≤ 2 + 5

Zahlen anordnen
Für $\mathbb{N}_0$ gilt folgende **Ordnung**:
0 < 1 < 2 < 3 < 4 < …
Von zwei Zahlen auf einem Zahlenstrahl liegt:
die kleinere Zahl weiter links < die größere Zahl weiter rechts

Zahlenhalbgerade
0 1 2 3 4 5 6 7 8 9 10 11 12

Schätzen von Längen

Zum Abschätzen unbekannter Längen verwenden wir eine **Bezugsgröße**, deren Maß wir bestimmen können.
Autos, Menschen, Gebäude, Türen, …

Zehnersystem

Das **Zehnersystem** ist ein **Stellenwertsystem** mit den Ziffern 0, 1, 2, 3, 4, 5, 6, 7, 8, 9.
Der **Stellenwert** verzehnfacht sich von rechts nach links.
Die **Stufenzahlen** sind 1; 10; 100; 1000; …
Die Stufenzahlen kann man auch als **Zehnerpotenzen** schreiben: $10^1; 10^2; 10^3; \ldots$

große Zahlen
Mithilfe der Zehnerpotenzen lassen sich große Zahlen übersichtlicher darstellen.

$3\,000\,000 = 3 \cdot 1\,000\,000 = 3 \cdot 10^6$
$270\,000\,000\,000 =$
$\qquad 27 \cdot 10\,000\,000\,000 = 27 \cdot 10^{10}$

Runden

1. Bestimme die **Rundungsstelle**.
2. **Runde ab** (verändere die Ziffer nicht), wenn 0, 1, 2, 3 oder 4 folgt.
3. **Runde auf** (wähle die nächstgrößere Ziffer), wenn 5, 6, 7, 8 oder 9 folgt.

49$\underline{5}$05 ≈ 49510 (auf Zehner gerundet)
49$\underline{5}$05 ≈ 49500 (auf Hunderter gerundet)
49$\underline{5}$05 ≈ 50000 (auf Tausender gerundet)
49$\underline{5}$05 ≈ 50000 (auf Zehntausender)

Ziffer, die gerundet wird.
Ziffer gibt an, in welche Richtung gerundet wird.

30 Natürliche Zahlen

Hier kannst du auch später immer wieder nachschlagen, um dich an die wichtigsten Regeln und Beispiele zu erinnern.

Vorwort

Liebe Schülerin, lieber Schüler,

wir haben dein neues Schulbuch so gestaltet, dass du dich leicht in den einzelnen Kapiteln zurecht findest und dass du möglichst viel Freude daran hast, dich mit Mathematik zu beschäftigen.

- Jedes Teilkapitel beginnt mit einer **Einstiegssituation**. Mithilfe von hinführenden Aufgaben, die du an ihrer grauen Nummer erkennst, sollst du dich in das Thema eindenken. Oft kannst du dabei dein Vorwissen einbringen oder zusammen mit deinen Mitschülerinnen und Mitschülern etwas entdecken.

- Das Wichtigste zu einem Thema, das du dir unbedingt merken solltest, wird in einem **Merkkasten** zusammengefasst:

  > **M** Werden in einem Rechenausdruck Addition und Subtraktion verbunden, dann berech-

- Manchmal gibt es auch noch einen hilfreichen **Tipp**.

  > **T** Überprüfe hinterher immer mit einem Überschlag, ob dein Ergebnis stimmen kann!

- Die Übungsaufgaben haben blaue Nummern. Sie sind unterschiedlich schwierig, was du an der Anzahl der Punkte unter der Aufgabennummer leicht erkennen kannst, zum Beispiel: **6**, **14**, **19**

  Manchmal gibt es auch Aufgaben, die keinen Punkt haben. Du findest sie am Ende eines Teilkapitels. Bei diesen Aufgaben ist deine Fantasie gefordert, denn es gibt ganz unterschiedliche Wege, wie man solche Aufgaben lösen kann.

- Nach den Teilkapiteln, in denen du Neues gelernt hast, folgt ein Abschnitt, der **Mach dich fit!** heißt. Er bietet dir ganz viele Aufgaben in unterschiedlichen Schwierigkeitsgraden, mit denen du selbstständig wiederholen und dich auf die Klassenarbeit vorbereiten kannst. Die Lösungen zu diesen Aufgaben findest du im hinteren Teil des Buches.

- Das **Grundwissen** ist eine Sammlung der wichtigsten Begriffe und Regeln.

- Ganz am Ende eines Kapitels steht die Seite **Mehr zum Thema**. Hier wird Erstaunliches, Witziges, Interessantes oder auch mal ein Spiel aus dem Reich der Mathematik geboten. Vielleicht gefällt es dir so gut, dass du dich sogar nach der Schule damit beschäftigst!

Und jetzt viel Erfolg!

Autoren und Verlag

Zeichenerklärung

=	… gleich …	≥	… größer oder gleich …	$\overline{AB}$	Strecke AB
≈	… ungefähr gleich …	≤	… kleiner oder gleich …	AB	Gerade AB
>	… größer als …	$\mathbb{N}_0$	Menge der natürlichen Zahlen	$|\overline{AB}|$	Länge der Strecke $\overline{AB}$
<	… kleiner als …	$\mathbb{Z}$	Menge der ganzen Zahlen	h ⊥ g	h senkrecht auf g
				h ∥ g	zueinander parallele Geraden g und h

1

Natürliche Zahlen

1.1 Natürliche Zahlen

1 Wie viele Wintersportler befinden sich jeweils auf diesen Bildern?
Weshalb kann man sie auf dem oberen Bild leichter zählen?
Beschreibe, wie du beim Zählen vorgehst!

Wird etwas gezählt oder geordnet, so verwendet man Zahlen. Man nennt solche Zahlen natürliche Zahlen. Die Null wird im Allgemeinen **nicht** als natürliche Zahl bezeichnet. Man unterscheidet daher in der Mathematik die Menge der natürlichen Zahlen $\mathbb{N}$ und die Menge der natürlichen Zahlen einschließlich der Null $\mathbb{N}_0$.

> **M** Mit den **natürlichen Zahlen** 1; 2; 3; 4; 5; … kann man zählen und eine Reihenfolge festlegen:
> $\mathbb{N} = \{1; 2; 3; 4; 5; 6; 7; 8; 9; 10; 11; …\}$
>
> Menge der natürlichen Zahlen **einschließlich** der Null:
> $\mathbb{N}_0 = \{0; 1; 2; 3; 4; 5; 6; 7; 8; 9; 10; 11; …\}$

Übungsaufgaben

1 Nenne die kleinste natürliche Zahl.

2 Im Merkkasten siehst du am Ende der Mengenklammer drei Punkte.
Was sollen diese drei Punkte ausdrücken?

3 Welche Zahlen werden hier als Hausnummern geordnet?

1.2 Natürliche Zahlen ordnen und vergleichen

1 Talea spielt Basketball im Verein. Eray und Maxim fordern sie zum Wettkampf heraus. Jeder von ihnen wirft 15-mal auf den Korb. Eray trifft dreimal, Maxim fünfmal und Talea sechsmal.
Vergleiche die Anzahl der Korbtreffer. Verwende die Bezeichnungen *größer als* und *kleiner als*.

Die Ordnung der natürlichen Zahlen können wir an einem Zahlenstrahl sehr einfach veranschaulichen. Diese Ordnung hilft uns, die Größe der Zahlen zu vergleichen.

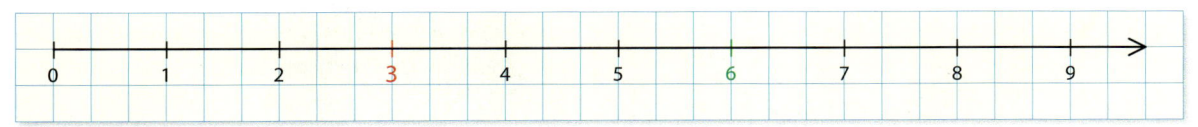

Die Zahl 3 steht links von der Zahl 5. Wir sagen: 3 ist kleiner als 5 und schreiben: 3 < 5

Die Zahl 6 steht rechts von der Zahl 5. Wir sagen: 6 ist größer als 5 und schreiben: 6 > 5

M
- Jede natürliche Zahl hat genau einen Nachfolger, der auf dem Zahlenstrahl rechts von ihr liegt.
- Jede natürliche Zahl, außer der Eins, hat genau einen Vorgänger links von ihr.
- Es gibt keine größte Zahl.

< bedeutet: „ist kleiner als".   ≤ bedeutet: „ist kleiner oder gleich".
> bedeutet: „ist größer als".   ≥ bedeutet: „ist größer oder gleich".

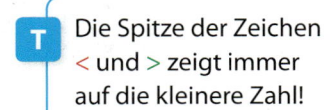

T Die Spitze der Zeichen < und > zeigt immer auf die kleinere Zahl!

Übungsaufgaben

1 Zeichne einen 10 cm langen Zahlenstrahl. Nimm ein Kästchen Abstand für jede Einheit.
a Markiere die Zahlen 3, 5, 6, 7, 10, 15 farbig.
b Vergleiche die Zahl 7 mit den anderen Zahlen. Verwende die Zeichen < und >.
c Zeichne einen 12 cm langen Zahlenstrahl mit der Einheit 1,5 cm.
Worauf musst du beim Zeichnen achten?

2 Bestimme jeweils den Nachfolger und den Vorgänger.
50; 99; 999; 469; 1 009; 1 000; 10 110; 10 100

3 Ordne die Zahlen aufsteigend der Größe nach.
232   223   322   222

1.2 Natürliche Zahlen ordnen und vergleichen

4 Schreibe in Worten:
a 24 > 3
b 16 < 19
c 3 < 8 < 12
d 40 > 29 > 20

5 Schreibe mit den Zeichen < oder >.
a 23 ist kleiner als 32.
b 54 ist größer als 45.
c 12 ist größer als 9 und kleiner als 15.
d 20 liegt zwischen 10 und 25.

6 Übertrage die Aufgaben in dein Heft und setze für den Platzhalter das Zeichen < oder > ein.
a 7 ☐ 12
b 38 ☐ 14 + 14
c 76 ☐ 66 + 9
d 989 ☐ 998
e 1 211 ☐ 1 112
f 3 416 ☐ 3 316 + 99

7 Ordne die Zahlen der Größe nach. Verwende das Zeichen < oder >.
a 11; 111; 1; 1 111
b 20; 4; 16; 40
c 187; 1 870; 87; 17
d 3 033; 30 330; 330; 33
e 1 070; 107; 10 700; 10 070
f 6; 187; 186; 618; 17

8 Wie viele Zahlen liegen zwischen 95 und 103? Ordne sie der Größe nach.

9 Wie viele Zahlen sind größer als 111, aber kleiner als 226?

10 Gib an, welche natürlichen Zahlen durch die farbigen Punkte gekennzeichnet sind.

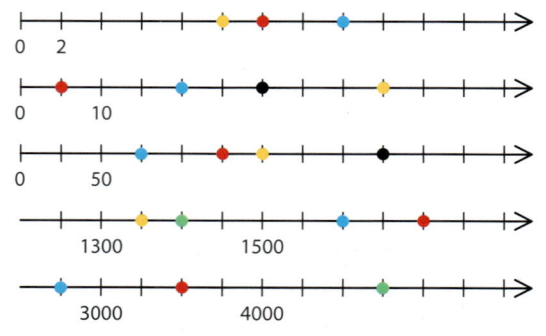

11 Stelle diese Zahlen auf dem Zahlenstrahl dar. Wähle jeweils eine geeignete Einheit.
a 0; 3; 5; 8; 12
b 0; 5; 10; 15; 20
c 15; 30; 10; 20
d 50; 100; 150; 200; 250

12 Wer ist jeweils am größten bzw. am kleinsten?
a Stefanie ist größer als Max, aber kleiner als Harald.
b Michael ist größer als Manuela, Manuela ist kleiner als Alfred und Alfred ist größer als Michael.
c Sandro ist kleiner als Franz, Daniela ist größer als Franz und Louis ist größer als Daniela.

13 Bilde mit den Ziffern 1, 3 und 5 alle dreistelligen Zahlen, wobei jede Ziffer nur einmal vorkommen darf. Ordne dann die Zahlen der Größe nach. Beginne mit der kleinsten Zahl.

14 Ordne die Tiere nach ihrer Körperlänge.

12 Natürliche Zahlen

1.3 Das Zehnersystem

Der Süßwarenhersteller „Locando" bietet *Schoko* in unterschiedlichen Verpackungseinheiten an:
- 1 Tafel
- 1 Schachtel mit 10 Tafeln
- 1 Karton mit 10 Schachteln

1. Jeder Deutsche verzehrt im Jahr durchschnittlich 120 Tafeln Schokolade. Wie würden diese Tafeln wohl verpackt, wenn man sie auf einmal bestellen würde?
2. Wie kann man 584 Tafeln so verpacken, dass möglichst wenige Verpackungseinheiten entstehen?
3. Wie viele Tafeln Schokolade werden von den ca. 80 Mio. Deutschen pro Jahr verzehrt?

Zahlen werden aus den Ziffern 0, 1, 2, 3, 4, 5, 6, 7, 8 und 9 gebildet. Diese Ziffern stehen in einer bestimmten Reihenfolge und die Stelle, an der eine Ziffer steht, hat (von rechts nach links) die Werte **1, 10, 100, 1 000, 10 000** usw. Diese **Stellenwerte** verleihen den einzelnen Ziffern ihre jeweilige Bedeutung innerhalb der Zahl.

M Der Wert, den eine bestimmte Stelle in einer Zahl hat, heißt **Stellenwert**.

Unser **Zahlsystem**, bei dem die Stellenwerte Einer, Zehner, Hunderter ... sind, heißt **Zehnersystem** oder **Dezimalsystem**.

Die Zahlen 1, 10, 100, 1 000, ... werden **Stufenzahlen** genannt.

Stellenwerttafel
Beispiel   die Zahl 5 698

Stellenwert	...	1000	100	10	1
Abkürzung	...	T	H	Z	E
Beispiel	...	5	6	9	8

Summenschreibweise: 5 · 1 000 + 6 · 100 + 9 · 10 + 8 · 1
Stufenschreibweise: 5T   6H   9Z   8E
Wortform: fünftausendsechshundertachtundneunzig

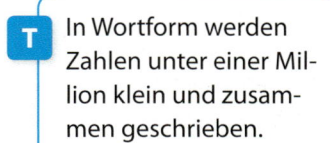

T In Wortform werden Zahlen unter einer Million klein und zusammen geschrieben.

Übungsaufgaben

1. Lies folgende Zahlen:
   467   1 001   8 732   98 902
   707 070   30 002   920 100   13 021
   a Gib sie in Summenschreibweise an.
   b Nun in Stufenschreibweise!
   c Schreibe sie als Wort.

2. Schreibe in Ziffern.
   a neunhundertachtundneunzig
   b dreitausendsiebenhundertvier
   c fünfzehntausendneunundsiebzig
   d vierhundertneunundsechzigtausendsiebenhundertzwei

Natürliche Zahlen

1.3 Das Zehnersystem

3 Schreibe als Zahl.
a 5 T 3 H 4 Z 2 E
b 9 ZT 4 Z
c 7 HT 6 H 1 E
d 2 HT 5 H 3 Z
e 7 HT 3 T 2 Z
f 8 ZT 7 T 5 Z 7 E

4 Schreibe als Zahl.
a 2 · 100 000 + 4 · 1 000 + 8 · 100 + 7 · 10 + 3 · 1
b 8 · 10 000 + 3 · 100 + 6 · 10 + 5 · 1
Notiere in der Stufenschreibweise:
c 9 367
d 507 390

5 Inga hat Zahlen in eine Stellenwerttafel geschrieben und dabei einige Fehler gemacht.

	HT	ZT	T	H	Z	E
a		4	5	8	0	0	0
b		9	0	2	0	6	3
c		6	5	3	7	2	1
d				4	6	0	1

Finde ihre Fehler und beschreibe sie im Heft.
a vierhundertachtundfünfzig
b neunhundertzweitausendsechshundertdrei
c sechshundertdreiundfünfzigtausendsiebenhunderteinundzwanzig
d viertausendsechshundertzehn

6 Gib jeweils die um 100 kleinere und um 1 000 größere Zahl an.
a 3 515
b 12 012
c 40 098
d 99 010

7 *Flüchtige Zahlen*
a Schreibe mit den vier Ziffern die kleinstmögliche und die größtmögliche vierstellige Zahl.
b Schreibe mit den vier Ziffern die zweitkleinste Zahl.
c Bilde daraus die größte dreistellige Zahl.
d Erkläre, worauf zu achten ist, wenn man aus den Ziffern in den Ballons eine möglichst große Zahl bilden möchte.

(Ballons: 4, 6, 1, 9)

8 Gib die größte und kleinste fünfstellige Zahl mit der Zehnerziffer 3 und der Tausenderziffer 9 an.

9 Wie viele dreistellige Zahlen gibt es, die
a 7 als Einerziffer und 5 als Hunderterziffer,
b 8 als Zehnerziffer,
c 3 als Hunderterziffer haben?

10 Tom hat angefangen, alle Zahlen zwischen 500 und 600 aufzuschreiben.

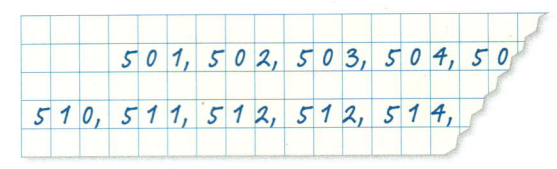

501, 502, 503, 504, 50
510, 511, 512, 512, 514,

a Wie oft muss er die Ziffer 5 schreiben?
b Wie oft kommt die Ziffer 0 vor?

11 Henrys Schrittzähler zeigte vorgestern nach dem Leichtathletiktraining 5007 an.
a Welche Zahl zeigte der Schrittzähler 13 Schritte vorher an?
b Wie viele Schritte wären mindestens noch nötig gewesen, damit der Schrittzähler eine Zahl mit den Ziffern 0, 2, 4, 5 gezeigt hätte?
c Gestern am Morgen stellte Henry ihn auf 0000 und ließ ihn bis abends durchlaufen. Beim zu Bett Gehen zeigte der Zähler 7501 an. Henrys Schrittlänge beträgt ungefähr 60 cm. Wie viele Meter hat er gestern zurückgelegt?

12 Das Bild zeigt die Anzeige einer Wasseruhr, mit der in Haushalten der Wasserverbrauch gemessen wird. Die Uhr misst in der Einheit m³ (Kubikmeter). 1 m³ entspricht 1 000 Litern.

0 0 3 4 5 m³

a Wie viele Liter wurden bislang verbraucht?
b Welches ist die größte Zahl, die angezeigt werden kann?
c Die Ziffern befinden sich auf Rädchen. Welches Rädchen dreht sich am schnellsten?
d Wie viele Liter müssen fließen, bis sich das Rädchen bewegt, das sich ganz links befindet?

14 Natürliche Zahlen

1.4 Große Zahlen

Beim Lesen meines Weltraumbuches bin ich ins Träumen geraten. Ich flog mit einer Rakete dem Himmel entgegen – immer höher und höher. Meine Helmkamera hat festgehalten, wie unsere Liegewiese aus unterschiedlichen Höhen zu sehen war.

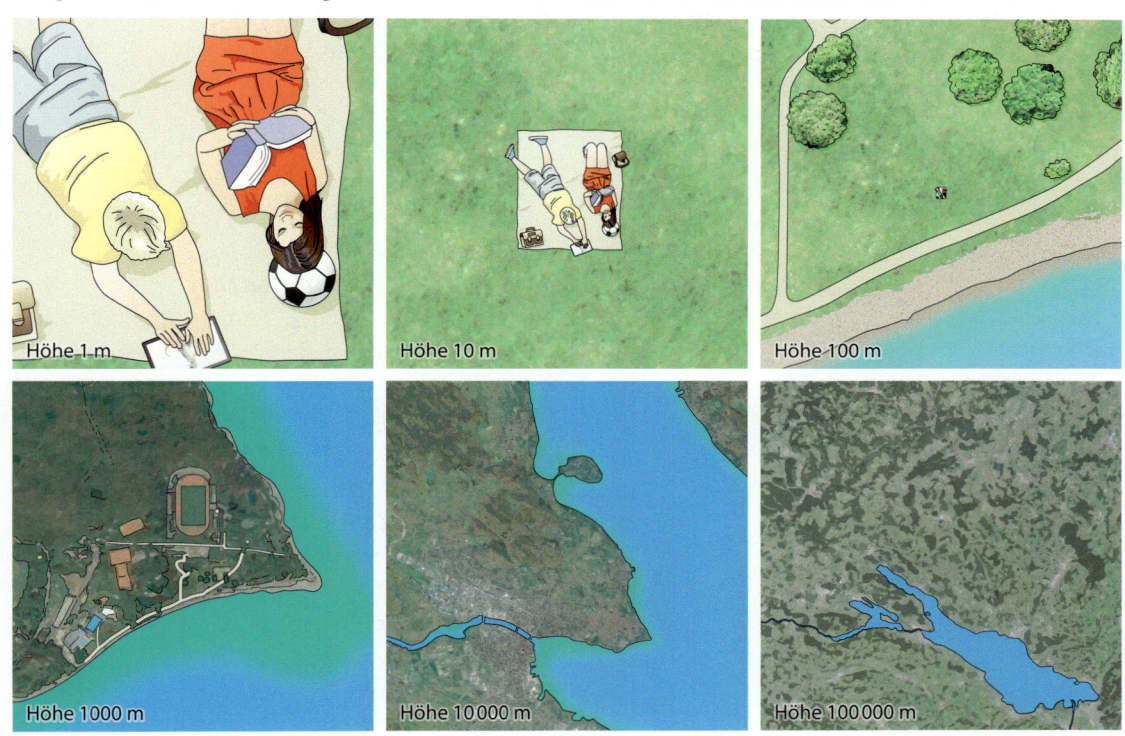

Höhe 1 m
Höhe 10 m
Höhe 100 m
Höhe 1000 m
Höhe 10 000 m
Höhe 100 000 m

1. Beschreibe, was du auf den Fotos erkennen kannst.

2. Aus welchen Entfernungen werden die nächsten drei Bilder geschossen? Was könnte auf den folgenden Bildern zu sehen sein? Sind wir dann schon auf dem Mond? (Der Mond ist 384 000 km von der Erde entfernt.)

3. Wie oft muss ich die 10 mit sich selbst multiplizieren, damit ich 1 000 erhalte?

M Wenn man die Zahl 10 mit sich selbst multipliziert, entstehen **Stufenzahlen**. Wir schreiben:

$$10 = 10^1 = 10$$
$$10 \cdot 10 = 10^2 = 100$$
$$10 \cdot 10 \cdot 10 = 10^3 = 1\,000$$
$$10 \cdot 10 \cdot 10 \cdot 10 = 10^4 = 10\,000$$
$$10 \cdot 10 \cdot 10 \cdot 10 \cdot 10 = 10^5 = 100\,000$$
$$10 \cdot 10 \cdot 10 \cdot 10 \cdot 10 \cdot 10 = 10^6 = 1\,000\,000$$

10^1, 10^2, 10^3, … heißen **Zehnerpotenzen**.

T Mithilfe dieser Schreibweise lassen sich große Zahlen oft kürzer und übersichtlicher schreiben:

$$3\,000\,000 = 3 \cdot 1\,000\,000 = 3 \cdot 10^6$$
$$270\,000\,000\,000 = 27 \cdot 10\,000\,000\,000 = 27 \cdot 10^{10}$$

Natürliche Zahlen

1.4 Große Zahlen

Übungsaufgaben

1 Schreibe jeweils den Namen der Zahl auf, die mit 3 beginnt und mit …
a 3   c 11   e 15
b 5   d 13   f 23
… Nullen geschrieben wird.
Schreibe sie auch als Zehnerpotenz.

> **T** **Große Zahlen** haben eigene Namen. Einige siehst du in der Übersicht; es gibt aber noch viel mehr:
>
> | Name | Zehnerpotenz |
> |---|---|
> | Tausend | 10^3 |
> | Zehntausend | 10^4 |
> | Hunderttausend | 10^5 |
> | Million | 10^6 |
> | Milliarde | 10^9 |
> | Billion | 10^{12} |
> | Billiarde | 10^{15} |
> | Trillion | 10^{18} |
> | Trilliarde | 10^{21} |
> | Quadrillion | 10^{24} |
> | Quadrilliarde | 10^{27} |
> | Quintillion | 10^{30} |
> | Quintilliarde | 10^{33} |
> | Sextillion | 10^{36} |
> | Sextilliarde | 10^{39} |
> | Septillion | 10^{42} |

2 Schreibe die Zahlen mithilfe von Zehnerpotenzen.
a 1 000   d 50 000
b 3 000 000   e 50 000 000 000
c 9 000 000 000 f 220 000

3 Ordne die Zahlen der Größe nach (beginnend mit der kleinsten), verwende das Zeichen <.
a $3 \cdot 10^7$ $2 \cdot 10^7$ $9 \cdot 10^7$ $6 \cdot 10^7$
b $2 \cdot 10^6$ $5 \cdot 10^8$ $4 \cdot 10^5$ $2 \cdot 10^5$ $3 \cdot 10^3$ $2 \cdot 10^7$
c $4 \cdot 10^3$ $10 \cdot 10^3$ $9 \cdot 10^2$ $99 \cdot 10^2$ $998 \cdot 10^1$

4 Hier sind ein paar Fehler versteckt. Finde sie und übertrage die Stellenwerttafel richtig in dein Heft.

	M	HT	ZT	T	H	Z	E
a		…	…	…	11	3	4
b		…	2	0	0	11	0
c		5	3	9	12	0	0
d		…	3	17	1	8	21

5 Schreibe als Wort.
a 6 831 724   c 66 441
b 109 513   d 800 925 201 000

> **T** Große Zahlen lassen sich in Dreiergruppen leichter lesen!

6 Gib jeweils die Zahl (als Wort) an, die genau in der Mitte zwischen den Zahlen liegt.
a $3 \cdot 10^3$ und $5 \cdot 10^3$
b $4 \cdot 10^2$ und $4 \cdot 10^3$
c 20 und $2 \cdot 10^2$

7 In der Tabelle findest du die Einwohnerzahlen der größten Städte in Bayern.
Die Zahlen sind in Tausendern angegeben.

Stadt	Einwohnerzahl (in Tsd.)
München	1 388
Nürnberg	495
Augsburg	272
Regensburg	138
Ingolstadt	128
Würzburg	125

a Erstelle ein Säulendiagramm mit dem Maßstab: 1 cm entspricht 100 000 Einwohnern.
b Berlin ist mit 3,38 Millionen Einwohnern die größte Stadt Deutschlands.
Wie hoch müsste die Säule für Berlin gezeichnet werden?

16 Natürliche Zahlen

1.5 Runden

Rio de Janeiro 2014:
Endspiel der Fifa Fußballweltmeisterschaft

Die Zeitung meldet: „Endspiel mit 75 000 Zuschauern – ausverkauft!"
Der Stadionsprecher verkündet: „Wir begrüßen heute 74 738 Zuschauer – ausverkauft!"

1 Erkläre die Schlagzeile in der Zeitung. Warum wird nicht von 74 000 Zuschauern gesprochen? Meinst du, dass wirklich genau 74 738 Zuschauer im Stadion waren?

2 Lea hat an ihrem Fahrrad einen Tageskilometerzähler. Was sie für die letzten Tage aufgeschrieben hat, siehst du in der Tabelle. Sie macht für ihre Fahrstrecke von Montag bis Freitag eine Überschlagsrechnung und kommt auf 110 km. Was meinst du dazu?

Montag	8 km
Dienstag	19 km
Mittwoch	31 km
Donnerstag	22 km
Freitag	27 km

Im Alltag ist es oft sinnvoll, anstelle der exakten Zahlen **Näherungswerte**, das heißt gerundete Werte, anzugeben. Man geht beim Runden je nach der Situation auf die Zehner-, Hunderter- oder Tausenderstelle – und bei Bedarf auch noch höher!

Der Zahlenstrahl verdeutlicht die Rundungsregeln für das Runden auf Hunderter:
628 liegt näher an 600 als an 700, deshalb wird auf 600 abgerundet.
Man beschreibt das Rundungsergebnis so: **628 ≈ 600**
670 liegt näher an 700 als an 600, deshalb wird auf 700 aufgerundet.
Man schreibt: **670 ≈ 700**
650 liegt genau in der Mitte zwischen 600 und 700. Hier wird aufgerundet.
Man schreibt: **650 ≈ 700**

T ≈ bedeutet: „ist ungefähr gleich".

M **Runden**
Bestimme die **Rundungsstelle**. Das ist die Ziffer, die gerundet wird.
Runde ab (die Ziffer bleibt), wenn 0, 1, 2, 3 oder 4 folgt.
Runde auf (nächstgrößere Ziffer), wenn 5, 6, 7, 8 oder 9 folgt.

T Die Ziffer *nach* der Rundungsstelle gibt an, *in welche Richtung* gerundet wird.

Beispiel
Runden von 74 715 und 49 505 auf:

Zehner	Hunderter	Tausender	Zehntausender
74 715 ≈ 74 720	74 715 ≈ 74 700	74 715 ≈ 75 000	74 715 ≈ 70 000
49 505 ≈ 49 510	49 505 ≈ 49 500	49 505 ≈ 50 000	49 505 ≈ 50 000

Ziffer, die gerundet wird.   Ziffer, die angibt, in welche Richtung gerundet wird.

Natürliche Zahlen

1.5 Runden

Übungsaufgaben

1 Runde auf die angegebene Stelle.
Zehner
a 17　　b 5　　c 4
Hunderter
d 78　　e 261　　f 2 501
Tausender
g 2 501　　h 10 594　　i 459
Millionen
j 27 499 000　　k 1 570 000　　l 470 000

2 Auf welche Stelle wurde jeweils gerundet?
a 1 517 ≈ 1 500　　d 149 652 ≈ 149 700
b 3 419 ≈ 3 000　　e 4 720 698 ≈ 4 700 000
c 5 617 ≈ 5 620　　f 560 032 ≈ 560 000

Kannst du mir Nicos Telefonnummer sagen?

gerundet 750 000!

3 Überlege dir, wo Runden sinnvoll ist, und gib den gerundeten Wert an.
a Einwohnerzahl eines Ortes:　　14 988
b Kontonummer von Hubert:　　4 238 439
c Höhe eines Berges:　　2 496 m
d Schuhgröße von Tina:　　37
e Gewicht eines Autos:　　1 496 kg
f Sparguthaben von Peter:　　196,97 €

4 Lies dir die Anleitung zum Runden auf der vorherigen Seite genau durch und runde mit ihrer Hilfe auf die Hunderttausenderstelle.
a 1 319 712　　c 18 109 998
b 873 451　　d 107 501 000

5 Zeichne einen Zahlenstrahl (1 cm ≙ 10 000) und markiere die auf Tausender gerundeten Zahlen.
a 68 320　　c 31 476　　e 12 900
b 49 510　　d 83 222　　f 8 956

T ≙ bedeutet: „entspricht".

6 Hier hat sich der Fehlerteufel eingeschlichen. Übernimm die Aufgabe in dein Heft, erkläre den Fehler und schreibe die richtige Lösung auf.
a auf Hunderter gerundet:　　3 692 ≈ 3 690
b auf Tausender gerundet:　　173 512 ≈ 174 512
c auf Zehntausender gerundet:　　905 742 ≈ 906 000
d auf Millionen gerundet:　　2 481 612 ≈ 3 000 000

7 Übernimm die Tabelle in dein Heft und vervollständige sie wie im Beispiel in **a**.
a gerundet auf Tausender

mindestens	gerundet	höchstens
7 500	8 000	8 499
…	32 000	…
…	117 000	…
500	…	…

b gerundet auf Zehntausender

mindestens	gerundet	höchstens
…	1 080 000	…
…	…	144 999
…	8 020 000	…
5 000	…	…

8 *Deutsche Flüsse*

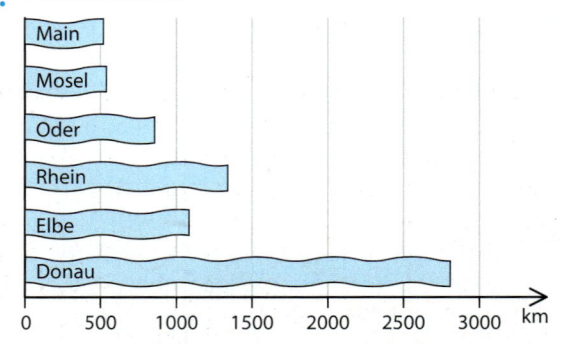

Main, Mosel, Oder, Rhein, Elbe, Donau (Balkendiagramm, Achse 0 – 3000 km)

a Lies möglichst genau auf Hunderter gerundete Werte ab.
b Finde die exakten Längen von Donau, Elbe und Rhein heraus.
c Um wie viele Kilometer ist der Neckar als längster Fluss Baden-Württembergs kürzer als die Donau?

1.6 Schätzen

1, 2, 3, ..., 98, 99, ..., 265, 266 ...

Ich schätze, das sind 20 mal 15 Kiesel.

1 Hast du eine Idee, wie man die Anzahl der Kiesel auf den Fotos herausbekommen könnte?

2 Peter kommt auf ca. 270 Steine, Heike ermittelt mit ihrer Methode ca. 300 Steine.
Wer geht geschickter vor? Erkläre die Methode von Heike.

> **T** *Schätzen* ist nicht „Raten"! Um etwas **abschätzen** zu können, muss man **systematisch** vorgehen und ein geschicktes Verfahren anwenden.

> **M** **Die Rastermethode**
> hilft beim Schätzen einer unüberschaubaren Menge:
> 1. Unterteile das Bild in gleich große Felder.
> 2. Wähle ein Feld mit einer typischen Verteilung aus.
> 3. Zähle die Elemente in diesem Feld.
> 4. Multipliziere das Ergebnis mit der Anzahl der Felder.
> 5. Runde das Ergebnis sinnvoll.

Übungsaufgaben

1 Stimmt es, dass mehr als dreimal so viele Schokolinsen wie Tulpen abgebildet sind?
Versuche die Frage durch systematisches Abschätzen zu beantworten.
Verwende die Anleitung aus dem Kasten, um die Anzahl zu bestimmen.
Wie viele Tulpen bzw. Schokolinsen sind es?

1.6 Schätzen

3 In welcher Höhe über dem Watt befindet sich die Aussichtsplattform des Leuchtturms *Hohe Weg*? Findest du auf dem Bild eine Bezugsgröße, die du zum Schätzen der Höhe benutzen kannst?

T Wozu dient der Anbau rechts am Fuß des Gebäudes?

4 Wie hoch ist der grüne obere Teil?

> **M** **Schätzen von Längen**
> Beim Abschätzen von Längen benötigen wir eine bekannte Länge, die wir als **Bezugsgröße** verwenden können.
> 1. Bestimme die Länge der Bezugsgröße.
> 2. Ermittle, wie oft die Bezugsgröße in die gesuchte Länge hineinpasst.
> 3. Multipliziere diese Anzahl mit der Länge der Bezugsgröße.
> 4. Runde das Ergebnis sinnvoll.

Übungsaufgaben

2 Der Aussichtsturm Hohenmirsberger Platte in der Fränkischen Schweiz ist zugleich Sendemast für Mobilfunknetze.
a Schätze seine Höhe durch ein geeignetes Verfahren.
Welche Länge nimmst du als Bezugsgröße?
b Schätze die Anzahl der Stufen, die auf die Aussichtplattform führen.

3 Zur Fußball-WM 2006 in Deutschland wurden in Berlin riesige Fußballschuhe präsentiert.
a Bestimme die Höhe des Fußballschuh-Kunstwerks.
b Schätze, wie groß ein Mensch sein müsste, dem diese Schuhe passen könnten.

20 Natürliche Zahlen

1.7 Andere Zahlensysteme

1. Welche Uhrzeit zeigt die Sonnenuhr?

2. Sind dir im Alltag oder auf Bildern schon römische Zahlzeichen begegnet? Nenne Beispiele!

I	V	X	L	C	D	M
1	5	10	50	100	500	1 000

Bis zum 16. Jahrhundert waren die „römischen Zahlen" überall in Europa üblich. Kaufleute fanden diese Zahlen sehr unpraktisch für ihre Arbeit. Daher wurden sie für große Berechnungen durch unsere natürlichen Zahlen ersetzt. Möchte man heute Zahlen in alten Texten, auf Grabsteinen oder an Gebäuden lesen, muss man verstehen, wie die „römischen Zahlen" gebildet werden.

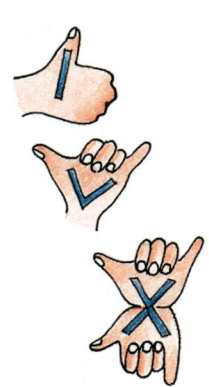

M **Römische Zahlzeichen**
1. Die Zeichen I, X, C und M werden von groß nach klein nebeneinander angeordnet (jedoch höchstens drei gleiche).
2. Die Zeichen V, L und D werden nur einmal verwendet.
3. Die Zahl entsteht dadurch, dass die Werte der Zeichen *addiert* werden.
4. *Subtrahiert* wird dagegen, wenn das Zeichen I vor V oder X steht, das Zeichen X vor L oder C und das Zeichen C vor D oder M.

Beispiele
- LXV → 50 + 10 + 5 = 65
- MXL → 1 000 + 50 − 10 = 1 040
- MMXIII → 1 000 + 1 000 + 10 + 3 = 2 013
- CCCIV → 100 + 100 + 100 + 5 − 1 = 304
- (!) 4 → IV → 5 − 1, nicht IIII
- (!) 9 → IX → 10 − 1, nicht VIIII

Übungsaufgaben

1 Schreibe im Zehnersystem.
a XXVII   b LXVII   c CXXIX

2 Schreibe mit römischen Zahlzeichen.
a 37   c 255   e 79
b 138   d 505   f 119

3 Gib den Vorgänger und Nachfolger in römischen Zahlzeichen an.
a VII   b XVI   c XXIX

T Bei den Aufgaben **3** und **5** hilft dir die Übertragung ins Zehnersystem.

4 Schreibe dein Geburtsdatum, das heutige Datum und dein Alter mit römischen Zahlen.

5 Rechne wie die alten Römer.
a XXXIV + XXI   c CLXVIII − V
b CLXVII + L   d M − CLIV

6 Finde die Fehler, schreibe die Zahl im Zehnersystem und gib die richtige „römische" Schreibweise an.
a IIII   c MCCCC   e XM
b XXXX   d IIX   f LXXXXIIII

1.7 Andere Zahlensysteme

Zweiersystem

Welches ist denn nun der richtige Code?

Ich weiß, dass es 53 war.

101010_2
111001_2
110101_2

Onkel Albrecht hat den Code für den Tresor mithilfe des Zweiersystems erstellt: Bei diesem System verwendet man nur die zwei Ziffern 0 und 1 und nicht wie im Zehnersystem die Ziffern von 0 bis 9. Die Stellen haben andere Werte als im Zehnersystem.

1 Kannst du Albrecht bei der Lösung seines Problems helfen? Schau in die Tabelle im Kasten!

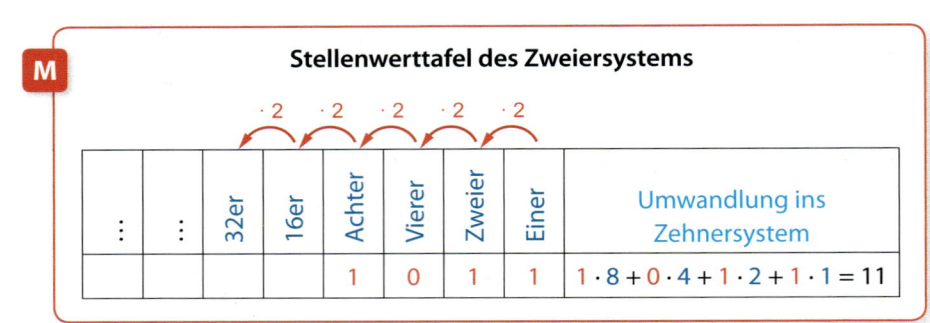

M **Stellenwerttafel des Zweiersystems**

…	…	32er	16er	Achter	Vierer	Zweier	Einer	Umwandlung ins Zehnersystem
				1	0	1	1	$1 \cdot 8 + 0 \cdot 4 + 1 \cdot 2 + 1 \cdot 1 = 11$

·2 ·2 ·2 ·2 ·2

T Zur Verdeutlichung werden Zweiersystem-Zahlen oft mit einem Index angegeben:
Beispiel 1011_2

Übungsaufgaben

1 Übertrage die Stellenwerttafel in dein Heft.
a Fülle dort die letzte Spalte aus.

128	64	32	16	8	4	2	1	
	1	0	1	0	1	1	0	= …
1	0	0	0	0	1	0	1	= …
	1	1	1	1	1	1	1	= …
1	1	0	0	1	0	0	0	= …

b Übersetze die Zahlen im Heft ins Zweiersystem.

128	64	32	16	8	4	2	1	
								= 7
								= 35
								= 73
								= 131

2 Übersetze ins Zehnersystem.
a 1101_2 **c** 110101_2 **e** 11011010_2
b 10010_2 **d** 100011_2 **f** 100000000_2

3 Übersetze ins Zweiersystem.
a 29   **c** 58   **e** 116
b 37   **d** 91   **f** 185

4 Löse die Aufgaben und notiere die Ergebnisse im Zweiersystem in deinem Heft in das Karogitter. Über die markierte Zeile findest du heraus, welcher der drei Code-Zettel von Albrecht der richtige ist.
a 44 + 55
b 121 − 25
c 18 + 41
d 78 − 47
e 3 · 10 − 3
f 34 : 2

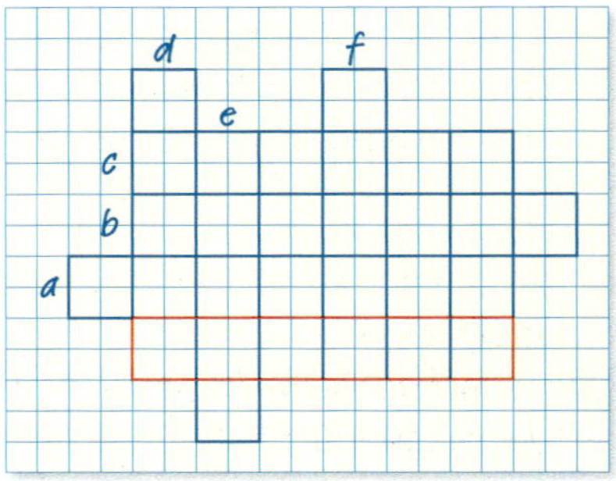

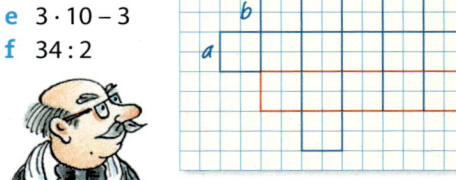

Natürliche Zahlen

1.8 Zählen

1 Lea, Ina und Anne haben eine eigene Geheimsprache, in der sie Buchstaben vertauschen. Lea kommt auf die Idee auszuprobieren, wie viele Möglichkeiten es gibt, die Buchstaben ihres Namens in eine andere Reihenfolge zu bringen (= vertauschen). Sie beginnt systematisch auszuprobieren:

a **LEA ELA ALE** Lea erkennt 6 Möglichkeiten. Erkennst du ihr System? Erkläre es.
  LAE EAL AEL

b Ina benützt ein Baumdiagramm. Sie geht so vor.

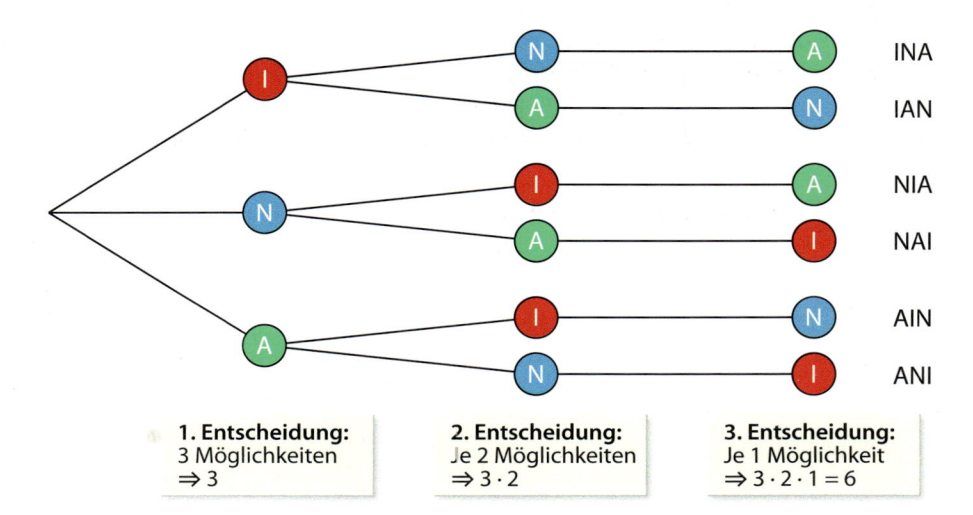

1. Entscheidung:
3 Möglichkeiten
⇒ 3

2. Entscheidung:
Je 2 Möglichkeiten
⇒ 3 · 2

3. Entscheidung:
Je 1 Möglichkeit
⇒ 3 · 2 · 1 = 6

M Kombinationsaufgaben lassen sich häufig sehr leicht lösen, wenn du geschickt vorgehst.

1. Systematisches Probieren

Die erste Stelle wird jeweils beibehalten, die zweite und dritte Stelle jeweils getauscht.

b-g-s   **g**-b-s   **s**-b-g
b-s-g   **g**-s-b   **s**-g-b

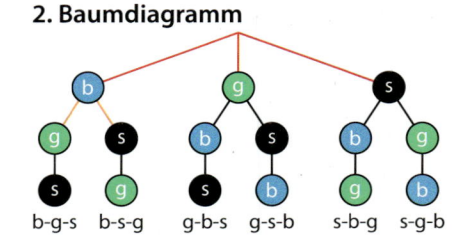

2. Baumdiagramm

Nach dem **Zählprinzip** gibt die Anzahl der Baumenden („Blätter") die Gesamtzahl aller möglichen Kombinationen an.
Multipliziert man die Anzahl der Möglichkeiten bei allen Entscheidungen, so erhält man die Gesamtzahl aller Möglichkeiten.

c Nun ist Anne an der Reihe. Wie viele Möglichkeiten hat sie, die Buchstaben ihres Namens zu kombinieren?
Erkennst du die Besonderheit für Anne? Löse, indem du systematisch probierst oder ein Baumdiagramm zeichnest.

Natürliche Zahlen

1.8 Zählen

Übungsaufgaben

1 Beim 100-m-Lauf treten Anton, Ben, Chris, David und Emil gegeneinander an. Vor dem Start weiß niemand, wie das Rennen ausgehen wird. Schreibe alle möglichen Rennergebnisse auf, die eintreten können.

2 Anja wohnt in Ansbach in Mittelfranken. Für ihr neues Auto möchte sie folgendes Kennzeichen. Nun fragt sie sich, ob so eines noch frei ist. Wie viele Anja-Nummernschilder können ausgegeben werden?

3 Tami geht mit ihren Eltern zum Mittagessen. Unten siehst du die Speisekarte.

Speisenkarte

Vorspeisen
Salat mit Shrimps
Festtagssuppe

Hauptgerichte
Schnitzel Wiener Art
Sauerbraten
Gemüselasagne
Forelle blau

Nachspeisen
Gemischtes Eis mit Sahne
Bayerische Creme
Obstsalat

a Wie viele verschiedene 3-Gänge-Menüs stehen Tami zur Wahl?
b Wie viele verschiedene Menüs hat Tamis Mutter zur Auswahl, wenn sie kein Eis essen mag?
c Tami mag kein Fleisch und keine Torte. Wie viele Menüs bleiben ihr?

4 Tina möchte sich chic machen. Sie hat 7 Shirts, 5 Hosen, 4 Röcke und 3 verschiedene Paare Schuhe zur Auswahl.
Auf wie viel verschiedene Weisen kann sich Tina kleiden, wenn
a sie ein Shirt und einen Rock tragen möchte?
b ein Shirt, eine Hose und einen Hut tragen will?

5 Ben und Anne gehen über das Volksfest. Sie starten bei der Achterbahn, wollen am Riesenrad vorbei und sich eine Zuckerwatte kaufen. Ermittle mit Hilfe eines Baumdiagramms, wie viele verschiedene Wege sie wählen können.

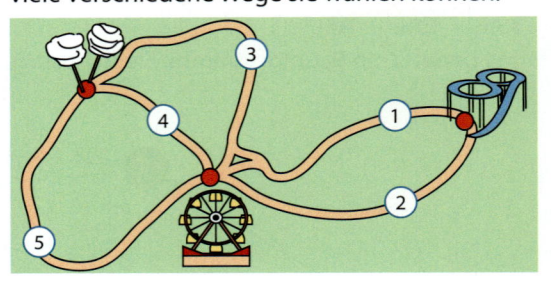

6 Alex und Nico überlegen sich Passwörter für ihre Computer. Sie haben folgendes Baumdiagramm gezeichnet.

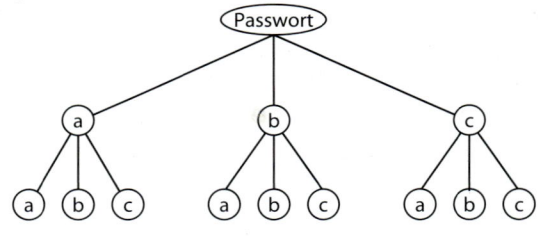

a An welche Passwörter denken Alex und Nico? Wie sicher würdest du diese Passwörter einstufen?
b Was würdest du Alex und Nico raten, damit sie ihre Passwörter sicherer machen können?
c Sind deine Passwörter sicher?

7 Anagramme sind Wörter, die durch Umstellung von Buchstaben oder Silben eines anderen Wortes entstanden sind.
a Finde auf zwei unterschiedliche Arten alle möglichen Anordnungen der Buchstaben E, O, R und T.
b Bastle zusammen mit deinem Nachbarn je zwei Kärtchen mit den Buchstaben E, O, R und T. Dreht sie um und zieht nacheinander die vier Kärtchen. Derjenige, der als erster ein sinnvolles Wort zusammen hat, ist Sieger.
c Warum wurden bei dieser Aufgabe sowohl Konsonanten als auch Vokale vorgegeben?

Zählen 1.8

8 Lottes Socken liegen einzeln in einer Schublade. Etwas in Eile greift sie sich morgens im Dunkeln zwei Socken aus der Schublade. Darin befinden sich ein Paar lilafarbene und vier Paar blaue Socken.

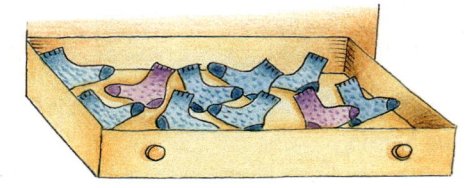

a Gib alle möglichen Farbkombinationen an, mit denen Lotte an diesem Morgen zur Schule gehen könnte.
b Wie oft sind die Socken farblich zueinander passend?
c Wie oft muss Lotte in die Schublade greifen, um sicher zwei gleichfarbige Socken zu bekommen?

9 Du weißt sicherlich, wie viele 1-, 2-, 3- ,4-, … stellige Zahlen es insgesamt gibt.
a Wie viele 1-, 2-, 3- ,4-, … stellige Zahlen gibt es, die keine 5 und keine 7 enthalten?
b Wie viele 5-stellige Zahlen gibt es, die keine 0 und keine 4 enthalten?

10 Hier ist das Prinzip eines sogenannten Kettenbriefes dargestellt.

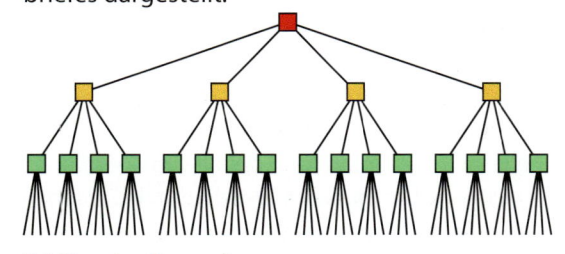

a Erkläre das Baumdiagramm.
b Wie viele Briefe wurden bereits verschickt?
c Hast du schon mal Erfahrungen mit einem Kettenbrief gemacht? Welche?

11 Bilde alle Produkte, die sich aus den Zahlen 3, 5 und 7 bilden lassen, z. B. 3 · 5 · 7. Berechne auch die zugehörigen Produktwerte.
a Wie viele Produkte sind möglich?
b Was stellst du fest?
c Was kannst du bei der Addition beobachten?

12 Zum Sportfest überlegen die Schülerinnen und Schüler der Klasse 5a, welches Dress sie für das Fußballturnier wählen sollen.
Zur Wahl stehen Trikots, Hosen und Stutzen in drei Farben.

a Zeichne ein Baumdiagramm für die 5a, damit sie sehen, wie viele Möglichkeiten sie haben.
b Die Jungs wollen, dass nur zwei verschiedene Farben verwendet werden. Wie viele Möglichkeiten fallen damit weg?
c Die Mädchen wollen unbedingt rote Trikots, denn Rest dürfen die Jungs entscheiden. Wie viele Möglichkeiten gibt es noch?

13 In ein undurchsichtiges Gefäß werden vier Kärtchen mit den Zahlen 0, 1, 2 und 4 gelegt. Nun werden diese der Reihe nach gezogen und nebeneinander gelegt. So entstehen Zahlen. Erstelle ein Baumdiagramm und beantworte die folgenden Fragen.
a Wie viele 4-stellige Zahlen können entstehen?
b Wie viele 3-stellige Zahlen können entstehen?
c Wie viele gerade und wie viele ungerade Zahlen können entstehen?

14 Die Familie Smile hat sich für ein Gruppenfoto aufgestellt. Wie viele verschiedene Möglichkeiten der Aufstellung gibt es, wenn

a Mama links und Papa rechts außen stehen sollen.
b der Hund Bella in der Mitte sitzen soll.
c keine weitere Bedingung gestellt wird.

Natürliche Zahlen

1.8 Zählen

15 In der Stadt Herne sind lustige Autokennzeichen möglich.

HER : Z 11   HER : ZI 813

Wie viele der gezeigten Kennzeichen lassen sich bilden, wenn
- a nur 1-stellige Zahlen vergeben werden?
- b höchstens 3-stellige Zahlen vergeben werden?
- c auch 4-stellige Zahlen möglich sind?

16 Die PIN-Nummer eines Handys hat normalerweise vier Stellen.
- a Wie viele vierstellige PIN-Nummern sind möglich?
- b Beim letzten Heimspiel des FC Bayern waren mehr als 60 000 Zuschauer im Stadion. Über die Hälfte davon hatte ein Handy dabei. Kann es sein, dass zwei der Zuschauer dieselbe PIN-Nummer haben? Schreibe deine Meinung dazu kurz auf und sprich darüber mit deinem Nachbarn.

17 Das Zahlenschloss eines Koffers hat drei Ringe mit jeweils 10 Ziffern.

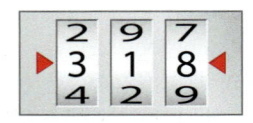

Der Koffer wurde von seinem Besitzer verloren und eine Auszubildende in der Fundstelle soll versuchen, ihn zu öffnen. Wenn sie schnell ist, kann sie vier Kombinationen in einer Minute ausprobieren. Wie lange braucht sie dann höchstens, um den Koffer zu öffnen?

18 Im chinesischen Kalender wird jedem Jahr eines von zwölf Tierzeichen (Drache, Schlange, Pferd, Schaf, Affe, Hahn, Hund, Schwein, Ratte, Ochse, Tiger, Hase) und eines von fünf Elementen (Erde, Metall, Wasser, Holz, Feuer) zugeordnet. 2011 war nach diesem System das Hase-Metall-Jahr.
- a Wie viele Kombinationen aus Tier und Element gibt es?
- b Versuche herauszufinden, in was für einem „chinesischen" Jahr du geboren bist.

19 Ein Landesfahne mit drei gleich großen, waagerechten oder senkrechten Streifen in verschiedenen Farben nennt man eine *Trikolore*.

- a Nenne drei Länder, die eine Trikolore als Landesfahne haben.
- b Eine Fahnennäherei hat Stoffe in den Farben Blau, Rot, Grün, Weiß, Gelb und Schwarz vorrätig. Wie viele verschiedene Trikoloren könnte sie ihren Kunden anbieten?

20 In einem regelmäßigen Sechseck wird jede Ecke mit jeder anderen durch eine Linie verbunden.

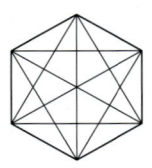

- a Betrachte einen Punkt. Wie viele Linien gehen von ihm aus?
- b Wie viele Linien wurden insgesamt gezeichnet? Zähle oder überlege und rechne. Achtung!
- c Auf einer Party mit sechs Anwesenden stößt jeder mit jedem auf das neue Jahr an. Wie oft hört man ein „Bing"?
- d Kannst du erklären, was Frage **b** mit Frage **c** zu tun hat?
- e Wie viele Linien wurden bei diesem Zwölfeck gezogen? Die Frage kannst du durch Zählen nicht schnell beantworten.

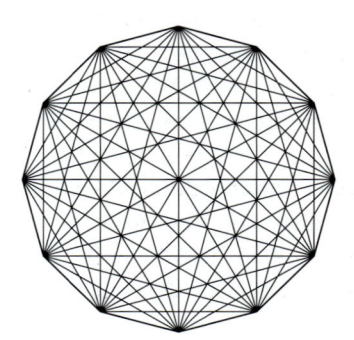

1.9 Mach dich fit!

Zahlen vergleichen und anordnen

1 Setze < oder > ein.
a 116 ☐ 161
b 1 211 ☐ 1 112
c 3 416 ☐ 4 316
d 72 ☐ 27
e 12 789 ☐ 12 798
f 238 480 ☐ 283 480

2 Welche Zahlen sind auf dem Zahlenstrahl farbig dargestellt?
a 0 ... 120
b 0 ... 125
c 44 ... 62
d 239 ... 250
e 330 ... 540

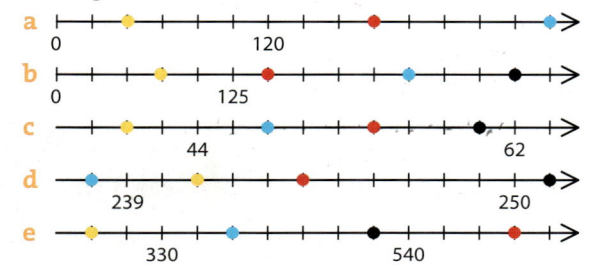

3 Zeichne für jede Teilaufgabe einen geeigneten Zahlenstrahl und trage die Zahlen ein.
a 13; 3; 7; 5; 9
b 220; 400; 325; 180; 275;
c 30; 0; 20; 55; 35; 5
d 800; 400; 225; 150; 75

4 Übertrage in dein Heft und setze für den Platzhalter eine passende Zahl ein.
a ☐ > 20
b 13 < ☐
c 3 > ☐
d 3 < ☐ < 6
e ☐ < 5
f 15 > ☐ > 13
g ☐ > ☐ > 40
h ☐ < 12 < ☐

5 Ordne die Zahlen.
Beginne mit der kleinsten Zahl:
a 56; 555; 656; 565; 65; 655; 600
b 121; 212; 213; 131; 311; 321; 232
Beginne mit der größten Zahl:
c 9 009; 9 090; 9 890; 9 880; 8 999; 9 908; 9 898
d 800 008; 900 008; 80 008; 800 080; 900 009; 900 090; 800 009; 90 009
e 112; 211; 121; 221; 212; 122
f 696; 669; 966; 996; 969; 699

6 Welche Zahl liegt genau in der Mitte zwischen 20 und 70?

Ich rechne:
70 − 20 = 50.
50 : 2 = 25
und dann:
20 + 25 = 45

a Beschreibe mithilfe der Zahlengeraden, wie Ali gerechnet hat.
b Nutze seine Überlegungen, um die Mitte zwischen den Zahlen 64 und 128 zu finden.
c Findest du die Mitte zwischen den Zahlen 15 und 55? Nimm die Zahlengerade zu Hilfe!

Zehnersystem und große Zahlen

7 Gib 356 982, 9 271 005 und 23 575 845 in Summenschreibweise, Stufenschreibweise und Wortform an.

8 Lies folgende Zahlen:
a 21 002 615 312
b 5 090 500 400 301
c 960 401 820 003 747 000 100
d $8 \cdot 10^9$
e $4 \cdot 10^{13}$

9 Schreibe die Zahlen mit Zehnerpotenzen.
a 300
b 500 000
c 270 000 000
d eine Million
e fünfundzwanzig Milliarden
f eine Billion zweihundertdreißig Milliarden

10 Gib die größte und die kleinste fünfstellige Zahl mit der Zehnerziffer 3 und der Tausenderziffer 9 an.

11 Ordne die Zahlen aufsteigend nach der Größe und verwende das Zeichen <.

a	$4 \cdot 10^5$	$2 \cdot 10^5$	$5 \cdot 10^5$	$6 \cdot 10^5$	$9 \cdot 10^5$
b	$2 \cdot 10^7$	$4 \cdot 10^6$	$4 \cdot 10^3$	$4 \cdot 10^5$	$4 \cdot 10^7$
c	$3 \cdot 10^8$	$33 \cdot 10^7$	$333 \cdot 10^1$	$33 \cdot 10^2$	$30 \cdot 10^5$

Natürliche Zahlen

1.9 Mach dich fit!

12 Nina hat die Kombination ihres vierstelligen Zahlenschlosses vergessen. Sie weiß allerdings, dass die Ziffern 2, 4, 7 und 8 jeweils einmal vorkommen.
Wie viele Möglichkeiten muss Nina ausprobieren? Schreibe sie in geordneter Weise auf!

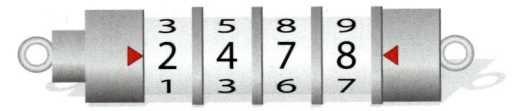

13 Leg Kugeln aneinander zu …

Kugeln: 107, 234, 9, 3, 0, 17

a … einer möglichst große Zahl aus allen Kugeln.
b … einer möglichst kleinen geraden Zahl aus allen Kugeln.
c … einer möglichst großen Zahl aus drei Kugeln.
d … einer Zahl, die möglichst nah an 10^6 liegt.

14 Fische legen unterschiedlich viele Eier ab.
Karpfen: 700 000   Zander: 500 000
Hering: 30 000   Stör: 6 000 000

a Wie viele Zander müssen ihre Eier ablegen, damit genauso viele Stör-Eier wie Zander-Eier im Wasser sind?
b Vergleiche auch Hering und Stör.
c Wie oft müssen Karpfen und Zander Eier legen, bis die gleiche Anzahl an Nachkommen erreicht ist?

15 Wie viele vierstellige Zahlen gibt es, die
a eine 3 als Hunderter,
b eine 3 als Zehner und eine 4 als Einer,
c eine 3 als Tausender eine 4 als Einer haben?

16 Lies die Höhenangaben aus dem Diagramm ab (auf Hunderter gerundet).
Erstelle eine Tabelle, in die du auch die exakten Höhen einträgst (Internetrecherche).
In welchen Ländern liegen die Berge?

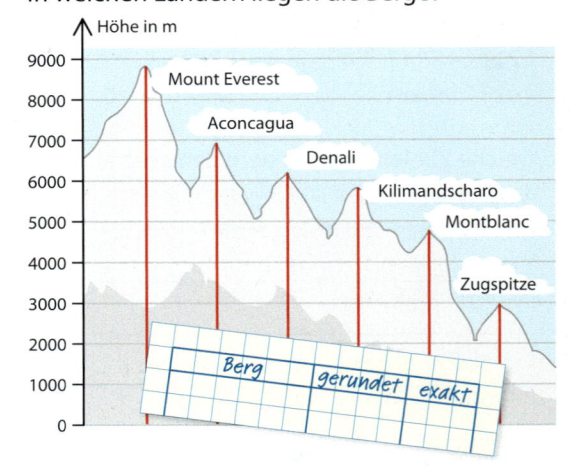

Berg	gerundet	exakt

Runden

17 Runde auf 10 ct und auf 1 €.
a 5,87 €   c 18,72 €   e 0,51 €
b 3,49 €   d 0,49 €   f 163 ct

18 Runde …
a … auf Hunderter: 157; 268; 719; 1 061
b … auf Tausender: 576; 1 320; 7 480; 36 500

19 In der Spielzeit 2012/13 der Fußballbundesliga gab es im Schnitt diese Zuschauerzahlen:

FC Schalke 04: 61 068   B. München: 71 123
Bor. Dortmund: 80 447   VfB Stuttgart: 49 813
Hamburger SV: 52 531   W. Bremen: 40 419
1. FC Nürnberg: 40 648   Leverkusen: 27 870

a Erstelle eine Liste, in der die Zahlen auf Hunderter gerundet sind.
b Runde die Zahlen auf Tausender und ordne sie aufsteigend nach ihrer Größe.

20 Setze für die Kästchen mögliche Ziffern.
a 1☐ ≈ 10   d ☐☐80 ≈ 1 500
b ☐☐7 ≈ 130   e ☐☐37 ≈ 4 200
c ☐☐8 ≈ 400   f ☐☐501 ≈ 89 000

Mach dich fit! 1.9

21 Wo liegt der Fehler?
Stefan soll die Zahl 1 458 auf Tausender runden.
Er geht folgendermaßen vor:
1 458 ≈ 1 460 → 1 460 ≈ 1 500 → 1 500 ≈ 2 000

22 Eine Zahl ist auf Hunderter gerundet worden. Sie wird jetzt mit 17 800 angegeben. Zwischen welchen beiden Zahlen lag die ursprüngliche Zahl?

23 Die Einwohnerzahl einer Stadt ist auf Tausender gerundet mit 98 000 angegeben worden. Wie viele Einwohner hat die Stadt mindestens, wie viele höchstens?

24 Herr Kaiser geht einkaufen. An der Kasse bemerkt er, dass er nur 25,00 € hat.

Zahnbürste	1,28 €
Katzenfutter	0,69 €
Schokoriegel	0,69 €
Hackfleisch	4,99 €
Kaugummi	1,37 €
Kaffee	14,99 €
Joghurt	0,98 €

a Rechne geschickt.
b Theresa und Maxi kommen auf unterschiedliche Ergebnisse. Erkläre, woran das liegen könnte.

Andere Zahlsysteme

25 Vervollständige die Tabelle in deinem Heft

Zehnersystem	römisch	Zweiersystem
19	...	...
...	XXVI	...
...	...	110101_2
46	...	...
...	CLIX	...
...	...	10111001_2
132	...	...
...	CCXVI	...
...	...	1100111_2

Zählen

26 Anne, Lea, Ina und Ben sitzen im Klassenzimmer in der letzten Reihe. Dort gibt es genau vier Plätze. Die vier wollen sich an jedem Schultag im Februar anders hinsetzen. Ist das möglich? Zeichne ein Baumdiagramm oder probiere systematisch.

27 Wie viele Möglichkeiten gibt es wohl, um aus diesen Bauklötzen einen Turm zu bauen?

a   b

28 Andi, Björn, Chris und Dave sind Musiker und möchten zusammen einen Konzertabend gestalten. Dazu wollen sie in möglichst vielen verschiedenen Formationen (Solo, Duett, Terzett, Quartett) auftreten.
a Wie viele Musiker sind bei einem Duett, Terzett, Quartett beteiligt?
b Zeichne die Tabelle in dein Heft und vervollständige sie. Verwende die Anfangsbuchstaben der Musiker.

	Formationen	Anzahl
Solo	A; B; C; D	4
Duett	AB; AC; ...	
Terzett	ABC; ...	
Quartett		1

c Emil beteiligt sich unerwartet auch am Konzert. Löse erneut. Wie nennt man eine Formation aus fünf Musikern?

29 Wie viele verschiedene Hersteller von Smartphones kennst du?
Wie viele verschiedene Mobilfunknetze kennst du in Deutschland?
Bilde alle möglichen Kombinationen aus Hersteller und Mobilfunknetz.

Natürliche Zahlen

1.10 Grundwissen

Zahlen

Natürliche Zahlen
Menge der natürlichen Zahlen:
$\mathbb{N} = \{1; 2; 3; 4; 5; 6; 7; 8; 9; 10; 11; \ldots\}$
Menge der natürlichen Zahlen mit der Null:
$\mathbb{N}_0 = \{0; 1; 2; 3; 4; 5; 6; 7; 8; 9; 10; 11; \ldots\}$
Mit den natürlichen Zahlen kann man **zählen** und **ordnen**.

Vergleichszeichen
= ist gleich
\> ist größer als
< ist kleiner als
≥ ist größer oder gleich
≤ ist kleiner oder gleich

$8 = 3 + 5$
$8 > 4$
$3 < 9$
$9 \geq 3 + 4$
$7 \leq 2 + 5$

Zahlen anordnen
Für $\mathbb{N}_0$ gilt folgende **Ordnung**:
$0 < 1 < 2 < 3 < 4 < \ldots$
Von zwei Zahlen auf einem Zahlenstrahl liegt:

| die kleinere Zahl weiter links | < | die größere Zahl weiter rechts |

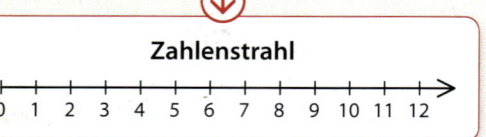

Zahlenstrahl
0 1 2 3 4 5 6 7 8 9 10 11 12

Schätzen von Längen

Zum Abschätzen unbekannter Längen verwenden wir eine **Bezugsgröße**, deren Maß wir bestimmen können.

Autos, Menschen, Gebäude, Türen, …

Zehnersystem

Das **Zehnersystem** ist ein **Stellenwertsystem** mit den Ziffern 0, 1, 2, 3, 4, 5, 6, 7, 8, 9.
Der **Stellenwert** verzehnfacht sich von rechts nach links.
Die **Stufenzahlen** sind **1; 10; 100; 1 000; …**
Die Stufenzahlen kann man auch als **Zehnerpotenzen** schreiben: 10^1; 10^2; 10^3; …

Große Zahlen
Mithilfe der Zehnerpotenzen lassen sich große Zahlen übersichtlicher darstellen.

$3\,000\,000 = 3 \cdot 1\,000\,000 = 3 \cdot 10^6$
$270\,000\,000\,000 =$
$\quad 27 \cdot 10\,000\,000\,000 = 27 \cdot 10^{10}$

Runden

1. Bestimme die **Rundungsstelle**.
2. **Runde ab** (verändere die Ziffer nicht), wenn **0, 1, 2, 3** oder **4** folgt.
3. **Runde auf** (wähle die nächstgrößere Ziffer), wenn **5, 6, 7, 8** oder **9** folgt.

49 505 ≈ 49 510 (auf Zehner gerundet)
49 505 ≈ 49 500 (auf Hunderter gerundet)
49 505 ≈ 50 000 (auf Tausender gerundet)
49 505 ≈ 50 000 (auf Zehntausender)
Ziffer, die gerundet wird.
Ziffer gibt an, in welche Richtung gerundet wird.

Natürliche Zahlen 1.10

andere Zahlsysteme

römische Zahlzeichen

I	V	X	D	C	L	M
1	5	10	50	100	500	1000

1. Die Zeichen **I**, **X**, **C** und **M** werden von groß nach klein nebeneinander angeordnet (jedoch höchstens drei gleiche).
2. Die Zeichen **V, L** und **D** werden nur einmal verwendet.
3. Die Zahl entsteht dadurch, dass die Werte der Zeichen **addiert** werden.
4. **Subtrahiert** wird dagegen, wenn das Zeichen I vor V oder X steht, das Zeichen X vor L oder C und das Zeichen C vor D oder M.

⬇

LXXV → 50 + 10 + 10 + 5 = 75
CCCIV → 100 + 100 + 100 + 5 − 1 = 304

Zweiersystem (Binärsystem)

Das **Zweiersystem** ist ein Stellenwertsystem mit den Ziffern 0 und 1.
Der Stellenwert **verdoppelt** sich von rechts nach links.
Die Stufenzahlen des Zweiersystems entsprechen im Dezimalsystem den Zahlen 1, 2, 4, 8, 16, 32 …

⬇

$9 = 1 \cdot 8 + 0 \cdot 4 + 0 \cdot 2 + 1 \cdot 1 \rightarrow 1001_2$
$55 = 1 \cdot 32 + 1 \cdot 16 + 0 \cdot 8 + 1 \cdot 4 + 1 \cdot 2 + 1 \cdot 1 \rightarrow 110111_2$

32	16	8	4	2	1		
		1	0	0	1	=	9
1	1	0	1	1	1	=	55

Zählen

Kombinationsaufgaben lassen sich mit folgenden Hilfsmitteln lösen:

1. Systematisches Probieren

2. Baumdiagramm
Darstellung nach unten:

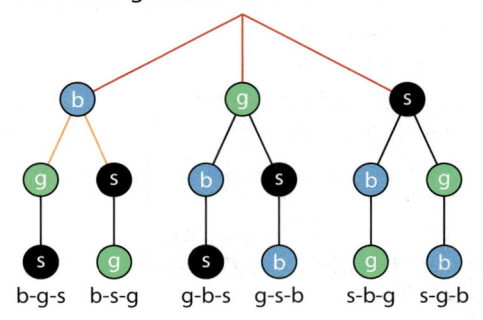

b-g-s   b-s-g   g-b-s   g-s-b   s-b-g   s-g-b

oder Darstellung nach rechts:

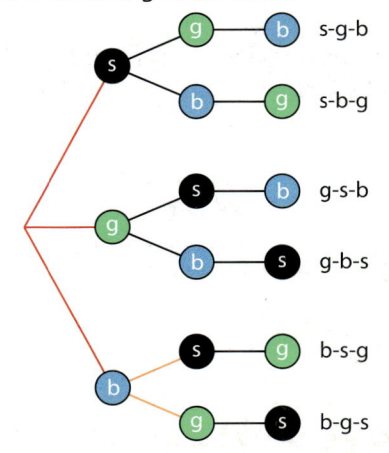

s-g-b
s-b-g
g-s-b
g-b-s
b-s-g
b-g-s

Die Gesamtzahl der Möglichkeiten lässt sich an den Enden („Blättern") des Baumes abzählen.

3. Man kann auch die Anzahl der Möglichkeiten bei allen Entscheidungen multiplizieren.

1.11 Mehr zum Thema: Die Geschichte unserer Zahlen

Welche Sprache sie auch sprechen und welche Schrift sie verwenden: Alle Menschen sind mit den Zahlzeichen vertraut, die du kennst: **0**; **1**; **2**; **3**; **4**; **5**; **6**; **7**; **8**; **9** Mit ihnen kannst du sehr kleine, aber auch riesige Zahlen darstellen.

Die Grundlage für unser Zehner-Zahlensystem wurde mit der Erfindung der Ziffer Null gelegt. Nur mit ihr ist es möglich, zum Beispiel die Zahl 10 von der Zahl 1 zu unterscheiden.
Die Null wurde im 8. Jh. n. Chr. in Indien erfunden und zu den schon bekannten Ziffern 1 bis 9 hinzugefügt. Danach begann eine lange Reise über viele Jahrhunderte, bis die Zahlzeichen nach Europa gelangten.

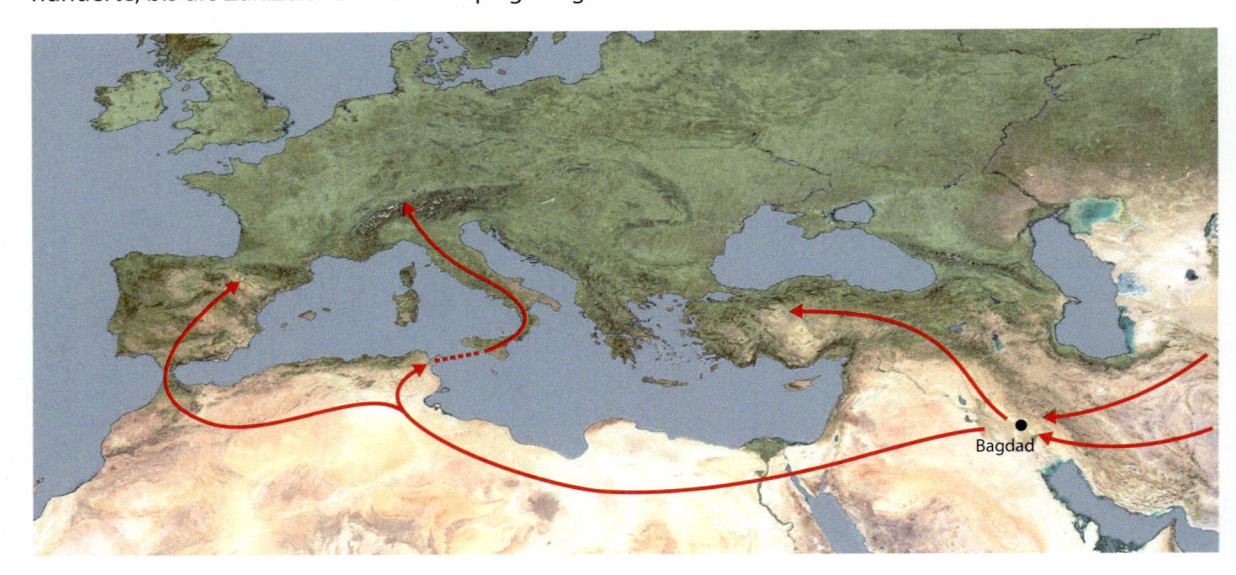

Zuerst verbreiteten sich die Zahlzeichen im arabischen Raum. In Bagdad wurden die indischen Schriften von dem persischen Gelehrten al Chwarizmi ins Arabische übersetzt. Entlang der großen Handelswege breiteten sich die Schriftzeichen nach Westen aus.

Italienische Mathematiker nahmen weitere Veränderungen vor, bis die Schriften schließlich über die Alpen ins heutige Deutschland gelangten.

1550 veröffentlichte der deutsche Rechenmeister Adam Ries ein populäres Buch zum Rechnen in unserem heutigen Stellenwertsystem. Die darin verwendete Ziffernschreibweise wird heute noch so verwendet.

indisch (3. Jh. v. Chr.)	− = ≡ ⊁ ⊦ ϛ 7 5 ?
indisch (8. Jh. n. Chr.)	٦ ٢ ३ ४ ४ ८ ७ г ९ ०
westarabisch	1 2 ⋝ ⋞ 9 6 7 8 9
ostarabisch/türkisch	١ ٢ ٣ ٤ ٥ ٤ ٧ ٨ ٩ ٠
lateinisch (11. Jh.)	1 ᱤ Ƨ 𐒑 𐒋 ч Ь ∧ 8 9
europäisch (16. Jh. nach Ries)	1 2 3 4 5 6 7 8 9 0

2

Rechnen mit natürlichen Zahlen

2.1 Addition

Tina, Marvin und Victoria haben die Aufgabe 265 + 327 auf unterschiedlichen Wegen gelöst.

Marvin:
$200 + 300 = 500$
$60 + 20 = 80$
$5 + 7 = 12$
$500 + 80 + 12 = 592$

Tina:
$265 + 300 = 565$
$565 + 20 = 585$
$585 + 7 = 592$

Victoria:

T	H	Z	E
	2	6	5
+	3	2	7
		1	
	5	9	2

1 Beschreibe die Vorgehensweisen der drei Schüler.

Victoria erklärt Tina das schriftliche Addieren:
Schreib den **1. Summanden 265** und den **2. Summanden 327** rechtsbündig untereinander, dann beginne rechts zu rechnen.

Zuerst werden die Einer addiert: $7 + 5 = 12$, schreib 2, übertrage 1.

Als nächstes werden die Zehner addiert: $1 + 2 + 6 = 9$, schreib 9.

In der nächsten Spalte folgen die Hunderter: $3 + 2 = 5$, schreib 5.

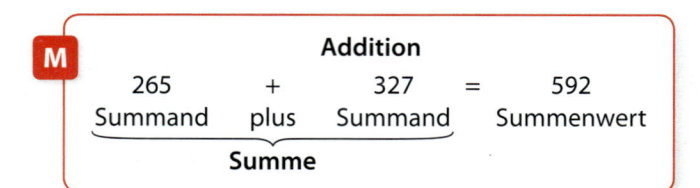

M
Addition
265 + 327 = 592
Summand plus Summand   Summenwert
Summe

T Die Summe 265 + 327 hat den **Wert** 592.

Übungsaufgaben

1 Berechne den Summenwert im Kopf.
a 42 + 26
b 65 + 44
c 73 + 38
d 39 + 106
e 117 + 65
f 324 + 119
g 435 + 286
h 378 + 543

2 Verwende unterschiedliche und möglichst einfache Rechenwege.
a 126 + 557
b 449 + 308
c 368 + 432
d 1 218 + 561
e 303 + 6 780
f 5 615 + 1 390

Rechnen mit natürlichen Zahlen

Addition 2.1

3 Bei Additionspyramiden werden die Zahlen auf nebeneinander liegenden Steinen addiert.
  a Übertrage in dein Heft und ergänze.

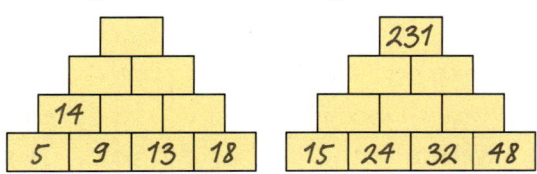

  (Pyramide 1: untere Reihe 5, 9, 13, 18; darüber 14, _, _; …)
  (Pyramide 2: Spitze 231; untere Reihe 15, 24, 32, 48)

  b Vergleiche die beiden Pyramiden.

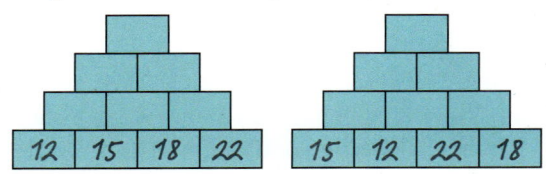

  (Pyramide links, untere Reihe: 12, 15, 18, 22)
  (Pyramide rechts, untere Reihe: 15, 12, 22, 18)

  c Bei der rechten Pyramide ist in der unteren Reihe jede Zahl um eins größer als bei der linken Pyramide.
  Wie verändern sich dadurch die Zahlen in den darüber liegenden Reihen? Kannst du es erklären?

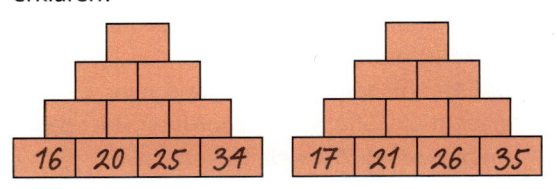

  (Pyramide links, untere Reihe: 16, 20, 25, 34)
  (Pyramide rechts, untere Reihe: 17, 21, 26, 35)

4 Addiere schriftlich. Schreib die Zahlen rechtsbündig untereinander, wie Victoria es erklärt hat.
  a 364 + 433
  b 456 + 544
  c 767 + 797
  d 1 249 + 832
  e 3 709 + 6 583
  f 234 + 163 + 752
  g 728 + 1 650 + 3 623
  h 18 745 + 508 + 3 956

5 Notiere die Aufgaben als Summen und berechne die Summenwerte.
  a Addiere die Zahlen 487, 2 403 und 7 110.
  b Bilde die Summe von 3 089, 12 800 und 14 111.
  c Addiere zur größten vierstelligen Zahl die Summe von 1 111 und 8 890.
  d Addiere zur Summe von 32 123 und 18 564 die Summe von 25 812 und 23 501.

6 Leni hat bei den Bundesjugendspielen im 50-m-Lauf 294 Punkte, im Weitsprung 362 Punkte und im Schlagballwurf 304 Punkte erzielt. Eine Ehrenurkunde erhält man ab 900 Punkten, für die Siegerurkunde reichen 700 Punkte.
Leni macht eine **Überschlagsrechnung**.

*300 + 350 + 300 = 950
Das reicht ja locker für die Ehrenurkunde!*

  a Warum hat Leni diese Zahlen verwendet?
  b Welche Punktzahl steht auf der Urkunde?
  c Inga hat die folgenden Punkte gesammelt: Sprint 267, Sprung 238 und Wurf 210. Bekommt sie eine Urkunde? Überschlage zuerst!

7
Getränke	1,99 €
Käse	5,91 €
Wurst	5,30 €
Süßigkeiten	2,49 €
Obst	5,84 €
Konserven	4,99 €

Luca kauft für seine Mutter im Supermarkt ein.
Er hat 30 Euro im Geldbeutel. Überschlage, ob sein Geld reicht.

8 Markus hat bei seinen Hausaufgaben einige Fehler gemacht.
Beschreibe die Fehler und gib die richtige Lösung an.

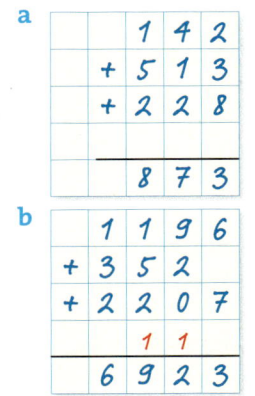

  a
  ```
      1 4 2
    + 5 1 3
    + 2 2 8
    ───────
      8 7 3
  ```

  b
  ```
      1 1 9 6
    + 3 5 2
    + 2 2 0 7
         1 1
    ───────
      6 9 2 3
  ```

  c
  ```
      6 5 0 2
    + 2 1 4 4
    + 1 0 1 6
            1
    ───────
      9 7 5 2
  ```

  d
  ```
      8 3 9 9
    +   2 8 2
    + 1 1 4 0
         1 1
    ───────
      9 7 2 1
  ```

Rechnen mit natürlichen Zahlen

2.1 Addition

9 Nimm aus jedem Behälter einen passenden Summanden für die Additionsaufgaben:

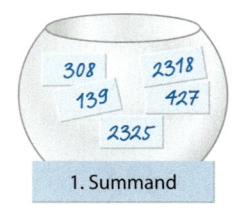

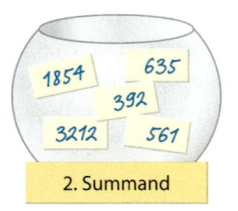

1. Summand: 308, 2318, 139, 427, 2325
2. Summand: 1854, 635, 392, 3212, 561

a Das Ergebnis soll möglichst groß sein.
b Gib das kleinste Ergebnis an.
c Bilde eine Summe, deren Wert möglichst nahe bei 1 000 liegt.
d Das Ergebnis soll genau 700 sein. Gibt es mehrere Lösungen?
e Wie viele Aufgaben, deren Ergebnis größer als 2 000 ist, findest du?

10 Ergänze die fehlenden Ziffern in deinem Heft.

a
```
  □ 5 3
+ 5 □ 4
─────────
  9 6 □
```

b
```
    4 1 □
+ □ 5 1
+ 5 2 8
─────────
1 0 □ 1
```

c
```
  2 7 □ 4
+ 5 6 1 □
+   □ 6 2
─────────
  □ 7 8 3
```

d
```
  7 □ 3 4
+ 6 □ 0 6 2
+   8 4 7 □
─────────
  □ 3 3 □ 5
```

11 Beim Rechnen mit größeren Zahlen kannst du durch geschicktes Überschlagen rasch überprüfen, ob dein Ergebnis stimmen kann.
Beispiel   13 882 + 6 341 + 64 575 = 84 798
            Ü: 14 000 + 6 000 + 65 000 = 85 000

a 12 762 + 107 486
b 62 371 + 8 524 + 35 179
c 56 072 + 4 785 + 305 607
d 345 791 + 231 972 + 476 569

12 Die *Rolling Chiefs* sind auf Konzerttour durch Deutschland und die Fans sind begeistert! In Stuttgart kamen 10 234 Besucher, in München 11 762, in Frankfurt 10 781 und in Köln 18 561. Ein Zeitungsreporter schreibt:

> „Rolling Chiefs" machen eine Konzerttour
> 50 000 Fans sahen die ersten vier Konzerte …

13 Miguels Vater möchte sich ein neues Auto kaufen. Drei Modelle stehen in der engeren Auswahl. Vergleiche die Preise.

	Sona	Mira 2	DC-3i
Grundpreis	12 450 €	13 500 €	11 890 €
Metallic-Lackierung	450 €	525 €	490 €
Radio/CD	420 €	380 €	510 €
Klimaanlage	750 €	serienmäßig	975 €
Überführungskosten	695 €	610 €	675 €

14 *Ziffern-Scrabble*
Schreibt Kärtchen mit den Ziffern von 0 bis 9. Mischt die Kärtchen und legt zwei fünfstellige Zahlen als Additionsrechnung wie im Muster. 
Die Null darf dabei nie die erste Ziffer sein.

a Berechnet das Ergebnis.
b Vertauscht die Reihenfolge der Ziffern im ersten und zweiten Summanden so, dass das Ergebnis möglichst groß wird.
c Das Ergebnis soll möglichst klein sein.
d Versucht die Ziffern so anzuordnen, dass das Ergebnis möglichst viele Nullen hat.

15 Familie Berger aus München plant für die Sommerferien eine Städtereise. Dabei sollen Stuttgart, Heidelberg und Köln besucht werden.

	B	DD	HH	HD	K	M	HRO	S
B		196	287	570	572	583	221	609
DD	196		461	497	559	460	414	506
HH	287	461		574	420	718	175	652
HD	570	497	574		251	315	704	109
K	572	559	420	251		553	583	355
M	583	460	718	315	553		770	224
HRO	221	414	175	704	583	770		747
S	609	506	652	109	355	224	747	

a Berechne mithilfe der Entfernungstabelle die insgesamt zurückgelegte Fahrtstrecke.
b Stell eine beliebige, höchstens 1 200 km lange Route mit drei Zielen deiner Wahl zusammen.

2.2 Subtraktion

Die Klasse 5b möchte eine Theatervorführung besuchen. In der Klassenkasse befinden sich 452 €, der Eintritt beträgt insgesamt 263 €. Die beiden Klassensprecher Jana und Mike berechnen, wie viel Geld sie danach noch in der Kasse haben.

Jana:

4	5	2	–	2	0	0	=	2	5	2
2	5	2	–		6	0	=	1	9	2
1	9	2	–			3	=	1	8	9

Mike:

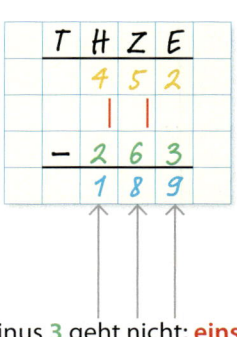

T	H	Z	E
	4	5	2
		1	1
–	2	6	3
	1	8	9

1 Wie sind Jana und Mike vorgegangen?

Mike spricht zu seiner Vorgehensweise:

2 minus 3 geht nicht; **eins entbündeln**
12 minus 3 gleich 9; 9 an

5 minus 1 minus 6 geht nicht, **eins entbündeln**
15 minus 1 minus 6 gleich 8; 8 an

4 minus 1 minus 2 gleich 1; 1 an

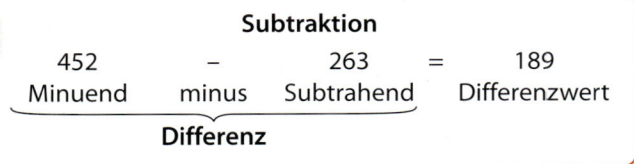

M
$$\underbrace{452 \ - \ 263}_{\text{Differenz}} = 189$$
Minuend minus Subtrahend Differenzwert

T Die Differenz 452 – 263 hat den **Wert** 189.

Übungsaufgaben

1 Die Fahrt zum Theater kostet insgesamt 98 €. Den Restbetrag von 117 € – 98 € in der Klassenkasse kann man auch so berechnen:

| 1 | 1 | 7 | – | 1 | 0 | 0 | = | | 1 | 7 |
| | | 1 | 7 | + | | 2 | = | | 1 | 9 |

oder

	9	8	+			2	=	1	0	0
1	0	0	+		1	7	=	1	1	7
		2	+		1	7	=		1	9

Vergleiche die Rechenwege und überleg dir weitere Aufgaben, die du wie in den Beispielen einfach berechnen kannst.

2 Berechne den Differenzwert im Kopf.
a 53 – 23
b 68 – 26
c 90 – 43
d 73 – 45
e 113 – 52
f 216 – 84
g 211 – 135
h 408 – 286
i 622 – 358

3 Berechne möglichst geschickt im Kopf.
a 106 – 98
b 127 – 95
c 293 – 48
d 310 – 296
e 352 – 199
f 432 – 290
g 657 – 549
h 1 800 – 991

4 Erfinde fünf Subtraktionsaufgaben mit jeweils dreistelligen Minuenden und Subtrahenden. Dein Partner soll die Aufgaben auf unterschiedlichen Wegen berechnen.

5 Wie kann man Aufgaben mit zwei Subtrahenden, wie zum Beispiel 542 – 221 – 134, am besten berechnen?

2.2 Subtraktion

6 Berechne. Dein Ergebnis kannst du mithilfe einer Additionsaufgabe überprüfen.
Beispiel 342 – 128 = 214
Kontrolle: 214 + 128 = 342
a 132 – 81
b 276 – 146
c 328 – 235
d 960 – 773
e 2 564 – 1 421
f 3 624 – 1 852

7 Bei Subtraktionspyramiden werden nebeneinander liegende Zahlen subtrahiert.
a Übertrage in dein Heft und ergänze.

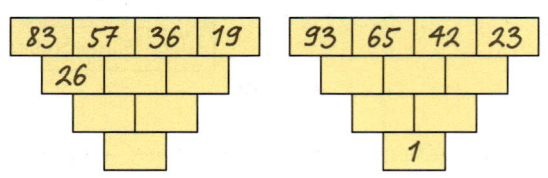

83	57	36	19
26			

93	65	42	23
	1		

b Bei der rechten Pyramide ist in der oberen Reihe die erste und letzte Zahl um eins größer als bei der linken Pyramide. Was passiert bei den Zahlen in den darunter liegenden Reihen?

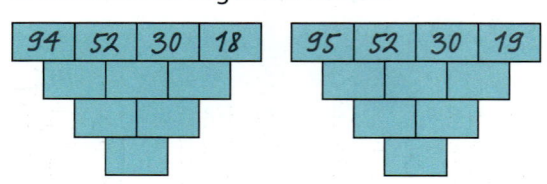

94	52	30	18

95	52	30	19

8 Subtrahiere schriftlich. Schreib die Zahlen genau rechtsbündig untereinander.
a 869 – 372
b 1 154 – 539
c 2 167 – 888
d 4 576 – 3 679
e 9 345 – 6 275
f 917 – 284 – 121
g 2 228 – 650 – 1 125
h 8 734 – 2 689 – 4 996

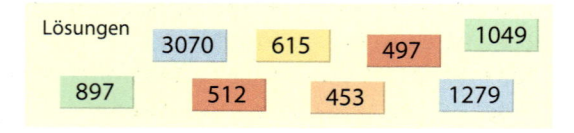

Lösungen: 3070, 615, 497, 1049, 897, 512, 453, 1279

9 Berechne die Ergebnisse und führe jede Rechenreihe ein paar Schritte fort. Fällt dir etwas auf?

999 – 888 =
888 – 777 =
777 – 666 =
…

998 – 889 =
887 – 778 =
776 – 667 =
…

989 – 898 =
878 – 787 =
767 – 676 =
…

10 Notiere die Aufgaben als Differenzen und berechne ihre Werte. Überprüfe deine Rechnungen mithilfe der Umkehraufgabe.
a Subtrahiere die Zahl 895 von 3 127.
b Bilde die Differenz von 5 614 und 3 997.
c Ziehe die größte dreistellige Zahl von der kleinsten vierstelligen Zahl ab.

11 Wurde hier richtig gerechnet? Wenn du Fehler findest, dann beschreibe sie und gib die richtige Lösung an.

a
```
    2 6 8 9
  –   4 2 8
  – 1 2 4 6
  ─────────
    1 0 2 5
```

b
```
    9 5 2 5
  – 3 2 7 1
  – 4 0 0 6
       1 1
    2 2 4 8
```

c
```
    5 3 4 3
  –   3 2 1
  – 1 8 0 4
      1   1
      3 2 9
```

d
```
    6 2 8 1
  –     4 9
  – 1 0 2 3
        1 1
    7 3 5 3
```

12 Ein Passagierflugzeug fliegt 10 649 m über dem Meeresspiegel. Bevor es zur Landung auf dem Flughafen von La Paz (Bolivien) ansetzt, verringert der Pilot die Flughöhe um 5 674 m. Bis zum Aufsetzen auf der Landebahn sinkt das Flugzeug dann noch einmal um 914 m.
Wie hoch liegt der Flughafen?

13 Mit dem Bodenseeschiff *MS Austria* können 1 200 Menschen befördert werden. 371 Passagiere haben die Innensitzplätze eingenommen, 225 sitzen bereits auf den Außenplätzen und 356 stehen auf den verschiedenen Decks.
Wie viele Personen dürfen noch zusteigen?

Subtraktion 2.2

14 Nimm aus jedem Behälter die passenden Zahlen und stell damit die Subtraktionsaufgaben **a** bis **d** zusammen.

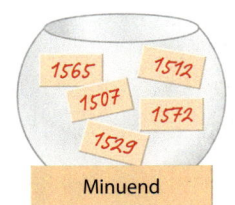

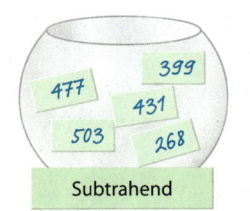

Minuend: 1565, 1512, 1507, 1572, 1529
Subtrahend: 477, 399, 431, 503, 268

a Schreib zwei Aufgaben auf, die du im Kopf lösen kannst.
b Bilde zwei Differenzen, die nicht leicht zu berechnen sind.
Warum sind diese Aufgaben für dich schwierig?
c Das Ergebnis soll möglichst groß sein.
d Gib das kleinste Ergebnis an.

15 Ergänze die fehlenden Ziffern in deinem Heft.

a ☐ 8 3
  – 5 ☐ 7
    2 3 ☐

b ☐ 8 ☐ 2
  –   ☐ 0 ☐
      9 0 5

c ☐ 7 ☐ 4
  – 8 6 7 ☐
    1 ☐ 3 9

d 5 3 ☐ ☐ ☐
  – 4 ☐ 4 7 2
    ☐ 0 6 6 3

16 Achte besonders beim Rechnen mit größeren Zahlen auf die unterschiedliche Stellenzahl.
a 267 814 – 10 891
b 345 191 – 130 447 – 22 685
c 298 788 – 9 042 – 38 651
d 651 002 – 85 551 – 98 375

T Überprüfe hinterher immer mit einem Überschlag, ob dein Ergebnis stimmen kann!

17 Versuche herauszufinden, warum es nur in den beiden linken Rechenreihen „Jokerzahlen" als Ergebnisse gibt.
Gib jeweils noch zwei weitere Beispiele an.

989 – 323 =	787 – 343 =	656 – 232 =
656 – 434 =	454 – 121 =	434 – 121 =
878 – 545 =	898 – 343 =	989 – 343 =
767 – 212 =	565 – 454 =	767 – 565 =

18 Verwende jedes Ziffernkärtchen nur einmal und setze die Ziffern so ein, dass eine lösbare Subtraktionsaufgabe entsteht.

Ziffern: 9, 2, 1, 8, 3, 7

☐ ☐ ☐
– ☐ ☐ ☐

a Das Ergebnis kann ohne Übertrag berechnet werden.
b Der Wert der Differenz soll möglichst groß sein.
c Gib das kleinste Ergebnis an.
d Das Ergebnis soll 666 lauten.
Wie viele Möglichkeiten gibt es?

19 Miriams Diagramm stellt die Höhe einiger Berge in Asien und Europa dar.

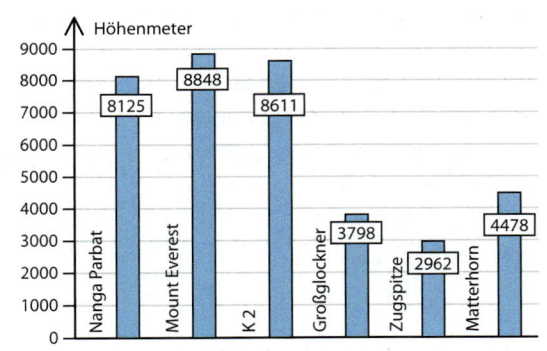

Höhenmeter:
- Nanga Parbat: 8125
- Mount Everest: 8848
- K2: 8611
- Großglockner: 3798
- Zugspitze: 2962
- Matterhorn: 4478

a Um wie viele Meter ist der Mount Everest höher als der höchste Berg Deutschlands?
b Bestimme den Höhenunterschied zwischen Nanga Parbat und Matterhorn sowie zwischen K2 und Großglockner.
c Zwischen welchen beiden Bergen ist die Höhendifferenz am kleinsten?
d Daniel erzählt Miriam von seiner Bergtour auf die Zugspitze. „Vom Parkplatz aus sind es noch 2 222 Höhenmeter bis zum Gipfel."
Auf welcher Höhe liegt der Parkplatz?
e „Am Abend kamen wir an unserer Übernachtungshütte auf 1 367 Meter an."
Wie viele Höhenmeter hatte Daniel bereits zurückgelegt und wie viele standen am nächsten Tag bis zum Berggipfel noch an?

Rechnen mit natürlichen Zahlen

2.3 Verbinden von Addition und Subtraktion

1 Insgesamt 652 Schüler besuchen die Linden-Realschule. Am Schuljahresende erhalten 94 Schüler aus der Klassenstufe 10 ihre Abschlusszeugnisse und gehen von der Schule ab. Drei Mädchen und vier Jungen wechseln auf eine andere Schule. Zum nächsten Schuljahr haben sich 103 Kinder für die fünften Klassen und elf weitere Schüler angemeldet.

2 Sarah führt das Kassenbuch der Klasse 5e. Darin hält sie alle Einnahmen und Ausgaben in zwei Spalten schriftlich fest.
a Überprüfe, ob sie den Kassenstand vom 31.05. richtig berechnet hat. Am 30.04. waren 192 € in der Kasse. Eine Lampe für 23 € musste ersetzt werden, der monatliche Klassenbeitrag kam hinzu und ein Regal für 15 € wurde angeschafft.
b Vor den Sommerferien macht Sarah Kassensturz. Sie stellt diesen Rechenausdruck auf, um das Bargeld in der Kasse zu prüfen:

$$183\ € + (240\ € + 29\ € - 174\ €) + (29\ € - 19\ €)$$
$$= 183\ € + \qquad 95\ € \qquad + \qquad 10\ €$$
$$= \qquad 278\ € \qquad + \qquad 10\ €$$
$$= \qquad 288\ €$$

Warum hat Sarah in ihrem Rechenausdruck Klammern verwendet?

Kassenbuch Klasse 5e			
	Einnahmen		Ausgaben
Stand 31.05.	183 €		
Juni			
	Kuchenverkauf	240 €	
	Klassenbeitrag	29 €	
			Ausflug 174 €
Stand 30.06.	278 €		
Juli			
	Klassenbeitrag	29 €	
			Dekomaterial 19 €

M Werden in einem Rechenausdruck Addition und Subtraktion verbunden, dann berechnet man seinen Wert von **links nach rechts**.

Mit **Klammern** kann man einen Rechenausdruck strukturieren. Man berechnet dann immer zuerst, was in den Klammern steht.

Übungsaufgaben

1 Berechne von links nach rechts im Kopf.
a 38 + 41 − 55
b 62 − 54 + 25
c 108 − 52 − 14
d 246 − 113 + 72
e 56 − 37 + 22 − 13
f 178 + 44 − 25 + 51

2 Berechne die Werte.
a 29 + 36 − 14 + 42 − 28
b 75 − 48 + 26 − 11 + 54
c 138 − 42 − 72 + 101 − 60
d 225 − 196 + 124 − 97 − 38

3 Berechne die Klammern zuerst!
a 83 + (42 − 25) + 62
b 165 − 31 − (99 − 76)
c 184 − (57 − 18) + 107
d (213 + 318) − (407 + 95)
e 378 − (591 − 493) + (321 − 98)

4 Vergleiche jeweils die Ergebnisse.
a 97 − (27 + 18)
   97 − 27 + 18
b 115 − (72 − 38)
   115 − 72 − 38

Verbinden von Addition und Subtraktion — 2.3

5 Ergänze die fehlende Zahl im Kopf.
a 29 + 48 = ☐
b 28 + ☐ = 85
c ☐ − 56 = 15
d 32 + ☐ + 49 = 100
e ☐ + 33 + 48 = 170
f 81 − 59 + ☐ = 35
g ☐ + 51 − 23 = 64
h 104 − (18 + ☐) = 63
i 136 − (☐ − 6) = 102
j 252 − (135 − ☐) = 140

6 In einem *magischen Quadrat* sind die Summenwerte in den Zeilen, Spalten und Diagonalen jeweils gleich.
Mach die Quadrate in deinem Heft *magisch*!

a
4			1
	7	6	
5	11	10	8
16	2		

b
15	2	19		23
22			18	
	21	13		17
	8	25	12	4
3	20		24	11

7 Die Zahlen auf nebeneinander liegenden Steinen werden nach oben addiert. Zeichne die Pyramiden in dein Heft und ergänze. Es kann mehrere Lösungen geben!

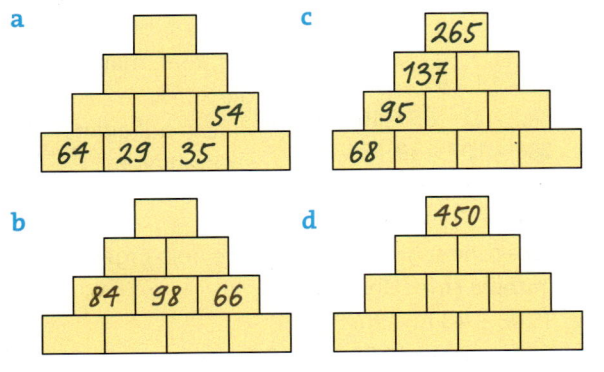

a) Basis: 64, 29, 35; darüber: 54
b) Basis: 84, 98, 66
c) Spitze 265, darunter 137, darunter 95, Basis beginnt mit 68
d) Spitze 450

8 Berechne die Ergebnisse.

a
600 + 300 =
601 + 298 =
603 + 294 =
607 + 286 =
615 + 270 =

b
600 − 300 =
601 − 298 =
603 − 294 =
607 − 286 =
615 − 270 =

c Führe jede Reihe noch drei Schritte fort. Wie verändern sich die Summen- bzw. Differenzwerte?

9 Notiere die passenden Rechenausdrücke und berechne ihre Werte.
a Addiere die Summe der Zahlen 37 und 49 zur Differenz der Zahlen 112 und 38.
b Subtrahiere die Summe aus 34 und 57 von der Differenz aus 168 und 59.
c Berechne den Summenwert der Differenz aus 132 und 98 und der Differenz aus 164 und 87.
d Gib den Wert der Differenz aus der Summe von 123 und 65 und der Differenz aus 123 und 65 an.

10
T Innere Klammer immer vor der äußeren Klammer berechnen!
Beispiel 58 − [42 − (23 + 7)]
        = 58 − [42 −   30   ]
        = 58 −   12   = 46

a 47 + [53 − (84 − 55)]
b [235 − (48 + 75)] − 39
c 95 − [26 + (157 − 109)] + 93
d [89 − (231 − 208)] − (48 + 17)

11 Verwende in jeder Aufgabe alle vier Zahlen; Rechenzeichen und Klammern nach Bedarf.

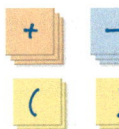

45   29   11   24   + − ( )

a Erstelle vier verschiedene Rechenausdrücke und berechne ihren Wert.
b Gib den Rechenausdruck mit dem größten Wert an.
c Setze die Zahlen und Zeichen so, dass das Ergebnis möglichst nahe bei null liegt.

Rechnen mit natürlichen Zahlen

2.3 Verbinden von Addition und Subtraktion

12 Welcher Junge geht bei der Additionsaufgabe 49 + 27 + 11 + 13 am geschicktesten vor? Entscheide dich!

- 49 + 27 + 13 + 11
- 27 + 49 + 11 + 13
- 49 + 11 + 27 + 13

M **Rechengesetze zum vorteilhaften Rechnen bei Additionsaufgaben**

Kommutativgesetz (Vertauschungsgesetz):
In einer Summe darf man die Summanden beliebig vertauschen.

$$38 + 75 + 42$$
$$= 38 + 42 + 75$$
$$= 80 + 75$$
$$= 155$$

Assoziativgesetz (Verbindungsgesetz):
In einer Summe darf man die Summanden beliebig zusammenfassen bzw. Klammern beliebig setzen.

$$39 + 44 + 16 = 39 + 44 + 16$$
$$(39 + 44) + 16 = 39 + (44 + 16)$$
$$83 + 16 = 39 + 60$$
$$99 = 99$$

13 Vertausche die Summanden, wenn es vorteilhaft ist, und berechne im Kopf.
a) 55 + 32 + 45
b) 42 + 49 + 38
c) 23 + 34 + 49
d) 119 + 113 + 81
e) 51 + 27 + 19 + 32
f) 136 + 23 + 35 + 44

14 Fass die Summanden geschickt zusammen und berechne.
a) 47 + 41 + 19 + 82
b) 84 + 64 + 67 + 23
c) 53 + 47 + 38 + 62
d) 137 + 163 + 88 + 21
e) 99 + 37 + 326 + 144
f) 45 + 144 + 216 + 96

15 Berechne möglichst geschickt: Vertausche und fasse zusammen.
a) 92 + 63 + 28 + 67
b) 99 + 105 + 75 + 11
c) 143 + 66 + 117 + 54
d) 207 + 86 + 23 + 44 + 97
e) 152 + 53 + 61 + 107 + 109
f) 223 + 377 + 38 + 128 + 272

Lösungen: 380, 250, 1038, 482, 457, 290

16 Haben beide Schüler richtig gerechnet? Begründe deine Antwort.

Florian:
33 + 18 − 7
= 33 + 7 − 18
= 40 − 18
= 22

Max:
53 − 26 − 16
= 53 − (26 − 16)
= 53 − 10
= 43

T Ganz wichtig: Die beiden Rechengesetze gelten dann **nicht mehr**, wenn auch subtrahiert wird!

17 Der Saal 1 im Theaterhaus hat 1 235 Plätze. Für die erste Vorstellung des Theaterstücks *Manchmal läuft es schief* wurden im Vorverkauf 782 Eintrittskarten verkauft. Die Abendkasse verkauft 341 Karten. Wie viele Plätze bleiben leer?

18 Mehrfaches Subtrahieren
Beispiel
$$75 - 23 - 16 - 21$$
$$= 75 - (23 + 16 + 21)$$
$$= 75 - 60$$
$$= 15$$

a) 92 − 13 − 51 − 17
b) 142 − 23 − 65 − 45
c) 201 − 107 − 39 − 33
d) 239 + 28 − 84 − 36 − 78

T Anstatt mehrere Zahlen nacheinander zu subtrahieren, kann man auch die Summe dieser Zahlen auf einmal subtrahieren.

19 Berechne schriftlich. Überprüfe dein Ergebnis mithilfe eines Überschlags.
a) 1 208 + 4 312 − 967
b) 6 812 − 3 211 − 893 − 1 516
c) 3 951 + 4 687 − 4 324 − 2 676
d) 1 198 + 12 004 + 3 549 − 2 349

2.3 Verbinden von Addition und Subtraktion

Tipps zum Umgang mit Textaufgaben

① Lies dir die Aufgabe genau durch.
   Nur in eigenen Büchern oder auf Kopien: Unterstreiche Gegebenes grün und Gesuchtes rot.
② Schreib geordnet auf, was gegeben ist, also die Daten, die du zum Rechnen brauchst.
③ Schreib auf, was gesucht ist. Manchmal musst du selbst Fragen an den Text stellen.
④ Mach dir, wenn möglich, eine Skizze und überleg dir einen Lösungsweg. Beschreibe deine Lösungsidee eventuell in Stichworten.
⑤ Berechne die Aufgabe anhand deiner Skizze oder Idee und notiere deine Lösung.
⑥ Überleg, ob die Lösung richtig sein kann. Mach, wenn möglich, zur Kontrolle eine Überschlagsrechnung. Wenn du nicht sicher bist, dann mach die Probe.
⑦ Schreib die Antwort in einem Satz auf.

Beispiel

Mailas Familie fährt mit ihrem Wohnmobil in den Sommerferien nach Spanien. Die erste Etappe ist 626 km lang und die zweite 548 km. Insgesamt sind es 1 822 km.
Berechne die Länge der 3. Etappe.

gegeben:	1. Etappe: 626 km 2. Etappe: 548 km insgesamt: 1 822 km
gesucht:	Länge der 3. Etappe
Lösungsidee:	Gegebene Etappenlängen von der Gesamtlänge abziehen.
Lösungsweg:	1 822 − 626 − 548 = 648
Probe:	648 + 548 + 626 = 1 822
Antwort:	Die 3. Etappe ist 648 km lang.

---

20 Die Klasse 5b plant für den Sommer eine fünftägige Bodenseefahrt. Klassenlehrer Meiers hat von seinen 30 Schülern bereits 5 100 € eingesammelt. Er stellt die Gesamtkosten in einer Tabelle dar. Reicht das eingesammelte Geld?

Übernachtung mit Frühstück	2.832,00 €
Bustransport	1.590,00 €
Museum	135,00 €
Stadtführung	110,00 €
Schifffahrt	138,00 €
Freibad	117,00 €

21 Im Jahr 2010 hatte Marios Sportverein 1 278 Mitglieder. Im nächsten Jahr verließen 84 Mitglieder den Verein, 36 kamen hinzu. Im darauffolgenden Jahr konnte der Verein 128 neue Mitglieder gewinnen und nur 25 Personen hatten ihre Mitgliedschaft gekündigt. Im Jahr 2013 gab es 35 neue Anmeldungen, allerdings auch doppelt so viele Austritte wie im Vorjahr.
a Wie viele Vereinsmitglieder sind es nun?
b Wie hat sich die Mitgliederzahl insgesamt seit 2010 entwickelt?
c In welchem Jahr war die Abnahme am größten?

22 Beschreibe jeweils deine Vorgehensweise.
a Der Summenwert der beiden gesuchten Zahlen ist 50, ihr Differenzwert ist 10.
b Addiert man zwei Zahlen, erhält man als Ergebnis 1 000. Subtrahiert man sie, erhält man 6.
c Drei aufeinanderfolgende Zahlen werden addiert. Das Ergebnis lautet 66.

23 Bei der *Stock&Stein*-Orientierungsrallye für Fahrradfahrer müssen vom Startpunkt aus drei Stationen in beliebiger Reihenfolge angefahren werden. Das Ziel ist dann wieder der Startpunkt. Die Entfernungen zwischen den einzelnen Stationen sind den Teilnehmern bekannt.

Stock&Stein: Streckenkilometer	
Start → Station 1	15 km
Start → Station 2	17 km
Start → Station 3	25 km
Station 1 → Station 2	10 km
Station 1 → Station 3	22 km
Station 2 → Station 3	18 km

T Fertige eine Skizze an!

a Robby plant diese Route: Start → Station 1 → Station 3 → Station 2 → Start
b Welche Route würdest du auswählen?

2.4 Multiplikation

Magdalena feiert ihren 11. Geburtstag. Sie deckt den Tisch für zwölf Personen. Auf jeden Teller möchte sie elf Gummibärchen legen. Gemeinsam mit ihrem Bruder Leon überlegt sie, wie viele Gummibärchen benötigt werden.
Leon berechnet die Anzahl an Gummibärchen durch einfaches Addieren:

```
  1 1
  1 1
  1 1
  1 1
  1 1
  1 1
  1 1
  1 1
  1 1
  1 1
  1 1
+ 1 1
-----
1 3 2
```

Magdalena multipliziert schriftlich:

```
1 2 · 1 1
    1 2 0
+     1 2
---------
    1 3 2
```

T Füll leere Kästchen hinter den Zahlen mit der Ziffer **Null** auf. So kannst du besser in Spalten untereinander rechnen.

1 Beschreibe das schriftliche Verfahren, das Magdalena verwendet, Schritt für Schritt im Heft! Verwende dabei verschiedene Farben, so wie Magdalena es gemacht hat.

Schritt 1: Ich multipliziere zuerst den Zehner des 2. Faktors mit dem Einer des 1. Faktors.
Also: 1 · 2 = 2 ...

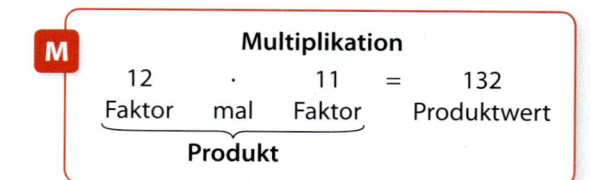

M Multiplikation
12 · 11 = 132
Faktor mal Faktor   Produktwert
⎵_____ Produkt _____⎵

Übungsaufgaben

1 Du kannst auch so vorgehen:
Zerlege die Zahlen in Einer, Zehner, Hunderter und rechne wie im Beispiel 756 · 3:

```
756 · 3  →  700 · 3 = 2 100
             50 · 3 =   150
              6 · 3 =    18
                      -----
                      2 268
```

- **a** 222 · 2
- **b** 847 · 4
- **c** 847 · 8
- **d** 1 472 · 4
- **e** 1 472 · 8
- **f** 6 959 · 9
- **g** 7 744 · 11
- **h** 1 174 · 12
- **i** 5 514 · 14

2 Finde jeweils eine passende Multiplikationsaufgabe und rechne sie aus

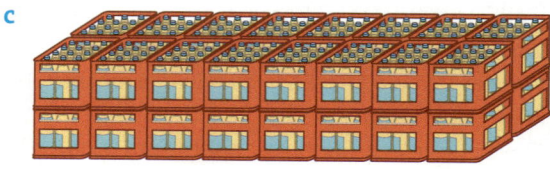

a
b
c

Multiplikation 2.4

3 Schreibe die Additionsaufgaben als Produkt und berechne sie im Kopf.
a 4 + 4 + 4 + 4 + 4
b 15 + 15 + 15 + 15 + 15 + 15 + 15 + 15
c 27 + 27 + 27 + 27 + 27 + 27 + 27
d 145 + 145 + 145 + 145

4 Nimm aus beiden Behältern jeweils einen passenden Multiplikationsfaktor.
a Das Ergebnis soll möglichst groß sein.
b Gib das kleinste Ergebnis an.
c Der Produktwert ist 240.
d Alle Ergebnisse, die größer als 250 sind.

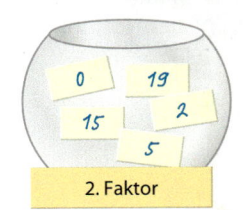

1. Faktor: 18, 17, 20, 16, 50
2. Faktor: 0, 19, 15, 2, 5

5 Kay stellt folgende Multiplikationsaufgabe an einem Zahlenstrahl dar:

3 · 15 = 15 + 15 + 15 = 45

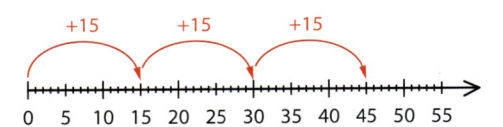

a Zeichne selbst passende Zahlenstrahle zu den Produkten auf den Kärtchen und rechne aus:

6 · 5   15 · 2   4 · 12
9 · 10   12 · 4

b Formuliere nun eine eigene Multiplikationsaufgabe und zeichne einen passenden Zahlenstrahl.

6 Häufig verwenden wir Begriffe wie das *Einfache*, das *Doppelte*, das *Dreifache* …
a Erläutere die Begriffe und gib Beispiele an.
b Das Doppelte von 137 ist …?
c Wie lautet der Produktwert des Sechsfachen von 524?
d Multipliziere das 24-Fache von 3 mit 14.

7 Berechne die zwölf Produktwerte schriftlich. Wenn alle Ergebnisse stimmen, ergibt sich aus den Buchstaben, die zu den Produktwerten gehören, die Lösung:

·	30	55	24	18
13	T	K	A	T
678	A	S	C	L
290	E	B	S	E

| 37 290 | 312 | 12 204 | 20 340 | 390 | 15 950 |
| 5 220 | 6 960 | 234 | 8 700 | 16 272 | 715 |

8 Übertrage die Aufgaben in dein Heft und berechne sie schriftlich. Achte darauf, dass alle Zahlen sauber untereinander stehen.

Beispiel: 3 4 4 · 5
           1 7 2 0

a 531 · 7
b 564 · 10
c 999 · 12
d 454 · 19
e 575 · 72
f 493 · 27
g 728 · 888

9 Das neue *Wunderbad* hat eröffnet! Am Samstag besuchten 453 Erwachsene und 498 Kinder das neue *Wunderbad*.

Wunderbad — Unsere Preise
Erwachsene 4,50 €
Kinder (unter 14 Jahren) 2,50 €
Dampfgrotte 1,50 €
Wellenbad 0,50 €

a Wie viel Eintritt (ohne Zusatzangebote) kam durch diese Besucher in die Kasse?
b Welche Aufgaben könntest du noch stellen? Lass sie deinen Nachbarn lösen!

10 Überprüfe die Aufgaben und beschreibe die Rechenfehler.

a   8 3 · 7
    5 6 1

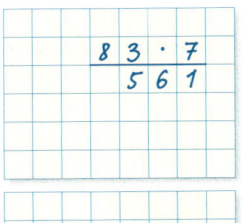

b   2 3 · 9 8
    2 0 7 0
  + 1 8 4
    2 1 5 4

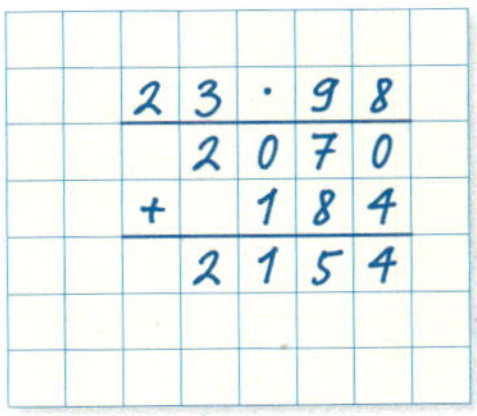

c   1 7 · 3 9
          5 1
      + 1 5 3
        2 0 4

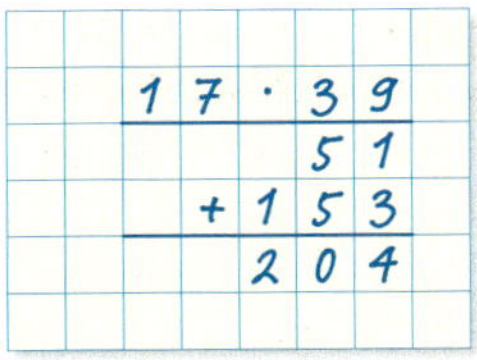

d   1 7 · 3 1 4
          5 1
          1 7
          6 8
        1 3 6

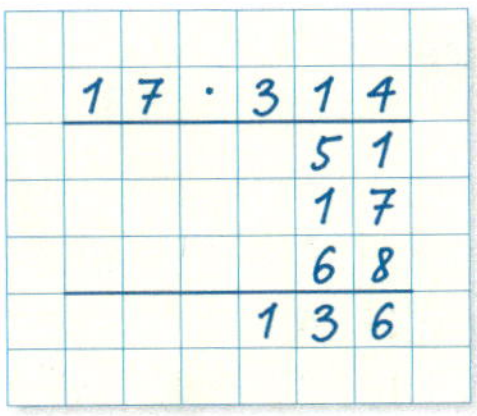

2.4 Multiplikation

11 Für die Unterstufendisco beschafft die SMV: 29 Kisten mit jeweils zwölf Litern Sprudel, 23 Kisten mit jeweils sechs Litern Apfelsaft und 18 Kisten mit jeweils neun Litern Limonade. Die SMV geht davon aus, dass 260 Besucher kommen werden und jeder etwa zwei Liter trinken wird.
  a Werden die Getränke ausreichen?
  b Die Kiste Sprudel kostet 4,85 €, die Kiste Apfelsaft 4,55 €, die Kiste Limo 4,95 €. Bezahlt wird mit einem 500-€-Schein.

12 In der Eisdiele bestellen neun Kinder jeweils drei Eiskugeln. Jede Kugel kostet 95 ct.

  Ole rechnet so: $(9 \cdot 3) \cdot 95 = 27 \cdot 95 = 2565$

  Esra meint, dass man die Aufgabe einfacher rechnen kann: $9 \cdot (3 \cdot 95) = 9 \cdot 285 = 2565$

  a Beschreibe die beiden Rechnungen und vergleiche sie.
  b Formuliere eine Multiplikationsaufgabe mit mehreren Faktoren und lass sie deinen Nachbarn lösen.
  c Kontrolliere das Ergebnis deines Nachbarn, indem du das **Verbindungsgesetz** anwendest.

13 Vertausche die Zahlen so, dass du einfacher rechnen kannst.
  a $2 \cdot 18 \cdot 5$
  b $14 \cdot 3 \cdot 5$
  c $23 \cdot 12 \cdot 10$
  d $125 \cdot 11 \cdot 4$
  e $14 \cdot 6 \cdot 5 \cdot 10$
  f $25 \cdot 3 \cdot 4 \cdot 13$

14 Multipliziere von unten nach oben.
  a Pyramide mit unterer Reihe: 1, 2, 3, 4
  b Pyramide mit unterer Reihe: 4, 5, 8, 10

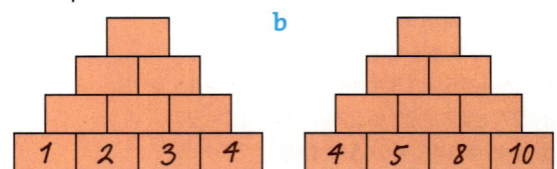

  c Beschreibe, was bei Aufgabe **a** passiert, wenn die Zahlen in der unteren Reihe verdoppelt werden.
  d Vertausche die unteren Bausteine bei Aufgabe **b** so, dass du an der Pyramidenspitze ein möglichst kleines Ergebnis erhältst.

15 Multipliziere 213 zunächst mit 5, dann mit 4 und dann wieder mit 5.

  $213 \xrightarrow{\cdot 5} \square \xrightarrow{\cdot 4} \square \xrightarrow{\cdot 5} \square$

  a Fällt dir etwas auf? Kannst du die Rechnung verkürzen?
  b Was passiert, wenn man andere Zahlen als 213 einsetzt?
  c Stell deinem Nachbarn drei weitere Kettenaufgaben.

16 Übertrage die Aufgaben in dein Heft und ergänze die fehlenden Ziffern durch Rückwärtsrechnen oder Ausprobieren.

  a $\;\;2\,1\cdot\square\,7$
  $\;\;\;\;\;\;\;\square\,4$
  $\;\;\;\;\;\;1\,4\,\square$
  $\;\;\;\;\;\square\,8\,\square$

  b $\;\;3\,\square\,8\cdot4\,\square$
  $\;\;\;\;\;\;1\,\square\,1\,2$
  $\;\;\;\;\;\;2\,\square\,9\,6$
  $\;\;\;\;\;\square\,5\,4\,\square\,6$

M   **Gesetze der Multiplikation**

Kommutativgesetz (Vertauschungsgesetz)

$$3 \cdot 12 = 12 \cdot 3$$
$$\;\;36\;\;\;\;\;\;\;\;\;36$$

In einem Produkt darf man die Faktoren beliebig vertauschen; der Produktwert ändert sich dadurch nicht.

Assoziativgesetz (Verbindungsgesetz)

$$3 \cdot 12 \cdot 5 = 3 \cdot 12 \cdot 5$$
$$(3 \cdot 12) \cdot 5 = 3 \cdot (12 \cdot 5)$$
$$36 \cdot 5 = 3 \cdot 60$$
$$180 = 180$$

In einem Produkt darf man die Faktoren beliebig zusammenfassen bzw. Klammern beliebig setzen.

Rechnen mit natürlichen Zahlen

2.5 Potenzen und Quadratzahlen

Hanna faltet einen Papierbogen mehrmals nacheinander. Wenn sie ihn einmal faltet, liegen zwei Lagen aufeinander. Faltet sie den Bogen nochmals, dann sind es vier Lagen, also doppelt so viele.
Hanna schreibt ihre Ergebnisse in eine Tabelle:

Faltvorgänge	0	1	2	3	4
Papierlagen	1	2	4	...	...
Rechnung			2	2·2	2·2·...

1 Erkläre Hannas Vorgehensweise und ergänze die Tabelle im Heft.
Wie oft wird sie es wohl schaffen, das Papier zu falten?
Wie viele Seiten würden nach dem achten Falten aufeinander liegen?

Würde Hanna das Blatt 10-mal falten können, so müsste sie die Zahl **2** zehnmal mit sich selbst multiplizieren, um die Anzahl der Papierlagen zu berechnen.
2·2·2·2·2·2·2·2·2·2

Was für ein Aufwand! Geht das nicht einfacher?

M **Potenzen**

Exponent oder **Hochzahl**
$2^{10} = 1\,024$ gesprochen:
Basis   „2 hoch 10 ergibt 1 024."

Die **2** ist die **Basis**, die **10** heißt **Exponent**.
Die verkürzte Schreibweise nennt man **Potenz**.
Der Zahlenwert der Potenz heißt **Potenzwert**.

Hanna ergänzt in ihrer Tabelle die Potenzschreibweise:

Rechnung		2	2·2	2·2·...	...
als Potenz	2^0	2^1	2^2	2^3	...

M **Quadratzahlen** sind die Ergebnisse besonderer Potenzen, diese haben den Exponenten 2.
Beispiel: $8^2 = 8 \cdot 8 = 64$

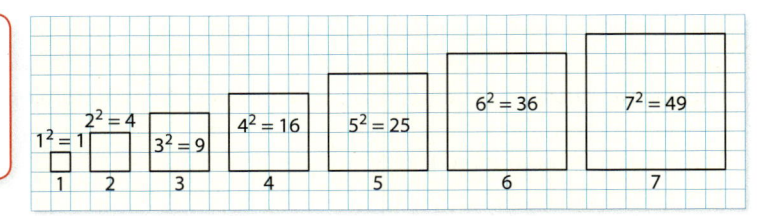

$1^2 = 1$ $2^2 = 4$ $3^2 = 9$ $4^2 = 16$ $5^2 = 25$ $6^2 = 36$ $7^2 = 49$

Übungsaufgaben

1 Schreib die Produkte als Potenz.
a 2·2·2
b 2·2·2·2·2·2
c 1·1·1·1·1·1·1
d 3·3·3·3
e 9·9·9·9·9
f 384·384·384

2 Schreib die Potenzen als Produkt und rechne sie aus.
a 5^2
b 1^4
c 10^6
d 24^3
e 132^3
f 3^7

Rechnen mit natürlichen Zahlen

2.5 Potenzen und Quadratzahlen

3 Lerne die ersten 20 Quadratzahlen auswendig. Übertrage dazu die Tabelle zuerst in dein Heft und vervollständige sie.
Lerntipp: Verwende zusätzlich Karteikarten.

Zahl	1	2	3	4	5	6	7	8	9	10
(Zahl)²	1	4	9							

Zahl	11	12	13	14	15	16	17	18	19	20
(Zahl)²										

4 Finde die zusammengehörenden Kärtchen.

7^3 ; 9^3 ; 3^4 ; 1^{12} ; 2^7 ; 4^4 ; 11^2 ; 5^3

128 ; 256 ; 125 ; 343 ; 121 ; 1 ; 81 ; 729

5 Karl rechnet so:

$$6^4 = 6 \cdot 6 \cdot 6 \cdot 6 = 36 \cdot 36 = 1296$$

$$\begin{array}{r} 36 \cdot 36 \\ \hline 1080 \\ +\ \ 216 \\ \hline 1296 \end{array}$$

a Beschreibe Karls Rechenweg. Warum hat er nicht einfach von links nach rechts gerechnet?
b Geh bei diesen Potenzen vor wie Karl:
2^4; 2^6; 4^4; 7^4; 3^6; 10^4; 10^8; 5^6
c Was kannst du über die Zahlen im Exponenten sagen, bei denen man die Faktoren so zusammenfassen kann?

6 Überprüfe die folgenden Rechnungen und beschreibe die Fehler:
a $4 + 4 + 4 + 4 + 4 = 4^5$
b $6^3 = 3 \cdot 3 \cdot 3 \cdot 3 \cdot 3 \cdot 3$
c 8 ist eine Quadratzahl, da $2^3 = 8$
d $2 \cdot 3^2 = 36$, da $2 \cdot 3 = 6$ und $6^2 = 36$
e $1^8 = 8$, da $1 \cdot 8 = 8$
f $0^5 = 5$
g $2^5 = 5^2$
h $2^4 < 4^2$
i $2^6 - 2^2 = 2^4$

7 Schreibe die Quadratzahl als Produkt und als Potenz.
a 36   **e** 169   **i** 225   **n** 324   **r** 25
b 49   **f** 400   **k** 121   **o** 9   **s** 0
c 100 **g** 16   **l** 81   **p** 361   **t** 256
d 144 **h** 196   **m** 1   **q** 196   **u** 289

8 Lea schreibt drei Freundinnen einen Kettenbrief. Sie sollen ihn dreimal abschreiben und dann weiterschicken.
a Lea überlegt sich, wie viele Personen den Brief beim vierten Durchlauf erhalten werden, wenn alle Angeschriebenen mitmachen.
b Beim wievielten Durchlauf haben mindestens 500 Empfänger den Kettenbrief erhalten?

9 Oma Resi schenkt ihrem neugeborenen Enkelsohn einen Cent. Sie möchte ihrem Enkel von nun an zu jedem Geburtstag das Doppelte des Betrages vom Jahr zuvor schenken.
a Tante Ida meint: „Oma Resi, du bist doch sonst nicht so geizig!"
Was meinst du dazu?
b Wie viel Geld bekommt der Enkel an seinem 12. Geburtstag?

10 Im *Romanesco*-Blumenkohl kommt die Grundstruktur seiner Frucht innerhalb der Frucht verkleinert immer wieder neu vor. Diese in der Natur häufige Erscheinung nennt man *Fraktal*.
a Recherchiere nach weiteren Fraktalen, die in der Natur vorkommen.
b Zeichne einen Ast, bei dem sich die Zweige am Ende immer wieder verdoppeln. Beginne zunächst mit einem Ast.
c Wie viele Enden hat der Ast nach der fünften Verzweigung?
Kannst du diese Zahl auch berechnen?

2.6 Division

Ben arbeitet in den Sommerferien bei einem Getränkeabfüller. Er soll 162 Flaschen in Kästen verteilen. In jeden Kasten passen neun Flaschen. Wie viele Kästen braucht er?
Ben geht seine schriftliche Rechnung in Gedanken Schritt für Schritt durch.

$$
\begin{array}{r}
162 : 9 = 18 \\
-\;\;19\downarrow \\
\hline
72 \\
-\;72 \\
\hline
0
\end{array}
$$

1.) 16 : 9 = 1 Rest 7, da 1 · 9 = 9
2.) 16 − 9 = 7
3.) Die 2 wird geholt.
4.) 72 : 9 = 8, da 8 · 9 = 72
5.) 72 − 72 = 0

M

Division
189 : 9 = 21
Dividend durch Divisor   Quotientenwert
Quotient

Durch null kann man **nicht** dividieren!

Beispiel
12 : 0 = ⌧ → ⌧ · 0 = 12
Die Probe zeigt: Es gibt keine Zahl, die mit null multipliziert 12 ergibt.

Übungsaufgaben

1 Sprudelflaschen gibt es auch in 12er-Kästen.
a Wie viele Kästen benötigt Karl für 208 Flaschen?
b Wie viele Flaschen blieben bei 9er-Kästen übrig?

2 Berechne den Wert des Quotienten.
a 48 : 4   d 96 : 3   g 288 : 12
b 138 : 6   e 132 : 12 h 338 : 13
c 168 : 7   f 182 : 13 i 555 : 15

3 Die 31 Schülerinnen und Schüler der Klasse 5b sollen sich in 4er-Gruppen setzen.
a Wie viele Gruppen sind dies? Aus wie vielen Kindern setzen sie sich zusammen?
b Gibt es noch andere Gruppeneinteilungen, die du sinnvoll findest?

4 Danilo hat 685 Luftballons gekauft. Wie viele bekommt jeder, wenn er sie auf
a 4 Kinder …   d 9 Kinder …
b 5 Kinder …   e 13 Kinder …
c 7 Kinder …
… verteilt?
Berechne schriftlich und überprüfe die Ergebnisse durch Multiplikation.

685 : 2 = 342 R1
342 · 2 = 684
684 + 1 = 685

5 Ergänze im Heft die fehlende Zahl durch Division bzw. Multiplikation.
a 760 : 8 = □   e 78 : □ · 2 = 12
b 2 236 : □ = 26   f 672 : (□ · 3) = 32
c □ : 32 = 91   g 89 · □ · 12 = 37 380
d 2 · □ · 3 = 90   h □ · □ : 4 = 36

Rechnen mit natürlichen Zahlen

2.6 Division

6 Kombiniere die Zahlen in den beiden Behältern zu acht Divisionsaufgaben. Das Ergebnis soll keinen Rest enthalten.

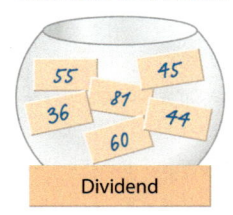

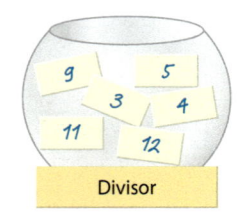

Dividend: 55, 45, 81, 36, 44, 60
Divisor: 9, 5, 3, 4, 11, 12

7 Rechne schriftlich und überprüfe deine Ergebnisse.
a 2 046 : 6
b 18 246 : 6
c 30 107 : 7
d 23 807 : 7
e 3 612 : 12
f 48 372 : 12

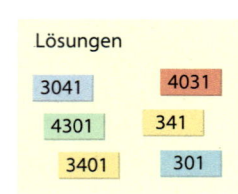

Lösungen: 3041, 4031, 4301, 341, 3401, 301

8 Die Schüler der fünften Klassen haben die Möglichkeit, am Ende des Schuljahres beim gemeinsamen Zirkelkauf Geld zu sparen. Der Zirkel kostet im Schreibwarengeschäft 9 €, bei einer Sammelbestellung müssen für 143 Zirkel insgesamt 1 144 € bezahlt werden.
a Was kostet ein Zirkel bei der Sammelbestellung?
b Wie viel Geld kann durch die Sammelbestellung insgesamt eingespart werden?

9 Dividiere schrittweise von außen nach innen.
a 1350, :15, :5, :2, :3
b 4608, :4, :6, :8, :12
c 61776, :8, :13, :6, :9
d 75600, :7, :3, :6, :12

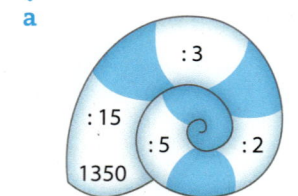

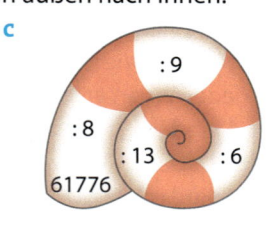

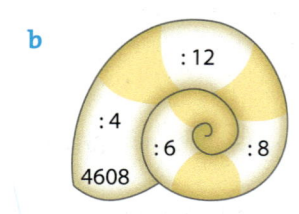

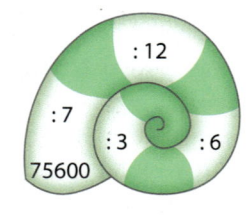

10 Jakob rechnet:

```
4 1 2 0 0 : 5 = 8 2 4
- 4 0
    1 2
  - 1 0
      2 0
    - 2 0
        0
```

a Überprüfe sein Ergebnis. Mach zuerst eine Überschlagsrechnung.
b Was hat Jakob falsch gemacht?

11 Franziskas Klassenarbeitsnoten in Englisch:

KA 1	KA 2	KA 3	KA 4
3	3	4	2

Sie möchte nun wissen, auf welcher Note sie steht, und fragt ihre Lehrerin nach ihrem Durchschnitt. Die Lehrerin schreibt an die Tafel:

> 3 + 3 + 4 + 2 = 12
> Es waren vier Klassenarbeiten,
> also: 12 : 4 = 3
> Der Notendurchschnitt ist 3.

a Wie würde es sich auf den Durchschnitt auswirken, wenn Franziska in der letzten Arbeit eine Sechs geschrieben hätte?
b Versuch nun, deinen Notendurchschnitt in Englisch zu berechnen.
Gab es dabei ein Problem? Beschreib es!

12 Die 114 Schüler der 10. Klasse möchten ein Abschlussfoto machen. Klassensprecherin Daniela schlägt vor, dass sie sich in drei Reihen aufstellen sollen.
a Was meinst du zu Danielas Vorschlag?
b Überleg dir eine andere Aufstellung und veranschauliche deine Idee in einer Skizze.
c Wie müssten sich die Schüler aus deiner Klasse für ein gutes Foto aufstellen?

Division 2.6

13 Notiere die Rechenausdrücke mithilfe des Platzhalters □ und berechne die fehlende Zahl.
a Dividiere 64 durch 4.
b Der Quotientenwert ist 6, der Dividend 144.
c Die größte fünfstellige Zahl wird durch den Divisor 3 dividiert.
d Dividiere 150 durch den Quotientenwert aus 75 und 3.

14 Hier wurden einige Fehler gemacht. Beschreibe und verbessere sie.

a
```
1 6 1 7 : 7 = 2 4 1
-1 4
  2 1
- 2 1
    0 7
  -  7
    0
```

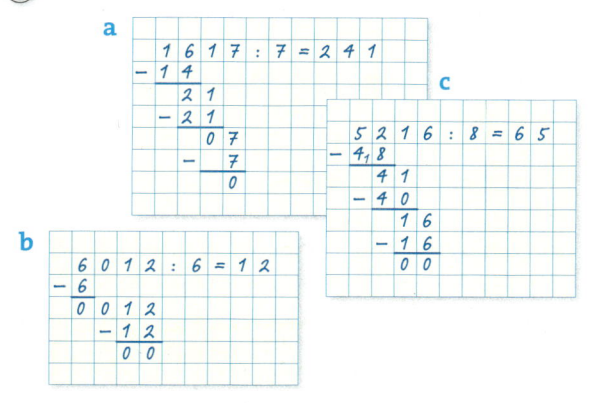

b
```
6 0 1 2 : 6 = 1 2
-6
 0 0 1 2
-    1 2
     0 0
```

c
```
5 2 1 6 : 8 = 6 5
-4₁8
  4 1
- 4 0
    1 6
  - 1 6
    0 0
```

15 Manuel rechnet: 245 : 21 = 11 Rest 14
Wie müsste der Dividend lauten, damit …
a … kein Rest bleibt?
b … das Ergebnis 15 lautet?
c … 19 Rest 5 herauskommt?

16 Die Michels machen eine 6-tägige Fahrradtour von Stuttgart nach Trier.
Am 1. Tag fahren sie 62 km, am 2. Tag 54 km, am 3. Tag 56 km, am 4. Tag 58 km, am 5. Tag 54 km und am 6. Tag 52 km.
a Wie viele Kilometer sind sie im Durchschnitt täglich gefahren?
b Für die Heimfahrt benötigen sie einen Tag weniger. Um wie viele Kilometer waren die durchschnittlichen Tagesetappen länger?

17 Dividiere schriftlich und überprüfe deine Ergebnisse durch eine Überschlagsrechnung.
a 3 160 : 5
b 31 600 : 5
c 30 024 : 6
d 30 240 : 6
e 63 350 : 7
f 630 035 : 7

18 Formuliere die Aufgaben als Rechenausdrücke. Benutze dabei immer alle Kärtchen.

| 8 | 2 | 4 | 1 | : |

a Der Quotientenwert soll möglichst groß sein.
b Das Ergebnis lautet 32.
c Der Quotientenwert soll möglichst klein sein.

19 Die drei Freundinnen Helen, Mira und Kim sind zum Geburtstag eingeladen. Sie möchten zusammen ein großes Geschenk machen und die Kosten gerecht aufteilen. Helen kauft eine Karte für 3,85 €, Kim kauft ein Spiel für 12,15 € und Mira einen Blumenstrauß für 5,00 €. 
a Wie viel muss jedes Mädchen bezahlen?
b Wie können die Mädchen nun ihre Ausgaben miteinander verrechnen?

20 Ergänze im Heft die fehlenden Ziffern durch Rückwärtsrechnen oder durch Ausprobieren.

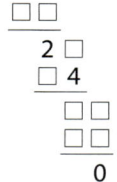

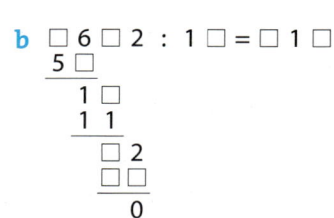

a
```
1 4 7 □ : □ 2 = 1 □ □
□ □
  2 □
  □ 4
  □ □
  □ □
      0
```

b
```
□ 6 □ 2 : 1 □ = □ 1 □
5 □
 1 □
 1 1
   □ 2
   □ □
     0
```

21 In ganz Deutschland werden jeden Tag etwa 10 Milliarden Liter Wasser für die privaten Haushalte benötigt. Es leben ca. 80 Millionen Menschen in Deutschland.
a Wie viel Wasser verbraucht ein Deutscher durchschnittlich am Tag?
b Der Bodensee hat ein Fassungsvermögen von 48 Billionen Litern Wasser.
Wie viele Tage könnte er die Deutschen mit Wasser versorgen?

2.7 Verbinden der Grundrechenarten

1 Kathrin möchte sich von ihren 50 € Geburtstagsgeld einen Tischtennisschläger und zwei Packungen Tischtennisbälle kaufen.
a Reicht das Geld?
b Welche Rechenbäume passen zur Aufgabe, welche nicht? Begründe jeweils, warum du das so siehst.

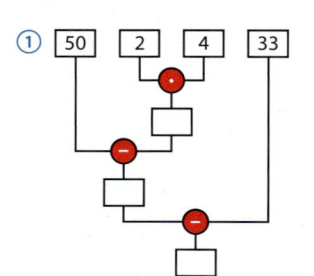

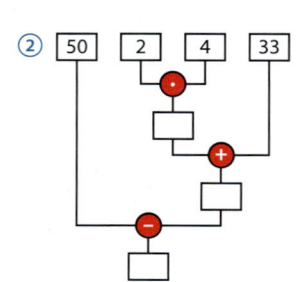

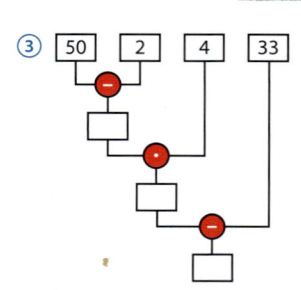

c Überlege mit deinem Partner, welche Rechnung zu welchem Rechenbaum gehört.
  A 50 − (2 · 4 + 33)   B (50 − 2) · 4 − 33   C 50 − 2 · 4 − 33
Welchen Rechenausdruck konntet ihr leicht bzw. schwer zuordnen?

2 Kathrins Mutter geht beim Rechnen anders vor, kommt auf Ihrem Notizzettel aber zum gleichen Ergebnis wie Kathrin.
Ordne die Kärtchen den Rechenschritten von Kathrins Mutter zu.

$$50 - (2 \cdot 4 + 33)$$
$$= 50 - (8 + 33)$$
$$= 50 - 41$$
$$= 9$$

| Punkt- vor Strichrechnung | mit Klammer zusammenfassen | Differenzwert berechnen |

3 Ordne jedem Rechenausdruck einen Rechenbaum zu.
  A 5 · 18 − 15 : 3
  B 5 · (18 − 15 : 3)
  C 5 · (18 − 15) : 3

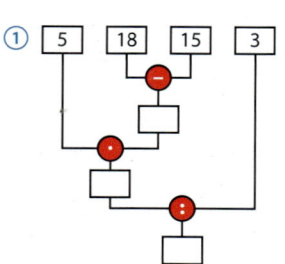

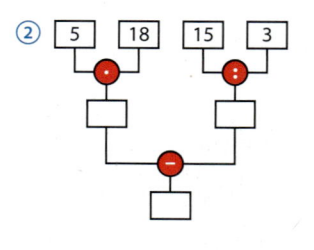

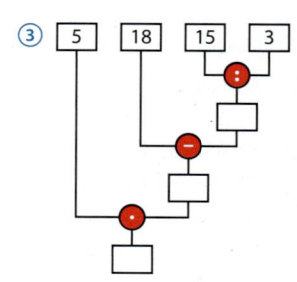

Berechne im Team mit deinem Banknachbarn: Einer von euch berechnet die Ergebnisse von A, B und C, der oder die andere von ①, ② und ③. Vergleicht eure Ergebnisse!

> **M** In Rechenausdrücken mit Klammern, Punktrechnungen (· und :) und Strichrechnungen (+ und −) gilt für die Berechnung ihres Wertes die **KlaPS-Regel**:
>
> **Kla**mmer- vor **P**unkt- vor **S**trichrechnung!

2.7 Verbinden der Grundrechenarten

Übungsaufgaben

1 Beschreibe, was du bei folgenden Aufgaben zuerst berechnen musst. Berechne dann.
a 30 − 12 : 6
b (56 − 22) : 2
c 13 · 3 + 21
d 130 − 3 · 21
e 15 : 3 + 17 · 6
f 4 · (9 · 20 + 8)

2 Berechne zeilenweise ohne Nebenrechnung.
a (8 + 9 + 12) · 5
b 60 − 3 · 15
c 5 · 12 − 3 · 13
d 150 − 51 : 3 + 11 · 2
e 195 − 15 · (23 − 13)
f (28 − 4 · 3) : (3 · 7 − 19)

Lösungen: 21, 155, 15, 45, 8, 145

3 Lass die Schlange die erste Rechnung verdauen. Das richtige Ergebnis führt zur nächsten Aufgabe. Das Ergebnis der letzten Rechnung hat die Quersumme 12.

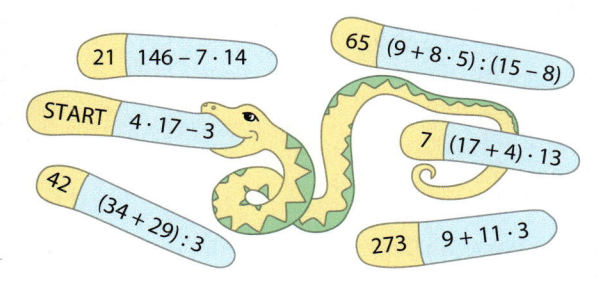

START: 4 · 17 − 3
21 — 146 − 7 · 14
42 — (34 + 29) : 3
65 — (9 + 8 · 5) : (15 − 8)
7 — (17 + 4) · 13
273 — 9 + 11 · 3

4 Berechne zeilenweise ohne Nebenrechnung. Du erhältst ein Lösungswort.
a 6 · 12 − 3 · 13
b 58 − 4 · 13 + 7
c 72 : 9 + 11 · 7 − 23
d 43 + 7 · (27 : 9 − 3)
e (12 + 13) : 5 − (14 + 16) : 6
f $4^2 − 2 \cdot 6 + 20$
g 193 + 7 · 22 − 72 : 4
h (15 + 17 · 9) : 4 − 3
i $2^3 + 4^2 + 20$
j 125 · 5 − 350 : 25
k 3 + 4 · (16 + 5)
l 7 · (60 − 52 + 7)

24 S, 39 E, 33 B, 62 D, 329 E, 13 O, 0 N, 43 E, 44 U, 611 F, 87 E, 105 R

5 Hanna bekommt 5 € Taschengeld im Monat. Ihr älterer Bruder Stefan bekommt 7 €. Sie überlegen: „Wie viele Euro bekommen wir gemeinsam in drei Monaten?"

3 · 5 + 3 · 7
= 15 + 21
= …

3 · (5 + 7)
= 3 · 12
= …

Vergleiche und beschreibe die Vorgehensweisen der Geschwister.

6 Berechne auf zwei verschiedene Arten.
a Martin hat drei Hefte und fünf Stifte zu je 65 ct gekauft. Was musste er bezahlen?
b Die Klassen 5a (23 Schüler), 5b (26 Schüler) und 5c (28 Schüler) machen gemeinsam einen Ausflug ins Schwimmbad. Jeder Schüler muss 1,50 € bezahlen. Wie viel kostet der Eintritt insgesamt?
c Bauer Hemberger züchtet Weihnachtsbäume auf einem Grundstück, das durch eine Landstraße geteilt wird. Die Skizze zeigt das Schema der Bepflanzung. Wie viele Weihnachtsbäume stehen insgesamt auf dem Grundstück? 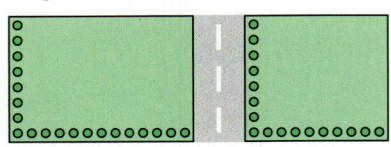
d Der Mittelstreckenläufer Ulrich Hase läuft zu Beginn seines Trainings 8-mal die 400-m-Bahn im Stadion, zum Abschluss noch 4-mal. Wie lang war die gesamte Trainingsstrecke auf der 400-m-Bahn?

Rechnen mit natürlichen Zahlen

2.7 Verbinden der Grundrechenarten

M **Distributivgesetz** (Verteilungsgesetz)
Ausklammern ist die Umkehrung von **Ausmultiplizieren**. Das **Distributivgesetz** fasst beide Vorgehensweisen zusammen. Aus einem Produkt bzw. einem Quotienten wird eine Summe bzw. eine Differenz und umgekehrt. Der Wert des Rechenausdrucks ändert sich dabei nicht.

⟶ Ausmultiplizieren ⟶

Produkt $7 \cdot (40 + 3)$ = $7 \cdot 40 + 7 \cdot 3$ Summe
Quotient $(96 - 36) : 3$ = $96 : 3 - 36 : 3$ Differenz

⟵ Ausklammern ⟵

T Rechne **zeilenweise** ohne Nebenrechnung:
$5 \cdot (13 + 4)$
$= 5 \cdot 13 + 5 \cdot 4$
$= 65 + 20$
$= 85$

$(121 - 66) : 11$
$= 121 : 11 - 66 : 11$
$= 11 - 6$
$= 5$

7 Überlege mit deinem Banknachbarn, wie man die Ausdrücke am einfachsten berechnen kann. Wie heißt das Gesetz, das ihr benutzt habt?
a $(4 + 12) \cdot 15$
b $33 \cdot (20 - 3)$
c $(64 - 20) : 4$
d $(400 + 9) \cdot 5$

8 Berechne durch Ausklammern.
a $4 \cdot 28 + 4 \cdot 32$
b $29 \cdot 8 - 9 \cdot 8$
c $425 : 5 + 575 : 5$
d $3 \cdot 301 - 3 \cdot 1$

9 Rechne vorteilhaft.
a $(8 + 4) \cdot 125$
b $22 \cdot (5 - 3)$
c $96 \cdot (95 + 5)$
d $140 : 5 + 60 : 5$

10 Berechne unter Anwendung des Verteilungsgesetzes.
a $(5 + 3) \cdot 12$
b $27 \cdot (4 - 2)$
c $75 \cdot 75 + 75 \cdot 25$
d Schreib den Lückentext ab und füll ihn dabei sinnvoll mit den Begriffen auf der Pinnwand.

ausmultiplizieren *Zahlen* *Ergebnis* *Rechenvorliebe* *Beispiele* *ausklammern*

Bei der Berechnung von Ausdrücken wie $12 \cdot 8 + 12 \cdot 15$ ist es egal, ob wir zuerst .... oder .... Beide Rechenwege führen zum gleichen .... Das Vorgehen hängt einerseits von den ...., andererseits von der .... ab.

11 Geh bei der Berechnung schrittweise vor.
Beispiel: $6 \cdot (27 - 15 : 3) + 4$
$= 6 \cdot (27 - 5) + 4$
$= 6 \cdot 22 + 4$
$= 132 + 4$
$= 136$

a $60 : 12 + 32 - 17$
b $144 - 77 : 11 + 3 \cdot 13$
c $537 + 56 : 4 - 9 \cdot 3$
d $222 + 81 : 9 - 3^2$
e $15 \cdot (4 + 3 \cdot 2) - 8$
f $4^3 + 3^2 \cdot 21$
g $(12 \cdot 11 - 1) \cdot 3 + 18 : 3$

12 Zur besseren Übersicht verwendet man runde und eckige Klammern. Rechne und finde dein Ergebnis in den Lösungen.

M Findest du mehrere Klammern vor, so beginne von innen nach außen zu rechnen.

a $54 + [270 - (350 - 210)]$
b $400 - [300 - (90 + 21) - 99] \cdot 3$
c $[(8 \cdot 7 + 34) : 10 + (74 - 4 \cdot 16)] - 13$
d $[(112 - 98) : 2 + (33 + 77) : 5] + 199$

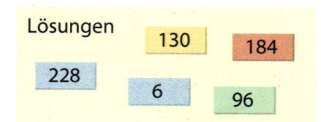

Lösungen: 228 130 6 184 96

54 Rechnen mit natürlichen Zahlen

Verbinden der Grundrechenarten — 2.7

13 Hier wurden Klammern vergessen. Setze sie im Heft so, dass die Rechnung stimmt.
a 47 + 3 · 10 = 500
b 17 + 11 · 3 − 2 = 28
c 134 + 7 · 3 : 5 − 9 = 22
d 166 − 45 : 5 · 2 + 1 = 11

14 Hier stimmt was nicht! Beschreibe, was falsch gemacht wurde, und korrigiere die Rechnung.

a
```
  1 0 2 : 6 + 7 − 3 · 5
= 1 7 + 7
= 2 4 − 3 · 5
= 2 4 − 1 5
= 9
```

b
```
  9 6 : 3 − 2 · 1 0
= 9 6 : 1 · 1 0
= 9 6 · 1 0
= 9 6 0
```

15 Übertrage den Rechenbaum in einen Rechenausdruck und berechne seinen Wert.
a 300, 13, 7 (· dann +)
b 56, 14, 15, 10 (+ und −, dann :)

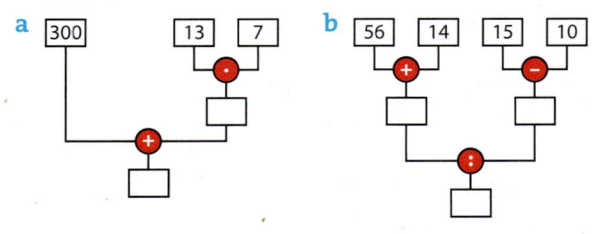

16 Die Busfahrt der Klasse 5c ins *Mathematikum* nach Gießen kostet für jeden Schüler 12 €, wenn alle 28 Schüler mitfahren. Für den Eintritt muss jeder Schüler 5 € bezahlen.
a Wie teuer ist die gesamte Klassenfahrt? Überschlage zunächst und rechne dann.
b Bei der Klassenfahrt fehlen vier Schüler. Wie viel Geld muss jetzt von jedem Schüler noch eingesammelt werden? Der Preis für den Bus bleibt gleich.

17 Zur Filmpremiere von Parry Hotter, Teil 7, standen 153 Fans an der Kasse eines Kinos mit 1 695 Sitzplätzen an. In der ersten Vorverkaufswoche waren 264 Karten verkauft worden, in der zweiten Vorverkaufswoche viermal so viele wie in der ersten Woche.
Wie viele Plätze im Kino bleiben frei?

18 Schreibe zum Text einen Rechenausdruck und berechne.
a Subtrahiere von der Zahl 682 den Quotienten aus 92 und 2.
b Subtrahiere das Produkt der Zahlen 12 und 11 vom Zwölffachen der Zahl 20.
c Dividiere die Summe aus der Zahl 8 und dem Produkt der Zahlen 24 und 65 durch die Differenz der Zahlen 48 und 32.

19 Beschreibe den Rechenausdruck in Worten. Berechne ihn anschließend.
a 376 − 14 · 6
b 98 : 14 + 3 · 13
c (7 + 6 · 8) : 11

20 Bilde mit den fünf Zahlenkärtchen einen Rechenausdruck. Verwende alle vier Rechenzeichen jeweils einmal und setze einmal Klammern.

4   2   9   8   6

a Das Ergebnis soll möglichst groß sein.
b Das Ergebnis soll möglichst klein sein.
c Das Ergebnis soll 100 sein.

21 Wenn du viermal die Zahl 4 verwendest und die Zahlen geschickt mit Klammern und Rechenzeichen verknüpfst, kannst du als Ergebnis Zahlen von 0 bis 8 erhalten.

Das könnte zum Beispiel so aussehen: 4 · (4 + 4) : 4 = 8

Finde noch drei weitere Möglichkeiten.

2.8 Teiler und Vielfache

Die Zahl 15 lässt sich auf verschiedene Weise ohne Rest teilen.
Das stellt Tim mit Hilfe einer anschaulichen Skizze dar.

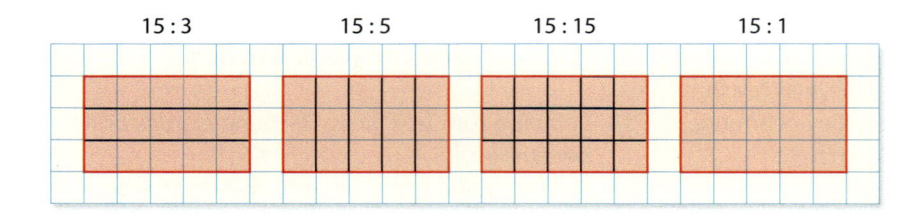

15 : 3   15 : 5   15 : 15   15 : 1

T Die Zahl 15 ist durch 1, 3, 5 und 15 ohne Rest teilbar. Die Zahlen sind die **Teiler** von 15. Wir fassen sie in der **Teilermenge** zusammen und schreiben: $T_{15} = \{1; 3; 5; 15\}$

Multipliziert man 15 mit einer natürlichen Zahl, so erhält man Vielfache von 15. Auch das kann Tim mit Hilfe einer anschaulichen Zeichnung darstellen.

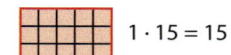

$1 \cdot 15 = 15$

$2 \cdot 15 = 30$

$3 \cdot 15 = 45$

$4 \cdot 15 = 60$

Die Zahlen 15, 30, 45, 60 usw. sind **Vielfache** von 15. Diese fassen wir in der **Vielfachmenge** zusammen und schreiben:
$V_{15} = \{15; 30; 45; 60; …\}$

M **Teiler- und Vielfachmenge**

Die Menge aller Teiler einer natürlichen Zahl n nennen wir **Teilermenge T_n**.
Die Menge aller Vielfachen einer natürlichen Zahl n nennen wir **Vielfachmenge V_n**.

Übungsaufgaben

1 Bestimme die folgenden Mengen.
a T_{12} b V_5 c T_{30}
d V_{12} e T_{24} f V_{30}
g T_2 h V_{24} i T_{19}

2 In den angegebenen Mengen haben sich einige falsche Elemente eingeschlichen. Finde sie heraus und schreibe die Mengen korrekt.
a $V_{12} = \{1; 12; 24; 35; 47; 60; …\}$
b $T_{64} = \{1; 2; 4; 8; 12; 16; 23; 32; 64; 128\}$

2.9 Teilbarkeit

Für das Schulfest hat sich die 5b ein Spiel ausgedacht. In Behälter müssen die Bälle geworfen werden, die eine Division ohne Rest ermöglichen. Einige Bälle sind schon in den Behältern.

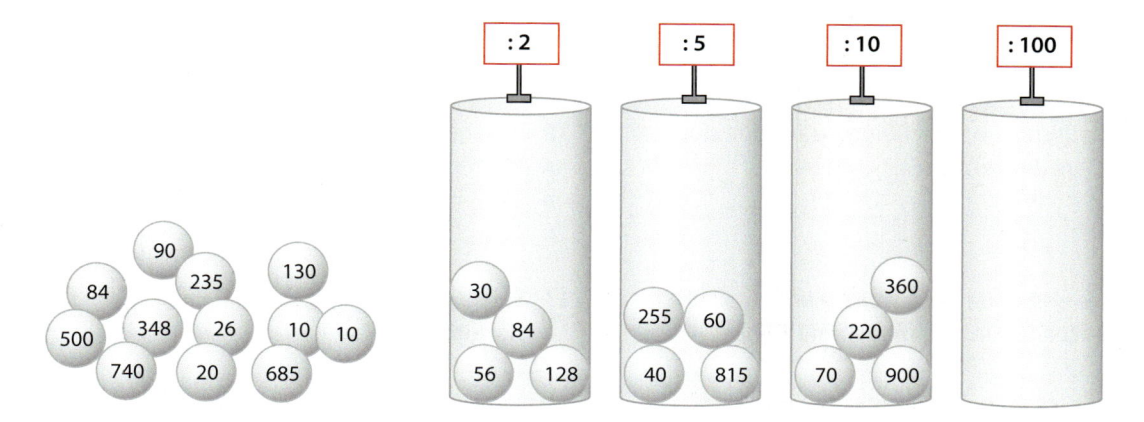

Behälter : 2: 30, 84, 56, 128
Behälter : 5: 255, 60, 40, 815
Behälter : 10: 360, 220, 70, 900
Behälter : 100: (leer)

Verfügbare Bälle: 90, 235, 130, 84, 348, 26, 10, 10, 500, 740, 20, 685

a Kannst du noch weitere Bälle auf die richtige Behälter verteilen?
b Was fällt dir auf, wenn du die Bälle in den einzelnen Behältern miteinander vergleichst?
c Versuche Regeln zu finden, welche Bälle in welchen Behälter dürfen.
d Welche Zahlen dürfen in den vierten Behälter?

Übungsaufgaben

1 Welche Endziffern kannst du für den Platzhalter einsetzen, damit 3 41☐ durch 2 teilbar ist?

2 Überprüfe durch schriftliches Dividieren, ob die Zahl durch 5 oder durch 10 teilbar ist.
a 5 615   b 8 483   c 10 440

3 Überprüfe mit Hilfe der Endziffern, ob die Zahl durch 5, 10 oder 100 teilbar ist.
a 5615   d 809   g 85
b 0250   e 1205   h 70
c 4500   f 789.400   i 700

> **M** Eine Zahl ist genau dann durch **2** teilbar, wenn ihre **letzte Ziffer 0, 2, 4, 6** oder **8** ist.
>
> Eine Zahl ist genau dann durch **5** teilbar, wenn ihre **letzte Ziffer 0** oder **5** ist.
>
> Eine Zahl ist genau dann durch **10** teilbar, wenn ihre **letzte Ziffer 0** ist.
>
> Eine Zahl ist genau dann durch **100** teilbar, wenn sie auf **00** endet.

4 Bestimme alle Zahlen zwischen 70 und 100, die nicht durch 2, 5 oder 10 teilbar sind. Wie gehst du vor?

2.9 Teilbarkeit

M **Teilbarkeit durch 4**

Eine Zahl ist genau dann durch **4** teilbar, wenn ihre **letzten beiden Ziffern zwei Nullen** sind oder eine Zahl darstellen, die **durch 4 teilbar** ist.

M **Quersummenregeln**

Eine Zahl ist genau dann durch **3** teilbar, wenn ihre **Quersumme durch 3 teilbar** ist.

Eine Zahl ist genau dann durch **9** teilbar, wenn ihre **Quersumme durch 9 teilbar** ist.

5 Vertausche die Kärtchen so, dass eine durch 4 teilbare Zahl entsteht.

| 1 | 2 | 0 | 4 | 5 | 8 |

6 Setze passende Ziffern ein. Manchmal gibt es mehrere Lösungen, manchmal keine.

① 22☐   ③ 80☐   ⑤ 290☐4
② 65☐   ④ 168☐   ⑥ 349☐2

a Die Zahl hat den Teiler 4.
b Die Zahl hat 2, aber nicht 4 als Teiler.
c Die Zahl ist durch 4 und 5 teilbar.

7 Überprüfe die Aussagen. Suche Beispiele oder Gegenbeispiele.
a Alle Zahlen, die durch 4 teilbar sind, sind auch durch 2 teilbar.
b Ist eine Zahl durch 5 und 10 teilbar, so ist sie auch durch $5 \cdot 10 = 50$ teilbar.
c Eine Zahl, die durch 2, 4 und 5 teilbar ist, kann auch durch 20 geteilt werden.

8 Such die kleinste und größte dreistellige Zahl.
a Die Zahl ist durch 2 und 5 teilbar.
b Die Zahl kann durch 2, 4 und 5 geteilt werden.

M Die **Quersumme** einer Zahl ist die Summe der einzelnen Ziffern.

Beispiel
1 824 hat die Quersumme $1 + 8 + 2 + 4 = 15$.

9 Bilde die Quersumme und prüfe, ob diese durch 3 oder 9 teilbar ist.
a 369   b 123   c 785

10 Welche Zahl ist durch 3, welche durch 9 teilbar?
a 45   d 189   g 1 265
b 118   e 477   h 5 670
c 165   f 573   i 10 896

11 Setze Ziffern so ein, dass die Zahl …
a … durch 3 teilbar ist:
21☐; 8☐5; 3 2☐7; 4 96☐
b … durch 9 teilbar ist:
6 2☐3; 8 9☐4; 10 ☐07; 23 45☐
c … durch 3, aber nicht durch 9 teilbar ist:
17☐; 25☐; 8☐8; 2 ☐45

12 Suche jeweils die kleinste und größte vierstellige Zahl.
a Die Zahl ist durch 9 teilbar.
b Die Zahl kann durch 3, aber nicht durch 9 geteilt werden.

13 Woran kann man erkennen, ob eine Zahl durch 6 teilbar ist? Formuliere eine Regel.

teilbar durch:	2	3	4	5	6
54	✓	✓			✓
72	✓	✓	✓		✓
105		✓		✓	
112	✓		✓		
138	✓	✓			✓

Überprüfe deine Vermutung mit weiteren Beispielen.

14 *Zahlenrätsel*
a Die gesuchte Zahl liegt zwischen 70 und 80 und hat die Teiler 2, 3, 4 und 6.
b Die Zahlen 3, 4 und 10 teilen die gesuchte Zahl, die größer als 3 200 und kleiner als 3 300 ist.
c Die gesuchte Zahl ist die kleinste fünfstellige Zahl, die durch 6, 10 und 25 teilbar ist.

2.10 Primzahlen

Am Ende des Schulfestes (siehe S. 57) sind beim Spiel der 5b einige Bälle übrig geblieben. Die Klasse diskutiert nun, wie man dies beim nächsten Schulfest verhindern könnte. Dabei entstehen zwei Vorschläge:

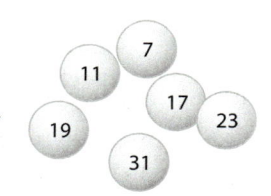

Vorschlag 1
Für jeden Ball einen eigenen Behälter basteln.

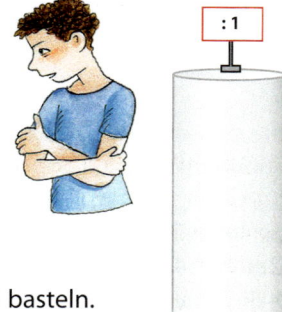

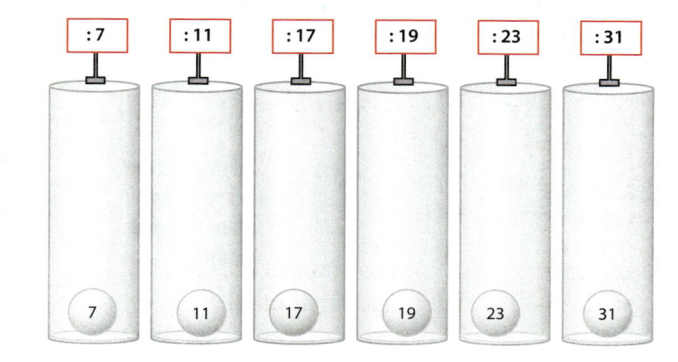

Vorschlag 2
Einen Behälter mit : 1 basteln.

a Welche Vor- und Nachteile siehst du? Diskutiere Sie mit deinem Partner.
b Wie viele Zahlen könnten in den einzelnen Behältern landen?

> **M** Eine natürliche Zahl größer als 1, die nur durch 1 und durch sich selbst teilbar ist, nennt man **Primzahl**.
> Die Zahl 1 ist keine Primzahl.

Übungsaufgaben

1 Die Zahl 1 gehört nicht zu den Primzahlen. Hast du dafür eine Erklärung? Wie verhält es sich mit der Zahl 2?

2 Welche Zahl ist keine Primzahl? Begründe deine Antwort mit Hilfe der Teilbarkeitsregeln.
a 23
b 26
c 39
d 45
e 59
f 61
g 78
h 99
i 110

Der griechische Gelehrte Eratosthenes von Kyrene (276–194 v. Chr.) war ein bedeutender Wissenschaftler. Er beschäftigte sich unter anderem mit Astronomie, Geografie und Mathematik.

3 Das Sieb des Eratosthenes
a Schreibe alle Zahlen von 1 bis 100 in Zeilen zu je sechs Zahlen.
b Streiche zunächst die 1 durch.
c Streiche dann alle Vielfachen der Zahl 2, nicht aber die 2 selbst durch.
d Verfahre ebenso mit der 3, der 5 und der 7.
e Kreise alle Zahlen ein, die du nicht gestrichen hast.
f Wie viele Primzahlen existieren zwischen 1 und 100?

Die größte bis zum 7. Januar 2016 bekannte Primzahl ist $2^{74207281} - 1$ und hat 22.338.618 Stellen.

Rechnen mit natürlichen Zahlen

2.10 Primzahlen

4 Gib die kleinste und die größte zweistellige Primzahl an.
Findest du auch die kleinste und die größte dreistellige Primzahl?

5 In einem *magischen Quadrat* sind die Summen in den Zeilen, Spalten und Diagonalen gleich.

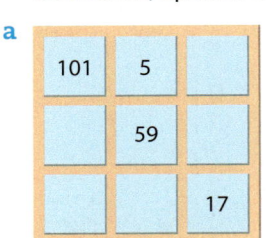

a
101	5	
	59	
		17

Unsere Quadrate sind besonders magisch: Sie bestehen nur aus Primzahlen!

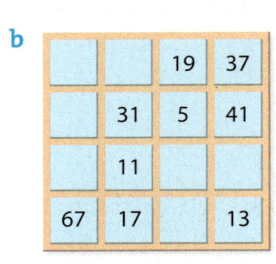

b
	19	37
31	5	41
11		
67	17	13

6 Überprüfe die folgenden Aussagen:
a Alle Primzahlen sind ungerade Zahlen.
b Es gibt zwei aufeinander folgende Primzahlen.
c Zwei Primzahlen zwischen 1 und 100 haben die Differenz von 50.
d Die Summe aller Primzahlen zwischen 30 und 50 ergibt 199.

7 Jan hat bei der Zahl 17 die Reihenfolge der Ziffern umgekehrt und so ihre Spiegelzahl gebildet:

17 → 71

„Bei der Primzahl 17 entsteht ja als Spiegelzahl wieder eine Primzahl."
Findest du weitere Primzahlen dieser Art?

8 Liegt zwischen zwei Primzahlen nur eine weitere Zahl, so nennt man die Primzahlen auch Primzahlzwillinge; zum Beispiel: 3 und 5.
a Such weitere Beispiele.
b Wie viele solcher Zwillingspaare gibt es bei den natürlichen Zahlen unter 100?

9 Jasmin stellt erstaunt fest: „Wenn ich bei einer Multiplikationsaufgabe nur Primzahlen als Faktoren verwende, kann ich jede Zahl als Ergebnis erhalten, nur keine Primzahlen."

$9 = 3 \cdot 3$
$10 = 2 \cdot 5$
11 ist eine Primzahl.
$12 = 2 \cdot 2 \cdot 3$
13 ist eine Primzahl.
$14 = ? \cdot ?$

T Die Faktoren in einem Produkt aus Primzahlen nennt man **Primfaktoren**.

Führe die Reihe fort bis 25. Wie gehst du beim Bestimmen der Primfaktoren vor?

10 Untersuche die Zahlen zwischen 50 und 100.
a Gib mehrere Zahlen an, die das Produkt aus zwei Primzahlen sind.
b Such Zahlen, die entstehen, wenn du drei Primzahlen miteinander multiplizierst.
c Findest du auch Zahlen, die aus mindestens vier Primfaktoren gebildet werden können?

11 Simon und Marvin haben die Zahl 360 schrittweise zerlegt, um sie als ein Produkt aus Primzahlen darstellen zu können. Finde heraus, ob beide die richtige Lösung gefunden haben.

Simon
			3	6	0				
		6	0	·	6				
	6	·	1	0	·	2	·	3	
2	·	3	·	5	·	2	·	2	· 3

Marvin
			3	6	0				
		1	8	·	2	0			
	2	·	9	·	4	·	5		
2	·	3	·	3	·	2	·	2	· 5

M So kannst du eine Zahl in Primfaktoren zerlegen
$12 = 2 \cdot 2 \cdot 3 \qquad = 2^2 \cdot 3$
$25 = 5 \cdot 5 \qquad\quad = 5^2$
$120 = 2 \cdot 2 \cdot 2 \cdot 3 \cdot 5 \quad = 2^3 \cdot 3 \cdot 5$

Rechnen mit natürlichen Zahlen

2.11 ggT und kgV

1 Anne, Lea und Ina gehen gerne ins Kino. Nach einem gemeinsamen Kinobesuch denken sie sich folgende Frage aus: Wenn Anne jeden 6. Tag ins Kino gehen würde und Lea jeden 10. Tag, Ina dagegen jeden 12. Tag: Nach wie vielen Tagen würden sie sich wieder im Kino treffen?

Anne ginge immer nach	6, 12, 18, 24, 30, 36, 42, 48, 54, 60, 66, 72, …	Tagen ins Kino,
Lea nach	10, 20, 30, 40, 50, 60, 70, 80, …	Tagen
und Ina nach:	12, 24, 36, 48, 60, 72, 84, …	Tagen.

Nach 60 Tagen würden sich die Freundinnen also das erste Mal wieder im Kino treffen.
Die Zahl 60 ist in jeder der drei Vielfachmenge enthalten. Es gibt weitere gemeinsame Vielfache, aber kein kleineres als 60.

2 Im Kino kauft sich jedes der Mädchen einige Mini-Tütchen Gummibären. Bevor der Film beginnt stellen sie fest, dass Lea 63, Anne 54 und Ina 18 Bären hat.
Um herauszufinden, wie viele Bärchen in einer Mini-Tüte sind, untersuchen sie die Teilermengen von 18, 54 und 63.
Ina: 1; 2; 3; 6; 9; 18
Anne: 1; 2; 3; 6; 9; 18; 27; 54
Lea: 1; 3; 7; 9; 21; 63
Es könnten also 3 oder 9 Bärchen in einer Mini-Tüte sein. Was meinst du?

M

V_6 = {6; 12; 18; 24; 30; 36; 42; 48; 54; 60; 66; …}
V_{10} = {10; 20; 30; 40; 50; 60; 70; 80; …}
V_{12} = {12; 24; 36; 48; 60; 72; 84; …}

T_{18} = {1; 2; 3; 6; 9; 18}
T_{54} = {1; 2; 3; 6; 9; 18; 27; 54}
T_{63} = {1; 3; 7; 9; 21; 63}

60 ist **gemeinsames Vielfaches** aller drei Vielfachmachmengen und das **kleinste** obendrein.
Man spricht: „60 ist das **kgV** von 6, 10 und 12."
Man schreibt: **kgV (6; 10; 12) = 60**

Sowohl 3 als auch 9 sind **gemeinsame Teiler**.
9 ist dazu der **größte gemeinsame Teiler**.
Man spricht: „9 ist der **ggT** von 18, 54 und 63."
Man schreibt: **ggT (18; 54; 63) = 9**

Übungsaufgaben

1 Kopfrechnen:
a kgV (6; 18)
b ggT (6; 8)
c kgV (10; 15)
d ggT (12; 16)
e kgV (5; 15)
f ggT (2; 4; 8)
g kgV (5; 10; 15)
h kgV (2; 4; 6)
i kgV (10; 20; 30)
k kgV (2; 4; 6)
l ggT (20; 25)
m ggT (1; 11)
n kgV (6; 9)
o ggT (1; 17)
p kgV (60; 90)

2 Untersuche die Teiler- bzw. die Vielfachmengen und bestimme:
a kgV (24; 30)
b ggT (36; 96)
c kgV (12; 60)
d ggT (60; 100)
e ggT (56; 96)
f kgV (48; 72)
g kgV (35; 50)
h ggT (25; 30)
i ggT (90; 225)
k ggT (1; 23)
l kgV (27; 54; 72)
m kgV (48; 60; 72)

2.11 ggT und kgV

M Man kann den ggT auch mit Hilfe der Primfaktorzerlegung berechnen:
$36 = 2 \cdot 2 \cdot 3 \cdot 3 = 2^2 \cdot 3^2$
$54 = 2 \cdot 3 \cdot 3 \cdot 3 = 2^1 \cdot 3^3$
$90 = 2 \cdot 3 \cdot 3 \cdot 5 = 2^1 \cdot 3^2 \cdot 5$
ggT (36; 54; 90) $= 2^1 \cdot 3^2 = 18$

Wähle die gemeinsamen Primfaktoren in der niedrigsten Potenz.
2 ist in allen Zerlegungen enthalten und 2^1 ist die niedrigste auftretende Potenz.
3 ist in allen Zerlegungen enthalten und 3^2 ist die niedrigste auftretende Potenz.
Bilde das Produkt:
ggT (36; 54; 90) $= 2^1 \cdot 3^2 = 18$

3 Bestimme den größten gemeinsamen Teiler durch Zerlegung in Primfaktoren:
a 16 und 36
b 8 und 34
c 121 und 144
d 7 und 28 und 54
e 72 und 96 und 128
f 54 und 90 und 126

4 Ersetze die Lücken.
a ggT (□; 15) = 5
b ggT (1; □) = 13
c ggT (360; 1800) = □
d □ (63; 81) = 9

5 Kiki möchte ihre Einladungskarte für ihren 10. Geburtstag als Puzzle verschicken. Dazu will sie die Karte, die 192 mm lang ist und 144 mm breit ist, in quadratische Teile zerschneiden. Welche Seitenlänge müssen die Quadrate haben, wenn Kiki keinen Verschnitt haben möchte?

Einladung zu meinem 10. Geburtstag

6 Gib zwei Zahlen an mit dem ggT
a 2
b 5
c 8
d 10
e 13
f 17
g $2 \cdot 3 \cdot 4 \cdot 5$
h $2^2 \cdot 3 \cdot 4^2 \cdot 5$
i 81
Finde jeweils zwei weitere Lösungen.

7 Suche drei Zahlen, deren ggT …
a … eine zweistellige Primzahl ist.
b … ein Vielfaches von 3 ist.
c … gleich 1 ist.

M Die Primfaktorzerlegung hilft auch bei der Berechnung des kgV:
$6 = 2 \cdot 3 = 2 \cdot 3$
$18 = 2 \cdot 3 \cdot 3 = 2 \cdot 3^2$
$45 = 3 \cdot 3 \cdot 5 = 3^2 \cdot 5$
kgV (6; 30; 45) $= 2 \cdot 3^2 \cdot 5 = 90$

Wähle die Primfaktoren in der höchsten Potenz, die mindestens bei einer Zerlegung vorkommen.
2 ist mindestens in einer Zerlegungen enthalten und 2^1 ist die höchste auftretende Potenz.
3 ist mindestens in einer Zerlegungen enthalten und 3^2 ist die höchste auftretende Potenz.
5 ist mindestens in einer Zerlegung enthalten und 5^1 ist die höchste auftretende Potenz.
Bilde das Produkt:
kgV (6; 30; 45) $= 2 \cdot 3^2 \cdot 5 = 90$

8 Bestimme das kleinste gemeinsame Vielfache durch Zerlegung in Primfaktoren:
a 9 und 12
b 8 und 20
c 16 und 24
d 28 und 63
e 35 und 56
f 60 und 75
g 4 und 12 und 60
h 9 und 25 und 30
i 10 und 15 und 27

9 Entscheide, ob wahr (w) oder falsch (f). Untersuche an einem Beispiel.
a Der ggT zweier Primzahlen ist nie 1.
b Das kgV zweier Primzahlen ist gleich ihrem Produkt.
c Der ggT von vier Zahlen ist immer 1.

10 Übertrage die Aufgabe in dein Heft und ergänze die Lücken.
$□ = 2 \cdot 2 \cdot 2 \cdot □ = □ \cdot 5^2$
$□ = □ \cdot 5^2 = 3 \cdot □$
$□ (□, □) = □ \cdot □ = 600$

2.12 Mach dich fit!

Addition und Subtraktion

1 Füll die Lücken der Rechenpyramiden.

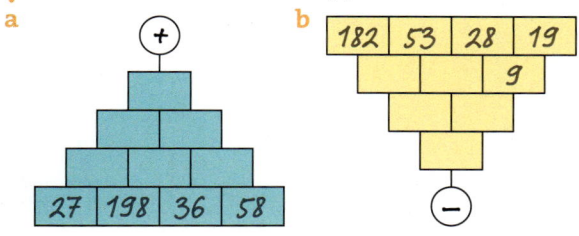

a (+) Pyramide mit Basis: 27, 198, 36, 58

b (−) Pyramide mit oberster Reihe: 182, 53, 28, 19; darunter 9

2 Ergänze im Heft die Platzhalter und nenne zu allen Zahlen die richtigen Fachbegriffe.
a □ + 57 = 99
b 149 − □ = 98

3 Fabian möchte sich ein Trikot für 54,19 €, Shorts für 32,99 € und Stutzen für 12,49 € in den Farben seines Lieblingsvereins kaufen. Reichen 100 €? Überschlage den Endbetrag!

4 Berechne.
a 96 + 87 − 65
b 184 + 35 − 93 − 44
c 155 − 68 + 191 − 28
d 331 − (73 + 87)
e 230 + (238 − 117) − 280
f 503 − (402 − 79) + 259

5 Erkläre in einem kurzen Text die Rechengesetze zur Addition mithilfe von Beispielen.

6 Berechne.
a 198 + 324 + 912
b 255 + 349 + 1067
c 508 − 179 − 317
d 5679 − 117 − 2086

7 Notiere die Rechenausdrücke und ihre Werte.
a Der 1. Summand lautet 538. Der 2. Summand ist um 347 größer.
b Der Minuend ist 12 431. Die beiden Subtrahenden lauten 8 427 und 995.

8 Berechne und überprüfe dein Ergebnis mithilfe einer Überschlagsrechnung.
a 10 023 + 2 458 + 3 451
b 596 + 9 190 + 16 862
c 7 437 − 3 880 − 599
d 18 792 − 2 704 − 10 619

9 Nele bestellt neue Sommerkleidung für 179 €. Doch einige Sachen passen nicht und sie schickt einen Rock für 24 € und Sneakers für 51 € zurück. Die Rücksendung kostet sie 4 € Porto. Wie viel muss Nele im Endeffekt bezahlen?

10 Berechne so vorteilhaft wie möglich.
a 39 + [62 − (101 − 58)]
b 212 − [68 + (205 − 188)] + 67
c 313 + 46 + 13 + 54 + 107
d 412 − 114 − 87 − 123 − 26

11 Janis hat ein paar Berge des Bayerischen Waldes und ihre Höhen aufgelistet.

Gr. Arber	1 456 m
Lusen	1 373 m
Pröller	1 048 m
Geißlstein	920 m
Teufelstisch	901 m

a Berechne die Höhenunterschiede zwischen Geißelstein und Arber sowie zwischen Teufelstisch und Lusen.
b Beim Arberradmarathon umfahren die Radler den Arber 417 m unterhalb des Gipfels. Die Teilnehmer legen dazu vom Ort Lam 564 Höhenmeter zurück. Wie hoch liegt der Ort Lam?

12 Bilde die Summe der Differenz aus 242 und 113 und der Summe aus 102 und 65.
a Berechne den Wert dieses Rechenausdrucks.
b Kann man den Ausdruck auch anders notieren?

13 *Jetzt wird's knifflig!*
Der zweite Summand ist um drei größer als der erste. Subtrahiert man vom Summenwert die Zahl 10, so erhält man den ersten Summanden.

Multiplikation, Potenzen, Division

14 123 · 32 8^3 4068 : 6 5^5

8975 · 43   1044 : 9

a Berechne die sechs Aufgaben.
b Nenne jeweils die richtigen Fachbegriffe.

Rechnen mit natürlichen Zahlen

2.12 Mach dich fit!

15 $14 \cdot 4 \cdot 25 = 14 \cdot 100 = 1400$

a Beschreibe Andis Vorgehensweise.
b Welches Multiplikationsgesetz hat er angewendet?
c Welche weiteren Gesetze gibt es? Beschreibe sie mithilfe von Beispielen.

16 Hausmeister Brause verkauft an seinem Kiosk in den Pausen Flaschen mit Wasser zu 55 ct und Flaschen mit Apfelsaftschorle zu 65 ct.

a Wie viel hat er am Abend eingenommen, wenn er 23 Flaschen Wasser und 46 Flaschen Apfelsaftschorle verkauft hat?
b Herr Brause hat am Ende eines heißen Schultages 53 Flaschen Wasser verkauft und 55,15 € in der Getränkekasse. Wie viele Flaschen Apfelsaftschorle hat er verkauft?

17 Berechne, wenn möglich, vorteilhaft.
a $12 \cdot 13 \cdot 5 \cdot 2$
b $200 \cdot 11 \cdot 5 \cdot 3$
c $3^2 \cdot 5^2 \cdot 4 \cdot 4$
d $36 \cdot 5 \cdot 4 \cdot 5$
e $15 \cdot 4 \cdot 50 \cdot 13$
f $5^3 \cdot 3 \cdot 2^3 \cdot 3^4$

18 Schreib als Rechenausdruck und berechne.
a Das Sechsfache von 4 wird mit dem Fünffachen von 16 multipliziert.
b Die Basis ist 7 und der Exponent 4.
c Der Quotientenwert ist 6, der Dividend 72.
d Dividiere 126 durch den Quotientenwert aus 84 und 6.

19 Familie Bauer kauft sich einen neuen Fernseher. Sie können ihn für 720 € bar oder in Form einer Ratenzahlung von 24 € monatlich bezahlen.
a Wie lange müsste Familie Bauer die Monatsraten abbezahlen?
b Wie hoch müsste die monatliche Rate sein, wenn der Fernseher nach eineinhalb Jahren bezahlt sein soll?

20 Überprüfe die Aufgaben und beschreibe die Rechenfehler.
a $3^2 = 2 \cdot 2 \cdot 2 = 8$
b $2 \cdot 12 = 12^2 = 144$
c $78 : 6 = 6 : 78$
d $954 : 9 = 16$

21 Bestimme die fehlenden Ziffern.
a
```
  9 □ 1 · 1 □
      □ 7 1 0
    □ □ □ □
  1 □ 5 □ 7
```
b
```
  5 □ □ · 8 3 □
  4 □ 4 □ 0 0
    □ 7 □ 9 0
      1 1 8 □
  4 9 □ □ 7 6
```
c
```
  7 □ □ : □ = □ 9 □
  4
    □ □
    3 6
      1 2
      □ □
        0 0
```

22 Verwende jeweils alle Kärtchen und Rechenzeichen je nach Bedarf. [7] [4] [3] [1]
a Der Produktwert soll möglichst groß sein.
b Der Quotientenwert ist 247.
c Der Potenzwert soll möglichst klein sein.

23 Überprüfe: Wie ändert sich der Wert …
a … eines Produkts, wenn ein Faktor verdreifacht wird?
b … eines Quotienten, wenn man den Divisor halbiert?
c … einer Potenz mit der Basis 3, wenn der Exponent um 1 vergrößert wird?

Verbindung der Grundrechenarten

24 Denke beim Berechnen an alle bekannten Rechengesetze.
a $(98 - 7) \cdot 12$
b $56 : 8 + 121 : 11$
c $1\,185 : 3 + 605$
d $5 + 3 \cdot (196 - 51 : 17)$

25 Überlege dir Aufgabenbeispiele zu allen vier Grundrechenarten. Bezeichne die Zahlen jeweils mit den richtigen Fachbegriffen.

26 Beschreibe das Distributivgesetz und wende es mit Überlegung an.
a $(125 + 8) \cdot 8$
b $17 \cdot 5 + 3 \cdot 5$
c $84 : (4 + 3)$
d $(51 + 96) : 3$

27 Berechne.
a $113 \cdot 78 - 7 \cdot 56$
b $(65 + 125 : 5) - 16$
c $14 + 16 \cdot (99 - 7 \cdot 13)$
d $6\,790 - 1\,342 \cdot 0 + 168 : 14$
e $[121 \cdot (4^3 - 2^3)] \cdot 10^3$

Mach dich fit! 2.12

28 Fülle im Heft die Lücken und berechne. Schreib den Rechenausdruck auf.

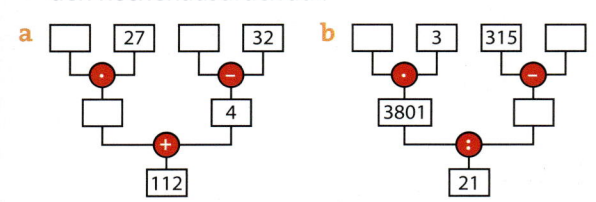

a) ☐ · 27 = ☐ ; ☐ − 32 = 4 ; ☐ + 4 = 112

b) ☐ · 3 = ☐ ; 315 − ☐ = ☐ ; 3801 : ☐ = 21

29 Stelle einen passenden Rechenausdruck auf und berechne seinen Wert.

a) Multipliziere die Summe aus den Zahlen 17, 33 und 84 mit der Differenz aus 215 und 98.
b) Subtrahiere das Produkt aus 17 und 21 von dem Quotienten aus 3 618 und 9.

30 Mona und Ines betrachten ihre Lösungswege.

```
12 · (23 − 13)
= 12 · 23 − 12 · 13
= 276 − 156
=     120
```

```
16 · 14 + 24 · 14
= (16 + 24) · 14
=    40   · 14
=    560
```

Sind die Mädchen deiner Meinung nach geschickt vorgegangen? Wie heißen die Regeln?

31 Beim Sommerkonzert des Schulchores wurden in der Aula 34 Reihen zu 21 Stühlen aufgestellt.

a) Bei der ersten Vorführung blieben 72 Plätze frei. Jeder Besucher bezahlte 3 € Eintritt. Wie hoch waren die Einnahmen an diesem Abend?
b) Die zweite Vorführung war ausverkauft. Die 158 Schüler der Nachbarschule mussten nur die Hälfte bezahlen. Wie viel nahm der Chor bei diesem Konzert ein?
c) Mit den Gesamteinnahmen wurde ein Abschlussessen für alle Sänger finanziert, das 255,75 € kostete. Für Technik- und Soundanlage mussten 760 € bezahlt werden. Der Rest wurde gespendet.
Wie hoch war die Spende?

32 Beschreibe die Rechenausdrücke in Worten und berechne ihre Werte.

a) 528 + 144 : 12
b) 23 · 12 − (18 + 125)

33 Der Münchner Olympiaturm hat eine Gesamthöhe von 291 m. In 185 m Höhe befindet sich eine Aussichtsplattform.

a) Drei Treppenstufen sind zusammen ca. 50 cm hoch. Wie viele Stufen müsste man hochsteigen, um zur Aussichtsplattform zu gelangen?
b) Wie lange wäre ein Läufer unterwegs, wenn er pro Sekunde 4 Stufen schaffen würde?
c) Erkundige dich, wie die Besucher auf die Aussichtsplattform transportiert werden und wie lange dies dauert.

Teilbarkeit und Primzahlen

34 Welche Ziffern kannst du einsetzen?

a) 2 teilt 5 63☐.   e) 3 teilt ☐123.
b) 4 teilt 8 97☐.   f) 9 teilt 5☐614.
c) 5 teilt 1 13☐.   g) 6 teilt 3 10☐.
d) 10 teilt 6 5☐0.   h) 6 teilt 589☐2.

T Es kann mehrere Lösungen geben!

35 Beschreibe die Eigenschaften einer Primzahl in einem Satz.

36

32	37	26	81	85
53	61	118	93	42
121	79	41	139	144

a) Suche alle Primzahlen heraus.
b) Zerlege den Rest in ein Produkt aus Primzahlen.

37 Ersetze die Lücken

a) ggT (☐; 34) = 17   c) ggT (180; 900) = ☐
b) ggT (1; ☐) = 1   d) ☐ (54; 72) = 18

38 Überprüfe folgende Rechenausdrücke. Gib ggf. die richtige Lösung an.

a) ggT (17; 34) + kgV (17; 34) = 50
b) ggT (10; 40) · kgV (10; 40) = 400
c) ggT (15; 35) + ggT (5; 45) = 510
d) ggT (2; 7) · ggT (3; 5) · ggT (11; 13) = 1

39 Erkläre in deinen Worten, wie man mit Hilfe der Primfaktorzerlegung den ggT und das kgV berechnen kann (vgl. Seite 62).

Rechnen mit natürlichen Zahlen

2.13 Grundwissen

Addition

$$14 + 31 = 45$$
Summand Summand Summenwert
Summe

Kommutativgesetz (Vertauschungsgesetz)
Man darf die Summanden vertauschen.
↓
$18 + 12 = 12 + 18$

Assoziativgesetz (Verbindungsgesetz)
In einer Summe darf man die Klammern beliebig setzen.
↓
$(15 + 11) + 19 = 15 + (11 + 19)$

Subtraktion

$$48 - 23 = 25$$
Minuend Subtrahend Differenzwert
Differenz

Strichrechnungen

Man rechnet von **links nach rechts**.
↓
$33 - 12 + 19$
$= 21 + 19$
$= 40$

Klammern werden **zuerst** berechnet.
↓
$46 - (24 + 12)$
$= 46 - 36$
$= 10$

Eine **innere Klammer** wird **vor der äußeren Klammer** berechnet.
↓
$64 - [57 - (22 + 17)]$
$= 64 - [57 - 39]$
$= 64 - 18 = 46$

Mehrere Subtrahenden können zusammengefasst und ihre Summe kann auf einmal subtrahiert werden.
↓
$72 - 15 - 24 - 13$
$= 72 - (15 + 24 + 13)$
$= 72 - 52 = 20$

Multiplikation

$$13 \cdot 11 = 143$$
Faktor Faktor Produktwert
Produkt

Kommutativgesetz (Vertauschungsgesetz)
Man darf die Faktoren vertauschen.
↓
$8 \cdot 10 = 10 \cdot 8$

Assoziativgesetz (Verbindungsgesetz)
In einem Produkt darf man Klammern beliebig setzen.
↓
$(7 \cdot 5) \cdot 4 = 7 \cdot (5 \cdot 4)$

Eine **Potenz** ist die Kurzschreibform für ein Produkt mit gleichen Faktoren.
↓
Basis Exponent Potenzwert
Potenz → $3^4 = 3 \cdot 3 \cdot 3 \cdot 3 = 81$

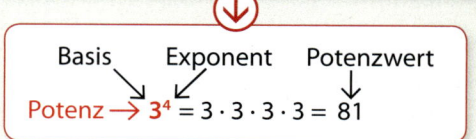

Rechnen mit natürlichen Zahlen 2.13

Division

$$72 : 12 = 6$$
Dividend — Divisor — Quotientenwert
(72 : 12) = Quotient

Punktrechnungen

KlaPS-Regel
In einem Rechenausdruck werden zuerst die Klammern berücksichtigt und es gilt: Punktrechnung vor Strichrechnung.

⬇

$$58 - (12 + 5 \cdot 6)$$
$$= 58 - (12 + 30)$$
$$= 58 - 42$$
$$= 16$$

Distributivgesetz (Verteilungsgesetz)
Das Verteilungsgesetz wendet man an beim **Ausmultiplizieren** und **Ausklammern**.

⬇   ⬇

$$7 \cdot (8 + 10)$$
$$= 7 \cdot 8 + 7 \cdot 10$$
$$= 56 + 70$$
$$= 126$$

$$36 : 3 + 24 : 3$$
$$= (36 + 24) : 3$$
$$= 60 : 3$$
$$= 20$$

Teilbarkeitsregeln

Eine Zahl ist genau dann teilbar durch
- **2**, wenn die **Endziffer** 0, 2, 4, 6 oder 8 ist,
- **5**, wenn die Endziffer 0 oder 5 ist,
- **10**, wenn die Endziffer 0 ist,
- **4**, wenn die letzten beiden Ziffern 00 sind oder eine durch 4 teilbare Zahl bilden,
- **3**, wenn die **Quersumme** durch 3 teilbar ist,
- **9**, wenn die Quersumme durch 9 teilbar ist.

Primzahlen

Eine natürliche Zahl größer als 1, die nur durch 1 und durch sich selbst teilbar ist, nennt man **Primzahl**.
Die Zahl 1 ist keine Primzahl.

Vielfachmengen und Teilermengen

Die Menge aller Teiler einer natürlichen Zahl n nennen wir Teilermenge T_n.

⬇

$T_{12} = \{1; 2; 3; 4; 6; 12\}$.

Die Menge aller Vielfachen einer natürlichen Zahl n nennen wir Vielfachmenge V_n.

⬇

$V_{12} = \{12; 24; 36; 48; 60; …\}$

ggT

Der ggT zweier natürlicher Zahlen a und b ist die größte natürliche Zahl c, die sowohl Teiler von a, als auch Teiler von b ist.

⬇

ggT (12; 18) = 6
ggT (36; 48; 60) = 12

kgV

Das kgV zweier natürlichen Zahlen a und b ist die kleinste natürliche Zahl c, die sowohl Vielfaches von a, als auch von b ist.

⬇

kgV (12; 18) = 36
kgV (4; 8; 10) = 40

2.14 Mehr zum Thema: Mathemagisches

Magische Quadrate

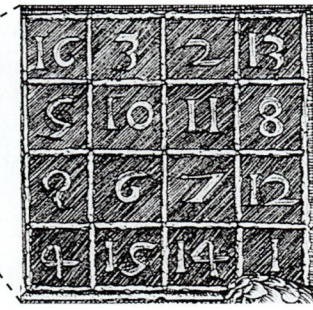

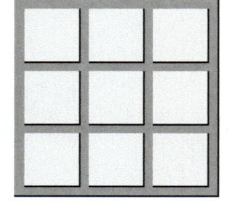

Künstler haben immer wieder magische Quadrate in ihren Kunstwerken abgebildet. Sie faszinierten auch Albrecht Dürer, der in seinem Bild „Melancholia I" ein magisches Quadrat rechts oben in der Ecke verewigte.
Die Spaltensummen, Zeilensummen und Summen der Diagonalen des magischen Quadrates haben jeweils den gleichen Wert.

Gestalte selbst ein magisches Quadrat mit der Zauberzahl 15. Jede Zahl von 1 bis 9 darf nur einmal verwendet werden.

Der kleine Herr Gauß

Ein Mathelehrer hatte eine Aufgabe in der Hoffnung gestellt, dass seine Schüler damit eine Weile beschäftigt wären. Die Schüler sollten die Summe aller Zahlen von 1 bis 100 berechnen.

Der Schüler Carl Friedrich Gauß war allerdings schon nach wenigen Minuten fertig und präsentierte stolz seinen Rechentrick, der ihm das umständliche Addieren von hundert Zahlen ersparte.

1 + 100; 2 + 99; 3 + 98; 4 + 97; ... ; 50 + 51

Beschreibe die Vorgehensweise von Carl Friedrich. Wie lautet die Summe?

Murmelgeheimnis

Claire denkt über ihre Murmeln nach
Wenn ich meine Murmeln in 2er-Gruppen verteile, bleibt eine Murmel übrig. Wenn ich sie in 3er-Gruppen sortiere, bleibt wieder eine Murmel übrig. Das Gleiche passiert auch bei 4er-, 5er- und 6er-Gruppen. Es bleibt immer genau eine Murmel übrig.

Wie viele Murmeln besitze ich, wenn es weniger als 400 Murmeln, aber mehr als 320 sind?

3

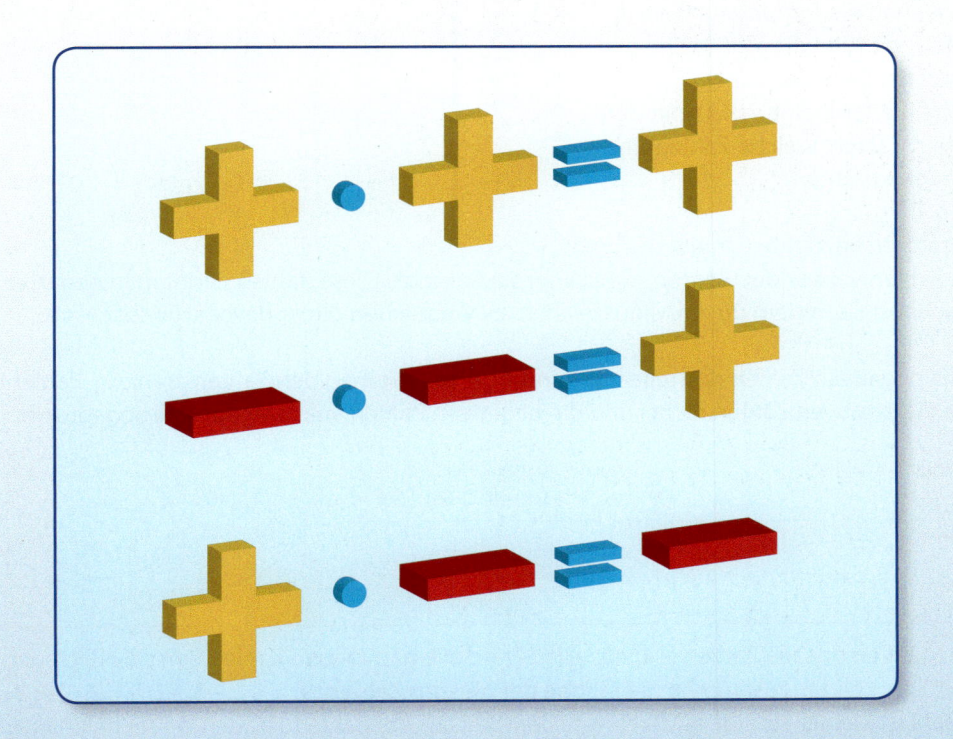

Ganze Zahlen

3.1 Ganze Zahlen an der Zahlengeraden

1 Rechts siehst du die Temperaturkarte für Deutschland vom 19. Januar 2015 mit den Höchsttemperaturen dieses Tages.

a In welcher Einheit sind die Temperaturen angegeben?

b Wie kalt war es an diesem Tag in Stuttgart, München, Saarbrücken, Hamburg und in Berlin? Zeichne die Temperaturskala in dein Heft und ordne die fünf Städte den Zahlen auf der Skala zu.

c Vergleiche die Temperaturskala mit den natürlichen Zahlen: Welche Zahlen sind neu hinzugekommen?

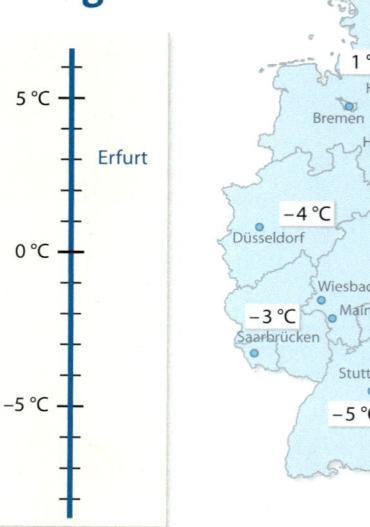

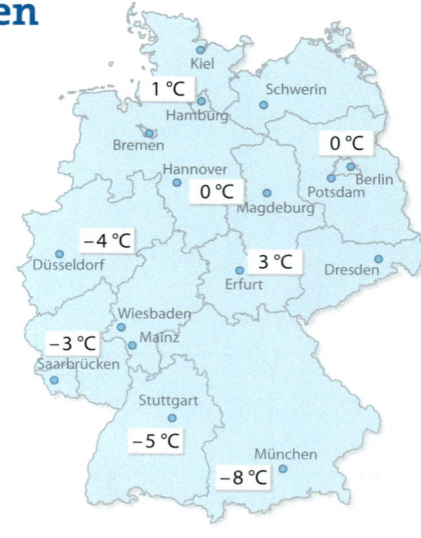

Um Temperaturen anzugeben, müssen manchmal Zahlen verwendet werden, die kleiner sind als null. Diese Zahlen nennt man **negative Zahlen**. Du kennzeichnest sie, indem du ein Minuszeichen als **Vorzeichen** direkt davor schreibst: $-4\,°C$

Um auch die negativen Zahlen darstellen zu können, erweitert man den Zahlenstrahl zur **Zahlengeraden**. Auf ihr sind die positiven Zahlen rechts und die negativen Zahlen links von der Null angeordnet.

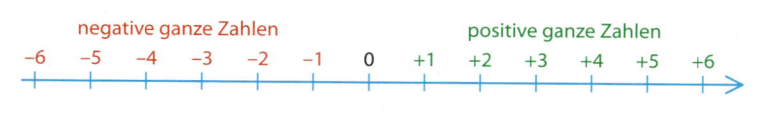

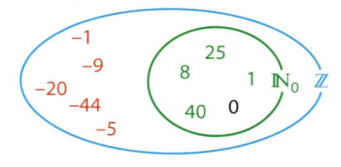

M Alle negativen ganzen Zahlen $\{-1; -2; -3; \ldots\}$ und alle natürlichen Zahlen einschließlich der Null $\{0; 1; 2; 3; \ldots\}$ bilden zusammen die Menge der **ganzen Zahlen**: $\mathbb{Z} = \{\ldots, -3; -2; -1; 0; 1; 2; 3; \ldots\}$
Eine Zahl ist kleiner als eine andere, wenn ihr Wert auf der Zahlengeraden weiter links liegt.

Übungsaufgaben

1 Nenne mindestens drei Beispiele, in denen wir es mit negativen Zahlen zu tun haben.

2 Bestimme jeweils den Nachfolger und den Vorgänger.
0; −1; −11; −29; −100; −155; −999

3 Ordne die Zahlen der Größe nach. Beginne mit der kleinsten Zahl.
19; −11; 9; −9; 11; −19

4 Zeichne eine Zahlengerade von −10 bis +10 mit der Einheit 5 mm.

a Markiere die natürlichen Zahlen und die negativen ganzen Zahlen mit unterschiedlichen Farben:
−2; 5; −6; −1; 10; −5; 3; 9; −8

b Vergleiche die Zahl −3 mit den Zahlen aus **a**. Verwende die Zeichen < und >.

Ganze Zahlen an der Zahlengeraden 3.1

5 Lies die Temperaturen ab.

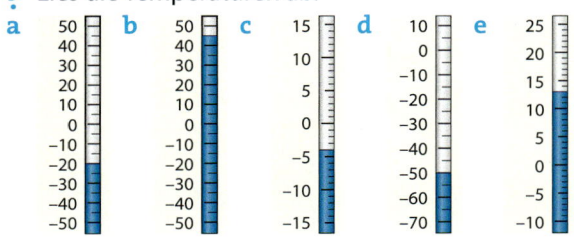

6 Lies die markierten Zahlen ab.

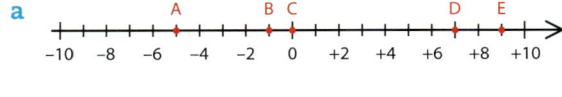

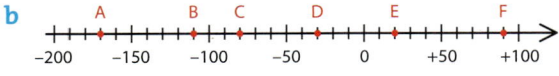

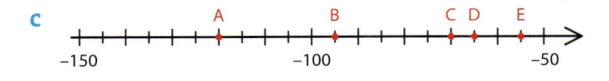

7 Laura, Timo und Felix wohnen in einem Hochhaus im 4. Obergeschoss. Sie fahren mit dem Aufzug in UG1, wo ihre Fahrräder stehen.
a) Wie viele Stockwerke fahren sie nach unten?
b) Wofür stehen die Abkürzungen EG und UG? Welche Zahlen könnten anstelle dieser Bezeichnungen stehen?

8 Beschreibe zunächst mit eigenen Worten, wo sich der Taucher und der Vogel im Vergleich zur Wasseroberfläche befinden.
Wie kann man die Positionen der beiden mit Zahlen ausdrücken?

9 Schreibe die Angaben mit dem richtigen Vorzeichen auf.
a) im dritten Obergeschoss
b) 19 Grad unter null
c) im dritten Untergeschoss
d) 180 m unter dem Meeresspiegel
e) 12 € Schulden
f) 23 °C über null

10 Soll und Haben

Johanna und Viktoria erhalten am Monatsende ihre Kontoauszüge. Beschreibe, was die beiden Begriffe *Soll* und *Haben* darauf bedeuten. Diese Wörter können dir dabei helfen:

Guthaben · überzogen · Schulden · angespart · Konto · negativ · positiv

Wie kann man die *Soll*- und *Haben*-Angaben jeweils mit ganzen Zahlen darstellen?

Ganze Zahlen

3.2 Betrag und Gegenzahl ganzer Zahlen

Beim Boule gewinnt der Spieler, dessen Kugel die kleinste Entfernung zur kleinen Zielkugel hat. Hier ist die Entscheidung so knapp ausgefallen, dass man mit bloßem Auge nicht entscheiden kann, ob Robins oder Sabrinas Kugel näher an der Zielkugel liegt. Lars kennt die Regeln und misst nach.

Die Zahlen −12 und +12 sind **Gegenzahlen**. Sie haben zwar verschiedene Vorzeichen; auf der Zahlengeraden haben aber beide genau die gleiche Entfernung zu null.

Ich habe gewonnen!

Woher willst du das wissen? Hast du die Regeln überhaupt verstanden?

Sabrina hat 12 cm zu kurz geworfen, Robin hat 12 cm zu weit geworfen, also haben eure Kugeln den gleichen Abstand zur Zielkugel. Ihr habt beide gewonnen!

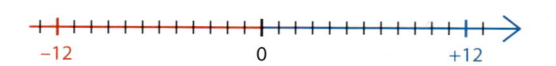

Man sagt: *Sie haben den gleichen* **Betrag**.

Man schreibt: $|-12| = |+12| = 12$

„Betrag von −12"   „Betrag von +12"

Beispiele

a 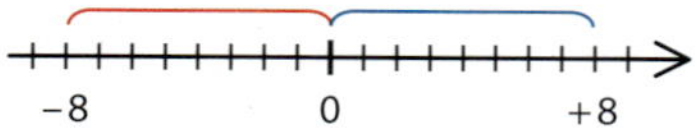
$|-8| = 8$
$|+8| = 8$
⇒ $|-8| = |+8| = 8$
+8 ist die Gegenzahl von −8.
−8 ist die Gegenzahl von +8.

b Vergleichen von Beträgen
$|+3| = 3$ und $|-5| = 5$
⇒ $|+3| < |-5|$, weil 3 < 5
+3 liegt näher bei null als −5.

> **M** Jede Zahl außer der Null hat eine **Gegenzahl**. Beide Zahlen haben auf der Zahlengeraden die **gleiche Entfernung zu null**.
>
> Der **Betrag** einer Zahl gibt an, welche Entfernung sie zu null hat. Beträge sind immer positiv.

Übungsaufgaben

1 Bei Sabines Geburtstag gab es ein Schätzspiel. Im Sack waren 3 578 Münzen. Ermittle die Gewinnreihenfolge der Schätzungen und gib die Abweichungen an.

Wie viele 1-Cent-Stücke sind hier drin?

Frieder	Elke	Lilli
3222	3845	3509
Sabine	Chris	Freddy
3120	4036	3649
Lars	Eddie	Anne
3495	3732	3468

2 Welche Zahlen haben dieselbe Entfernung zu null? Für manche Zahlen musst du noch die Gegenzahl finden.

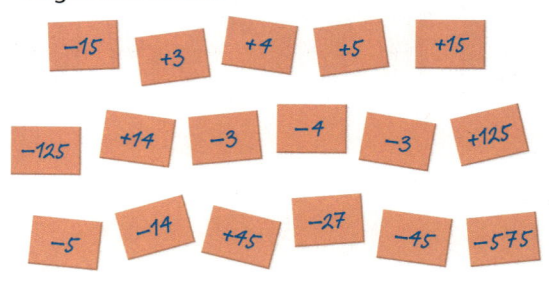

−15   +3   +4   +5   +15
−125   +14   −3   −4   −3   +125
−5   −14   +45   −27   −45   −575

Betrag und Gegenzahl ganzer Zahlen — 3.2

3 Bestimme den Betrag.
a $|+7|$ d $|+85|$ g $|-968|$
b $|-9|$ e $|-111|$ h $|+1\,620|$
c $|-73|$ f $|+462|$ i $|-5\,741|$

4 Setze im Heft eines der Zeichen <, > oder = ein, so dass eine wahre Aussage entsteht.
a $-3 \,\square\, -7$ e $|+35| \,\square\, |-21|$
b $4 \,\square\, |-5|$ f $-49 \,\square\, |+57|$
c $|-6| \,\square\, 9$ g $-119 \,\square\, -143$
d $|-13| \,\square\, 13$ h $|-659| \,\square\, |-318|$

5 Berechne.
a $4 + |-5|$ d $|-21| - |+10|$
b $|-7| - 6$ e $55 - |-42|$
c $|8 - 4|$ f $|-71| + 25 - |-14|$

6 Ordne die folgenden Kärtchen der Größe nach. Verwende das Zeichen <.

-3 $|+13|$ $|-53|$ $+33$
$|-23|$ -34 $|-30|$ -43

7 Welche ganzen Zahlen darfst du für den Platzhalter einsetzen, damit der angegebene Betrag stimmt?
a $|\square| = 0$ d $|\square| < 1$
b $|\square| = 15$ e $|\square| < 4$
c $|\square| = 120$ f $|\square| > 10$

8 Übertrage die Zahlengeraden in dein Heft, lies die markierten Zahlen ab und trage die jeweiligen Gegenzahlen ein. Wo liegt die Zahl 0?

a von -10 bis 5
b von -20 bis 10
c von -80 bis 50

9 Zeichne jeweils eine neue Zahlengerade und kennzeichne alle ganzen Zahlen, die
a 3 Einheiten von 1 entfernt sind;
b 5 Einheiten von -3 entfernt sind;
c von 5 höchstens 4 Einheiten entfernt sind;
d von 2 weniger als 5 Einheiten entfernt sind;
e von -3 mindestens 2, aber höchstens 4 Einheiten entfernt sind.

10 Welche Zahl liegt auf der Zahlengeraden genau in der Mitte zwischen den beiden Zahlen?
a 5 und 9 d 19 und 49
b -7 und -1 e -34 und -18
c -8 und 2 f -16 und 44

11 Nenne die gesuchte Zahl. Wie heißt die
a größte vierstellige positive Zahl;
b kleinste vierstellige ganze Zahl;
c größte zweistellige negative Zahl;
d größte zweistellige ganze Zahl;
e kleinste dreistellige ganze Zahl, in der die Ziffer 9 nicht auftritt;
f größte vierstellige negative Zahl, in der die Ziffer 1 nicht auftritt;
g kleinste vierstellige ganze Zahl mit lauter verschiedenen Ziffern?

12 Anna und Tim diskutieren über ganze Zahlen.

Von zwei ganzen Zahlen ist diejenige größer, die den größeren Betrag hat!

Das stimmt doch gar nicht, denn ...

Vervollständige die Aussage von Anna.

3.3 Addition und Subtraktion

Wie soll man denn Aufgaben wie (+3) + (−7) oder (+4) − (+6) lösen können? Das geht doch gar nicht – oder Max, kannst du mir dabei helfen?

Lena, auch solche Rechenaufgaben sind ganz leicht zu lösen. Ich erkläre es dir mit einem Auto an der Zahlengeraden.

1 Beginnen wir mit der Aufgabe (+3) + (−7):
- Die erste Zahl gibt dir stets den Startwert an.
  In unserem Beispiel starten wir bei +3.
- Das Rechenzeichen zeigt dir an, wie du das Auto an der Zahlengeraden positionieren musst:
  +: Das Auto wird in Richtung der positiven Zahlen aufgestellt.
  −: Das Auto wird in Richtung der negativen Zahlen aufgestellt.
  In unserem Beispiel muss das Auto also in Richtung der positiven Zahlen zeigen.
- Die zweite Zahl gibt dir an, wie weit das Auto in welche Fahrtrichtung fahren muss:
  positive Zahl: Das Auto fährt um die entsprechenden Einheiten vorwärts.
  negative Zahl: Das Auto fährt um die entsprechenden Einheiten rückwärts.
  In unserem Beispiel hat das Auto folglich sieben Einheiten rückwärts zu fahren.
- Am Endpunkt kannst du das Ergebnis ablesen.
  Wir erhalten nun als Lösung −4.

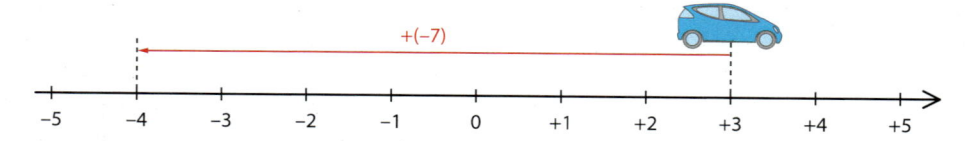

2 Lösen wir entsprechend die Aufgabe (+4) − (+6), so gehen wir wie folgt vor:
- Der Startpunkt ist bei +4.
- Das Auto positionieren wir in Richtung der negativen Zahlen.
- Wir fahren sechs Einheiten vorwärts.
- Als Lösung erhalten wir −2.

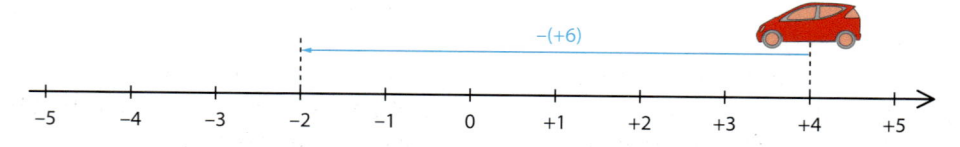

3 Gegeben ist die folgende Zeichnung. Wie lautet die zugehörige Rechenaufgabe?

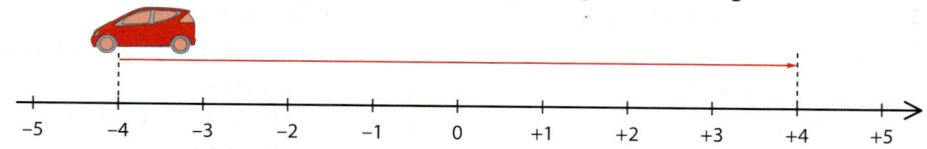

Ganze Zahlen

Addition und Subtraktion 3.3

4 Löse mit Hilfe einer Zahlengeraden folgende Aufgaben und versuche eine Rechenregel für die Addition und Subtraktion ganzer Zahlen zu finden.

a (+3) + (+5)
b (−2) + (−4)
c (+6) + (−8)
d (−7) + (+9)
e (+3) − (−5)
f (−2) − (+4)
g (+6) − (+8)
h (−7) − (−9)

> **T** Da in Termen nie ein Rechen- und Vorzeichen direkt aufeinander folgen dürfen, müssen bei Bedarf Klammern um die Zahlen gesetzt werden.

> **M** **Addition ganzer Zahlen:**
> - Zwei ganze Zahlen mit gleichen Vorzeichen werden addiert, indem man die Beträge addiert und dem Ergebnis das gemeinsame Vorzeichen zuordnet.
> - Zwei ganze Zahlen mit ungleichen Vorzeichen werden addiert, indem man den kleineren Betrag vom größeren Betrag subtrahiert und dem Ergebnis das Vorzeichen der betragsmäßig größeren Zahl zuordnet.
>
> **Subtraktion ganzer Zahlen:**
> Jede Subtraktion kann durch die Addition der Gegenzahl ersetzt werden.

Übungsaufgaben

1 Berechne.

a (+5) + (+23)
  (−21) + (−17)
  (+18) + (+19)
  (−32) + (−15)
  (−16) + (−56)

b (+18) + (−18)
  (−27) + (+59)
  (−63) + (+56)
  (+78) + (−33)
  (−96) + (+87)

c (−59) + (+87)
  (+64) + (−38)
  (+102) + (+111)
  (−124) + (+218)
  (+89) + (−109)

d (+98) + (−117)
  (−78) + (−126)
  (−204) + (+323)
  (−452) + (−341)
  (+874) + (−568)

2 Nenne die gesuchte Zahl.
a Welche Zahl muss man zu (−120) addieren, um (−80) zu erhalten?
b Welche Zahl muss man zu (+83) addieren, um (−17) zu erhalten?
c Welche Zahl muss man zu (−94) addieren, um (+48) zu erhalten?
d Welche Zahl muss man zu (−97) addieren, um (+126) zu erhalten?

3 Stelle die zugehörige Additionsaufgabe auf und berechne sodann.

a (−7) − (+17)
  (−23) − (−48)
  (−51) − (+19)
  (+83) − (+16)
  (−48) − (+22)

b (−16) − (+16)
  (−23) − (−39)
  (−69) − (+89)
  (+79) − (+16)
  (−99) − (+73)

c (+46) − (+17)
  (+97) − (−44)
  (+23) − (−112)
  (−79) − (+117)
  (+89) − (−167)

d (−56) − (+202)
  (−128) − (+137)
  (−217) − (+156)
  (+453) − (−388)
  (−954) − (−521)

4 Nenne die gesuchte Zahl.
a Welche Zahl muss man von (−200) subtrahieren, um (−112) zu erhalten?
b Welche Zahl muss man von (+83) subtrahieren, um (−17) zu erhalten?
c Welche Zahl muss man von (−18) subtrahieren, um (+91) zu erhalten?
d Welche Zahl muss man von (+13) subtrahieren, um (+31) zu erhalten?

Ganze Zahlen

3.3 Addition und Subtraktion

5 Ersetze ☐ durch die Rechenzeichen + oder –. Erkennst du einen Zusammenhang?

a (+5) ☐ (–8) = (–3)
   (+5) ☐ 8 = (–3)
b (+5) ☐ (+8) = (–3)
   (+5) ☐ 8 = (–3)
c (+5) ☐ (+8) = (+13)
   (+5) ☐ 8 = (+13)
d (+5) ☐ (–8) = (+13)
   (+5) ☐ 8 = (+13)

M Ganze Zahlen kann man addieren oder subtrahieren, indem man benachbarte Rechenzeichen und Vorzeichen verbindet.

Bei **gleichen Rechenzeichen und Vorzeichen** wird **addiert**.
(+5) + (+4) → 5 + 4
(+5) – (–4) → 5 + 4

Bei **ungleichen Rechenzeichen und Vorzeichen** wird **subtrahiert**.
(+5) + (–4) → 5 – 4
(+5) – (+4) → 5 – 4

T Vor einer einzelnen Zahl in einer Klammer kannst du das Vorzeichen „+" in der Klammer weglassen und die Zahl ohne Klammer schreiben.
Beispiel: (+9) – (+7)
 = 9 – 7 = 2

6 Löse zuerst alle Klammern auf und rechne dann.

a (–13) – (+26)
  (–56) – (–89)
  (–44) + (+98)
  (+70) – (+45)
  (–52) – (–23)
  (–37) + (–69)

b (+86) – (–37)
  (–69) + (+137)
  (+13) + (–142)
  (–137) – (+189)
  (–207) – (+133)
  (+890) + (–167)

7 Überlege zuerst, ob das Ergebnis positiv oder negativ ist und rechne dann.

a 28 – 33
  –12 + 97
  –33 – 67
  87 – 98
  –67 + 83
  17 – 177

b –96 + 104
  167 – 129
  –243 + 167
  121 – 243
  –754 – 158
  –957 + 425

8 Ergänze die fehlende Zahl.

a ☐ – (–25) = 14
  ☐ – 20 = –6
  22 – ☐ = 47
  ☐ + 36 = –11

b ☐ + (–18) = –13
  –26 – ☐ = –51
  31 + ☐ = 19
  ☐ – 65 = –24

M Bei der Addition ganzer Zahlen gelten folgende Rechengesetze:
- **Kommutativgesetz der Addition**
  $a + b = b + a$ für alle $a, b \in \mathbb{Z}$
- **Assoziativgesetz der Addition**
  $(a + b) + c = a + (b + c)$ für alle $a, b, c \in \mathbb{Z}$

9 Nutze, wenn möglich, Rechengesetze zum vorteilhaften Rechnen.

a –11 + 17 – 9
  12 – 76 + 88
  –56 + 44 + 56
  –102 + 99 + 101
  –189 – 27 – 73

b –103 – 123 – 107
  – 211 – 789 + 33
  –421 + 73 – 79
  –912 + 88 – 188
  –317 – 183 – 200

10 Rechne geschickt im Kopf.

a –11 – 17 – 9
  12 – 23 + 8
  –33 – 7 – 60
  –12 + 28 – 18 + 32
  –17 + 18 – 53 – 30

b 123 + 18 – 110 – 13
  –500 + 83 + 17
  800 – 303 + 3
  –95 + 15 – 5 + 185
  627 + 73 – 1 000 + 300

Ich habe einen tollen Tipp für dich! Sind beide Zeichen gleich, so addiere ich die Zahlen und gebe dem Ergebnis das gemeinsame Zeichen.

+3 + 4 = +7 Rechne so: ↑
3 + 4 = 7
–3 – 4 = –7 Rechne so: ↑
3 + 4 = 7

+3 – 4 = –1 Rechne so: ↑
4 – 3 = 1
–3 + 4 = +1 Rechne so: ↑
4 – 3 = 1

Pass mal auf, was ich für einen Tipp habe! Sind die Zeichen unterschiedlich, so subtrahiere ich den Betrag der kleineren Zahl vom Betrag der größeren Zahl. Dem Ergebnis gebe ich das Zeichen vor der Zahl mit dem größeren Betrag.

Ganze Zahlen

Addition und Subtraktion 3.3

11 Berechne, indem du die Klammern von innen nach außen auflöst.
a [–77 – (128 –403)] + 33
b –113 – [–125 – (125 – 625)]
c 99 + [83 – (107 – 128)]
d –102 – [–12 – (–17 – 38)]
e 64 – [(32 – 128) + 512]
f [183 – (117 – 83)] – 827

12 Übertrage die Additionspyramide in dein Heft und berechne die fehlenden Bausteine.
a b
(Pyramide a: 61 | –12 | –23)
(Pyramide b: 5 | –18 | –25 | 13)

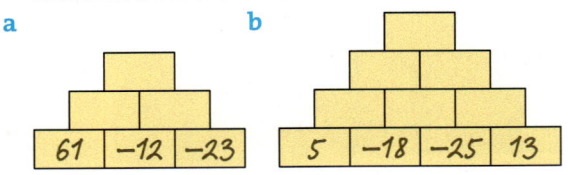

13 Übertrage die Subtraktionspyramide in dein Heft und berechne die fehlenden Bausteine.
a b
(Pyramide a: 26 | 12 | –49)
(Pyramide b: –25 | –15 | 3 | 12)

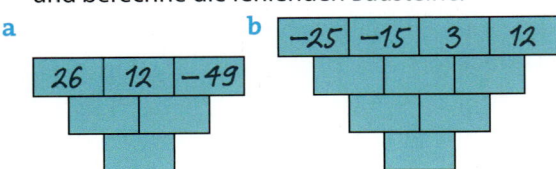

14 Ermittle ohne zu rechnen, welches der Zeichen <, = bzw. > für den Platzhalter eingesetzt werden darf, so dass eine wahre Aussage entsteht.
a –6 + (–3) ☐ –6 + (–4)
b 124 – (–16) ☐ 124 – (–17)
c –53 + 38 ☐ –38 + 53
d 44 – (–29) ☐ 29 – (–44)
e –85 – 190 ☐ –87 – 192

15 Erstelle einen Term und berechne.
a Addiere zur Summe aus –50 und 8 die Zahl –12.
b Subtrahiere von der Differenz aus –11 und –17 die Summe aus –8 und 18.
c Addiere zur Summe aus –83 und –43 die Differenz aus –17 und –38.
d Subtrahiere von der Gegenzahl zu –101 die Differenz aus –8 und –13.
e Addiere zum Betrag von –118 die Summe aus –83 und –156.
f Addiere zur kleinsten zweistelligen negativen ganzen Zahl die größte dreistellige positive Zahl.

16 Bilde mit den grünen und blauen Zahlenkarten eine Summe bzw. Differenz.

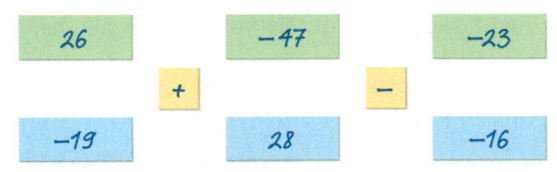

26		–47		–23
	+		–	
–19		28		–16

Bei welchem Rechenausdruck erhältst du …
a … den größten Wert?
b … den kleinsten Wert?
c … den der Null am nächsten gelegenen Wert?

17 Hier ist einiges schief gelaufen. Finde, beschreibe und korrigiere die Fehler.
a –26 – 37 = 11
b 13 – 25 = –38
c 45 – 33 = –12
d –(+24 – 18) = 6
e –35 – 25 = 10

18 Entscheide, ob die folgenden Aussagen wahr oder falsch sind.
a Wird zu einer Zahl ihre Gegenzahl addiert, so erhält man das Doppelte der ursprünglichen Zahl.
b Werden zwei negative Zahlen voneinander subtrahiert, so erhält man stets eine negative Zahl.
c Wird eine negative Zahl von einer positiven Zanl subtrahiert, so erhält man stets eine positive Zahl.

19 *Magische Quadrate*
Die Summenwerte in den Spalten, Zeilen und Diagonalen sind gleich.
Übertrage die Quadrate ins Heft und finde die fehlenden Zahlen.

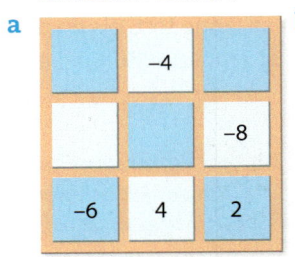

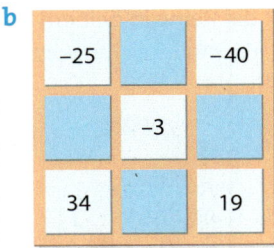

a
	–4	
		–8
–6	4	2

b
	–25	–40
	–3	
34		19

Ganze Zahlen

3.4 Multiplikation und Division

1 Paul bekommt folgende Aufgabe gestellt, bei der er nicht weiß, wie er sie lösen soll.
$$(+2) \cdot (-3) = ?$$
Der Lehrer Herr Huber schreibt ihm deshalb einen Tipp an die Tafel.

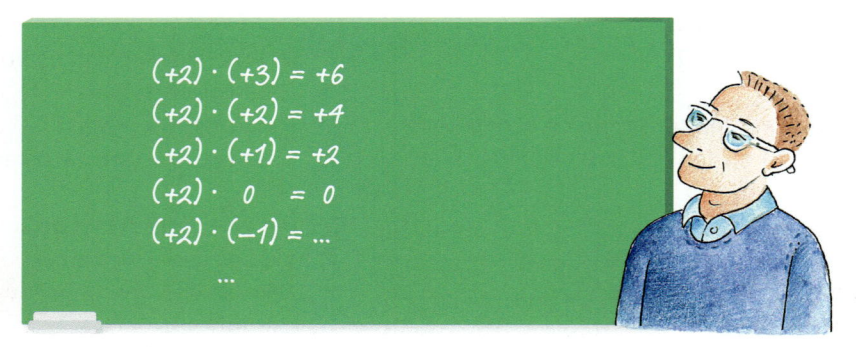

$(+2) \cdot (+3) = +6$
$(+2) \cdot (+2) = +4$
$(+2) \cdot (+1) = +2$
$(+2) \cdot 0 = 0$
$(+2) \cdot (-1) = ...$
...

a Schau dir die Faktoren genau an. Finde heraus, wie sich diese von Zeile zu Zeile verändern.
b Auch die Produktwerte ändern sich. Kannst du hier eine Regelmäßigkeit erkennen?
c Führe diese Reihe in deinem Heft so lange fort, bis du die Lösung für Pauls Rechnung bekommen hast.
d Mit der Erkenntnis aus Pauls Aufgabe soll Leon die nächste rechnen:
$$(-2) \cdot (-5) = ?$$
Auch er bekommt von Herrn Huber eine Hilfestellung.

$(-2) \cdot (+2) = -4$
$(-2) \cdot (+1) = -2$
$(-2) \cdot 0 = 0$
$(-2) \cdot (-1) = ...$
...

Finde genau wie bei Paul heraus, wie sich die Produktwerte verändern. Führe anschließend die Reihe in deinem Heft so lange fort, bis du die Lösung zu Leons Aufgabe gefunden hast.
e Formuliere eine Vorzeichenregel zur Multiplikation von ganzen Zahlen.

Na, habt ihr herausgefunden, wann der Produktwert positiv bzw. negativ ist?

3.4 Multiplikation und Division

M Zwei ganze Zahlen werden multipliziert, indem man ihre **Beträge multipliziert**. Anschließend wird das Vorzeichen bestimmt:

Der Produktwert hat ein **positives Vorzeichen**, wenn die **beiden Faktoren das gleiche Vorzeichen** haben.	Der Produktwert hat ein **negatives Vorzeichen**, wenn die **beiden Faktoren verschiedene Vorzeichen** haben.

Kurz: + mal + → +   *Beispiele*
        − mal − → + $(+2) \cdot (+3) = +6$
                          $(−2) \cdot (−3) = +6$
	Kurz: + mal − → − *Beispiele*
	        − mal + → − $(+2) \cdot (−3) = −6$
	                          $(−2) \cdot (+3) = −6$

Übungsaufgaben

1 Bestimme das fehlende Vorzeichen.
a $(−47) \cdot (+23) = \square\,1\,081$
b $(−79) \cdot (−118) = \square\,9\,322$
c $(\square 325) \cdot (+92) = +29\,900$
d $(+17) \cdot (\square 54) = −918$
e $(+86) \cdot (−263) = \square\,22\,618$
f $(−5) \cdot (+52) \cdot (−2) = \square\,520$
g $(−13) \cdot (−4) \cdot (\square 36) = −1\,872$
h $(\square 105) \cdot (−2) \cdot (−7) \cdot (+4) = +5\,880$

T Besteht ein Produkt aus mehr als zwei Faktoren, so wird das Vorzeichen immer der Reihe nach aus zwei Faktoren bestimmt.

2 Rechne im Kopf
a $(+3) \cdot (−7)$
b $(−12) \cdot (−5)$
c $(+25) \cdot (+4)$
d $(−11) \cdot (+11)$
e $(+5) \cdot (−3) \cdot (+6)$

3 Rechne schriftlich
a $(+293) \cdot (−15)$
b $(−74) \cdot (+58)$
c $(−16) \cdot (−403)$
d $(+82) \cdot (+165)$

T Folgen Rechen- und Vorzeichen direkt aufeinander, dann muss bei Bedarf eine Klammer um die Zahl gesetzt werden.

4 Übertrage die Multiplikationspyramiden in dein Heft und vervollständige sie.

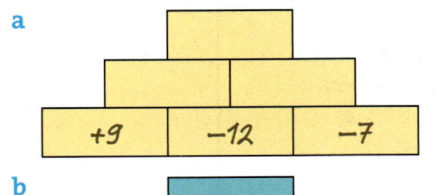

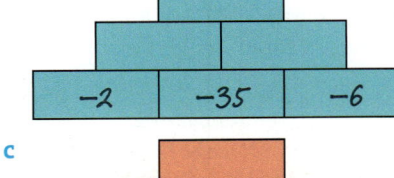

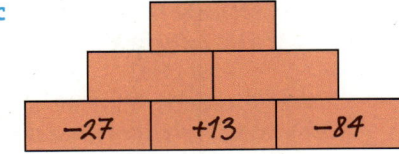

a
+9	−12	−7

b
−2	−35	−6

c
−27	+13	−84

5 Nimm aus beiden Behältern jeweils einen passenden Faktor.
a Das Ergebnis soll möglichst groß sein.
b Gib das kleinste Ergebnis an.
c Der Produktwert ist −195.
d Alle Ergebnisse, die größer als 300 sind.

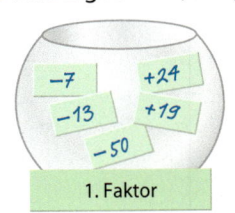

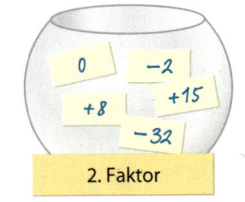

1. Faktor: −7, +24, −13, +19, −50
2. Faktor: 0, −2, +8, +15, −32

3.4 Multiplikation und Division

M Bei der Multiplikation von ganzen Zahlen gelten auch die bisherigen Rechengesetze:

Kommutativgesetz

Assoziativgesetz

T Besteht ein Produkt aus einer **geraden Anzahl an negativen Faktoren**, so ist der **Produktwert positiv**.

Besteht ein Produkt aus **einer ungeraden Anzahl an negativen Faktoren**, so ist der **Produktwert negativ**.

6 Rechne vorteilhaft.
a $(+2) \cdot (-7) \cdot (-50)$
b $(-5) \cdot (+3) \cdot (-20)$
c $(+6) \cdot (-125) \cdot (+8)$
d $(+500) \cdot (+33) \cdot (-2)$
e $(-17) \cdot (-4) \cdot (-250)$
f $(+3) \cdot (-4) \cdot (-8) \cdot (+250)$

7 Schreibe als Potenz.
a $(+2) \cdot (+2) \cdot (+2) \cdot (+2) \cdot (+2)$
b $(-4) \cdot (-4) \cdot (-4) \cdot (-4) \cdot (-4) \cdot (-4) \cdot (-4)$
c $(-5) \cdot (-5) \cdot (-5)$

9 Berechne.
a $(-7) \cdot (-3) \cdot (-8)$
b $(-1)^{12} \cdot 19$
c $(-4) \cdot (-3) \cdot (-11) \cdot (-25)$
d $(-2)^3 \cdot 6$
e $10 \cdot (-7)^2$
f $(-6)^2 \cdot (-3)^3$
g $-3 \cdot 4^2 \cdot (-2)$
h $(-16)^2 \cdot (-5) \cdot (-1)^{13}$
i $10^2 \cdot (-8)^4 \cdot 3^3$

8 Die Klasse 5c muss in ihrer Hausaufgabe einige Rechenaufgaben lösen. Dabei bereitet Eva die Divisionsaufgabe Probleme, weshalb sie Rat bei ihrer Freundin Sabrina sucht.

Hallo Sabrina, ich soll folgende Rechnung bei der Hausaufgabe lösen $(-36) : (+9)$ Ich weiß, dass $36 : 9 = 4$ ist. Aber welches Vorzeichen hat das Ergebnis bei $(-36) : (+9)$? Kannst du mir helfen?

Ja klar, das ist doch ganz einfach! Mache doch die Probe über die Umkehraufgabe und du wirst auf die Lösung kommen!

$\cdot (+9)$
$(-4) \quad (-36)$
$: (+9)$

Stelle wie Sabrina die Aufgaben mit Pfeilen dar und berechne.
$(+56) : (-7)$
$(-100) : (-5)$
$(-144) : (+12)$
$(-300) : (-30)$

T **Die Division ist die Umkehrung der Multiplikation.** Somit gelten für die Division die gleichen Vorzeichenregeln wie für die Multiplikation.

Multiplikation und Division — 3.4

> Zwei ganze Zahlen werden dividiert, indem man ihre **Beträge dividieren**. Anschließend wird das Vorzeichen bestimmt:
>
> Der Quotientenwert hat ein **positives Vorzeichen**, wenn **Dividend und Divisor das gleiche Vorzeichen** haben.
>
> Der Quotientenwert hat ein **negatives Vorzeichen**, wenn **Dividend und Divisor verschiedene Vorzeichen** haben.
>
> *Kurz:* + geteilt durch + → +
>   − geteilt durch − → +
>
> *Beispiele*
> $(+10) : (+5) = +2$
> $(-10) : (-5) = +2$
>
> *Kurz:* + geteilt durch − → −
>   − geteilt durch + → −
>
> *Beispiele*
> $(+10) : (-5) = -2$
> $(-10) : (+5) = -2$

Übungsaufgaben

1 Berechne. Mache anschließend die Probe über die Umkehraufgabe.
a $(-36) : (+9)$
b $(+65) : (+5)$
c $(-75) : (-25)$
d $(+144) : (-12)$
e $(-330) : (-10)$

2 Bestimme die fehlenden Zahlen und Vorzeichen.
a $(-560) : (+8) = \square 70$
b $(-225) : (\square 15) = +15$
c $(+724) : (\square) = +181$
d $(\square) : (-14) = -8$
e $(-169) : (+13) = \square 13$

3 Rechne im Kopf.
a $(-25) : (-5)$
b $(+49) : (-7)$
c $(-72) : (+6)$
d $(+100) : (+10)$

4 Übertrage die Divisionstabelle in dein Heft und vervollständige sie.

:	+2	−5	+9
−270			
+3240			
−1260			
+2430			
−90			
−540			

5 Rechne schriftlich
a $(-13\,608) : (-56)$
b $2\,928 : (-122)$
c $(-59\,553) : (-39)$

6 Erstelle aus den vorgegebenen Ziffern- und Vorzeichen

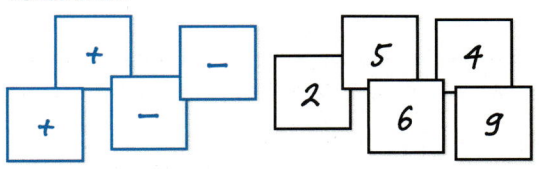

Ziffern: 2, 5, 4, 6, 9
Vorzeichen: +, −, +, −

einen Quotienten mit folgender Anordnung:
$(\square\square\square) : (\square\square)$

a Der Wert des Quotienten soll möglichst groß (klein) sein.
b Der Wert des Quotienten soll −7 betragen.
c Findest du weitere Aufgaben?

7 Entscheide: richtig oder falsch?
a Wird eine ganze Zahl mit sich selbst multipliziert, so erhält man immer eine positive Zahl.
b Wird eine negative ganze Zahl mit einer positiven ganzen Zahl multipliziert, dann erhält man eine positive Zahl.
c Werden zwei negative ganze Zahlen und eine positive ganze Zahl miteinander multipliziert, so erhält man stets eine negative Zahl.
d Die Potenz mit einer negativen ganzen Zahl als Basis und einer ungeraden positiven ganzen Zahl als Exponent ergibt eine negative Zahl als Potenzwert.

3.5 Verbinden der Grundrechenarten

In den Sommer- und Weihnachtsferien hat Christian an jedem Tag einer Woche zur Mittagszeit die Temperatur gemessen.

Tag	Mo	Di	Mi	Do	Fr	Sa	So
Temperatur (S)	25 °C	27 °C	30 °C	29 °C	28 °C	24 °C	26 °C
Temperatur (W)	2 °C	0 °C	–2 °C	–4 °C	–5 °C	–3 °C	–2 °C

1 Christian bestimmt die durchschnittliche Mittagstemperatur im Sommer wie folgt:
$$(25 + 27 + 30 + 29 + 28 + 24 + 26) : 7 = 27$$
Die durchschnittliche Temperatur betrug 27 °C.
a Erkläre die Vorgehensweise von Christian.
b Bestimme ebenso die durchschnittliche Mittagstemperatur im Winter.

> **M** Auch beim Rechnen in der Zahlenmenge $\mathbb{Z}$ ist die Rechenregel „**Klammer vor Punkt vor Strich**" zu beachten.

Übungsaufgaben

1 Ordne den Termen die richtigen Termwerte zu.

$7 \cdot 8 - 66$
$15 + (-8) : (-2)$
$(9 + 16) : (28 - 33)$
$-7 \cdot 11 - 4 \cdot (-16)$
$(-72 + 51) : (-3)$
$(-63 + 54) \cdot (12 - 15)$
$45 + 3 \cdot (-12)$
$-23 - 24 : (-8)$

-26 9 -20 -5 27 7 19 -13

2 Berechne.
a $3 \cdot (-5) + 10$
  $(3 - 4) \cdot 5$
  $3 - 4 \cdot 5$

b $(17 - 2) : (-3)$
  $(2 - 30) : 7$
  $64 : (12 - 20)$

c $(5 - 130) : (5 - 30)$
  $(25 + 75) : (25 - 75)$
  $(-45 - 15) : (-45 + 15)$

d $8 - (3 \cdot 2 - 13)$
  $(-48) : (-2) : (-3) - 2$
  $[5 \cdot (-25) + 20] : (3 - 10)$

3 Berechne.
a $20 - 5^2 \cdot 8$
  $(20 - 5)^2 \cdot 8$
  $20 - 5 \cdot 8^2$
  $(20 - 5^2) \cdot 8$

b $(20 - 8) \cdot 5^2$
  $8 - (20 : 5)^2$
  $8 - 20^2 : 5$
  $(20 - 8 \cdot 5)^2$

82 Ganze Zahlen

3.5 Verbinden der Grundrechenarten

M Neben dem Kommutativ- und dem Assoziativgesetz für die Addition und Multiplikation gilt in der Zahlenmenge $\mathbb{Z}$ auch das **Distributivgesetz**:

$$(a + b) \cdot c = a \cdot c + b \cdot c$$
für alle a, b, c $\in \mathbb{Z}$
bzw.
$$(a + b) : c = a : c + b : c$$
für alle a, b, c $\in \mathbb{Z}$ mit c $\neq$ 0

4 Wende das Distributivgesetz an und berechne.
a $-15 \cdot (4 + 12)$
b $(5 - 10) \cdot (-3)$
c $-4 \cdot [(-139) + 4]$
d $(-40 - 4) \cdot 25$
e $(+36) \cdot [20 - (-4)]$
f $-62 \cdot (-30 + 5)$
g $-12 \cdot (-13 - 14)$
h $(2^3 - 24) \cdot 125$

5 Verwandle unter Anwendung des Distributivgesetzes in leicht auszurechnende Terme und rechne im Kopf.

Beispiel: $-51 \cdot 98 =$
$-51 \cdot (100 - 2) =$
$-5100 + 102 =$
-4998

a $25 \cdot (-38)$
b $(-12) \cdot (-36)$
c $24 \cdot (-23)$
d $59 \cdot (-61)$
e $(-75) \cdot (-42)$
f $(+45) \cdot (-55)$
g $11 \cdot (-23) - 5 \cdot (-23)$
h $7 \cdot (-31) - 17 \cdot (-31)$

6 Berechne mit Hilfe des Distributivgesetzes vorteilhaft.
a $32 \cdot 12 - 132 \cdot 12$
b $417 \cdot 398 - 417 \cdot 598$
c $875 \cdot 730 - 875 \cdot 746$
d $17 \cdot (-24) - 17 \cdot 6$
e $-3 \cdot (-77) + (-3) \cdot (-23)$
f $14 \cdot (-16) + 14 \cdot 39 - 13 \cdot 23$

7 Herr Guttmann weiß, dass sein letzter Kontoauszug ein Guthaben von 204 € ausgewiesen hat. Danach kam es zu folgenden Kontobewegungen: Am 3.11. wurden 58 € abgebucht. Am 7.12. kam eine Gutschrift von 126 € und am 15.12. hat er seinen drei Nichten jeweils 95 € überwiesen. Berechne seinen derzeitigen Kontostand.

8 Ergänze die Rechenpyramiden. Das Rechenzeichen zwischen zwei nebeneinander liegenden Steinen gibt dir an, wie du mit den Werten auf den beiden Steinen rechnen musst, um den Wert für den darüber liegenden Stein zu bekommen.

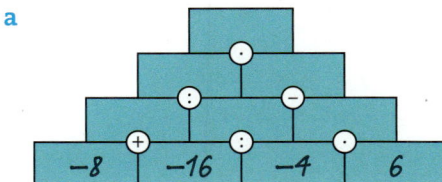

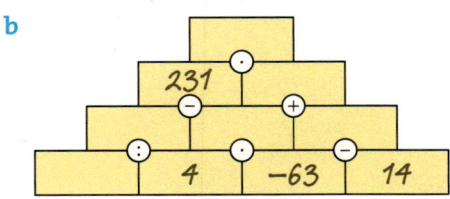

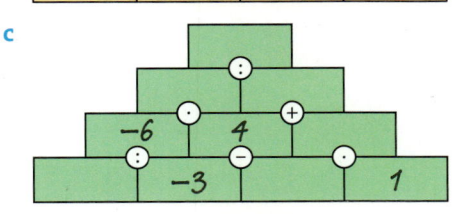

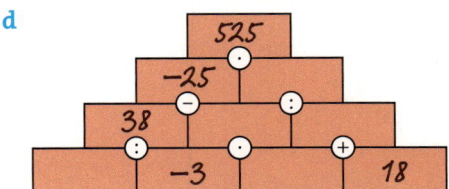

a (Pyramide, Basis: -8 (+) -16 (:) -4 (·) 6)

b (Pyramide mit 231 oben; Basis: 4 (·) -63 (−) 14)

c (Pyramide mit Werten -6 (·) 4 (+), -3, 1)

d (Pyramide mit 525 oben, -25, 38; Basis: -3 (·) 18)

9 Ergänze in deinem Heft die fehlende Zahl.
a $-5 \cdot 7 + \square = -40$
b $20 : \square - 1 = -6$
c $\square \cdot 10 + 30 = -50$
d $(-11 - 4) : \square = 5$
e $\square (12 - 18) = 26$
f $3 \cdot (-9) + 2 \cdot \square = -25$

10 Übertrage die Aufgaben in dein Heft. Setze fehlende Klammern so, dass eine wahre Aussage entsteht und ergänze jeweils den zugehörigen Rechenweg.
a $-10 + 5 \cdot 3 = -15$
b $6 - 12 \cdot 9 - 13 = 24$
c $33 - 77 : 99 - 88 = -4$
d $100 : 8 - 33 - 16 = -20$
e $-45 + 54 \cdot 90 - 100 = -90$
f $-82 - 18 : 8 + 2 - 1 = -11$

Ganze Zahlen

3.5 Verbinden der Grundrechenarten

11 Ordne den Aufgaben die richtigen Ergebnisse zu. Du erhältst ein Lösungswort.
- **a** $(17 - 17 \cdot 9) : 4 - 4 \cdot (-11)$
- **b** $43 - 7 \cdot (27 : 9 - 3) - 117$
- **c** $[12 + (+33)] : 5 - (14 + 16) \cdot 6$
- **d** $-12 - [42 + (-4) \cdot 18 - (11 - 37) : 13]$
- **e** $(275 - 3^4) \cdot (-5) + (-117 - 318) + (-5)^3$
- **f** $[1221 + (-11) \cdot (-11)^2] \cdot (49 - 64)$
- **g** $(-216 + 314) \cdot (-2) + (-13) \cdot (+48) : 39$
- **h** $-23 \cdot 37 + (41 - 2 \cdot 39) \cdot (18 - 41)$
- **i** $[(+27) : (2 \cdot 3^2 - 3^3) + (-7)] : (-10)$
- **j** $(-123 + 231) \cdot (312 - 321)$
- **k** $-7 + 35 : (14 - 21) - 62 \cdot 31$
- **l** $-11 \cdot 13 - 330 : 110 - 19 \cdot 5$
- **m** $288 : (3^3 - 3) + (28 - 2^7) : 25$

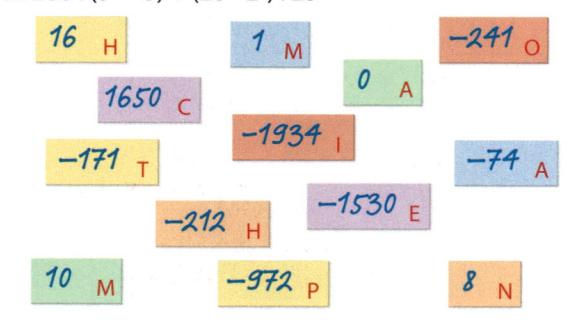

16 H · 1 M · −241 O · 1650 C · 0 A · −1934 I · −171 T · −74 A · −212 H · −1530 E · 10 M · −972 P · 8 N

12 Gib das Ergebnis an, ohne Schritt für Schritt zu rechnen.
- **a** $34 \cdot (-59) : (-34)$
- **b** $(-4768 + 4768) : (-2)$
- **c** $(-412 \cdot 312 - 18) \cdot (-12 - (-12))$
- **d** $17 \cdot (-318) \cdot (-61) : (-17 \cdot 61)$
- **e** $(-513 + 224) : (513 - 224)$

13 Erstelle einen Term und berechne.
- **a** Multipliziere die Summe der Zahlen −10 und 8 mit der Zahl −12.
- **b** Dividiere die Differenz der Zahlen −22 und 23 durch die Zahl −9.
- **c** Subtrahiere vom Quotienten der Zahlen −56 und −7 die Zahl 44.
- **d** Addiere zum Produkt der Zahlen −12 und 8 die Gegenzahl von −100.
- **e** Multipliziere die Differenz der Zahlen −41 und 9 mit der Summe der Zahlen −7 und 3.
- **f** Subtrahiere vom Produkt der Zahlen −25 und −3 den Quotienten der Zahlen 250 und −2.

14 Anton hat die fünf Aufgaben einer Stegreifaufgabe wie folgt gelöst:

a) $-14 - 4 \cdot (-3) = -14 - 12 = 26$

b) $2 - 3 \cdot (-4) \cdot 2 = 2 - 3 \cdot 8 = -1 \cdot 8 = -8$

c) $2 \cdot 2^3 + 4 \cdot (-5)^2 = 2 \cdot 16 + 4 \cdot (-25) = 32 - 100 = -68$

d) $-12 - 8 \cdot (-9 + 8)^7 = -20 \cdot (-1)^7 = -20 \cdot (-7) = 140$

e) $(-1)^{18} \cdot (-13) + (-3)^2 \cdot (-1)^{27} =$
$(-1) \cdot (-13) + 9 \cdot (-1) = 13 - 9 = -4$

Korrigiere die Aufgaben, indem du die Fehler suchst und die Rechnungen richtig stellst. Gegen welche Regeln hat Anton verstoßen?

15 Benedikt wohnt in Grainau am Fuß der Zugspitze. Ein ganzes Jahr lang notiert er jeden Mittag die Temperatur auf der Zugspitze und die Temperatur in Grainau. Für jeden Monat hat er dann die mittlere Mittagstemperatur berechnet und in eine Tabelle eingetragen.

	Jan	Feb	März	April	Mai
Zugspitze	−9 °C	−7 °C	−8 °C	1 °C	2 °C
Grainau	4 °C	8 °C	9 °C	17 °C	18 °C

Juni	Juli	Aug	Sep	Okt	Nov	Dez
5 °C	6 °C	5 °C	0 °C	−1 °C	−8 °C	−10 °C
23 °C	24 °C	21 °C	16 °C	10 °C	4 °C	2 °C

- **a** Berechne für beide Orte die mittlere Temperatur des Jahres.
- **b** Um wie viel Grad ist es auf der Zugspitze im Durchschnitt kälter?
- **c** In welchem Monat war der Temperaturunterschied zwischen den beiden Orten am größten?
- **d** In welchem Monat war der Unterschied am kleinsten?

84 Ganze Zahlen

3.6 Mach dich fit!

Ganze Zahlen an der Zahlengeraden

1 Vergleiche die Zahlen. Setze < oder > ein.
a 2 ☐ –5
b –41 ☐ –38
c –36 ☐ –33
d –121 ☐ –122
e –400 ☐ 380
f –998 ☐ –989

2 Welche Zahlen sind auf der Zahlengeraden farbig dargestellt?

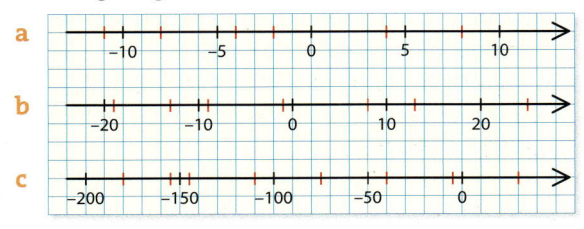

a, b, c (Zahlengeraden)

3 Zeichne für jede Teilaufgabe eine geeignete Zahlengerade und markiere die Zahlen.
a –4; 2; –5; 3; –1; 0
b 25; –35; 15; –5; 35; –15
c –100; 300; –50; 250; –250; –150; 25

4 Ein Wintertag im südlichen Deutschland

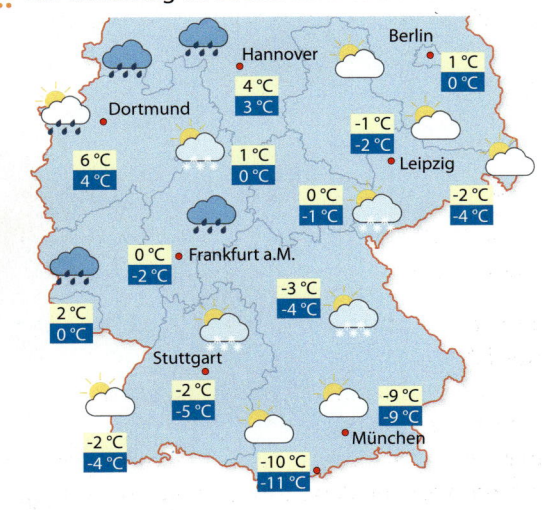

a Beschreibe die Wetterlage.
b In welchen Regionen liegen die Tageshöchsttemperaturen unter 0 °C?
c Wo ist es am wärmsten?

5 Ordne die Zahlen. Beginne mit der kleinsten Zahl.
a –12; 21; –23; 31; 12; 11; –31; –32; –11
b –56; 555; –656; 565; 65; –655; –600; 505

6 Die *Geschichte des Römischen Reiches* ist aus den Fugen geraten! Ordne die Ereignisse in der richtigen Reihenfolge.

- **510 v. Chr.** Vertreibung des Königs, Rom wird Republik
- **395 n. Chr.** Teilung in Westreich und Ostreich
- **46 v. Chr.** Julius Caesar zum Dictator ernannt
- **753 v. Chr.** Gründung Roms
- **800 n. Chr.** Karl der Große wird Kaiser
- **43 n. Chr.** Britannien besetzt
- **146 v. Chr.** Vernichtung Karthagos
- **476 n. Chr.** Ende des weströmischen Reiches

Betrag und Gegenzahl

7 Gib jeweils den Betrag der Zahl und ihre Gegenzahl an.
a 10
b –22
c –49
d 101
e 987
f –1234

8 Setze im Heft eines der Zeichen <, > oder = ein, so dass eine wahre Aussage entsteht.
a |–9| ☐ 9
b –13 ☐ |–12|
c 26 ☐ |–27|
d |–77| ☐ |–88|

9 Welche der folgenden Zahlen hat den größten, welche den kleinsten Betrag?

–56 565   –55 655   +66 556
+65 656   +56 665   –65 565

Ganze Zahlen

3.6 Mach dich fit!

Addition und Subtraktion

10 Ordne die Zahlterme zu.
  a Die Temperatur steigt um 3 °C.
  b Der Wasserspiegel sinkt um 3 m.
  c Die Schulden erhöhen sich um weitere 3 €.

  (+13) − (+3)   (−13) + (−3)   (+13) + (+3)

11 Addiere. Überschlage zuerst, ob du ein positives oder ein negatives Ergebnis erhältst.
  a (+13) + (+14)   d (−35) + (+12)
  b (+25) + (−13)   e (−214) + (−125)
  c (−13) + (−12)   f (+505) + (−209)

12 Subtrahiere. Überschlage zuerst, ob du ein positives oder ein negatives Ergebnis erhältst.
  a (+25) − (+13)   d (−105) − (+12)
  b (+12) − (−8)   e (−46) − (−120)
  c (−46) − (−12)   f (+343) − (−425)

13 Vereinfache die Schreibweise und berechne.
  a (+9) + (+11)   e (+29) − (+16)
  b (+13) + (−11)   f (−11) − (+15)
  c (−51) + (+12)   g (−16) − (−92)
  d (−217) + (−474) h (+1 122) − (−3 125)

14 Berechne. Überschlage vorher, ob du ein positives oder ein negatives Ergebnis erhältst.
  a 275 + 160   d 52 − 47   g 780 − 925
  b −162 + 93   e 174 − 324   h −449 + 626
  c −13 + 15   f −33 − 42   i −946 − 253

15 In Garmisch-Partenkirchen (708 m) zeigt das Thermometer 6 °C an. Zur gleichen Zeit werden auf dem Gipfel der Zugspitze (2 962 m) −11 °C gemessen. Berechne den Temperaturunterschied.

16 Überprüfe durch Rechnung, ob die Aussagen wahr oder falsch sind.
  a $8 + |-7| = |8 - 7|$ c $|+15| - |-4| = |4 - 15|$
  b $8 + (-7) = |8 - 7|$ d $|-6 - 9| > |-6| + |-9|$

17 Rechne möglichst vorteilhaft.
  a 236 − 547 + 164 − 53
  b −897 − 875 + 397 + 475
  c −1289 + 531 − 211 + 199

18 Welche Zahlen sind gesucht?
  a Die Summe aus 74 und der gesuchten Zahl hat den Wert −29.
  b Die gesuchte Zahl ist um 16 größer als die Summe aus 28 und −43.
  c Die Zahlen haben den gleichen Betrag wie der Wert der Summe aus −81 und 35.

Multiplikation und Division

19 Berechne.
  a $25 \cdot (-3)$ e $(-3) \cdot (-4) \cdot (-12)$
  b $(-2) \cdot (-10)$ f $(-10) \cdot (-100)^2$
  c $(-1) \cdot 2843$ g $50 \cdot (-10)^3 \cdot 10$
  d $(-15) \cdot (+10) \cdot (-10)$ h $(-2)^7 \cdot (-5)^6$

20 Entscheide, welches der angegebenen Ergebnisse richtig ist.
  a $384 \cdot 135 =$

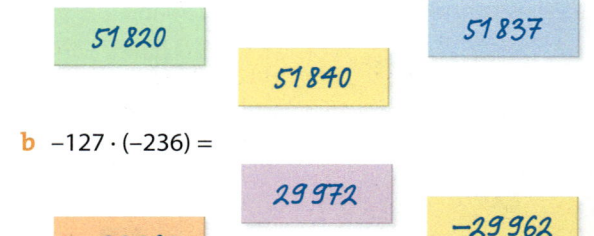

  51 820   51 840   51 837

  b $-127 \cdot (-236) =$

  −30 062   29 972   −29 962

  c $-101 \cdot 123 =$

  1 243   −1 243   12 423   −12 423

  d $(-2)^{10} =$

  −1 023   −1 024   1 023   1 024

  e $-3^5 =$

  242   −242   243   −243

86 Ganze Zahlen

Mach dich fit! 3.6

21 Berechne.
a $108 : (-12)$
b $(+39) : (-13)$
c $169 : (+13)$
d $(-176) : (-22)$
e $216 : (-18)$
f $(-729) : (+27)$
g $(+512) : (+64)$
h $(-35) : (-35)$

22 Bestimme die gesuchte Zahl.
a Welche Zahl muss man mit −3 multiplizieren, um −18 zu erhalten?
b Welche Zahl muss man mit −4 multiplizieren, um 36 zu erhalten?
c Welche Zahl muss man durch −6 dividieren, um 3 zu erhalten?
d Welche Zahl muss man durch 8 dividieren, um −4 zu erhalten?
e Mit welcher Zahl muss man −1 multiplizieren, um −50 zu erhalten?
f Durch welche Zahl muss man −42 dividieren, um 6 zu erhalten?

23 Berechne.
a $24 \cdot (-6) : 16$
b $(+33) : (-11) \cdot (+87)$
c $18 \cdot 53 : (-9)$
d $(-18) \cdot (-12) : (-24)$
e $(-63) \cdot 57 : 9$
f $(+5) \cdot (+27) : (-15)$

24 Ermittle ohne zu rechnen, welches der Zeichen <, = bzw. > für das Kästchen eingesetzt werden darf, so dass eine wahre Aussage entsteht.
a $-7 \cdot (-8) \square -9 \cdot (-10) \cdot (-11)$
b $1^2 \cdot (-1) \square 1 \cdot (-1)^2$
c $-21 \cdot (-31) \square 31 \cdot 21$
d $-12 \cdot 25 \square 5 \cdot 12 \cdot (-5)$
e $11^2 \cdot (-11) \square -121 \cdot (-11)$
f $17 \cdot 0 \cdot (-32) \cdot (-37) \square 37 \cdot 17 \cdot 32$

25 Berechne.
a $-4^4 \cdot 7 : (-8)$
b $(-36) \cdot 24 : (-3)^3$
c $63 \cdot [-27 : (-3)]$
d $-28 \cdot 39 : (-2)^2$
e $(-11) \cdot (-11) : (+11)^2$
f $-3^5 : 9^2 \cdot (-16)$
g $72 : [-56 : (-7)]$
h $+343 \cdot (-45) : (+9)$

Verbinden der Grundrechenarten

26 Ordne den Aufgaben die richtigen Ergebnisse zu.
a $7 \cdot (-5) + 10$
b $-23 - (-4) \cdot (-5)$
c $-37 - 7 \cdot (-13)$
d $(-102) : (-3) - 4 \cdot 11$
e $-52 - 70 : 14 - 4 \cdot (-8)$
f $(-48) : (-2) : (-3) - 2$
g $(65 - 40) \cdot (-15)$
h $(35 - 113) : (-3)$
i $156 : (99 - 111)$
k $(25 + 75) : (25 - 75)$
l $(-5 + 22) \cdot (-8 - 9)$
m $(-45 - 15) : (-45 + 15)$

Ergebnisse: 54, −2, −10, −13, −289, −25, 2, −375, 26, −10, −25, −43

27 Im Verlauf einer Woche wurden folgende Mittagstemperaturen gemessen:

Montag: 2 °C
Dienstag: −3 °C
Mittwoch: −5 °C
Donnerstag: −4 °C
Freitag: −5 °C
Samstag: −4 °C
Sonntag: −2 °C

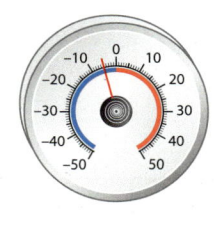

Berechne die durchschnittliche Mittagstemperatur in dieser Woche.

28 Bei der folgenden Rechenaufgabe hat sich der Fehlerteufel eingeschlichen. Finde den Fehler und verbessere die Aufgabe.
$-2 \cdot (19 - 14) + (-28 + 31) \cdot (22 - 30) =$
$-2 \cdot \quad 5 \quad + \quad 3 \quad \cdot \quad (-8) =$
$-2 \cdot \quad\quad 8 \quad\quad \cdot \quad (-8) =$
$\quad\quad\quad 128$

29 Berechne.
a $156 : (-83 + 57)$
b $(-3) \cdot [-87 - (-33)]$
c $[-84 + (-8) \cdot 7] : (-7)$
d $[(-3) \cdot 2^2 \cdot 7 - 133] : 7$
e $[3^2 + (-4)^2 - 5^2] : 6$
f $[323 : (2 - 19)] : (-19)$
g $[(-8)^2 + (-6)^2] : (-10)$
h $[6^2 - 4 \cdot (-5)^2] : (-2)^3$

Ganze Zahlen

3.7 Grundwissen

Ganze Zahlen an der Zahlengeraden

ganze Zahlen
Alle negativen ganzen Zahlen {−1; −2; −3; …} und alle natürlichen Zahlen einschließlich der Null {0; 1; 2; 3; …} bilden zusammen die Menge der **ganzen Zahlen**:
$\mathbb{Z} = \{\ldots, -3; -2; -1; 0; 1; 2; 3; \ldots\}$

Zahlen anordnen
Für $\mathbb{Z}$ gilt folgende Ordnung:
… < −3 < −2 < −1 < 0 < 1 < 2 < 3 < 4 < …
Von zwei Zahlen auf einer Zahlengeraden liegt:

| die kleinere Zahl weiter links | < | die größere Zahl weiter rechts |

⬇

Zahlengerade
negative ganze Zahlen   positive ganze Zahlen
−6 −5 −4 −3 −2 −1 0 +1 +2 +3 +4 +5 +6 +7

Betrag und Gegenzahl

Jede Zahl außer der Null hat eine **Gegenzahl**. Beide Zahlen haben auf der Zahlengeraden die **gleiche Entfernung zu null**. Der **Betrag** einer Zahl gibt an, welche Entfernung sie zu null hat. Beträge sind immer positiv.

⬇

$|-8| = |+8| = 8$
Dabei ist −8 die Gegenzahl zu +8 und umgekehrt.

Addition und Subtraktion

Addition

Addition zweier ganzer Zahlen mit gleichen Vorzeichen:
Die Beträge werden addiert und dem Ergebnis wird das gemeinsame Vorzeichen zugeordnet.

Addition zweier ganzer Zahlen mit ungleichen Vorzeichen:
Der kleinere Betrag wird vom größeren Betrag subtrahiert und dem Ergebnis wird das Vorzeichen der betragsmäßig größeren Zahl zugeordnet.

⬇

$(+7) + (+9) = +16$
$(-7) + (-9) = -16$
$(+7) + (-9) = -2$
$(-7) + (+9) = +2$

Subtraktion
Jede Subtraktion kann durch die **Addition der Gegenzahl** ersetzt werden.

⬇

$(+7) - (+9) = (+7) + (-9) = -2$
$(+7) - (-9) = (+7) + (+9) = +16$

Setzen von Klammern
In Termen dürfen nie ein Rechen- und Vorzeichen direkt aufeinander folgen. Deshalb müssen bei Bedarf Klammern um die Zahlen gesetzt werden.

Ganze Zahlen

Ganze Zahlen 3.7

Rechenzeichen und Vorzeichen

Ganze Zahlen kann man addieren oder subtrahieren, indem man benachbarte Rechenzeichen und Vorzeichen verbindet.

Bei gleichen Rechenzeichen und Vorzeichen wird addiert.
$$(+5) + (+4) \rightarrow (+5) + 4$$
$$(+5) - (-4) \rightarrow (+5) + 4$$

Bei ungleichen Rechenzeichen und Vorzeichen wird subtrahiert.
$$(+5) + (-4) \rightarrow (+5) - 4$$
$$(+5) - (+4) \rightarrow (+5) - 4$$

Zudem kann vor einer einzelnen Zahl in einer Klammer das Vorzeichen „+" weggelassen und die Zahl ohne Klammer geschrieben werden.

↓

$(+5) + (+4)$ wird zu: $5 + 4$
$(+5) - (-4)$ wird zu: $5 + 4$
$(+5) + (-4)$ wird zu: $5 - 4$
$(+5) - (+4)$ wird zu: $5 - 4$

Division

Zwei ganze Zahlen werden dividiert, indem man ihre Beträge dividiert und anschließend das Vorzeichen bestimmt:

+ geteilt durch + → +
− geteilt durch − → +
+ geteilt durch − → −
− geteilt durch + → −

↓

$(+18) : (+3) = +6$
$(-18) : (-3) = +6$
$(+18) : (-3) = -6$
$(-18) : (+3) = -6$

Multiplikation und Division

Multiplikation

Zwei ganze Zahlen werden multipliziert, indem man ihre Beträge multipliziert und anschließend das Vorzeichen bestimmt:

+ mal + → +
− mal − → +
+ mal − → −
− mal + → −

↓

$(+6) \cdot (+3) = +18$ $(+6) \cdot (-3) = -18$
$(-6) \cdot (-3) = +18$ $(-6) \cdot (+3) = -18$

Verbinden der Grundrechenarten

Rechenregel

Auch beim Rechnen mit ganzen Zahlen ist die Rechenregel
„Klammer vor Punkt vor Strich"
zu beachten.

↓

$(-15 + 11) : 2 - 5 =$
$-4 : 2 - 5 =$
$-2 - 5 =$
-7

Rechengesetze

In der Zahlenmenge $\mathbb{Z}$ gelten ebenso die folgenden Rechengesetze:

- **Kommutativgesetz**
- **Assoziativgesetz**
- **Distributivgesetz**

3.8 Mehr zum Thema: Zahlenfolgen

In der blauen Folge unten werden die geraden Zahlen nacheinander aufgereiht. Du kennst sie auch als „Zweierreihe". Zum Folgeglied gelangt man, indem man zur letzten Zahl immer zwei hinzu addiert. Die drei Punkte zeigen an, dass die Folge weitergeführt werden kann.

| 2 | 4 | 6 | 8 | 10 | 12 | ... |

Bei der grauen Zahlenfolge gelangt man zur nächsten Zahl, indem man 3 subtrahiert. Auf diese Weise kommt man in den negativen Wertebereich.

| 10 | 7 | 4 | 1 | –2 | –5 | ... |

In einer Zahlenfolge, in der mit einer Zahl multipliziert wird (im grünen Beispiel mit 4), um das nächste Folgeglied zu erhalten, können die Zahlen schnell anwachsen.

| 1 | 4 | 16 | 64 | 256 | 1024 | ... |

Eine ganz besondere Zahlenfolge benennt man nach dem italienischen Mathematikers *Leonardo von Pisa*, genannt *Fibonacci*. Im Jahr 1202 inspirierte ihn die Frage nach der Anzahl weiblicher Tiere in einer Kaninchenfamilie zu einer interessanten Überlegung. Seine raffinierte Idee verstehen wir bei einem Spiel, das du auf kariertem Papier nachvollziehen kannst:

- Wir verwenden nur die Buchstaben **A** und **B** und schreiben zuerst das „Wort" **A** auf.
- Aus einem bereits aufgeschriebenen Wort gewinnen wir das nächste nach zwei Regeln:
  Für ein **A** *schreiben wir ein* **B**. *Für ein* **B** *schreiben wir die beiden Buchstaben* **AB**.

Die Tabelle zeigt, was das mit Kaninchen zu tun hat:

Buchstaben und Regeln	Bedeutung
A	Ein junges Kaninchen
B	Ein erwachsenes Kaninchen
A → B	Ein junges Kaninchen wird erwachsen.
B → AB	Ein erwachsenes Kaninchen bekommt ein Junges.

Wir notieren jetzt die **Zahl der Buchstaben** in den „Wörtern", die auf diese Weise nacheinander entstehen, und erhalten die berühmte **Fibonacci-Folge**:

A → B → AB → BAB → ABBAB → BABABBAB ...

| 1 | 1 | 2 | 3 | 5 | 8 | ... |

Setze die Reihe noch um einige weitere Wörter fort. Überzeuge dich davon, dass jedes Wort so lang ist wie die beiden vorhergehenden Wörter zusammen.

4

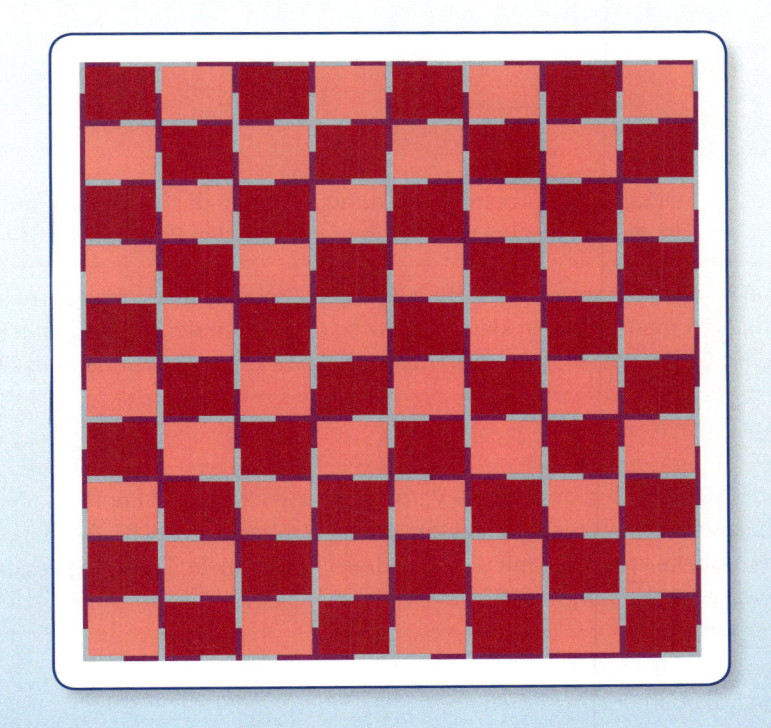

Geometrie

4.1 Punkt, Strecke, Halbgerade, Gerade

1 Manche Künstler haben immer wieder versucht, Bilder zu malen, die nur aus Punkten bestehen. Je kleiner und dichter sie beieinander liegen, umso deutlicher wird das Bild. In der Geometrie stellen wir uns solche Punkte unendlich klein vor und jede Fläche besteht immer aus unendlich vielen Punkten.

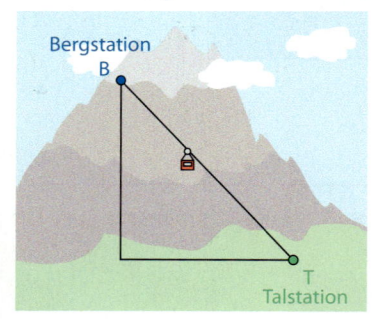

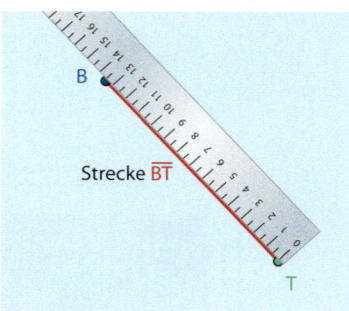

In der Skizze bildet die Seilbahn die kürzeste Verbindung zwischen der Talstation T und der Bergstation B. Die Strecke $\overline{BT}$ ist die geradlinige Verbindung zwischen den Punkten B und T in der Zeichnung.

> **M** Eine Fläche ist aus unendlich vielen **Punkten** aufgebaut. Diejenigen, die man zum Zeichnen von Figuren braucht, hebt man durch ein kleines Kreuz (x) oder einen deutlichen Punkt (•) hervor. Man bezeichnet sie mit **Großbuchstaben**, denen man auch eine kleine Zahl anhängen kann.

Beispiele für Punkte: A, B, T, P_1, P_2, Z_1, ..., Z_{10}

> **M** **Strecken** sind die kürzeste und geradlinige Verbindung zwischen zwei Punkten. Man kennzeichnet sie durch die Endpunkte der Strecke, mit einem Strich darüber. *Beispiel* $\overline{BT}$, $\overline{AP_2}$.
> Die **Länge einer Strecke** kann man mit dem Geodreieck messen. Im Bild oben rechts hat die Strecke $\overline{BT}$ eine Länge von 13,4 cm. Man schreibt: $|\overline{BT}| = 13{,}4$ cm. Dies ist die **Entfernung** von B zu T.

Beispiele für Strecken: $\overline{AS}$, $\overline{AB}$, $\overline{BP}$, $\overline{GD}$
Überlege mit deinem Nachbarn: Kann man mit den hier vorhandenen Punkten noch weitere Strecken zeichnen?

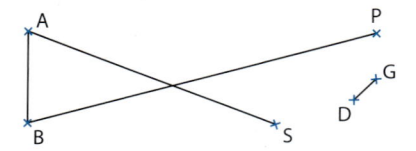

2 Strecken kann man auch über ihre Endpunkte hinaus verlängern.

> **M** Wenn man eine Strecke über beide Endpunkte hinaus geradlinig und unbegrenzt verlängert, ergibt sich eine **Gerade**. Um Geraden zu bezeichnen, werden mit kleinen Buchstaben verwendet oder die Punkte, die sie festlegen. *Beispiel:* g = AB.
> Wenn man eine Strecke nur über einen Eckpunkt hinaus verlängert, entsteht eine **Halbgerade**.
> Schreibweise: [DE, [MN. Der Ausgangspunkt wird hinter eine eckige Klammer gesetzt.

Beispiele für Halbgeraden: [DE, [MN

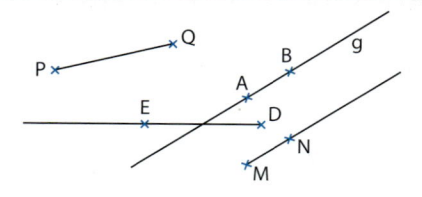

Punkt, Strecke, Halbgerade, Gerade — 4.1

Übungsaufgaben

1 Ordne jeweils den richtigen Begriff zu. Gibt es immer eine passende Bezeichnung?

Strecke   Halbgerade   Gerade

① A—B   ② C—D   ③ E—F   ④ Y—Z   ⑤ R—S   ⑥ P—Q

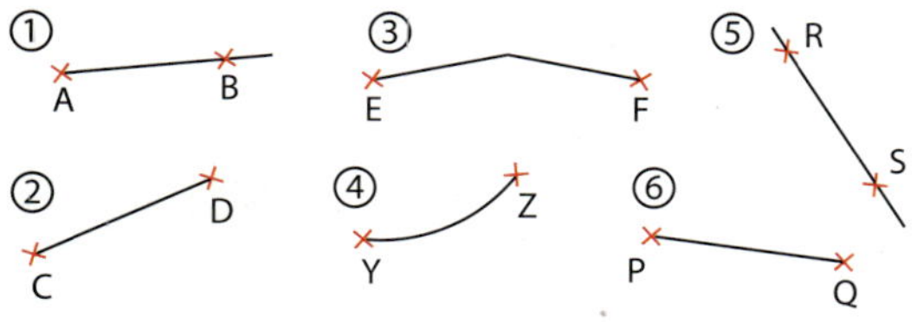

2 Verbinde im Heft alle Punkte miteinander und bezeichne die einzelnen Strecken.

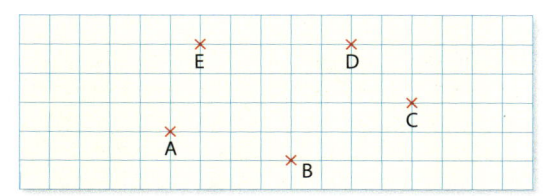

(Punkte: E, D, C, A, B)

3 Übertrage die Strecken ganz genau in dein Heft. Gib ihre Längen an.

Beispiel $|\overline{AB}| = 2{,}7$ cm

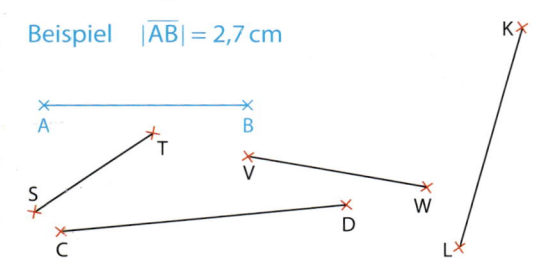

(Strecken mit Punkten A, B, T, V, W, K, S, C, D, L)

4 Zeichne im Heft vier Halbgeraden von einem gemeinsamen Startpunkt aus. Markiere auf jeder von ihnen fünf Punkte, die jeweils 1 cm voneinander entfernt sind. Verbinde alle Punkte so wie in der Abbildung angedeutet. Verlängere dann die Halbgeraden zu Geraden und führe das Muster fort. Wie viele Strecken musst du noch zeichnen?

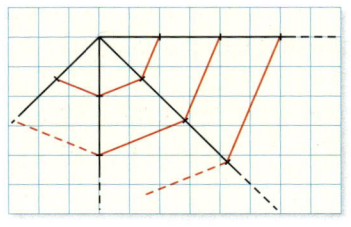

5 Richtig oder falsch? Überprüfe diese Aussagen:
a Die Strecken $\overline{AF}$ und $\overline{FA}$ sind gleich lang.
b Verlängert man eine Strecke über beide Begrenzungspunkte hinaus, dann erhält man eine Halbgerade.
c Eine Halbgerade hat einen Anfangs- und einen Endpunkt.
d Durch drei Punkte kann keine Gerade verlaufen.

> **M** Geraden, Halbgeraden und Strecken können sich gegenseitig schneiden. Dann entsteht ein **Schnittpunkt**.

6 Zeichne drei Geraden g, h und i. Wie viele Schnittpunkte können sie enthalten?

> **T** Strecken können auch Teilstücke von Geraden und Halbgeraden sein!

7 Wie viele Geraden, Halbgeraden und Strecken sind in den Zeichnungen enthalten?

a   b

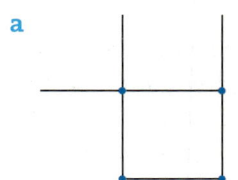

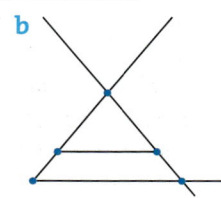

8 Zeichne zwei Punkte A und M auf kariertes Papier. Ihre Entfernung soll 5 cm betragen, also $|\overline{AM}| = 5$ cm. Verlängere nun die Strecke $\overline{AM}$ über M hinaus nochmals um 5 cm. Der Endpunkt ist B. Jetzt hast du die Strecke $\overline{AM}$ erhalten. Nun zeichnest du einen dritten Punkt C, der nicht auf $\overline{AB}$ liegen soll. Anschließend verbindest du B mit C und A mit C. Jetzt ist ein Dreieck entstanden. Den Punkt M musst du nun nur noch mit C verbinden. Zeichne die Strecke $\overline{MC}$. Fertig!
Schneide nun das Dreieck sorgfältig aus und falte es entlang der Strecke $\overline{MC}$. Lege das gefaltete Dreieck mit der Faltkante auf eine Kante deines Geodreiecks. Was passiert?
Vergleiche mit anderen Dreiecken.

4.2 Zueinander senkrecht und parallel, Abstand

1. Die historische Altstadt von Mannheim ist nach geometrischen Prinzipien angelegt worden. Die Abbildung zeigt den Stadtplan. Suche die Kurpfalzstraße und beschreibe, wie sie zur Kunststraße verläuft.

2. Die Planken sind die Haupteinkaufsstraße im Zentrum der „Mannheimer Quadrate". Miss die kürzeste Verbindung von den Planken zur Kunststraße zwischen den Häuserblöcken D1 und D2, D2 und D3 usw. Was fällt dir auf?

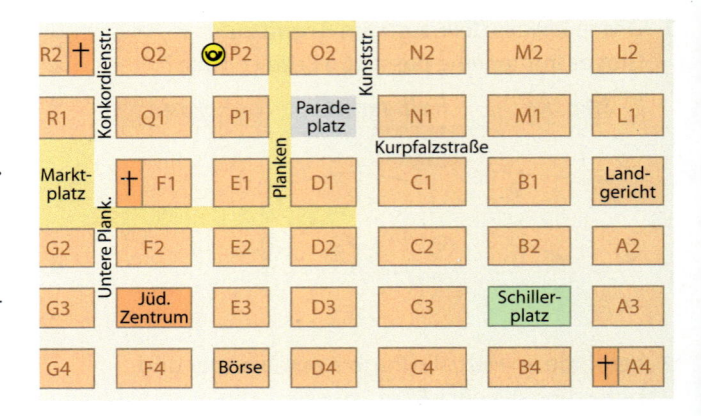

Im Stadtplan von Mannheim kommen Senkrechte und Parallelen vor. Senkrechte Strecken, Halbgeraden und Geraden kannst du mit deinem Geodreieck zeichnen. Wie du das machst, siehst du hier an zwei Beispielen.
Wenn zwei Geraden senkrecht zueinander stehen, dann bilden sie einen rechten Winkel.

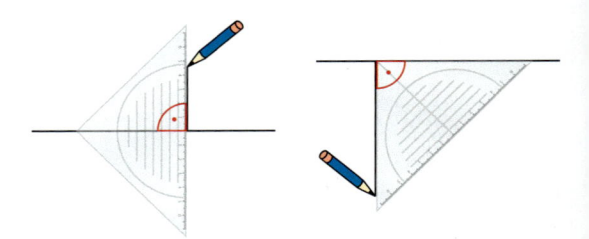

> **M** Zwei Geraden g und h, die einen rechten Winkel bilden, stehen aufeinander **senkrecht**. Man schreibt: g ⊥ h. In einer Zeichnung markiert man den Schnittwinkel der Geraden mit dem Zeichen ∟.
> Zwei Geraden, die sich nicht schneiden, nennt man **parallel**. Man schreibt: g ∥ h.

Parallele Strecken, Halbgeraden und Geraden kannst du ebenfalls mit deinem Geodreieck zeichnen. Hier wird eine zu g parallele Gerade durch den Punkt P gezeichnet.

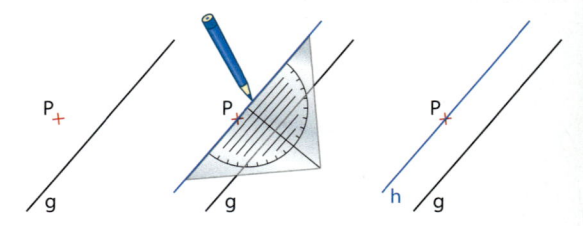

> **M** Der **Abstand** zwischen einem Punkt P und einer Geraden g ist die Länge der kürzesten Strecke zwischen diesem Punkt und der Geraden. Um ihn zu finden, zeichnet man von P aus die Senkrechte zu g und misst deren Länge.
> Man schreibt das so: d(P;g) = 2 cm
> Der Abstand zwischen zwei parallelen Geraden ist überall gleich.
> Man schreibt: d(g;h) = 2 cm.
> Um den Abstand richtig angeben zu können darf man die Längeneinheit nicht vergessen!

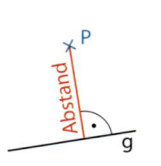

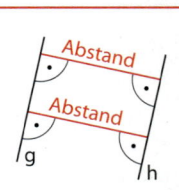

Zueinander senkrecht und parallel, Abstand 4.2

Übungsaufgaben

1. Schau dich im Klassenzimmer um. Wo findest du zueinander senkrechte und parallele Linien?

2. Welche Linien auf dem Fußballfeld sind zueinander parallel, welche senkrecht?

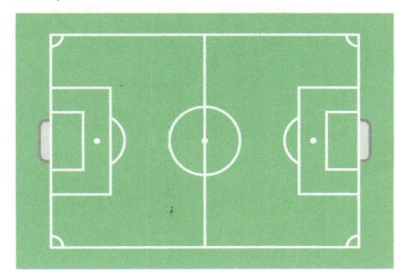

3. Nimm ein Blatt Papier und falte es so:

   Wenn du es zweimal faltest, erhältst du zwei parallele Faltkanten. Wie musst du es nun falten, damit du Kanten erhältst, die zu den Parallelen senkrecht sind? Falte anschließend das Blatt auf und zeichne alle Faltkanten mit dem Geodreieck nach.

4. Untersuche die Geraden. Notiere die zueinander senkrechten oder zueinander parallelen Geraden mit den Zeichen ⊥ und ∥.
   Verwende zur Kontrolle dein Geodreieck.

   a   b 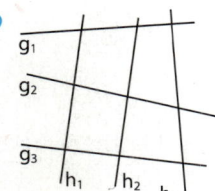   c 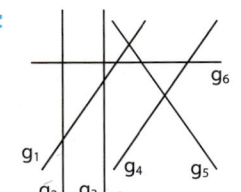   d

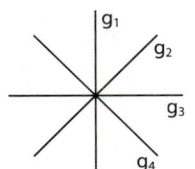

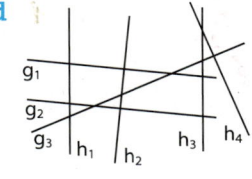

5. Übertrage die Gerade g in dein Heft und zeichne durch jeden Punkt eine Senkrechte zu g.
   Miss den Abstand jedes Punktes zur Geraden g.

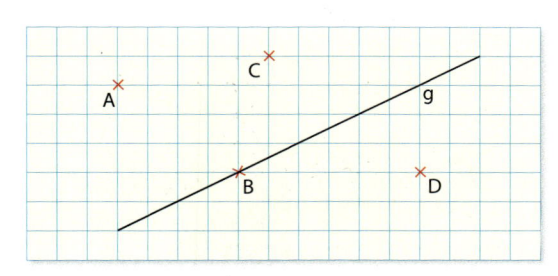

6. Zeichne im Heft durch jeden Punkt eine Parallele zur Geraden h.
   Bestimme jeweils deren Abstand zu h.

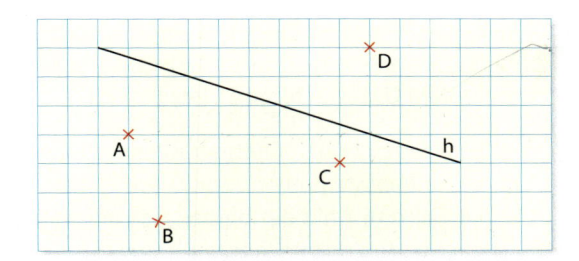

7. Zeichne auf unliniertem Papier die Gerade g und eine zu g parallele Gerade h im Abstand von 2,5 cm. Zeichne nun eine zu g parallele Gerade i im Abstand von 6 cm.
   Wie gehst du vor?

   > **T** Zeichne eine zu g senkrechte Hilfsgerade k. Markiere auf ihr den Punkt P, dessen Abstand zu g 6 cm beträgt.
   > Zeichne durch P eine Senkrechte zu k.

8. Überprüfe diese Aussagen zur Lage der Geraden g, h und i. Vielleicht hilft dir eine Zeichnung weiter.
   a Ist g ∥ h und h ∥ i, dann ist g ∥ i.
   b Ist g ⊥ h und i ⊥ h, dann ist g ⊥ i.
   c Ist g ∥ h und h ⊥ i, dann ist g ⊥ i.

Geometrie 95

4.3 Das Gitternetz (Koordinatensystem)

Daniel sucht mit seinem Vater im Stadion nach seinem Sitzplatz. Die Nummern von Reihe und Platz findet er auf seiner Eintrittskarte.

Kreisliga
Saison 2016/2017

FC Sanddorf
gegen
TuS Nordhausen

Südtribüne   Reihe 4   Platz 2

Auf ähnliche Weise bestimmt man auch in der Mathematik die Lage von Punkten in einem **Gitternetz**. Man nennt es auch **Koordinatensystem**.

> **M** Ein Punkt in einem Koordinatensystem wird durch zwei Zahlen (die Koordinaten) angegeben und mit einem Großbuchstaben bezeichnet.
> - Die waagerechte Zahlengerade nennt man **x-Achse**.
> - Die senkrechte Zahlengerade nennt man **y-Achse**.
> - Den Schnittpunkt der beiden Achsen nennt man **Ursprung** O. Er hat die Koordinaten O(0|0).
> - Beachte den Unterschied zwischen dem Buchstaben O und der Zahl 0.

Der Abstand zwischen zwei Markierungen auf den beiden Zahlengeraden wird durch eine Längeneinheit (LE) festgelegt. Meist nimmt man dafür einen Zentimeter, also: 1 LE ≙ 1 cm.

Beispiel: Punkt A(2|5)
- Vom Ursprung auf der x-Achse bis 2 gehen;
- von dort in Richtung der y-Achse bis 5 gehen.

Beispiel: Punkt B(–4|3)
- Vom Ursprung auf der x-Achse bis –4 gehen;
- von dort in Richtung der y-Achse bis 3 gehen.

Beispiel Punkt C(–1|–2)
- Vom Ursprung aus auf der x-Achse bis –1 gehen;
- von dort in Richtung der y-Achse bis –2 gehen.

Beispiel Punkt D(3|–1)
- Vom Ursprung aus auf der x-Achse bis 3 gehen;
- von dort in Richtung der y-Achse bis –1 gehen.

Wenn in Aufgaben ein Koordinatensystem gezeichnet werden soll, geben wir meistens den Platzbedarf an. x ∈ [–5; 5] / y ∈ [–7; 11] beispielsweise bedeutet: x von –5 bis 5 und y von –7 bis 11.

Das Gitternetz (Koordinatensystem) 4.3

Übungsaufgaben

1 Zeichne in ein Koordinatensystem die folgenden Punkte ein:
A(2|2), B(4|0), C(−1|5), D(0|−4), E(−4|−5).
Überlege zunächst: Wie lang musst du die Achsen mindestens zeichnen, damit alle Punkte eingetragen werden können?

2 Zeichne die Punkte in ein Koordinatensystem und verbinde sie: $x \in [-5; 5] / y \in [-5; 5]$
a A(2|−3); B(2|−1); C(2|0); D(2|4)
b A(−3|−1); B(−2|0); C(0|2); D(3|5)
c A(3|1); B(2|0); C(0|−2); D(−1|−3)

3 Bestimme die Koordinaten der Punkte im Koordinatensystem.

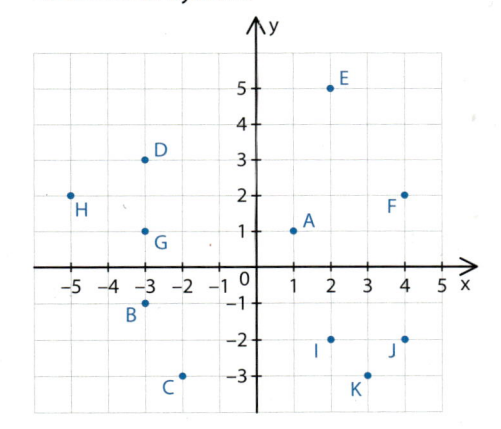

4 Liegen die Punkte in einer Reihe?
a A(−2|−4); B(−2|−2); C(−1|−2); D(−2|1)
b A(−2|−3); B(−1|−2); C(0|0); D(2|1)
c A(2|−6); B(0|−4); C(−2|−4); D(−4|0)
d P(−3|−4); Q(−1|−3); R(1|−2); S(3|−1)

5 Trage die Punkte in ein Koordinatensystem ein und verbinde sie mit einem Lineal entsprechend ihrer Reihenfolge: $x \in [-7; 8] / y \in [-5; 5]$
$P_1(-1|-4)$; $P_2(1|-4)$; $P_3(1|-2)$; $P_4(5|-2)$;
$P_5(5|-4)$; $P_6(7|-4)$; $P_7(7|1)$; $P_8(6|3)$;
$P_9(3|4)$; $P_{10}(0|3)$; $P_{11}(-1|2)$; $P_{12}(-3|0)$;
$P_{13}(-6|1)$; $P_{14}(-6|0)$; $P_{15}(-3|-1)$; $P_{16}(-1|0)$.
Schließe die Figur und trage außerdem bei A(1|1) einen dicken Punkt ein.

6 Eine Fliege F(1|3), die schon ziemlich außer Kräften ist, möchte unbedingt zu einem Tropfen Zuckerwasser Z(1|−3) krabbeln, um sich zu stärken. Leider warten schon sieben Spinnen S_1, …, S_7 auf sie. $x \in [-3; 4] / y \in [-4; 3]$
$S_1(-2|-2)$; $S_2(0|-2)$; $S_3(-1|2)$; $S_4(1|1)$;
$S_5(1|-1)$; $S_6(2|-1)$; $S_7(3|-3)$

Die Fliege kann nur senkrecht oder waagrecht krabbeln und darf sich keiner der Spinnen näher als eine Einheit nähern, sonst wird sie gefressen. Zeichne ihren Weg in ein Koordinatensystem mit der Einheit 1 cm.

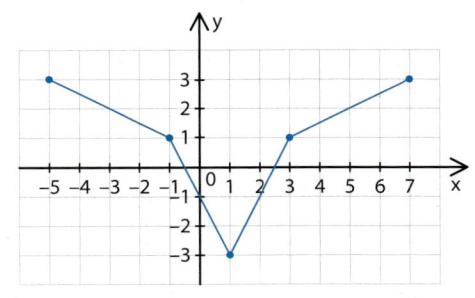

7 Vervollständige die Figur in deinem Heft zu einem Stern. 1 LE ≙ 1 cm. Gib die Koordinaten aller Eckpunkte an.

8 Zeichne ein Koordinatensystem mit x von −5 bis +5 und y von −5 bis +5. Kennzeichne die Punkte farbig, die folgende Bedingungen erfüllen:
a Der y-Wert ist 3, der x-Wert beliebig (grün).
b Der y-Wert ist um eins größer als der x-Wert (blau).
c x-Wert und der y-Wert sind gleich (rot).
d Der x-Wert ist um drei größer als der y-Wert (orange).
e Der x-Wert und der y-Wert ergeben in der Summe 2 (braun).

Geometrie 97

4.4 Kreise

1 Zeichne einen Kreis in dein Heft. Der Mittelpunkt M soll der Ursprung eines Koordinatensystems sein. Der Kreis soll durch den Punkt C(5|0) verlaufen.
Miss und vergleiche die Längen der Strecken $\overline{AM}$ und $\overline{BM}$. Markiere einige weitere Punkte auf dem Kreis. Welche Streckenlängen ergeben sich zum Punkt M?

2 Miss und vergleiche auch die Streckenlängen $|\overline{AM}|$ und $|\overline{BM}|$ mit $|\overline{DC}|$. Was stellst du fest?

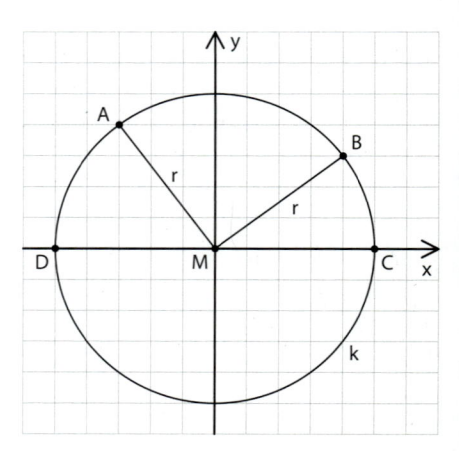

> **M** Alle Punkte auf einem Kreis k sind vom Mittelpunkt gleich weit entfernt.
> Diese Entfernung nennt man den **Radius** r des Kreises (Mehrzahl: **Radien**).
> Eine Strecke, die zwei Punkte auf dem Kreis miteinander verbindet und durch den Mittelpunkt M verläuft, heißt **Durchmesser**. Ihre Länge d ist doppelt so groß wie der Radius.
> Es gilt also: d = 2 · r

Man sagt: „Zeichne einen Kreis k mit dem Mittelpunkt M und dem Radius r = 5 cm."

Man schreibt: k(M; r = 5 cm)

> **M** Wenn wir alle Punkte zeichnen, die zu einem Punkt M die gleiche Entfernung haben, so entsteht eine **Kreislinie**. Der Punkt M wird dadurch zum **Kreismittelpunkt** M.

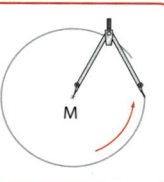

Übungsaufgaben

1 Ermittle bei den Kreisen in der Abbildung rechts durch Messen den Radius und den Durchmesser. Beschreibe die Kreise in der Kurzform.

Beispiele $k_1(M_1;\ r = 0,5\ cm)$
$k_1(M_1;\ d = 1\ cm)$

2 Zeichne Kreise mit dem
a Radius: 2 cm; 4 cm; 50 mm; 3,5 cm;
b Durchmesser: 4 cm; 80 mm; 1 dm.

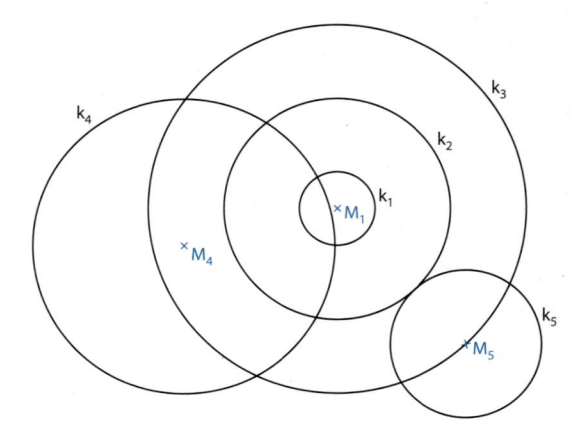

Kreise 4.4

3 Zeichne Max und Moritz in dein Heft. Orientiere dich dabei an der Kästchenanzahl. Alle Mittelpunkte liegen auf Kästchenecken! Bei Max musst du die Mittelpunkte für die Kreise und Kreisteile selbst finden. Bei den Haaren von Max musst du experimentieren!

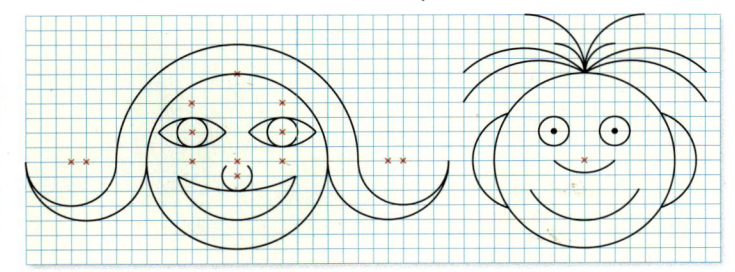

> **T** Beim Zeichnen müssen die Minen von Zirkel und Bleistift immer spitz sein!

4 Da stimmt doch etwas nicht – oder doch? Zeichne die Figuren in dein Heft und beschreibe, worin die optische Täuschung besteht. Erfinde andere optische Täuschungen mit Kreisen.

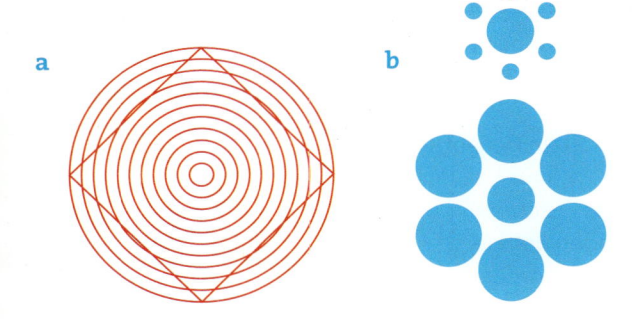

a   b

5 Zeichne die Ornamente in dein Heft. Orientiere dich dabei an der Kästchenanzahl. Erfinde ein eigenes Kreisornament und verziere damit farbig eine Heftseite an einem ihrer Ränder.

6 Zeichne ein Koordinatensystem in dein Heft (1 cm $\triangleq$ 1 Längeneinheit) und markiere darin folgende Punkte: x ∈ [–1; 11] / y ∈ [–1; 10]
A(2|2); B(4|2); C(4|6); D(0,5|6); E(9,5|4)

a Zeichne einen Kreis um den Punkt A, der durch den Punkt B geht.

b Ein zweiter Kreis hat C als Mittelpunkt; der Punkt D liegt auf der Kreislinie.

c Der Punkt F ist einer der Schnittpunkte der beiden Kreise aus **a** und **b**. Außerdem liegt er auf der Strecke $\overline{AE}$.
Gib die Koordinaten des Punktes F an.

7 Führe die Zeichenvorschriften nacheinander aus. Du erhältst eine schöne Figur mit Kreisen, die du bunt anmalen kannst.

a Markiere in deinem Heft zwei Punkte, die 2 cm voneinander entfernt sind.

b Der erste Kreis hat einen der Punkte als Mittelpunkt und geht durch den zweiten Punkt. Ein zweiter Kreis hat den zweiten Punkt als Mittelpunkt und geht durch den ersten Punkt. Ändere den Radius jetzt nicht mehr!

c Die Schnittpunkte der beiden Kreise sind nun ihrerseits Mittelpunkte von zwei neuen Kreisen.

d Die beiden neuen Kreise schneiden den ersten Kreis dreimal. An einem der Schnittpunkte gibt es schon einen Kreis; ergänze Kreise an den beiden anderen!

e Nun fehlen nur noch zwei Kreise. Auch deren Mittelpunkte liegen auf dem ersten Kreis. Wenn du sie findest, entsteht ein Rosettenmuster.

Geometrie

4.5 Winkel

Unter dem *Gesichtsfeld* versteht man den Bereich, den man beim Geradeausschauen überblicken kann. Menschen und Hunde haben unterschiedlich weite Gesichtsfelder.

1 Miss dein eigenes Gesichtsfeld aus: Suche einen Punkt direkt vor dir, den du fest im Blick behältst. Strecke nun deine Arme nach vorne aus und öffne sie so lange gleichmäßig, bis du sie gerade noch sehen kannst. Der Bereich vor dir, den deine Arme seitlich begrenzen, entspricht deinem Gesichtsfeld.

Ein Hund hat also ein größeres Gesichtsfeld als ein Mensch.

Wenn zwei Halbgeraden von einem Punkt ausgehen und dadurch ein Gebiet begrenzt wird, dann entstehen **Winkel**.

M

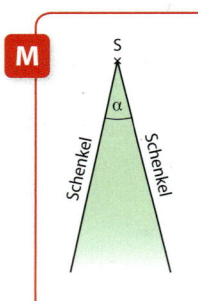

Ein Winkel wird von zwei **Schenkeln** mit einem gemeinsamen Anfangspunkt S begrenzt. Dieser Punkt S heißt **Scheitelpunkt** oder kurz **Scheitel**.
Winkel werden mit griechischen Buchstaben benannt:

$\alpha \quad \beta \quad \gamma \quad \delta \quad \varepsilon$
alpha   beta   gamma   delta   epsilon

In Zeichnungen werden Winkel mit Bögen markiert. Je weiter die Schenkel geöffnet sind, desto größer ist die **Winkelweite** bzw. die **Winkelgröße**.

Beispiel

Winkel β ist größer als der Winkel α links.

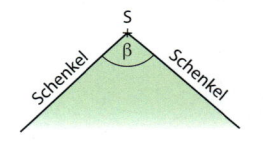

Durch einen Punkt, von dem zwei Halbgeraden ausgehen, werden immer zwei Winkel festgelegt.

Den Bereich zwischen den Schenkeln eines Winkels nennt man **Winkelfeld**.

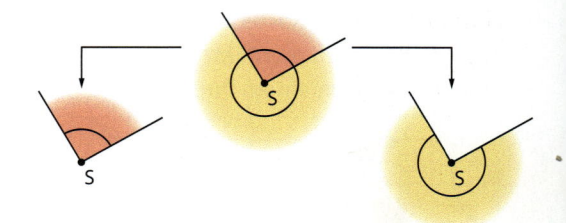

Übungsaufgaben

1 Wie man sieht, legt der Buchstabe E insgesamt sieben Winkel fest.
   a Welche Winkel sind gleich groß? 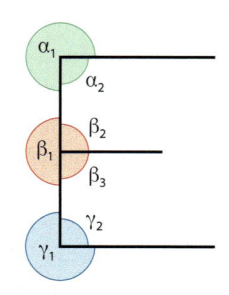
   b Sind dieselben Winkel auch gleich, wenn man den Buchstaben E kursiv schreibt, also → *E*? Zeichne einen solchen Buchstaben in dein Heft und trage alle Winkel ein.
   c Wie viele Winkel werden durch die Buchstaben M und A festgelegt?

Winkel 4.5

2 Welcher der beiden Winkel ist größer und warum?

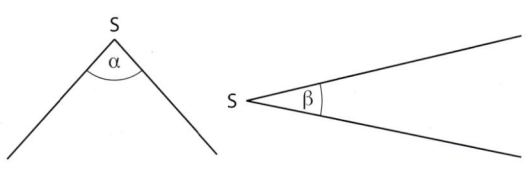

M Winkel kann man auch in der **Punktschreibweise** angeben, zum Beispiel ∢BSC oder ∢CSB.

Bei der Punktschreibweise steht der Scheitel immer an zweiter Stelle. Der erste Punkt liegt auf dem 1. Schenkel, der dritte Punkt liegt auf dem 2. Schenkel.

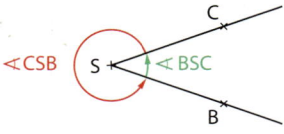

3 Skizziere eine einfache Uhr, die 13:30 Uhr anzeigt.
a Betrachte den kleinen und den großen Zeiger als die Schenkel eines Winkels. Trage in deine Skizze den Winkelbogen ein.
b Hat dein Nachbar die gleiche Lösung wie du gefunden?

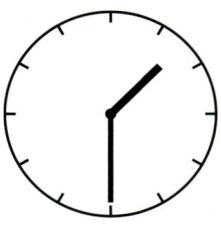

5 Übertrage die Winkel α und α' in dein Heft.

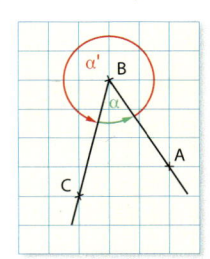

T α und α' sind Winkelpartner. Ihre Winkelbögen ergeben zusammen einen Kreis.

Notiere α und α' in der Punktschreibweise.

M Winkel haben einen **Drehsinn**. Er verläuft gegen den Uhrzeigersinn vom 1. Schenkel zum 2. Schenkel.

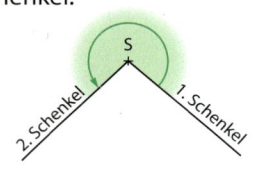

6 Zeichne drei Winkel nach dieser Vorschrift:

α = ∢TSL; β = ∢JMU; γ = ∢SVK

Gib die Winkelpartner zu α, β und γ in der Punktschreibweise an.

4 Übertrage die Winkel in dein Heft.

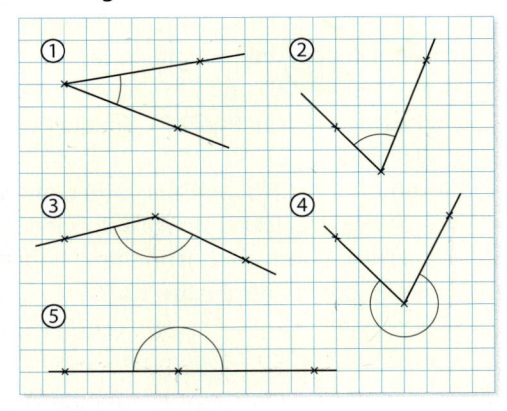

7 Hier sind mithilfe von vier Punkten drei Winkel entstanden!

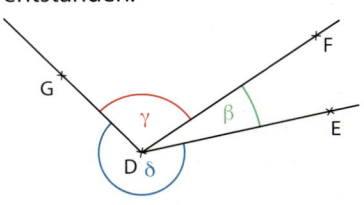

a Markiere jeweils den Scheitel rot, den 1. Schenkel blau und den 2. Schenkel grün.
b Benenne die Winkel im Heft so, dass gilt:
α < β < γ < δ < ε

a Gib die Winkel β, γ und δ in der Punktschreibweise an.
b Zeichne eigene Winkelkombinationen. Notiere die Winkel mithilfe von Punkten und griechischen Buchstaben. Gib dein Heft dem Nachbarn zum Kontrollieren.

Geometrie

4.5 Winkel

8 Übertrage die Winkel in dein Heft und auf ein Extrablatt.

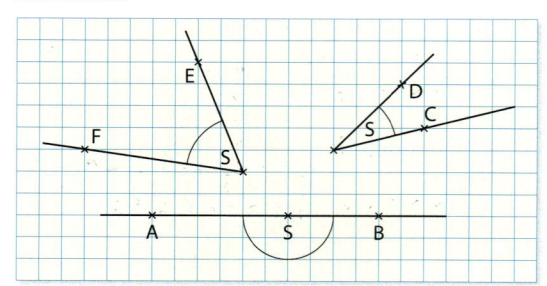

a Beschrifte die Winkel so, dass gilt: α < β < γ
b Gib α, β und γ in der Punktschreibweise an.
c Schneide die Winkel aus. Lege die Scheitelpunkte übereinander. Ergänze einen weiteren Winkel so, dass alle Winkelbögen sich zu einem Kreis ergänzen.
Schreibe alle Möglichkeiten für diesen Winkel in der Punktschreibweise auf.

9 Welche Winkelbezeichnungen gehören zusammen? Wenn du den grünen Karten die Punktschreibweise der roten Karten richtig zuordnest, ergeben die Lösungsbuchstaben in den Klammern einen geometrischen Begriff.

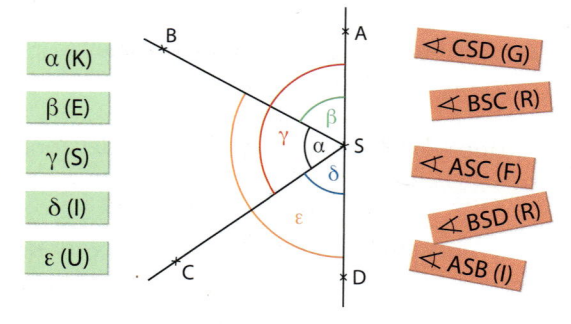

α (K)
β (E)
γ (S)
δ (I)
ε (U)

∢ CSD (G)
∢ BSC (R)
∢ ASC (F)
∢ BSD (R)
∢ ASB (I)

10 Zeichne vier Punkte A, B, C, D so, dass diese Bedingungen erfüllt sind:
a α = ∢DCB; β = ∢ACD; γ = ∢BCA
b Winkel aus **a** und α > β > γ.
c α = ∢BAD; β = ∢CBA; γ = ∢DCB; δ = ∢ADC

> **M** Winkel findet man als *Innenwinkel* und *Außenwinkel* auch in Vielecken oder in Körpern. Dort reichen die Schenkel nur bis zum nächsten Eckpunkt.

11 Stelle alle Bezeichnungen für Winkel zusammen, die man mit drei beliebigen Punkten S, P und Q in der Punktschreibweise bilden kann. Fertige dazu die nötigen Zeichnungen an.

12 Annabelle hat ein Quadrat gezeichnet. Sie hat die Winkel innerhalb und außerhalb des Quadrates markiert.

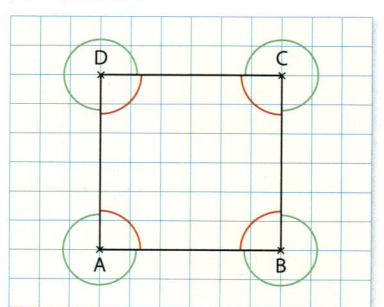

a Wie bezeichnet man die Innenwinkel und Außenwinkel jeweils in der Punktschreibweise?
b Ergänze innerhalb des Quadrats Strecken so, dass insgesamt 16 Winkel (24 Winkel, 32 Winkel) entstehen.

13 Die Punkte A, B, C, D, E und F bilden ein unregelmäßiges Sechseck. Ihre Koordinaten lauten:
A(0|3), B(−4|0), C(−2|−2), D(2|−1), E(3|0) und F(3|3).
a Zeichne das Sechseck in ein Koordinatensystem.
x ∈ [−5; 4] / y ∈ [−3; 4]
b Welche Bezeichnungen haben die Innenwinkel des Sechsecks in der Punktschreibweise?
c Zeichne die Strecken $\overline{AD}$ und $\overline{CF}$ in das Sechseck ein. Sie schneiden sich im Punkt M. Gib die Koordinaten von M an.
d Die Strecken $\overline{AD}$ und $\overline{CF}$ bilden zusammen mit M vier weitere Winkel. Zeichne die Winkelbögen dieser Winkel ein. Welche Bezeichnungen haben diese Winkel in der Punktschreibweise?

4.6 Winkeleinteilung

Aufgrund der Zeitzonen der Erde haben Länder in unterschiedlichen Weltgegenden verschiedene Uhrzeiten. So haben beispielsweise Kalifornien, der Irak, China und Neuseeland folgende Uhrzeiten, wenn es in Deutschland 13:40 Uhr ist:

13:40	4:40	15:40	20:40	00:40
Deutschland	Kalifornien	Irak	China	Neuseeland

Wenn man sich die Zeiger der Uhr als Schenkel eines Winkels vorstellt, kann man auf dem Zifferblatt der Uhr Winkel entdecken.

1. Der Minutenzeiger soll der 1. Schenkel sein: Ordne die Winkel auf den Zifferblättern der Größe nach; beginne mit dem Land mit dem kleinsten Winkel.

2. Welche Reihenfolge ergäbe sich, wenn man den Stundenzeiger als 1. Schenkel betrachten würde?

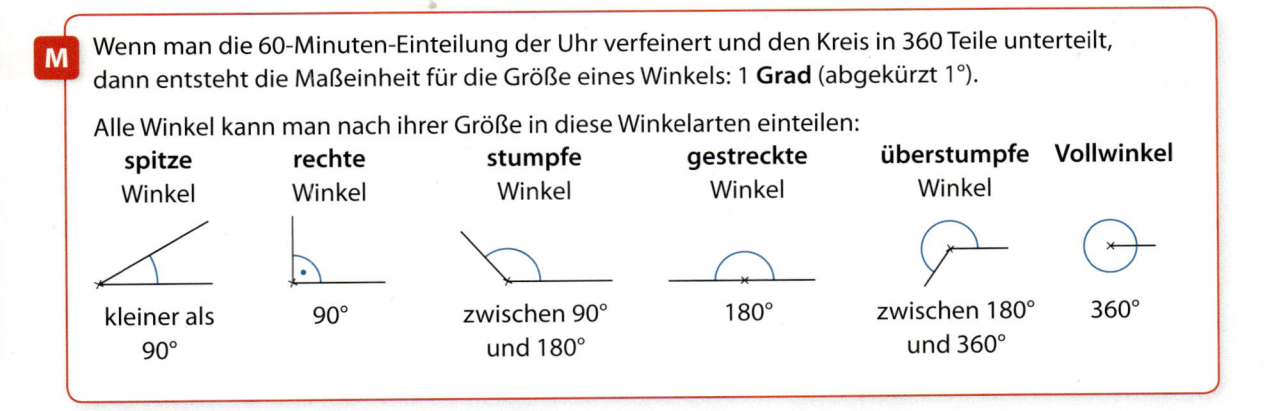

M Wenn man die 60-Minuten-Einteilung der Uhr verfeinert und den Kreis in 360 Teile unterteilt, dann entsteht die Maßeinheit für die Größe eines Winkels: 1 **Grad** (abgekürzt 1°).

Alle Winkel kann man nach ihrer Größe in diese Winkelarten einteilen:

spitze Winkel	rechte Winkel	stumpfe Winkel	gestreckte Winkel	überstumpfe Winkel	Vollwinkel
kleiner als 90°	90°	zwischen 90° und 180°	180°	zwischen 180° und 360°	360°

Übungsaufgaben

1. Welche Karte rechts passt zu welchem Winkel?

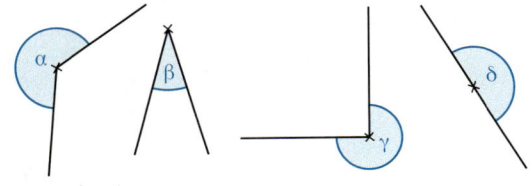

   a. Um welche Winkelart handelt es sich bei α, β, γ und δ?

   b. Skizziere die Winkel, die zu den übrig gebliebenen Karten gehören.

   230° 90° 180° 270° 32° 45°

4.6 Winkeleinteilung

2 Welche Winkelarten sprechen hier zu dir?
a „Ich bin kleiner als ein rechter Winkel."
b „Ich bin so groß wie ein rechter und ein spitzer Winkel zusammen."
Erfinde weitere Aussagen dieser Art.

3 *Die Zeit vergeht, der Minutenzeiger wandert …*
Unten wurden für drei Zeitspannen End- und Startposition des Zeigers sowie der Bereich dazwischen markiert.

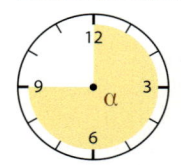

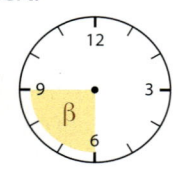

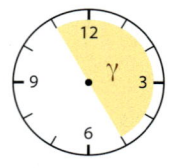

Die Bereiche α, β und γ zwischen End- und Startposition kann man auch als Winkel verstehen. Gib ihre Größe in Grad an!

4 Welcher Winkel ergibt sich für den Minutenzeiger bei diesen Zeitdauern?
a 60 min   **c** 40 min   **e** 5 min
b 20 min   **d** 10 min   **f** 1 min

5 Wie lange braucht der Minutenzeiger einer Uhr, bis man zwischen End- und Startposition diese Winkel findet?
a 240°   **c** 330°   **e** 36°
b 300°   **d** 150°   **f** 72°

Die Winkelscheibe

Material:
zwei farbige Blätter,
Schere, Zirkel, Bleistift

1. Zeichne zwei Kreise mit r = 9 cm und schneide sie aus.
2. Schneide beide Kreise entlang eines Radius bis zum Mittelpunkt ein.
3. Falte einen der Kreise dreimal und beschrifte die Winkel. Stecke die Kreise ineinander.

---

6 Stelle die Winkel ein und lasse sie von deinem Nachbarn kontrollieren.
60°; 100°; 22,5°; 140°; 250°; 350°

7 Nach der Vorbeifahrt an Kap Holyhead will der Kapitän nun Blackpool ansteuern. Er gibt die Kursänderung an: „45° nach rechts!"

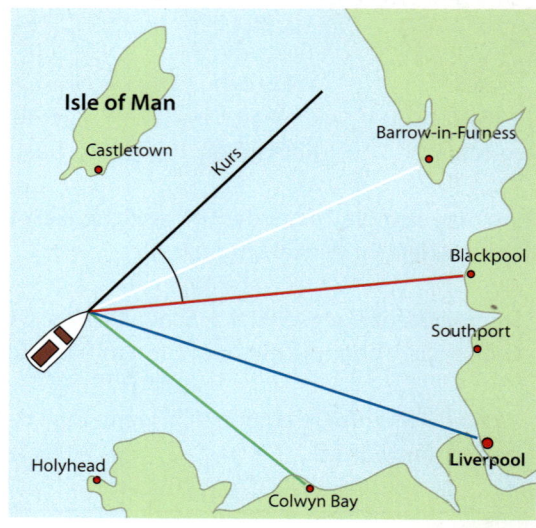

a Wie müsste er den Kurs ändern, wenn er Barrow-in-Furness, Liverpool oder Colwyn Bay ansteuern wollte?
b Welchen Hafen erreicht der Kapitän, wenn er sein Schiff um ca. 45° nach links steuern lässt?

8 Welcher Winkel ist größer?
a Die Hälfte des gestreckten Winkels oder ein Drittel des Vollwinkels?
b Drei Viertel des Vollwinkels oder das Doppelte eines rechten Winkels?
c Zwei Drittel des Vollwinkels oder das Dreifache eines rechten Winkels?
d Zwei Drittel eines rechten Winkels oder ein Drittel des gestreckten Winkels?
e Ein Sechstel des Vollwinkels oder drei Viertel eines rechten Winkels?

9 Bestimme möglichst viele Uhrzeiten, zu denen die Zeiger der Uhr genau einen rechten Winkel miteinander einschließen.

4.7 Winkel messen und zeichnen

1 Ein Schneefang verhindert Dachlawinen. In manchen Gemeinden muss ab einer Dachneigung von **45°** ein Schneefang angebracht werden.
Welche der skizzierten Dächer benötigen einen solchen Schneefang?

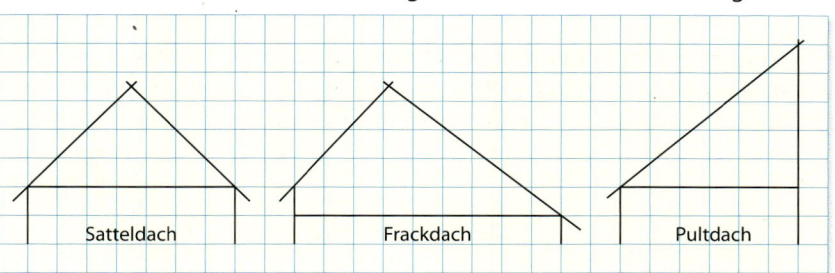

Satteldach   Frackdach   Pultdach

M   **Die Größe eines Winkels mit dem Geodreieck messen**

Dazu legt man den Nullpunkt des Geodreiecks genau auf den Scheitelpunkt S des Winkels. Die lange Seite des Geodreiecks legt man dann entweder auf den ersten oder auf den zweiten Schenkel des Winkels. Dementsprechend kann man die Größe des Winkels auf der äußeren oder inneren Skala des Geodreiecks ablesen.

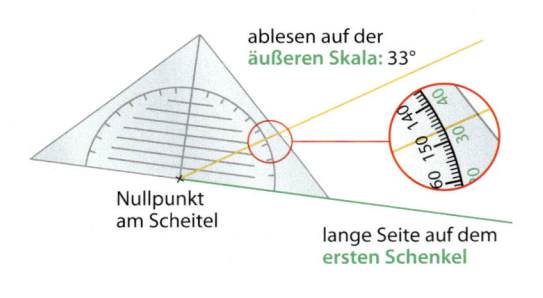

ablesen auf der äußeren Skala: 33°
Nullpunkt am Scheitel
lange Seite auf dem ersten Schenkel

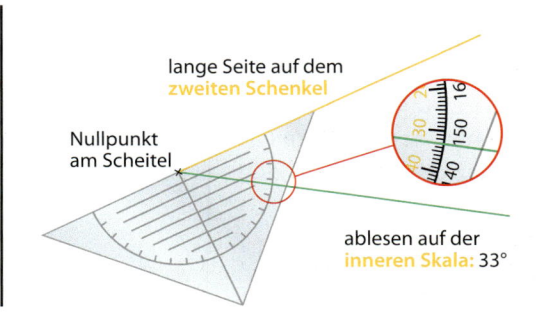

lange Seite auf dem zweiten Schenkel
Nullpunkt am Scheitel
ablesen auf der inneren Skala: 33°

Mit dem gleichen Verfahren kann man auch stumpfe Winkel messen und zeichnen.

Übungsaufgaben

1 *Winkel auf Karopapier*

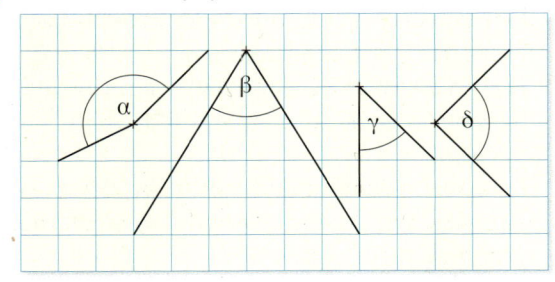

a Schätze zuerst die Größe der Winkel und notiere im Heft deine Schätzung in der Tabelle:

Winkel	geschätzt	gemessen
α	…	…
…	…	…

b Verlängere die Schenkel der Winkel, wenn du sie in dein Heft überträgst. Miss dann die Winkelgrößen. Um wie viele Grad hast du dich jeweils verschätzt?

Geometrie

4.7 Winkel messen und zeichnen

M Überstumpfe Winkel messen

Man kann einen überstumpfen Winkel α messen, indem man seinen Winkelpartner α′ misst und dessen Winkelgröße von der des Vollwinkels abzieht.

Beispiel
Winkelpartner von α: α′ = 45°
360° − 45° = 315°

2 Übertrage die überstumpfen Winkel in dein Heft. Schätze ihre Größe und miss nach.

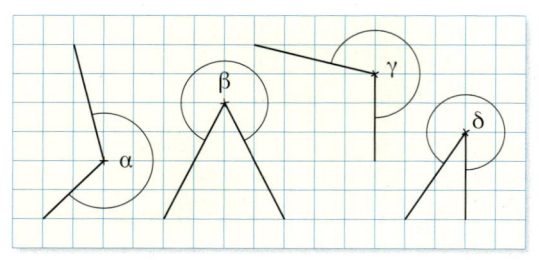

3 Kannst du Winkel schon einigermaßen abschätzen? Zeichne die Winkel 30°, 90°, 45°, 120°, 270° und 315° zunächst auf ein unlinertes Blatt, ohne die Winkelskala auf dem Geodreieck zu benutzen. Tausche dann dein Blatt mit dem deines Nachbarn. Messt nach.

4 Übertrage die Figuren in dein Heft.

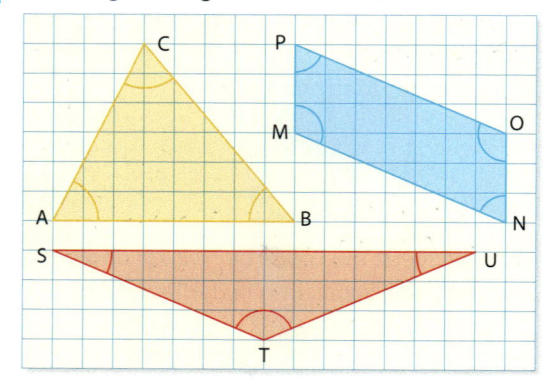

a Wie groß sind die Innenwinkel? Schätze zuerst ihre Maße ab und miss sie anschließend mit dem Geodreieck. Verlängere, wenn nötig, die Seiten der Figuren.

b Wie ändern sich die Innenwinkel, wenn du die Figuren doppelt so groß in dein Heft zeichnest?

T Höhen kann man über den *Höhenwinkel* α messen. Ein Höhenwinkel ergibt sich zum Beispiel, wenn ein Baum einen Schatten wirft.
Der erste Schenkel verläuft dann vom Scheitelpunkt (dem Ende des Schattens) aus waagrecht. Der zweite Schenkel geht vom Scheitelpunkt zur Spitze des Baums.

5 Eine 3 m hohe Tanne am Bodensee wirft im Winter um die Mittagszeit einen 8,3 m langen Schatten.

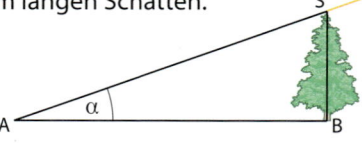

a In welchem Winkel α scheint die Sonne auf die Erde? Zeichne eine Skizze (1 m entspricht 1 cm) und miss den Winkel α.

b Im Sommer ist der Schatten nur 2 m lang. In welchem Winkel steht die Sonne dann zum Bodensee?

6 Ein 42 m hoher Leuchtturm wirft bei Vollmond einen 50 m langen Schatten. In welchem Winkel α steht der Mond in dieser Nacht zum Meeresspiegel? Fertige eine Skizze im Maßstab 1 : 1000 an.

7 Mithilfe von Vermessungsgeräten wie beispielsweise dem *Förster-Dreieck* lassen sich Höhen auch in der offenen Landschaft leicht messen. Das Förster-Dreieck befindet sich dabei in Augenhöhe auf ca. 1,5 m Höhe.
Konstruiere den Winkel α, wenn das Dreieck in 30 m Abstand auf einen 36,5 m hohen Turm ausgerichtet ist.
Fertige dazu eine Skizze im Maßstab 1 : 500 an.

4.7 Winkel messen und zeichnen

M Zum genauen **Zeichnen von Winkeln** mithilfe des Geodreiecks kannst du folgendermaßen vorgehen:

Beispiel
Zeichne den Winkel α = 50°.

Zeichne einen Schenkel des Winkels. Markiere einen Scheitelpunkt S.

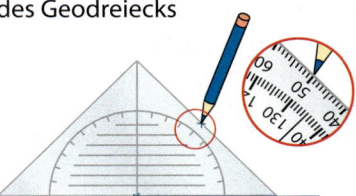

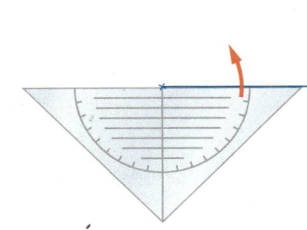

Lege den Nullpunkt des Geodreiecks auf den Scheitelpunkt S. Markiere den Winkel 50° mit einem Punkt.

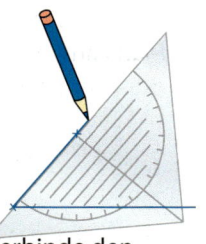

Verbinde den Scheitel mit dem markierten Punkt.

M Auch so kannst du Winkel genau zeichnen!

Beispiel
Zeichne α = 30°.

Zeichne einen Schenkel des Winkels. Markiere einen Scheitelpunkt S.

Lege den Nullpunkt des Geodreiecks auf den Scheitelpunkt S.

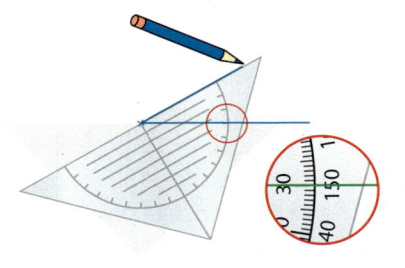

Drehe das Geodreieck so lange um den Nullpunkt, bis der Winkel 30° auf dem Schenkel liegt.

8 Wenn man einen 35° großen Winkel dreimal aneinander zeichnet, entsteht ein stumpfer Winkel. Man kann ihn fünfmal aneinander zeichnen, bevor ein überstumpfer Winkel entsteht.

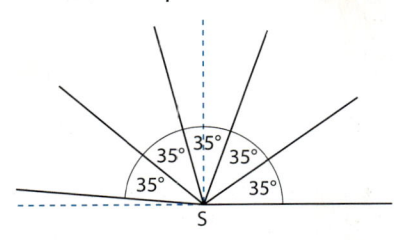

a Zeichne einen 40° großen Winkel so oft aneinander, bis ein stumpfer Winkel entsteht. Nach wie vielen „Anstückelungen" ist ein überstumpfer Winkel entstanden?
b Verfahre wie in **a** für folgende Winkel:
α = 25°   β = 20°   γ = 15°

9 Die Winkel α bis δ bzw. α bis ε ergeben in den Figuren ①, ② und ③ zusammen 360°, 90° bzw. 180°.

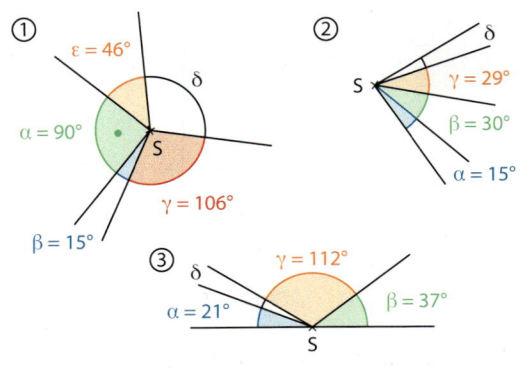

① ε = 46°, α = 90°, γ = 106°, β = 15°
② γ = 29°, β = 30°, α = 15°
③ α = 21°, γ = 112°, β = 37°

a Zeichne die Figuren in dein Heft.
b Wie groß ist jeweils der Winkel δ?
c Zeichne eigene Winkelfiguren dieser Art und gib sie deinem Nachbarn.

Geometrie

4.7 Winkel messen und zeichnen

M **Zeichnen von überstumpfen Winkeln**
Man kann einen überstumpfen Winkel zeichnen, indem man an seiner Stelle den **Winkelpartner** zeichnet.

Beispiel
Zeichne α = 255°.
α' = 360° − α
α' = 360° − 255° = 105°

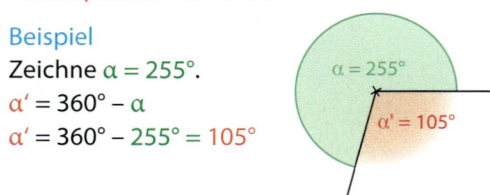

Zur eindeutigen Kennzeichnung trägt man den Winkelbogen für α ein.

10 Zeichne die Winkel in dein Heft.
a 225°; 270°; 315°
b 220°; 330°; 300°
c 195°; 287°; 348°
d Zeichne drei weitere Winkel deiner Wahl.

11 Winkel, die größer als 180° sind, findet man in der Natur zum Beispiel bei Gesichtsfeldern. Sie sind je nach Lage der Augen im Kopf der Tiere unterschiedlich groß.

a Zeichne die „tierischen" Gesichtsfelder ins Heft.

Hund 240°   Eule 160°   Hamster 110°
Pferd 270°   Frosch 330°
Krokodil 290°   Turmfalke 300°

b Recherchiere im Internet weitere Gesichtsfelder.

12 Mara behauptet, dass der Winkel α von *Pac-Man* 270° groß ist. 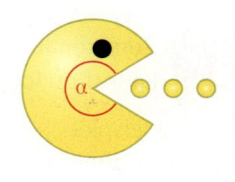
a Begründe ohne zu messen, warum Maras Behauptung falsch sein muss.
b Zeichne die Skizze im Heft so, dass die Gleichung α + β = 270° stimmt.

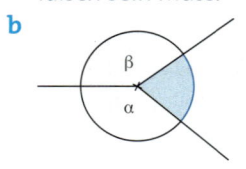

13 Hier siehst du ein Viereck mit einem überstumpfen Winkel β.
a Zeichne das Viereck nach den vorgegebenen Maßen mit β = 270° in dein Heft. 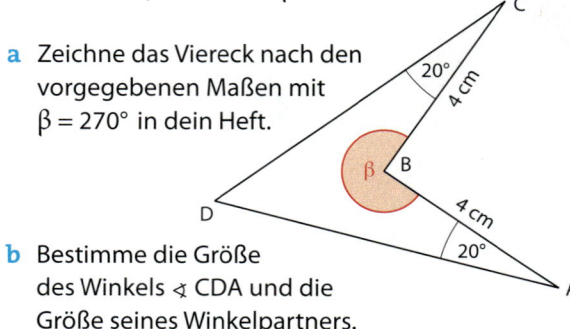
b Bestimme die Größe des Winkels ∢ CDA und die Größe seines Winkelpartners.

14 Zeichne den Sheriffstern in dein Heft. Die zum Zeichnen notwendigen Angaben findest du in der Zeichnung.

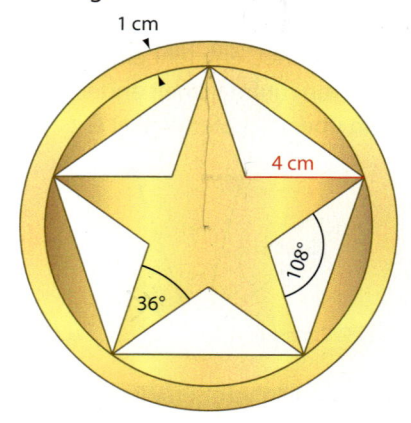

108 Geometrie

4.8 Nebenwinkel und Scheitelwinkel

1. David hat wie auf den Bildern ein Blatt Papier gefaltet. Dadurch entstehen zwei Geraden und vier Winkel. Wie viele Winkel muss er messen, um die Größe aller vier Winkel zu kennen?

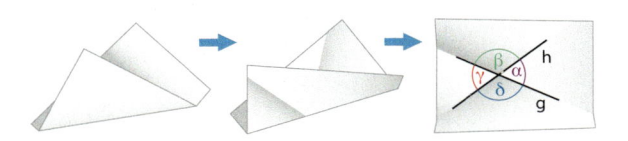

2. Falte wie David ein Blatt Papier und miss alle Winkel. Vergleiche die Größen der gemessenen Winkel.

3. Zeichne zwei sich schneidende Geraden in dein Heft und miss so wenig Winkel wie möglich.

> **M** An zwei sich schneidenden Geraden g und h entstehen Scheitel- und Nebenwinkel.
>
> Winkel, die sich gegenüberliegen, nennt man **Scheitelwinkel**.
> Sie sind immer gleich groß.
>
> $\alpha = \gamma$ und $\beta = \delta$ 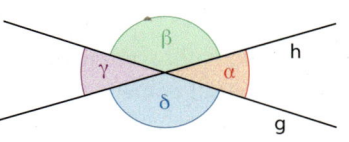
>
> Zwei nebeneinanderliegende Winkel, die zusammen einen gestreckten Winkel ergeben, nennt man **Nebenwinkel**.
>
> $\alpha + \beta = 180°$; $\beta + \gamma = 180°$; $\gamma + \delta = 180°$; $\delta + \alpha = 180°$

Übungsaufgaben

1. Wo kannst du Nebenwinkel und Scheitelwinkel finden? Formuliere Sätze wie: „…ist der Scheitelwinkel von …"
   a 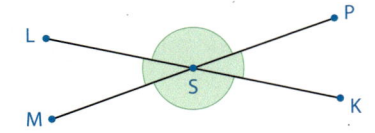
   b

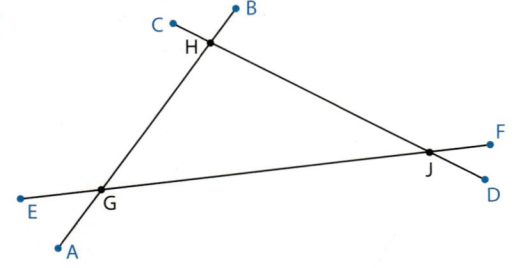

2. Gib die Größe der fehlenden Winkel an.
   a $\alpha = 25°$
   b $110°$ / α ; β
   c $80°$; $30°$

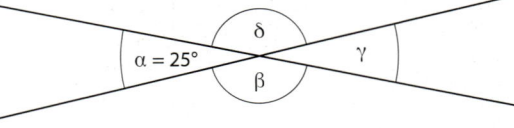

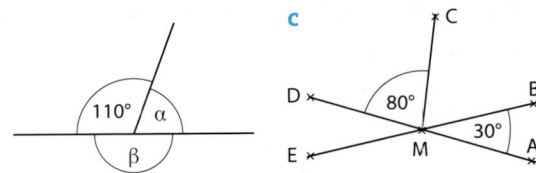

4.8 Nebenwinkel und Scheitelwinkel

3 Übertrage die Geraden in dein Heft. Miss ein Mal und bestimme dann die Größe aller entstehenden Winkel. Erkläre wie du vorgegangen bist.

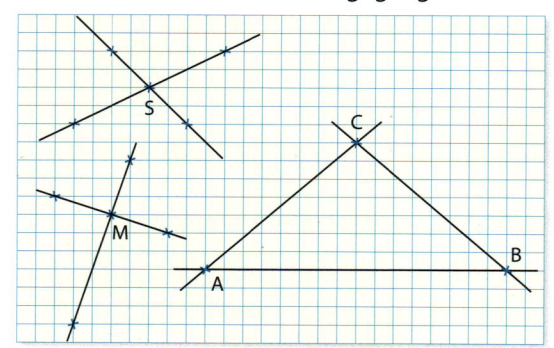

4 Im Koordinatensystem liegen die Punkte E(0|3), F(4|7), G(9|0) und H(5|2) x ∈ [−1; 10] / y ∈ [−1; 8]
a Zeichne die Geraden EF und GH.
b Am Schnittpunkt S der beiden Geraden entstehen vier Winkel. Benenne drei Winkel nach folgender Vorschrift.
α = ∢GSF; β = ∢ESG; γ = ∢FSE
c Miss den Winkel α.
d Bestimme ohne zu messen die Winkel β und γ. Erkläre deine Vorgehensweise.
e Der Winkel γ wird von der Geraden GH in die Teilwinkel γ_1 und γ_2 geteilt. Wie groß sind diese?

5 Hier siehst du die Flugrouten von zwei Verkehrsflugzeugen.

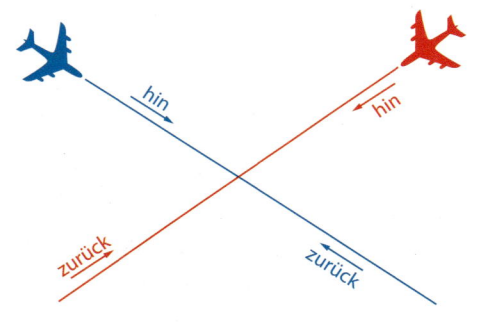

a Zeichne die Flugrouten, wenn sie sich unter einem Winkel von 28° (146°) schneiden.
b Gib, ohne zu messen, die Größe aller auftretenden Winkel an. Kontrolliere deine Rechnung mit Hilfe der Zeichnung.

6 Berechne das fehlende Maß.

α		118°		45,5°		180°	197°
Nebenwinkel zu α			17°		90°		
Scheitelwinkel zu α							

7 Bestimme die Winkelmaße für β und γ.

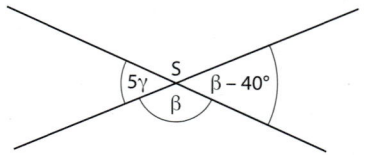

(5γ, β − 40°, β am Schnittpunkt S)

8 Zwei Geraden schneiden sich im Schnittpunkt S. Ermittle jeweils die möglichen Maße des Winkels α unter den gegebenen Bedingungen. Fertige, wenn nötig eine Skizze an.
a Der Nebenwinkel zu α besitzt das Maß 127°.
b Der Nebenwinkel zu α ist viermal so groß wie α.
c Das Maß β des Nebenwinkels zu α ist um 50° größer als α.
d Der Scheitelwinkel zu α und der Winkel α haben zusammen ein Maß von 250°.
e Der Nebenwinkel und der Scheitelwinkel zu α haben zusammen 180°.
f Die Maßzahlen zu α sind ganzzahlige Vielfache von 5. Die vom zugehörigen Nebenwinkel sind Vielfache von 6.

9 Im Koordinatensystem bilden die Geraden AB, AC und BC ein Dreieck mit den Schnittpunkten A(1|1), B(8|4) und C(3|7). x ∈ [−1; 13] / y ∈ [0; 9]
a Zeichne die Geraden und miss die Innenwinkel des Dreiecks.
b Bestimme die Außenwinkel des Dreiecks.
c Zeichne jetzt die Punkte D(4|4) und E(12|4) ins Koordinatensystem. Der Punkt B kann sich auf der Strecke $\overline{DE}$ bewegen. Wie verändern sich die Innenwinkel des Dreiecks, wenn sich der Punkt B auf D zubewegt? Was passiert mit den jeweiligen Scheitel- und Nebenwinkeln?
d Schildere was geschieht, wenn sich der Punkt B auf den Punkt E zubewegt.
e Wie groß sind die Winkel bei a bis c, wenn der Punkt B auf D (auf E) liegt?

110 Geometrie

4.9 Kreisteile

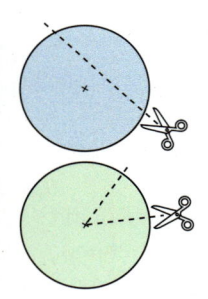

Die Klasse 5b sollte aus Papierkreisen Formen herausschneiden. Die eine erlaubte Möglichkeit war ein gerader Schnitt, wie durch den blauen Kreis.
Die andere Möglichkeit waren zwei Schnitte zum Kreismittelpunkt, wie im grünen Kreis. Welche der Kreisteile rechts wurden richtig ausgeschnitten? Ordne sie den beiden erlaubten Möglichkeiten zu.

Die beiden einfachsten Kreisteile heißen **Sektor** und **Segment**. Sie werden von einem Teil der Kreislinie und von einer oder zwei Strecken begrenzt.

M Ein **Sektor** ist ein Kreisausschnitt, der von einem Kreisbogen k und von zwei Radien r begrenzt wird. Wie groß er ausfällt, hängt vom Öffnungswinkel α ab.

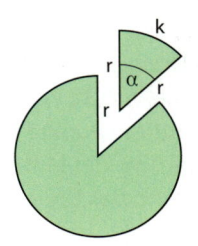

Ein **Segment** ist ein Kreisabschnitt, der von einem Kreisbogen k und einer Strecke s begrenzt wird. Eine solche Strecke s, die durch zwei Punkte des Kreises begrenzt wird, nennt man **Sehne**.

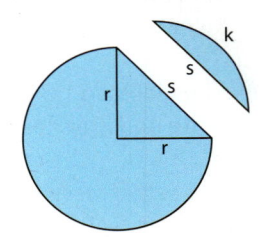

Übungsaufgaben

1. In welchen Sportarten enthält das Spielfeld Kreisteile?

2. Beide Figuren bestehen aus Kreisteilen. Die linke ist ausschließlich aus Sektoren und Segmenten zusammengesetzt, die rechte Figur teilweise. Wie viele Sektoren und Segmente sind jeweils in den beiden Figuren zu finden?

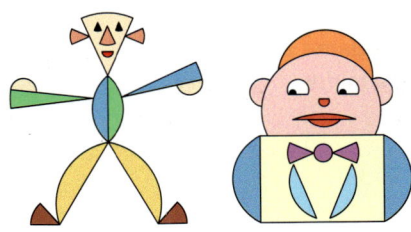

3. Kann man eine Schnittlinie durch einen Kreis so legen, dass gleichzeitig ein Sektor und ein Segment entstehen?

4. Im Bild überlappen sich zwei Kreise. Entstehen dabei Segmente oder Sektoren? Überlege zusammen mit deinem Nachbarn.

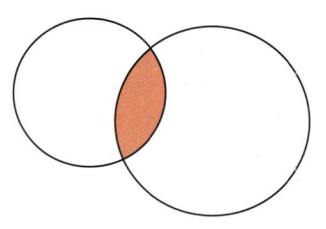

4.9 Kreisteile

5 Gib den Anteil der farbigen Sektoren am Vollkreis an.

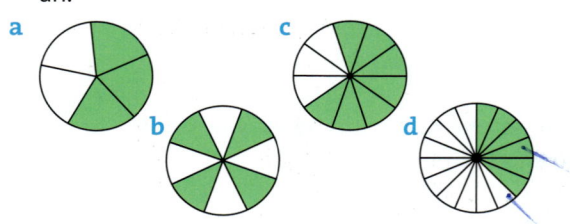

a   b   c   d

6 Wir teilen einen Kreis in gleich große Sektoren.
a Wie groß ist der Öffnungswinkel eines Sektors, wenn wir den Kreis in fünf gleich große Sektoren zerlegen?
b Trage in einer Tabelle die Größe des Winkels α für ein bis zwölf gleich große Sektoren ein. Bei welcher Anzahl von Kreisteilen ist die Maßzahl von α eine natürliche Zahl?
c Erkläre, warum es von Vorteil ist, dass ein Vollwinkel 360° hat und nicht etwa 100°.

7 Ergänze im Heft die hier im Maßstab 1:3 wiedergegebenen Kreisausschnitte und Kreisabschnitte zu vollen Kreisen.
Bei **d** musst du alles Nötige selbst messen!

a β = 60°
b γ = 225°
c r = 2 cm, α = 90°
d

8 Wenn du den Mittelpunkt eines Kreises finden willst, kannst du dazu zwei Kreisabschnitte zu Hilfe nehmen. Du musst nur eine Senkrechte durch den jeweiligen Mittelpunkt der Strecken s_1 und s_2 der beiden Kreisabschnitte legen (siehe Abbildung).
Nimm ein Einmachglas oder einen Joghurtbecher und zeichne damit eine Kreislinie in dein Heft. Finde den Mittelpunkt, indem du wie in der Abbildung rechts vorgehst.

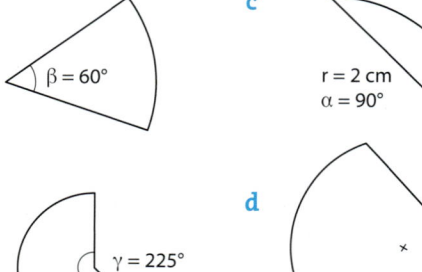

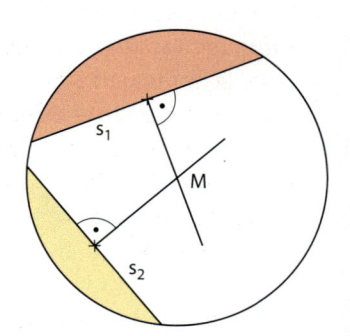

9 Zeichne einen Kreis k mit einem Radius von 5 cm in ein Koordinatensystem. Mittelpunkt soll der Punkt M(0|0) sein.
Der Punkt P(–3|4) liegt auf k. Zeichne P ebenfalls ein. $x \in [-6; 6]$ / $y \in [-6; 6]$
a Suche einen Punkt Q, der auch auf k liegt, und dessen Entfernung zu P 8 cm beträgt.
Damit kannst du jetzt eine Kreissehne [PQ] mit einer Länge von 8 cm zeichnen. Diese Sehne schneidet ein kleines Segment aus dem Kreis heraus. Fülle das Segment mit Farbe.
b Dieses Segment kannst du nun zu einem Kreissektor ergänzen.
Wie groß ist der Öffnungswinkel α dieses Sektors? Bestimme α durch Messung.

10 Jeden Sektor kann man in ein Segment und ein Dreieck mit einer besonderen Eigenschaft zerlegen. $x \in [-2; 6]$ / $y \in [-4; 4]$
So ein Dreieck ABC ist hier gegeben. Es hat die Eckpunkte A(0|3), B(2|0) und C(4|3).
a Zeichne diese Punkte in ein Koordinatensystem.
b Überlege, wo der Mittelpunkt sein muss, und ergänze dann das Dreieck durch einen Kreisbogen zu einem Kreissektor.
c Miss den Öffnungswinkel des Kreissektors.

11 Ein Kreissektor hat einen Öffnungswinkel von 60°. Die dazugehörige Kreissehne s ist 4 cm lang. Fertige eine Skizze an und überlege zusammen mit deinem Nachbarn: Wie lang ist der Radius des Kreissektors?

112 Geometrie

4.10 Dreiecke

1 Hier ist eine Auswahl von 8 Dreiecken. Einige davon haben eine besondere Eigenschaft, die du leicht erkennen wirst. Um welche Dreiecke handelt es sich?

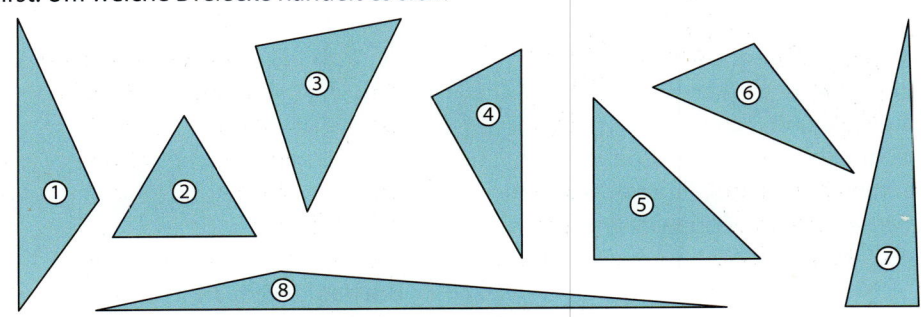

M Ein Dreieck hat drei **Eckpunkte** und drei **Seiten**. Jede Seite schließt mit den beiden anderen einen **Winkel** ein.
Bei der Benennung der Punkte geht man gegen den Uhrzeigersinn vor.
Die zu den Eckpunkten gehörenden Seiten liegen immer gegenüber.

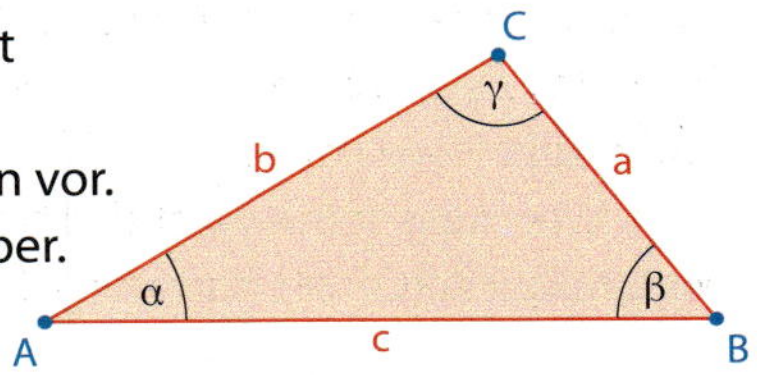

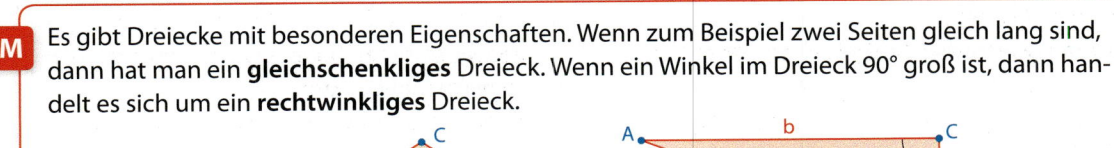

M Es gibt Dreiecke mit besonderen Eigenschaften. Wenn zum Beispiel zwei Seiten gleich lang sind, dann hat man ein **gleichschenkliges** Dreieck. Wenn ein Winkel im Dreieck 90° groß ist, dann handelt es sich um ein **rechtwinkliges** Dreieck.

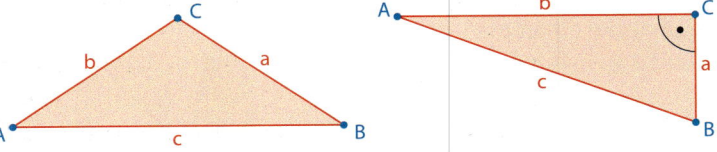

Übungsaufgaben

1 Dreiecke lassen sich mit Geometrieprogrammen besonders einfach zeichnen. Zeichne mit Hilfe eines solchen Programms mehrere Dreiecke. Beachte dabei den Umlaufsinn.
a Beginne mit einem ganz allgemeinen Dreieck ohne besondere Eigenschaften.
b Durch Ziehen an einem der Eckpunkte kann man Sonderformen erhalten. Versuche auf diese Art ein
  - gleichschenkliges und ein
  - rechtwinkliges Dreieck zu erhalten.

c Wenn man mehrere Dreiecke nebeneinander zeichnet kann man versuchen, ähnliche oder sogar gleichartige Dreiecke zu finden.
Wenn dein Nachbar mithilft, macht es wahrscheinlich noch mehr Spaß.

4.10 Dreiecke

2 Mit 10 Punkten kann man mehrere Dreiecke zeichnen. Die Koordinaten der Punkte sind: A(−2|−1), B(−2|−3), C(−1|−3), D(0|1), E(2|1), F(2|3), P(−1|−1), Q(0|−3), R(0|−1) und S(1|−1).

a Zeichne die Dreiecke △ABC, △DEF, △PQR und △QSR in ein Koordinatensystem.
$x \in [-4; 4] / y \in [-4; 4]$

b Alle vier Dreiecke sind rechtwinklig. Welches Dreieck hat noch eine weitere Besonderheit?

c Manchmal kann man einzelne Dreiecke zu größeren Dreiecken zusammenbauen. Wie ist das Dreieck △PQS entstanden?

3 Gegeben sind die Punkte P(−2|−2) und Q(2|0). Zeichne beide Punkte in ein Koordinatensystem.
$x \in [-3; 3] / y \in [-3; 3]$
Vom Punkt R weiß man, dass er die x-Koordinate 1 hat. Wie muss seine y-Koordinate lauten, damit das Dreieck △PQR rechtwinklig ist? Beachte den Umlaufsinn im Dreieck, der durch die Reihenfolge der Punkte festgelegt ist.

4 Mit einem dynamischen Geometrieprogramm kannst du leicht mit Dreiecken experimentieren Hier sind fünf Punkte gegeben: A(−1|2), B(3|−1), C_1(6|3), C_2(3|2) und C_3(−1|7).

a Was für besondere Dreiecke erhält man, wenn man die Punkte A und B jeweils mit C_1, C_2 und C_3 verbindet?

b Versuche weitere Punkte C_4 und C_5 zu finden, mit denen sich besondere Dreiecke ergeben.
$x \in [-2; 7] / y \in [-2; 8]$

5 Die Punkte A, B, C, D, E und F sind die Eckpunkte einer regelmäßigen Figur.

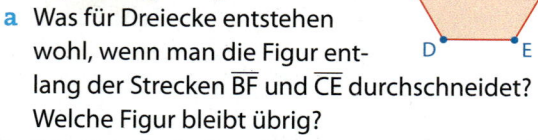

a Was für Dreiecke entstehen wohl, wenn man die Figur entlang der Strecken $\overline{BF}$ und $\overline{CE}$ durchschneidet? Welche Figur bleibt übrig?

b Wie viele Dreiecke erhält man, wenn man die Figur entlang der Strecken $\overline{AD}$, $\overline{BE}$ und $\overline{CF}$ durchschneidet? Was für besondere Dreiecke sind das?

6 Diese Figur soll durch Schnitte so zerlegt werden, dass insgesamt drei Dreiecke entstehen:

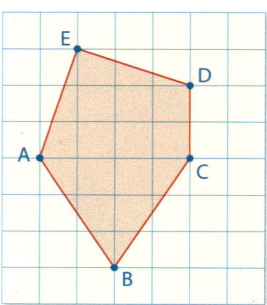

Überlege, wie man schneiden müsste, damit man zwei gleichschenklige Dreiecke erhält. Entlang welcher Strecken müsste geschnitten werden? Was sind dann die Eckpunkte dieser so erhaltenen Dreiecke?

> **T** Ein Dreieck, das einen Winkel enthält, der größer als 90° ist, nennt man **stumpfwinkliges Dreieck.**

7 Welche der abgebildeten Dreiecke sind stumpfwinklig?

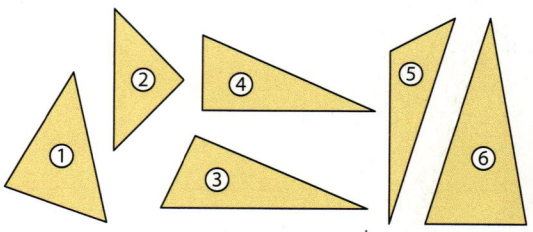

8 Zeichne ein Dreieck ABC so, dass für die Winkel α und β gilt:
a α = 45° und β = 115°.
b α = 30° und γ = 80°

9 Richard hat eine Aufgabe falsch gelesen. Er soll ein Dreieck zeichnen mit den Winkelangaben α = 90° und β = 90°. Tini sagt: „Das kann ja gar nicht funktionieren!"
Sie hat Recht. Warum?

4.11 Vierecke

Wenn ein Dreieck drei Seiten, drei Eckpunkte und drei Winkel hat, dann muss ein Viereck natürlich vier Seiten, vier Eckpunkte und vier Winkel besitzen. Soviel steht fest. Manche Vierecke sehen aber recht merkwürdig aus. Ist das hier überhaupt ein Viereck?

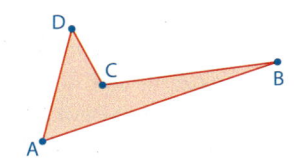

> **M** Ein Viereck mit einem überstumpfen Winkel wird **konkaves Viereck** genannt. Wenn ein *normales* Viereck nur Winkel enthält, die allesamt kleiner als 180° sind, dann nennt man es ein **konvexes Viereck**.
> Viele Vierecke können bestimmten Typen zugeordnet werden, die oft verwendete Namen tragen. Die Unterscheidungsmerkmale sind dabei
> - die Seitenlängen,
> - die Winkelgrößen,
> - die Lage der Seiten zueinander

Hinweis: Auch bei Vierecken werden die Eckpunkte so benannt, dass eine Orientierung entgegen dem Uhrzeigersinn entsteht. Die konkaven Vierecke beschäftigen uns noch nicht. Wir interessieren uns nur für konvexe Vierecke. Und auch da geht es nur um Vierecke, die besondere Eigenschaften haben:

Viereck	Eigenschaft	Bild
Trapez	Zwei parallele Gegenseiten	
Parallelogramm	Zwei Paare paralleler Seiten	
Raute	alle Seiten sind gleich lang Zwei Paare paralleler Seiten	
Drachen	Zwei Paare jeweils gleich langer Seiten	
Rechteck	Vier rechte Winkel Zwei Paare paralleler Seiten	
Quadrat	Vier rechte Winkel und vier gleich lange Seiten Zwei Paare paralleler Seiten	

4.11 Vierecke

Übungsaufgaben

1. Zeichne ein Koordinatensystem und trage die Punkte A(–3|2), B(–3|–2) und D(1|3) ein.
   a. Wo muss ein Punkt C_1 liegen, damit das Viereck ABC_1D ein Quadrat ist? Zeichne den Punkt C_1 ein.
   b. Wo kann ein Punkt C_2 liegen, damit das Viereck ABC_2D ein Trapez wird? Zeichne einen Punkt C_2 ein. $x \in [-4; 2]$ / $y \in [-5; 3]$

2. Übertrage die Dreiecke auf kariertes Papier (Kästchenlänge 0,5 cm). Schneide die vier Dreiecke sauber aus. Anschließend lassen sich mit diesen Dreiecken neue Figuren zusammensetzen. Versuche damit
   - einen Drachen (ein Dreieck bleibt übrig),
   - eine Raute und ein Rechteck,
   - ein Parallelogramm und ein Rechteck zu erhalten.

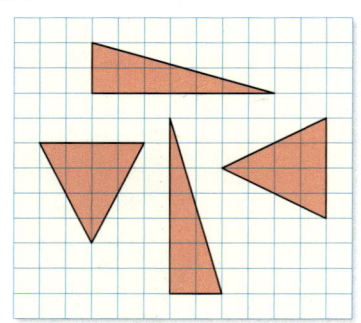

3. Mit einem Geometrieprogramm kann man mit Vierecken spielen: Aus einfachen Figuren können so, wie im Beispiel, komplizierte Formen aufgebaut werden.
   Probiere es aus: Zeichne mit einem Geometrieprogramm Rechtecke, Drachen, Rauten, Trapeze, Parallelogramme und Quadrate und baue mit ihnen größere Figuren.

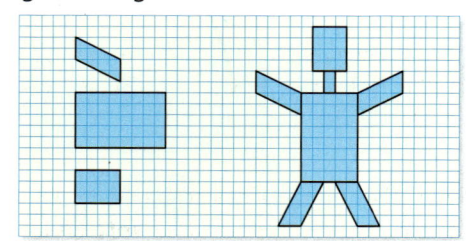

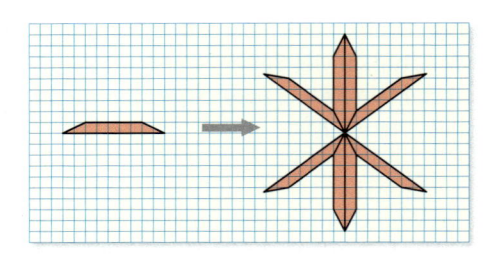

T: Die Verbindungsstrecken zweier gegenüberliegender Punkte eines konvexen Vierecks nennt man Diagonalen. Sie spielen bei den besonderen Vierecken eine wichtige Rolle.

4. Zeichne ein Rechteck und ein Quadrat und darin die Diagonalen. Miss jeweils ihre Länge. Was stellst du fest?

5. Zeichne ein Parallelogramm und eine Raute. Trage die Diagonalen ein. Die Diagonalen schneiden sich in einem Punkt M. Was für ein besonderer Punkt ist das? Nimm das Geodreieck zu Hilfe und miss die Diagonalenabschnitte.

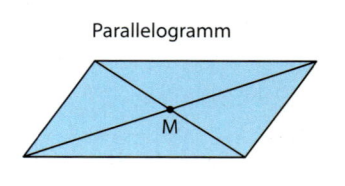

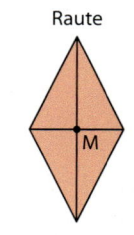

6. Zeichne in ein Koordinatensystem die Punkte A(–4|2), C(2|–2) und D(3|1). Die Strecke $\overline{AC}$ ist eine der beiden Diagonalen des Parallelogramms ABCD. Versuche, den fehlenden Punkt B zu ermitteln. Nimm vielleicht die Ergebnisse der Aufgabe 5 zu Hilfe. Wenn du den Punkt B gefunden hast, zeichne das Parallelogramm ABCD.
$x \in [-6; 4]$ / $y \in [-3; 3]$

4.12 Körper im Überblick

In dem Bild des Ferienlagers sind einige auffällige Gegenstände farblich hervor gehoben.
a Kennst du ihre Namen? Zähle sie auf.
b Die Gegenstände, um die es hier geht, gehören zu verschiedenen Gruppen:
Diejenigen Gegenstände, die durch gerade Flächen (z. B. Vierecke oder Dreiecke) begrenzt werden, bilden die **Gruppe 1**. Diejenigen Gegenstände, die durch runde oder gebogene Flächen begrenzt werden, bilden die andere **Gruppe 2**.
Schreibe in einer Liste auf, welche Gegenstände in Gruppe 1 und welche in Gruppe 2 gehören.
c Ergänze die Gruppen in deiner Liste mit Gegenständen, die dazu passen, und die nicht in dem Bild des Ferienlagers vorkommen.

> **M** Geometrische **Körper** sind räumliche Gebilde. Sie werden meist von mehreren **Flächen** begrenzt. Diese Begrenzungsflächen können eben sein oder gekrümmt. Viele Körper haben **Kanten** und **Ecken**, manche sogar eine **Spitze**.

4.12 Körper im Überblick

Hier sind einige geometrische Körper zusammengestellt:

Körper	Eigenschaften	Bild
Prisma	Ein Prisma ist ein Körper, dessen Grundfläche ein Dreieck, Viereck oder Vieleck sein kann. Die **Seitenflächen** sind immer **Rechtecke**, die senkrecht auf der Grundfläche stehen. Grund-, Deck- und Seitenflächen nennt man auch **Begrenzungsflächen**. Besondere Prismen sind der **Würfel** ② und der **Quader** ③.	① ② ③
Pyramide	Eine Pyramide ist ein Körper mit einer **Spitze**. Ihre Grundfläche kann ein Dreieck, Rechteck oder Vieleck sein. Die Seitenflächen bestehen aus Dreiecken.	
Zylinder	Grund- und Deckfläche eines Zylinders sind **Kreise** mit gleichem Radius. Sie stehen senkrecht übereinander.	
Kegel	Ein Kegel hat einen **Kreis** als Grundfläche. Seine **Spitze** befindet sich senkrecht über dem Mittelpunkt des Grundkreises.	
Kugel	Eine Kugel sieht von allen Seiten gleich aus. Egal, wie man sie betrachtet: Man sieht immer einen Kreis.	

Übungsaufgaben

1 Zähle nach: Wie viele Eckpunkte hat das Prisma ①? Wie viele Ecken hat der Würfel ② und der Quader ③? Wie viele Seitenkanten hat jedes der drei Prismen?

2 Welche Aussage ist richtig?
a Ein Würfel ist immer auch ein Quader.
b Ein Quader hat 9 Eckpunkte.
c Ein Würfel hat insgesamt 6 Begrenzungsflächen.
d Eine Pyramide mit einem Quadrat als Grundfläche hat insgesamt 9 Kanten.
e Ein Zylinder hat keine Spitze.
f Wenn ein Körper eine Spitze hat und insgesamt 4 Begrenzungsflächen, dann handelt es sich um eine Pyramide.
g Ein Prisma mit rechteckiger Grundfläche ist ein Würfel.

T Die Seitenflächen eines Körpers bilden seinen **Mantel**.

Körper im Überblick 4.12

3 Welche Körper …
a … haben eine Spitze?
b … haben eine Mantelfläche, die nur aus gleichen Rechtecken besteht?
c … haben als Seitenflächen nur Rechtecke?
d … können verschiedene Vielecke als Grundflächen haben?
e … haben eine Mantelfläche, die nur aus gleichen Dreiecken besteht?
f … haben zwei Kreisflächen?

4 Benenne die im Steckbrief gesuchten Körper und skizziere sie jeweils in deinem Heft.

a
Gesucht
wird ein Körper mit:
- 10 Kanten
- 6 Eckpunkten
- 5 gleichen Dreiecken
- einem Fünfeck

b
Gesucht
wird ein Körper mit:
- einer gekrümmten Mantelfläche
- einer Kreisfläche
- einer Spitze

c
Gesucht
wird ein Körper mit:
- 18 Kanten
- 12 Eckpunkten
- 6 gleichen Rechtecken
- 2 gleichen Sechsecken

d
Gesucht
wird ein Körper mit:
- 12 Kanten
- 8 Eckpunkten
- 6 gleichen Quadraten

e
Gesucht
wird ein Körper mit:
- 12 Kanten
- 8 Eckpunkten
- 6 Rechtecken

f
Entwirf mindestens zwei weitere Steckbriefe!

5 Sind die abgebildeten Körper Prismen? Begründe deine Antwort.

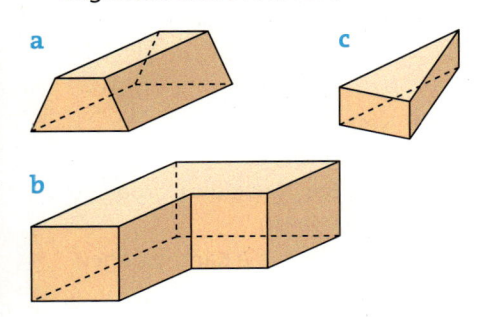

6 Aus Holzspießen und kleinen Kugeln aus Knetmasse kann man **Kantenmodelle** bauen.

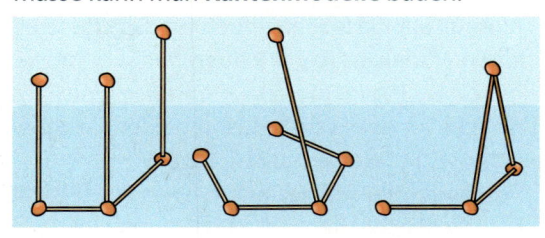

a Welche Körper können gebaut werden? Begründe deine Meinung.
b Wie viele Spieße und Knetkugeln benötigt man jeweils für einen Würfel, Quader, ein fünfseitiges Prisma und eine quadratische Pyramide?
c Wie viele Spieße und Knetkugeln fehlen noch bis zum fertigen Modell?

7 Welche Körper könnten durch Eindrücken in feuchten Sand diese Abdrücke hinterlassen? Begründe deine Antwort.

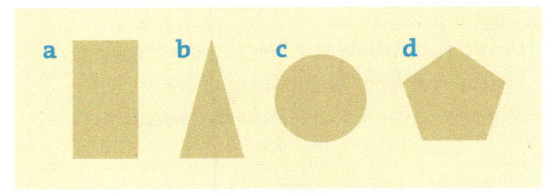

8 Welche Körper könnten durch Rollen im feuchten Sand diese Spuren hinterlassen haben? Begründe deine Antwort.

9 Zwei Balsaholzwürfel wurden zersägt. Entstanden beide Male ausschließlich Prismen? Begründe deine Antwort.

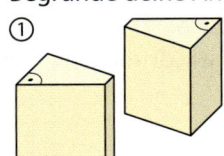

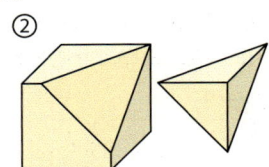

Geometrie

4.13 Würfel, Würfelnetze

1 Alle aus der Klasse 5a werden für das Klassenmobile einen Würfel aus Papier bauen! Jeder bringt selbst ausgesuchtes Papier mit und alle wollen gleich loslegen. Aber bevor es mit dem Ausschneiden losgehen kann, gibt es noch einiges zu überlegen!
a Beschreibt die Eigenschaften eines Würfels mithilfe der Begriffe **Fläche**, **Kante** und **Eckpunkt**.
b Wie könnt ihr einen Würfel basteln?

> **M** Ein **Würfel** ist ein Körper mit
> - sechs quadratischen Flächen,
> - zwölf Kanten,
> - acht Eckpunkten.
>
> Alle Seitenflächen eines Würfels sind gleich groß. Alle Kanten sind gleich lang. Je vier Kanten sind zueinander parallel.

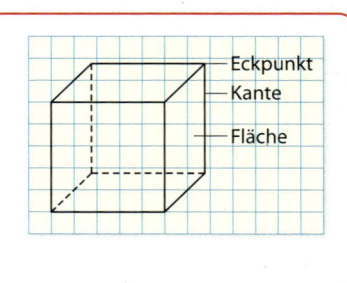

2 Bastle zum Üben aus Zeichenkarton einen Würfel mit der Kantenlänge 5 cm. Orientiere dich dabei am **Würfelnetz** rechts.

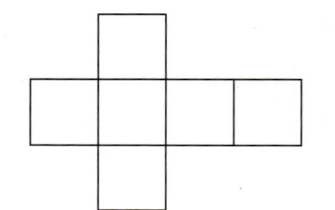

T Vor dem Ausschneiden müssen noch die Klebefalze ergänzt werden.

3 Hat es bei jedem geklappt? Dann baut jetzt aus eurem Papier die bunten Würfel und dann das Klassenmobile!

> **M** Trennt man einen Würfel an sieben Kanten auf, so erhält man ein **Netz** dieses Würfels. Das Netz eines Würfels besteht aus sechs gleich großen Quadraten.

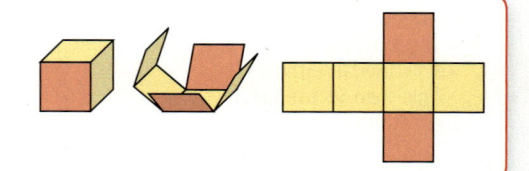

Übungsaufgaben

1 Vervollständige im Heft zu einem Würfelnetz und finde jeweils mindestens zwei Lösungen.
① ② ③

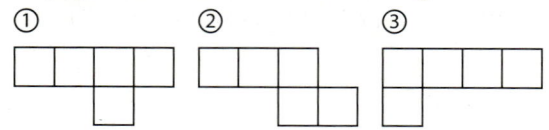

2 Wie könnte das Netz eines Würfels mit der Kantenlänge 3 cm aussehen?
a Zeichne mindestens drei Netze und färbe gegenüberliegende Flächen gleich.
b Zwei weitere Würfel haben die Kantenlängen 4,5 cm und 25 mm.

Würfel, Würfelnetze 4.13

3 Nicht alle Abbildungen sind Würfelnetze.
a Welche sind keine? Begründe deine Antwort.
b Ändere die „Blindgänger" im Heft so ab, dass ein Würfelnetz entsteht.

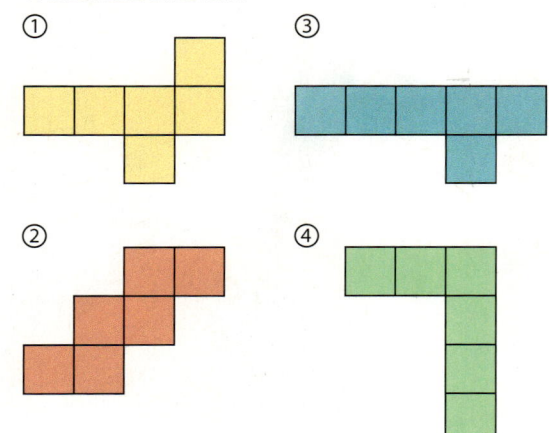

① ② ③ ④

4 Nimm einen Spielwürfel zur Hand.
a Addiere die Augenzahlen gegenüberliegender Würfelseiten. Was fällt dir auf?
b Sonja hat einen Würfel „aufgeschnitten" und dabei ist das Netz unten entstanden: Sie hat beim Zeichnen leider Fehler gemacht! Zeichne das richtige Netz in dein Heft!

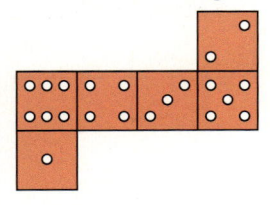

5 Ergänze die fehlenden Augenzahlen im Heft.
a **b** **c**

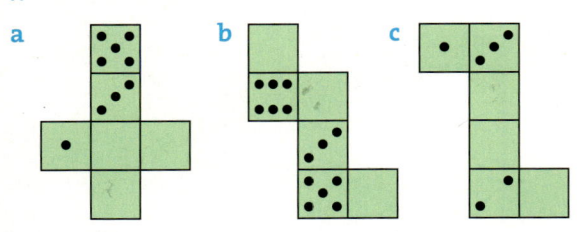

d Zeichne mindestens zwei weitere Spielwürfelnetze. Gib drei Augenzahlen vor und lass deinen Nachbarn ergänzen.

6 Hier sind drei verschiedene Lagen desselben Farbwürfels dargestellt.
Jede Seitenfläche hat eine andere Farbe: rot, gelb, grün, blau, schwarz und weiß.

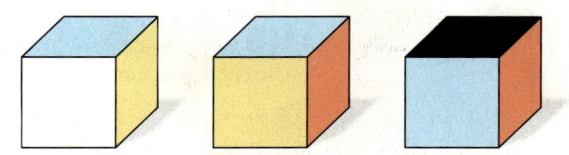

a Welche Farbe hat die Fläche, die der roten Fläche gegenüberliegt?
b Passt eines der Würfelnetze zu dem Farbwürfel?

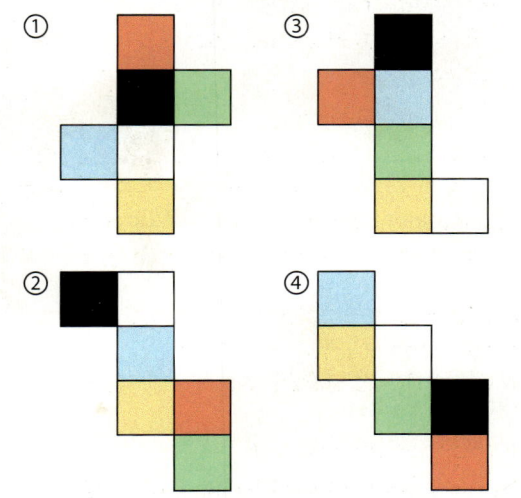

① ② ③ ④

c Zeichne zwei weitere Netze für diesen Würfel, von denen eines richtig und eines falsch ist. Lass deinen Nachbarn das richtige suchen und seine Wahl begründen.

7 Achmed baut einen Papierwürfel mit der Kantenlänge $b = 6\,cm$ und taucht ihn zur Hälfte in Tinte. Nach dem Trocknen der Tinte schneidet er den Papierwürfel zu einem Würfelnetz auf. 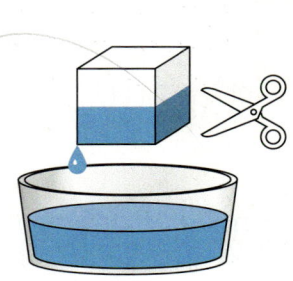
Zeichne dieses Netz und schraffiere die gefärbten Flächen und Teilflächen blau.

Geometrie

4.14 Quader, Quadernetze

Sprechblase links: Ich sehe was, was du nicht siehst. Es hat die Farbe Grau. Es hat acht Eckpunkte; gegenüberliegende Flächen sind rechteckig und gleich groß.

Sprechblase rechts: Ein Würfel kann es nicht sein ...

1 Warum meint Leon, dass es kein Würfel sein kann?
Erinnere dich hierzu: Woran erkennt man einen Würfel?

> **M** Ein **Quader** ist ein Körper mit
> - sechs rechteckigen Flächen,
> - zwölf Kanten,
> - acht Eckpunkten.
>
> Gegenüberliegende Flächen sind gleich groß.
> Gegenüberliegende Kanten sind gleich lang.
> Je vier Kanten sind zueinander parallel. 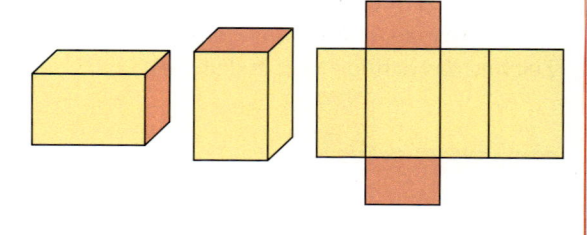
>
> Trennt man einen Quader an sieben Kanten auf, so erhält man ein **Netz dieses Quaders**.

2 Worin unterscheiden sich Würfel und Quader?
Vergleiche Unterschiede und Gemeinsamkeiten von Quader und Würfel in einer Tabelle.

Übungsaufgaben

1 Bastle aus Zeichenkarton einen Quader mit den Kantenlängen 4 cm, 6 cm und 8 cm.

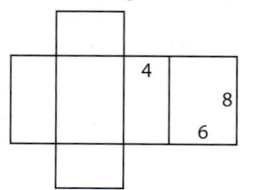

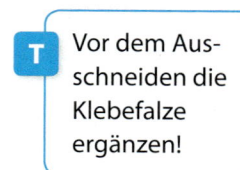

> **T** Vor dem Ausschneiden die Klebefalze ergänzen!

2 Wie könnten Netze dieses Quaders aussehen?
(Kantenlängen a = 3 cm; b = 5 cm; c = 7 cm)
Zeichne mindestens drei Netze und färbe gegenüberliegende Flächen gleich.

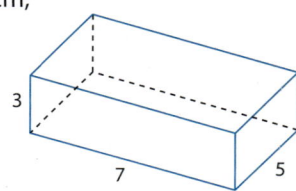

122 Geometrie

Quader, Quadernetze — 4.14

3 Welche der Abbildungen sind keine Quadernetze? Begründe deine Antwort.

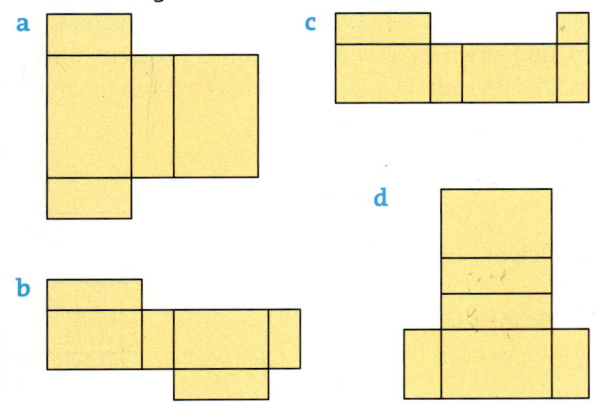

a

b

c

d

4 Welches Netz gehört zu welchem Quader? Begründe deine Zuordnung.

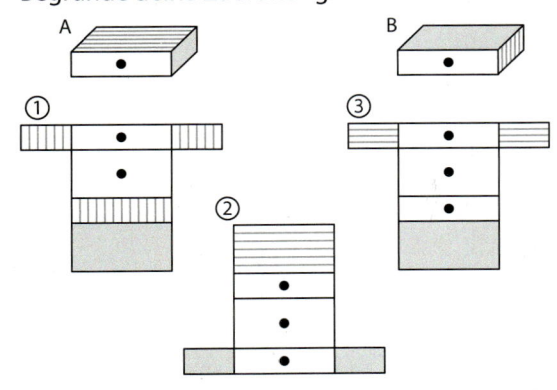

A   B
① ② ③

5 Übertrage die Zeichnungen in dein Heft. Ergänze sie zu einem vollständigen Quadernetz. Wie viele Möglichkeiten findest du?

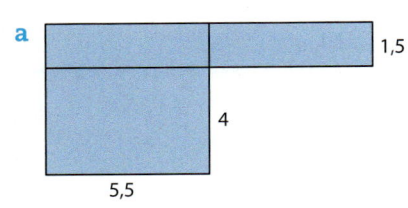

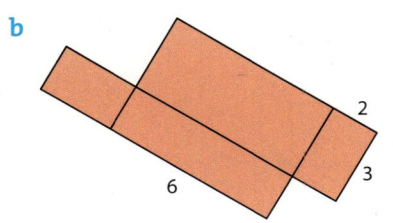

a 1,5 ; 4 ; 5,5

b 2 ; 3 ; 6

6 Übertrage das Netz in dein Heft und markiere die Kanten entsprechend dem zugehörigen Quader farbig.

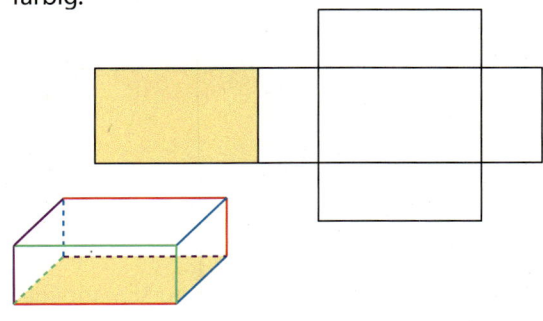

7 Die Ameise krabbelt auf einem Quader. Der Weg, den sie zurückgelegt hat, ist im Quadernetz unten aufgezeichnet.

a Skizziere den Quader im Heft und zeichne den Weg ein.

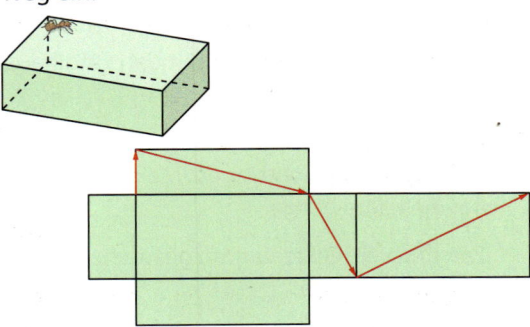

b Zeichne auf einem neuen Netz einen weiteren Weg der Ameise ein. Lass deinen Nachbarn den Quader mit dem Weg skizzieren.

8 Zeichne das Netz des Quaders in dein Heft. Die grüne Fläche ist die Grundfläche.

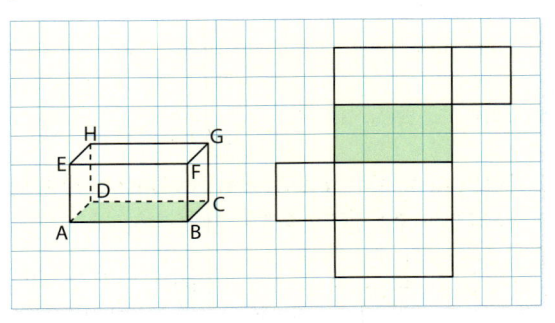

Übertrage die Bezeichnungen der Eckpunkte in deine Zeichnung.

Geometrie

4.15 Schrägbild von Quader und Würfel

1 Zeichne ohne Lineal einen Würfel mit der Kantenlänge a = 2 cm und einen Quader mit a = 3 cm, b = 2 cm und c = 1 cm in dein Heft. Vergleiche deine Zeichnungen mit denen deiner Mitschüler.
Was musst du beim Zeichnen der beiden Körper beachten?

2 Damit die zeichnerische Darstellung eines Körpers räumlich erscheint, zeichnet man ein **Schrägbild**.
In der Abbildung rechts siehst du Schrägbilder einer Streichholzschachtel. Welche besonderen Eigenschaften fallen dir an Schrägbildern auf?

Schrägbilder werden nach Regeln erstellt. Befolge die Schritte im Kasten.

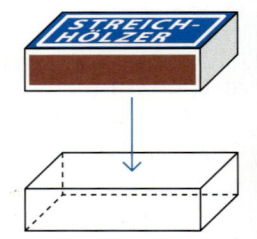

M   **Das Schrägbild eines Quaders zeichnen**

Schritt 1:
Zeichne die Vorderfläche mit den Originalgrößen.

Schritt 2:
Zeichne die nach hinten laufenden Kanten **diagonal** und **verkürzt** nach rechts oben. Meist wählt man eine Verkürzung auf die halbe Länge.

Zeichne verdeckte Kanten gestrichelt!

Schritt 3:
Verbinde die Endpunkte der nach hinten laufenden Kanten.

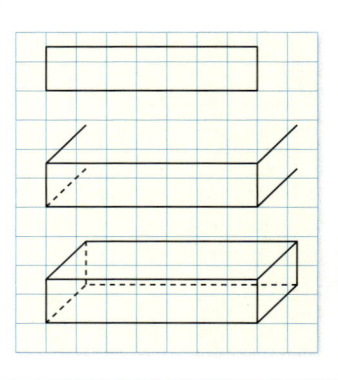

Auf dieselbe Art und Weise kannst du auch das Schrägbild eines Würfels zeichnen.

Übungsaufgaben

1 Zeichne in dein Heft die Schrägbilder von Würfeln mit folgenden Kantenlängen:
a 5 cm   **b** 6 cm   **c** 0,35 dm   **d** 20 mm

2 Zeichne das Schrägbild des Quaders mit:
a a = 5 cm; b = 7 cm; c = 8 cm
b a = 2,5 cm; b = 48 mm; c = 0,6 dm

3 Zeichne das Schrägbild eines Quaders mit den Kanten a = 6 cm, b = 5 cm und c = 4 cm auf unliniertem Papier.

T Für Schrägbilder auf unliniertem Papier musst du die nach hinten laufenden Kanten im 45°-Winkel zeichnen. Die Abbildung zeigt dir, wie das mit dem Geodreieck geht.

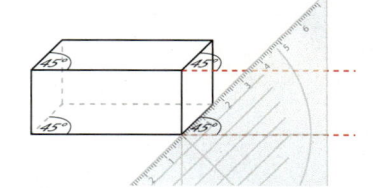

Schrägbild von Quader und Würfel 4.15

4 Der Quader hat die Kantenlängen a = 5 cm, b = 3 cm und c = 2 cm. Die gegenüberliegenden Rechtecke sind jeweils gleich eingefärbt. Zeichne das Schrägbild mit drei unterschiedlichen Vorderflächen: 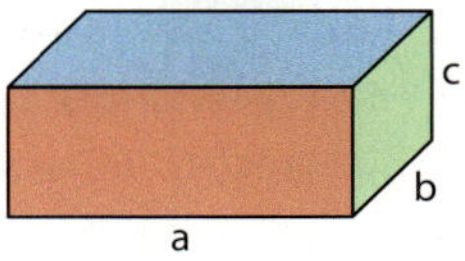
a der blauen Fläche,
b der grünen Fläche,
c der rötlichen Fläche.
d Zu a – c gibt es je zwei Möglichkeiten. Zeichne die noch fehlenden.

5 Übertrage die Würfelbilder in dein Heft. Zeichne sie auch auf unliniertem Papier.
a   c 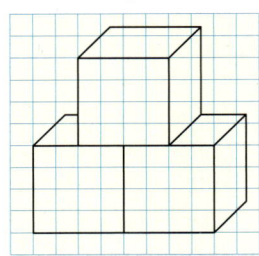
b   d

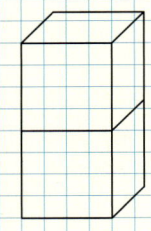

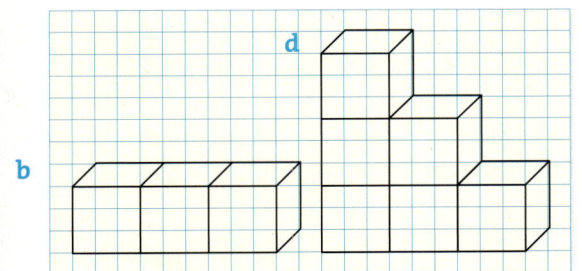

6 Du kannst manche Buchstaben aus Würfeln zusammensetzen.
a Übertrage die Würfelbuchstaben in dein Heft. 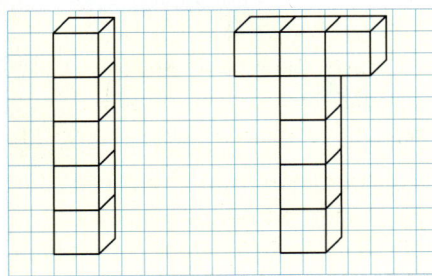
b Schreib mit den Würfelbuchstaben E, F, I, L und T ein Wort deiner Wahl ins Heft. Du musst nicht alle Buchstaben verwenden.

7 Übertrage die unvollendeten Schrägbilder in dein Heft und ergänze die fehlenden Kanten.

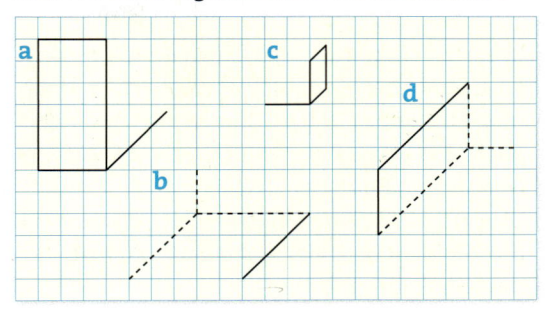

8 Wir probieren mal etwas aus und zeichnen die schrägen Kanten in der Schrägbilddarstellung in die anderen Richtungen:

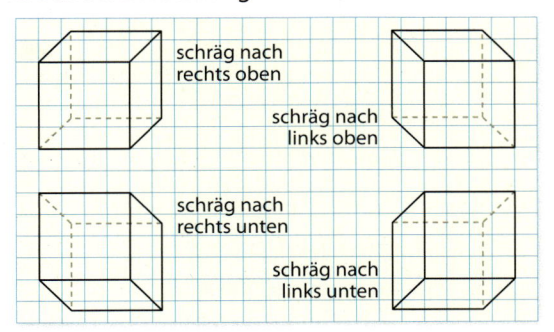

schräg nach rechts oben
schräg nach links oben
schräg nach rechts unten
schräg nach links unten

a Übertrage die unvollendeten Würfel-Schrägbilder in dein Heft und vervollständige sie.

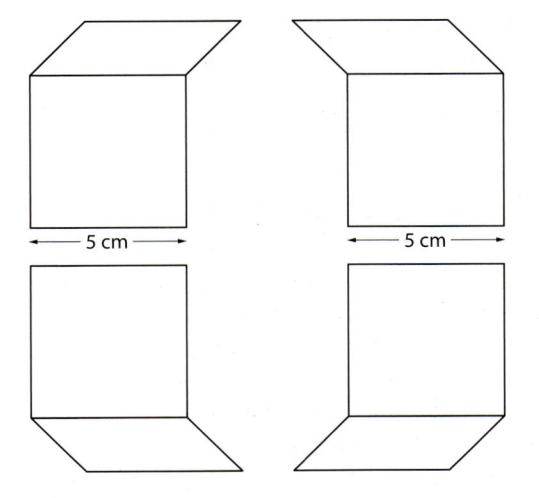

b Zeichne einen Quader auf jede der vier Arten. Wähle die Kantenlängen selbst.

Geometrie 125

4.16 Mach dich fit!

Punkte, Strecken, Geraden

1 In einem Ziergarten werden an den Punkten A bis L Sträucher eingepflanzt. Geplant ist, dass man auf kleinen Wegen, immer den Punkten nach, von Strauch zu Strauch gelangt. Wie lang ist dann ein Rundweg insgesamt?
Übertrage die Skizze in dein Heft und verbinde die Punkte A bis L der Reihe nach. Zuletzt verbindest du noch L mit A.
(1 Kästchen ≙ 2 m)

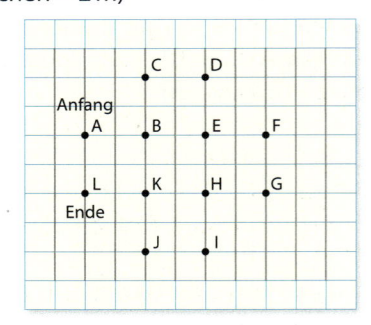

2 Jens und Michi betrachten einige Geraden. „Zwei sind auf jeden Fall parallel", meint Jens. Michi nickt. „Ich glaube, da gibt es noch zwei weitere parallele Geraden. Vielleicht gibt es auch noch Senkrechte?"

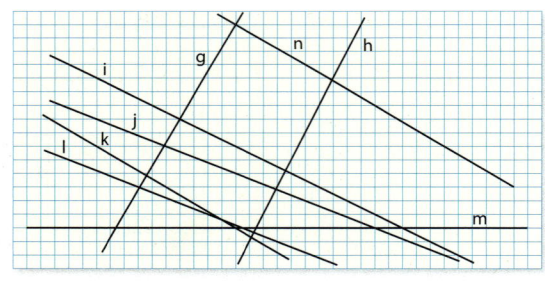

a Welche Geradenpaare sind parallel zueinander? Verwende die Kurzschreibweise.
b Welche Geraden stehen aufeinander senkrecht? (Kurzschreibweise!).
c Bestimme den Abstand, den zwei parallele Geraden zueinander haben.

3 Wie viele Geraden und Halbgeraden kommen in der Zeichnung vor? Gib ihnen Namen in der Punktschreibweise, z. B. g = AB. Welche Linien sind zueinander parallel oder stehen aufeinander senkrecht? Verwende auch die Kurzschreibweise.

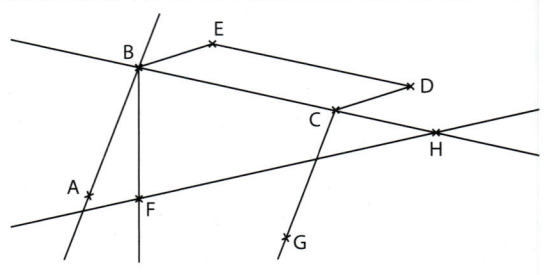

4 Hier geht es ums Fliegen: Trage alle Punkte in ein Koordinatensystem ein und verbinde sie der Reihenfolge der Nummerierung miteinander.
x ∈ [−3; 12] / y ∈ [−3; 9]
$P_1(-2|3)$; $P_2(-1|4)$; $P_3(2|4)$; $P_4(4|8)$; $P_5(7|8)$;
$P_6(5|4)$; $P_7(9|4)$; $P_8(10|5)$; $P_9(11|5)$; $P_{10}(10|3)$
$P_{11}(11|1)$; $P_{12}(10|1)$; $P_{13}(9|2)$; $P_{14}(5|2)$;
$P_{15}(7|-2)$; $P_{16}(4|-2)$; $P_{17}(2|2)$; $P_{18}(-1|2)$.

5 Lies die Koordinaten der Eckpunkte der Figur aus dem Koordinatensystem ab.

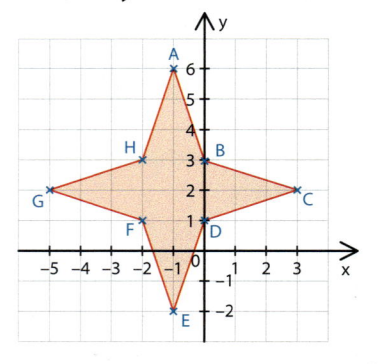

6 Zeichne die Punkte A(−1|2), B(3|0), C(−3|1) und D(1|5) in ein Koordinatensystem ein. Lege durch A und B die Gerade g = AB. x ∈ [−5; 5] / y ∈ [−2; 6]
a Zeichne die zu g parallele Gerade h, die durch den Punkt C verläuft.
b Zeichne die auf g senkrecht stehende Gerade i, die den Punkt D enthält.

126 Geometrie

Kreise

7 Ein Kreis wird in 12 gleiche Sektoren geteilt. Welchen Öffnungswinkel hat jeder Sektor?

8 Zeichne einen Kreissektor mit dem Radius 3 cm und einem Öffnungswinkel von
 a 150°   b 300°

9 Durch die Punkte A(−4|−6) und B(6|4) verläuft die Gerade AB. Genau in der Mitte zwischen A und B liegt der Punkt M. x ∈ [−5; 7] / y ∈ [−6; 5]
 a Zeichne AB in ein Koordinatensystem und kennzeichne M. Welche Koordinaten hat M?
 b Gegeben ist weiterhin der Punkt P(−2|2). Zeichne den Kreis k(M;r = $\overline{MP}$). Der Kreis schneidet die Gerade AB in zwei Punkten C und D. Bestimme deren Koordinaten.
 c Die Halbgeraden [CP und [DP schneiden aus dem Kreis k besondere Kreisteile heraus. Wie nennt man diese Teile?

Winkel

10 Zeichne zwei Geraden, die sich schneiden und miteinander den angegebenen Winkel bilden.
 a 45°   b 120°   c 170°

11 Wie groß ist der Winkel β, wenn α
 a 67°   b 90°
 groß ist?

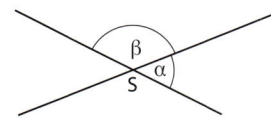

12 Mathestunde: Es ist genau 8 Uhr. Michi soll sagen, welchen Winkel die Zeiger der Uhr im Klassenzimmer gerade einnehmen. Er redet sich heraus: „Da gibt es zwei Möglichkeiten." Stimmt das? Und wenn ja: Kannst du beide Winkel angeben, ohne nachzumessen?

13 Welchen Winkel überstreicht der große Zeiger einer Uhr in
 a 25 Minuten   b 1 Minute?

14 Durch A(−6|1) und B(1|1) wird eine Gerade AB gelegt. Eine weitere Gerade CB soll so gezeichnet werden, dass der Winkel ∢ABC ein Maß von 31° hat. Vom Punkt C weiß man, dass er eine y-Koordinate von −2 hat. Zeichne die Gerade AB in ein Koordinatensystem und finde die fehlende x-Koordinate des Punktes C durch Probieren heraus. Beachte bei dieser Aufgabe, dass jeder Winkel eine Orientierung hat. x ∈ [−7; 2] / y ∈ [−3; 4]

15 Zeichne die Punkte A(−2|−1) und B(2|3) in ein Koordinatensystem. x ∈ [−4; 7] / y ∈ [−4; 8]
 Die Strecke $\overline{AB}$ soll einen Schenkel des gesuchten Winkels bilden. Trage nun mit dem Geodreieck in B einen Winkel von
 a 225°   b 315° ab.

16 Welche Aussagen sind richtig?
 a Wenn α = 15°, dann hat sein Nebenwinkel das Maß 175°.
 b Es gibt einen Winkel, der genau so groß ist wie sein Nebenwinkel.
 c Wenn α viermal so groß ist wie sein Nebenwinkel β, dann ist β = 36°.

Dreiecke

17 Hier sind einige Dreiecke abgebildet.

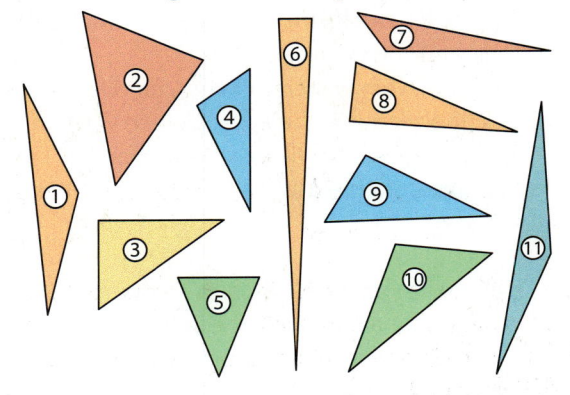

 a Schreibe auf, welche davon stumpfwinklig, rechtwinklig oder gleichschenklig sind.
 b Welche Dreiecke haben zwei Eigenschaften gleichzeitig?
 c Welche Eigenschaften haben die Dreiecke ② und ⑤?

4.16 Mach dich fit!

18 Der sechseckige Stern ist aus lauter gleichen Dreiecken zusammengesetzt. Zeichne ihn in dein Heft. Alle notwendigen Angaben sind eingezeichnet.

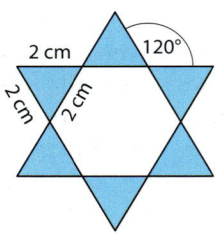

Vierecke

19 Diese Figur wird durch einige Strecken in 8 Teile zerlegt. Es entstehen Vierecke und Dreiecke. Um welche besonderen Dreiecke und Vierecke handelt es sich im Einzelnen?

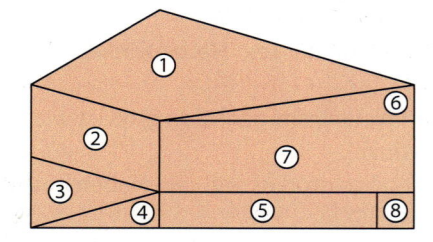

20 Zur Erinnerung: Drachen, Trapez, Raute, Parallelogramm, Rechteck und Quadrat sind Vierecke mit besonderen Eigenschaften.
Mit vier Streichhölzern kann man ein Quadrat auslegen. Probiere es aus.
Es gibt noch ein weiteres Viereck, für das vier Streichhölzer ausreichen. Mach einen Versuch. Welche besonderen Vierecke kann man mit sechs Streichhölzern legen, welche nicht? Woran liegt das?

21 Zeichne die Punkte A(−1|−2), B(3|−1) und $D_1(1|1)$ in ein Koordinatensystem. x ∈ [−4; 4] / y ∈ [−3; 4]
  a Suche nun einen Punkt C so, dass du ein Parallelogramm $ABCD_1$ erhältst.
  Zeichne anschließend die Diagonalen $\overline{AC}$ und $\overline{BD_1}$ noch dazu.
  b Miss jetzt die Seitenlängen der Dreiecke $\triangle ABD_1$ und $\triangle BCD_1$. Was fällt dir auf?

  c Zeichne nun den Punkt $D_2(−2|2)$ ebenfalls in das Koordinatensystem ein.
  Dieser Punkt D_2 soll der Eckpunkt eines Quadrats ABC_2D_2 sein. Wo liegt der Punkt C_2? Bestimme seine Koordinaten. Zeichne das Quadrat ABC_2D_2 mit Farbe.
  d Zeichne mit anderer Farbe die Diagonalen $\overline{AC_2}$ und $\overline{BD_2}$ ein. Miss ihre Längen. Was stellst du fest?

22 Aus jeweils vier Dreiecken kann man ein besonderes Viereck zusammenlegen. Hier sind einige Möglichkeiten:

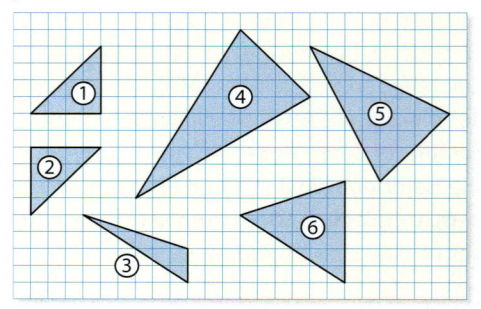

  a Welche Dreiecke muss man zusammenlegen, um ein Quadrat zu erhalten?
  b Welche Kombination ergibt ein Parallelogramm?
  c Wie entsteht ein Drachen?
  d Finde weitere Kombinationen, mit denen man aus den Dreiecken besondere Vierecke erhalten kann. Ist auch ein Trapez dabei?

23 Zeichne zunächst das unregelmäßige Viereck ABCD in ein Koordinatensystem. Die Punkte sind A(−3|−1), B(1|−3), C(1|3) und D(−5|5).
Suche nun die Mittelpunkte aller Viereckseiten und markiere sie wie folgt:
E ist der Mittelpunkt von $\overline{AB}$,
F ist der Mittelpunkt von $\overline{BC}$,
G ist der Mittelpunkt von $\overline{CD}$,
H ist der Mittelpunkt von $\overline{DA}$.
  a Lies die Koordinaten der Punkte E, F, G, H ab.
  b Zeichne das Viereck EFGH. Was für ein Viereck ist da entstanden?
  c Zeichne ein anderes unregelmäßiges Viereck und verbinde die Seitenmittelpunkte. Was fällt dir auf? x ∈ [−6; 3] / y ∈ [−4; 6]

128 Geometrie

Körper

24 Welche Körperhälften gehören zusammen? Wie heißen die Körper?

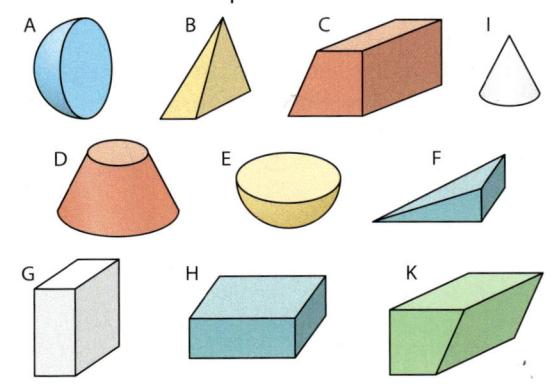

25 Hanna hat aus Knetmasse verschiedene Körper hergestellt. Mit einem Schaber schneidet sie die Körper durch. Unten sieht man die dabei entstehenden Schnittflächen. Welche Körper und Schnittflächen gehören zusammen?

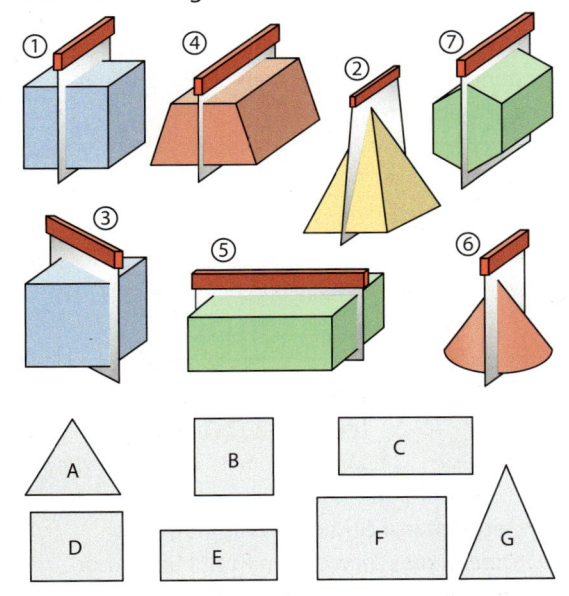

26 Welche Aussage ist falsch? Halte dich nur an die bekannten Eigenschaften.
a Jeder Würfel ist gleichzeitig auch ein Prisma.
b Jede Pyramide ist auch ein Kegel.
c Wenn man einen Zylinder genau von oben betrachtet, sieht man einen Kreis.
d Ein Würfel ist auch gleichzeitig ein Quader.

27 Zeichne das Netz eines Quaders, der 5 cm lang, 4 cm breit, und 3 cm hoch ist.
Fertige anschließend ein Schrägbild des Quaders an.

28 Dies ist das Schrägbild eines Quaders. Auf drei seiner Seitenflächen sind Strecken eingezeichnet. Wie lang sind diese Strecken?
Zeichne ein Netz des Quaders, zeichne die Linien darin lagerichtig ein und miss ihre Längen.

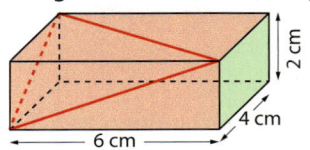

29 Aylin und Hülya sollen als Hausaufgabe ein Drahtmodell eines Quaders bauen. Der Quader soll 12 cm lang, 8 cm breit und 6 cm hoch sein. Aylin sagt: „Ein Meter Draht wird wohl für das Modell reichen." Hülya glaubt das nicht. Wer hat Recht? Begründe.

30 Ein Würfel mit 4 cm Kantenlänge und ein Quader mit den angegebenen Maßen sollen zu einem einzigen Körper zusammengesetzt werden. Zeichne das Schrägbild dieses neuen Körpers.

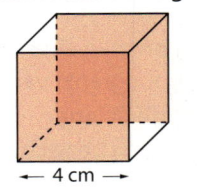

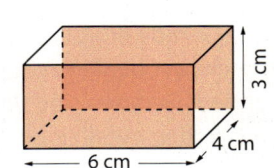

31 Martin und Robert haben zwei Netze gezeichnet. Sie wollen sie ausschneiden und Körper daraus zusammenkleben. Martin sagt: „Der erste Körper passt genau zweimal in den zweiten hinein." Robert staunt: „Woher weißt du das?" Wie hat es Martin wohl erklärt?

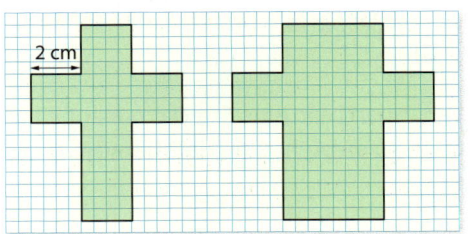

Geometrie

4.17 Grundwissen

Punkt

Punkte werden mit **Großbuchstaben** gekennzeichnet. (Beispiel: A und B)

⬇

A ⨯   ⨯ B

Strecke

Die **kürzeste Verbindung** zwischen zwei Punkten heißt **Strecke**.
Strecken bezeichnet man durch die Angabe ihrer Eckpunkte und setzt einen Strich darüber: $\overline{AB}$

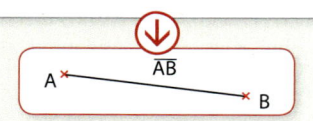

⬇

A ⨯——$\overline{AB}$——⨯ B

Gerade

Eine **Gerade** ergibt sich, wenn man eine Strecke auf beiden Seiten unbegrenzt verlängert. Geraden sind **unendlich lang**. Sie werden mit Kleinbuchstaben bezeichnet. (Beispiel: g)

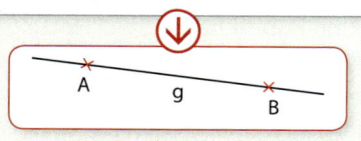

⬇

A ⨯———g———⨯ B

Halbgerade/Strahl

Verlängert man eine Strecke nur auf einer Seite, so entsteht eine **Halbgerade**.

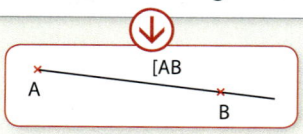

⬇

A ⨯———[AB———⨯ B

zueinander senkrecht

Zwei Geraden, die einen rechten Winkel bilden, heißen zueinander **senkrechte Geraden**.
Ist die Gerade h senkrecht zur Geraden g, so heißt sie **Senkrechte h zur Geraden g**.

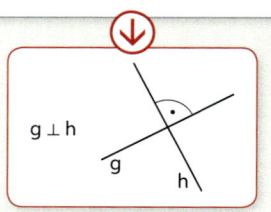

⬇

$g \perp h$

zueinander parallel

Zwei Geraden, die überall **denselben Abstand** voneinander haben, heißen zueinander **parallele Geraden**.
Eine Gerade h, die parallel zu einer Geraden g ist, bezeichnet man als **Parallele h zur Geraden g**.

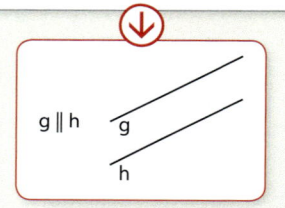

⬇

$g \parallel h$

Abstand

Der **Abstand** ist die kürzest mögliche Strecke zwischen einem Punkt und einer Geraden oder zwischen zwei parallelen Geraden.

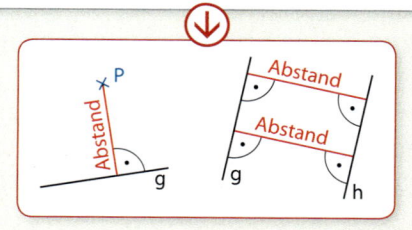

⬇

Geometrie 4.17

Kreis

Alle Punkte, die von einem Punkt M die gleiche Entfernung r haben, liegen auf der **Kreislinie** k.

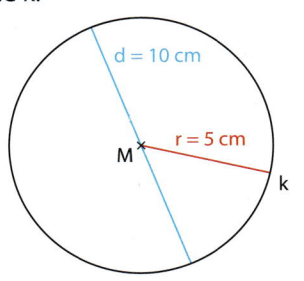

d = 10 cm
r = 5 cm

Sie bilden einen Kreis mit dem **Radius** r. Der **Durchmesser** d verbindet zwei Punkte auf der Kreislinie durch M. Er ist doppelt so groß wie der Radius.

Kreisteile

Sektoren und **Segmente** sind Teilflächen von Kreisen, die von einem Kreisbogen b und von geraden Strecken begrenzt werden.

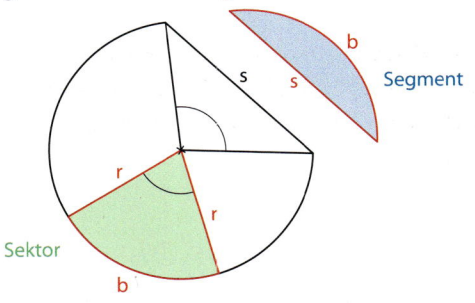

Beim Sektor sind die geraden Strecken zwei Radien r, beim Segment eine Sehne s.

Winkel

Ein Winkel wird von zwei Schenkeln und dem **Scheitelpunkt** S begrenzt.
Der **Drehsinn** verläuft gegen den Uhrzeigersinn vom 1. zum 2. Schenkel.

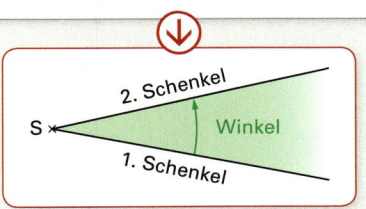

Winkel werden mit **griechischen Buchstaben** (α, β, γ, δ, ε, …) oder in der **Punktschreibweise** benannt.

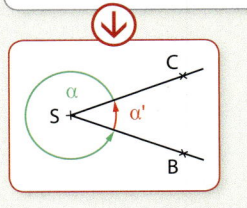

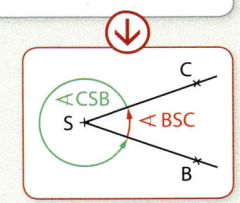

Scheitelwinkel an sich schneidenden Geraden sind gleich groß.

Nebenwinkel ergänzen sich zu 180°.

$\alpha + \beta = 180°$

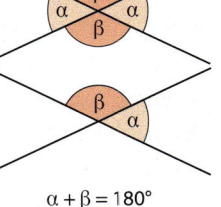

Winkelgröße

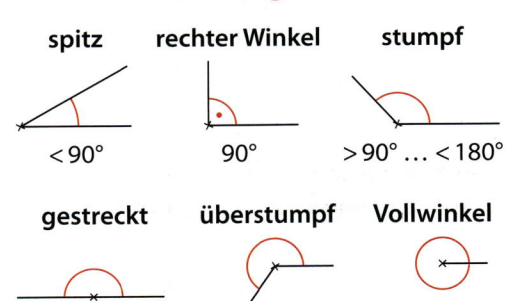

spitz	rechter Winkel	stumpf
< 90°	90°	> 90° … < 180°

gestreckt	überstumpf	Vollwinkel
180°	> 180° … < 360°	360°

Geometrie

Grundwissen

Dreiecke

Ein Dreieck ist eine ebene Figur mit drei **Eckpunkten**, drei **Seiten** und drei **Innenwinkeln**.
Die Reihenfolge der Bezeichnungen erfolgt immer gegen den Uhrzeigersinn.

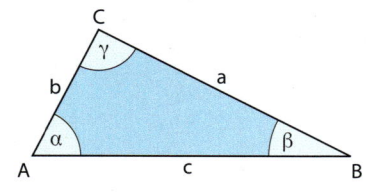

Besondere Dreiecke

Ein Dreieck mit zwei gleich langen Seiten heißt **gleichschenkliges** Dreieck.

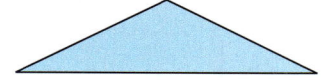

Ein Dreieck mit drei gleich langen Seiten heißt **gleichseitiges** Dreieck.

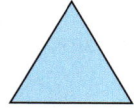

Ein Dreieck mit drei spitzen Winkeln heißt **spitzwinkliges** Dreieck.

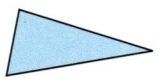

Ein Dreieck mit einem stumpfen Winkel heißt **stumpfwinkliges** Dreieck.

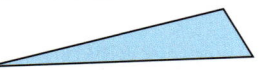

Ein Dreieck mit einem rechten Winkel heißt **rechtwinkliges** Dreieck.

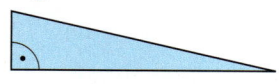

Das Geodreieck weist sogar mehrere dieser Besonderheiten auf: Es ist ein **gleichschenklig-rechtwinkliges** Dreieck.

Vierecke

Ein Viereck ist eine ebene Figur mit vier **Eckpunkten**, vier **Seiten** und vier **Innenwinkeln**.
Auch hier erfolgt die Bezeichnung immer gegen den Uhrzeigersinn.
Die Verbindungsstrecken zweier gegenüberliegender Punkte heißen **Diagonalen** des Vierecks.

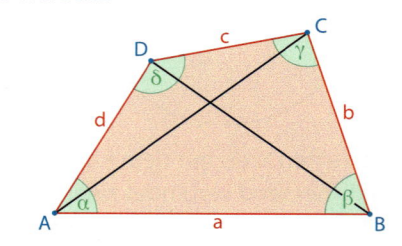

Besondere Vierecke

① Ein **Quadrat** hat vier rechte Winkel und alle Seiten sind gleich lang.
② Ein **Rechteck** hat vier rechte Winkel.
③ Eine **Raute** ist ein Parallelogramm, in dem alle Seiten gleich lang sind.
④ Ein **Parallelogramm** hat zwei Paare paralleler Seiten.
⑤ Ein **Drachen** hat zwei Paare benachbarter Seiten, die gleich lang sind.
⑥ Ein **Trapez** hat zwei parallele Seiten.

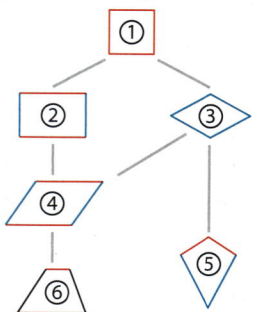

Geometrie 4.17

Körper

Spitze Körper wie Pyramiden oder Kegel und **säulenförmige Körper** wie Prismen oder Zylinder sind von **Seitenflächen** begrenzt.
Wo zwei dieser Flächen aneinander stoßen, haben Körper eine **Kante**, wo drei Flächen zusammentreffen, ist ein **Eckpunkt**.

⬇ ⬇

An diesem Eckpunkt → des Prismas treffen die Deckfläche und zwei Seitenflächen zusammen.

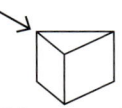

An dieser Kante → grenzen die Deckfläche und die Mantelfläche des Zylinders aneinander.

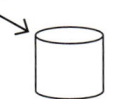

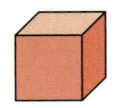

Netze

Das **Netz** eines Körpers erhält man, indem man so viele Seitenflächen entlang der Kanten voneinander trennt, dass alle Flächen eben auf dem Untergrund liegen.

⬇

So entsteht ein Würfelnetz:

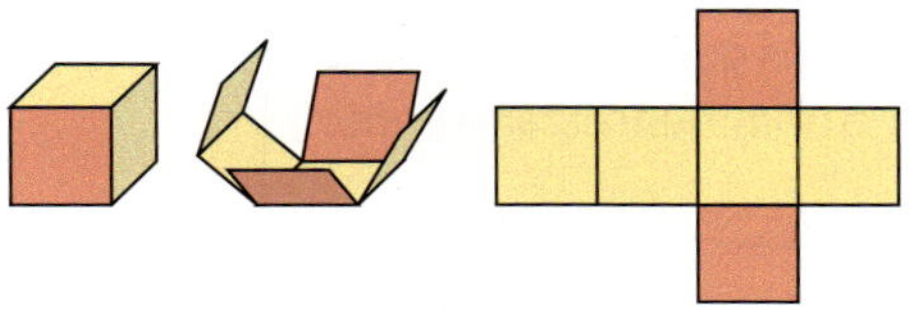

Es gibt immer mehrere Möglichkeiten, die Seitenflächen eines Körpers aufzutrennen!

Würfel und Quader

- sechs rechteckige Seitenflächen, je zwei genau gegenüberliegend
- zwölf Kanten
- acht Eckpunkte

⬇ ⬇

Beim **Quader** können die drei Rechteckpaare unterschiedlich groß sein.

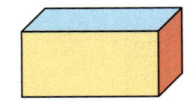

Der **Würfel** hat sechs gleich große Quadrate als Seitenflächen.

Schrägbilder

Alle Vorderflächen werden in Originalgröße gezeichnet. Bei Quadern zeichnet man die nach hinten laufenden Kanten in halber Länge diagonal (bzw. im Winkel von 45°). Die Endpunkte der Kanten verbindet man miteinander; verdeckte Kanten zeichnet man gestrichelt.

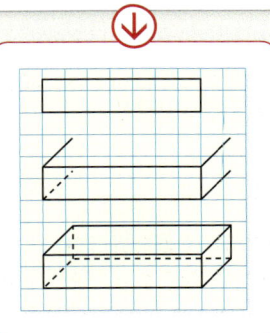

⬇

Geometrie 133

4.18 Mehr zum Thema: SOMA-Würfel

Während einer langweiligen Mathematik-Vorlesung zeichnete Piet Hein – ein in späteren Jahren berühmter dänischer Spieleerfinder – verschiedene Körper, die aus lauter gleich großen Würfeln zusammengesetzt waren. Er zeichnete nur „krumme" Körper, also solche, die keine Quader darstellten.

Ihm fiel auf, dass er aus drei Würfeln nur einen einzigen „krummen" Körper, aus vier Würfeln dagegen sechs ganz unterschiedliche „krumme" Körper zusammensetzen konnte.

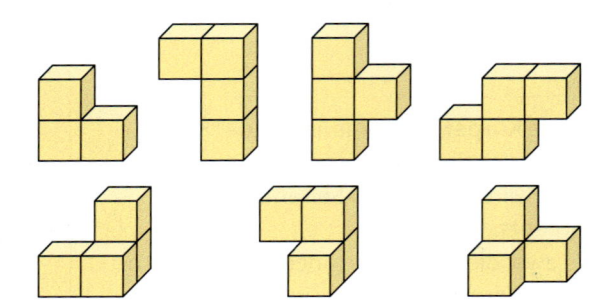

Für diese insgesamt sieben „krummen" Körper benötigte Piet Hein $1 \cdot 3 + 6 \cdot 4 = 27$ einzelne Würfel. Aus $27 = 3 \cdot 3 \cdot 3$ folgerte er, dass seine sieben „krummen" Teile zu einem einzigen großen Würfel mit der dreifachen Kantenlänge eines Einzelwürfels zusammengesetzt werden können. Der SOMA-Würfel war erfunden!

SOMA-Teile kannst du aus 27 Kinderbauklötzen herstellen oder aus Klötzen, die du von einer Leiste mit quadratischem Querschnitt absägst. Du musst sie entsprechend der Abbildung oben rechts verleimen.

Welches der sieben SOMA-Teile bleibt übrig, wenn man die Figuren Flugzeugträger, Schlange oder Sofa zusammensetzt? Achte auf die Anzahl der Einzelwürfel!

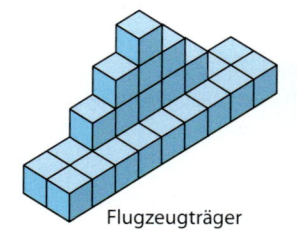

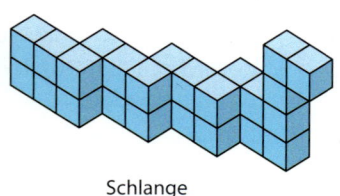

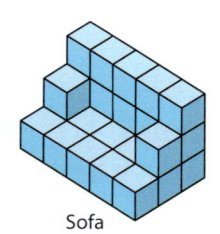

Flugzeugträger   Schlange   Sofa

Bau den Quader. Die hervorgehobenen Fugen zwischen den Teilen helfen dir.

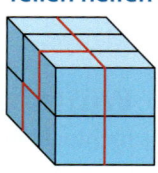

Mit den sieben SOMA-Teilen kannst du den großen Würfel zusammenbauen; laut Piet Hein gibt es dafür über 100 Möglichkeiten!
Versuche, einige Lösungen zu finden. Zwei fast fertige Lösungen findest du hier:

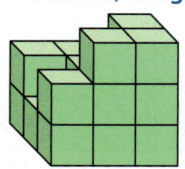

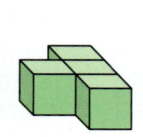

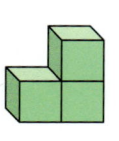

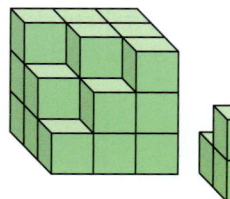

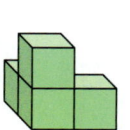

134 Geometrie

5

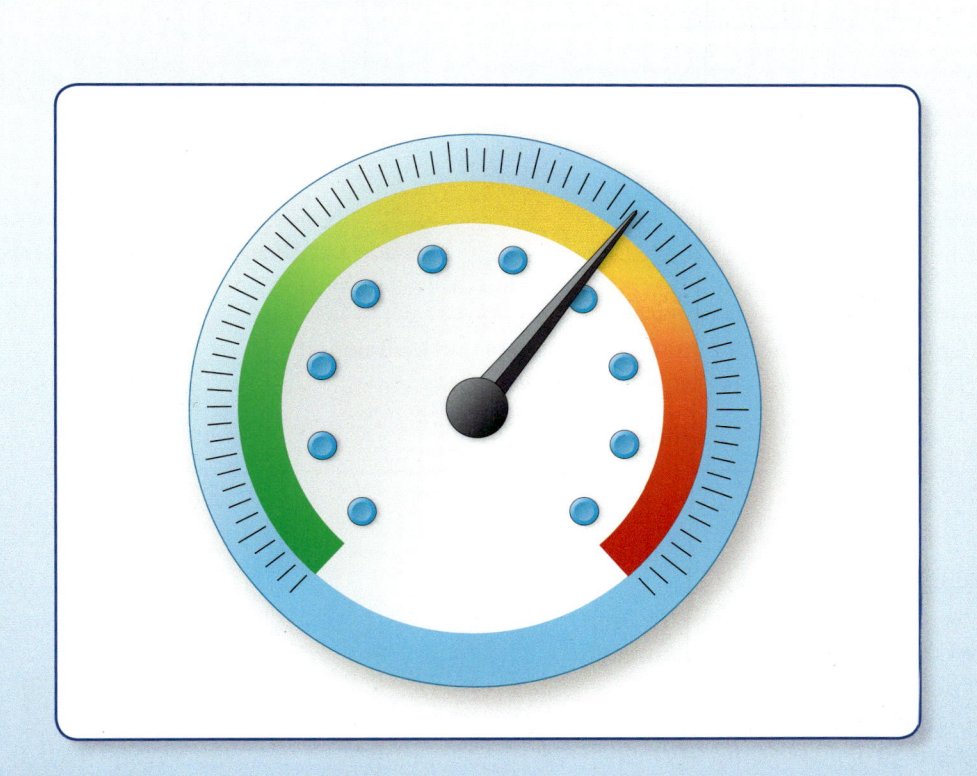

Größen

5.1 Was sind Größen?

1 *Der Sibirische Tiger*
Aylin hat einen Steckbrief über den Sibirischen Tiger geschrieben.
Was hat sie vergessen? Ergänze im Heft!

```
Steckbrief: Sibirischer Tiger

Gewicht:            180–300 (Männchen)
                    100–170 (Weibchen)
Länge Kopf-Rumpf:   190–250
Schulterhöhe:       bis 1,10
Lebensdauer:        15–25
Lebensraum:         Asien
```

> **M** Eine Größenangabe besteht immer aus **Maßzahl** und **Maßeinheit**.
> Beispiel   Maßzahl → 180 kg ← Maßeinheit
>   ⎵⎵⎵
>   Größe

Übungsaufgaben

1 Du kennst schon viele Maßeinheiten; einige davon findest du auf den Kärtchen.
a Welche Kärtchen passen zusammen?
b Vervollständige die Tabelle im Heft mithilfe der Kärtchen und ergänze sie mit weiteren Einheiten, Messgeräten und Vergleichsgrößen.

Millimeter · min · t · € · ml · cm · Tag · Stunde · kg · Liter

	A	B	C	D	E
1	Größe	Maßeinheit	Abkürzung der Maßeinheit	Messgerät	Vergleichsgröße
2	Länge	… / Meter / …	km / m / …	Fahrradtacho / Maßband / …	… / Türbreite / …
3	Gewicht	…	…	…	…
4	Zeit	Sekunde / …	… / …	…	ein-/ausatmen
5	Geld	…	…		
6	Hohlmaß	…	…	…	…

> **T** Kennst du dich mit *Tabellenblättern* am Computer aus? Dort kann man Einträge sehr einfach ändern und ergänzen!

Was sind Größen? 5.1

Größen abschätzen und messen

2 *Der Tatzenabdruck des Sibirischen Tigers*
a Warum hat der Fotograf eine 1 €-Münze neben den Tatzenabdruck gelegt?
b Schätze Länge und Breite der Tatze.
Ist deine Hand größer oder kleiner als die Tatze des Sibirischen Tigers?
Wie kannst du deine Schätzung prüfen?

3 Schätze andere Längen, Gewichte und Zeiten und überprüfe deine Schätzung durch Messen. Zum Beispiel: das Gewicht deines Mäppchens, die Größe deiner Mitschülerin, die Gehzeit von der Bushaltestelle zur Schule …

Größen vergleichen und ordnen

4 Größen gleicher Art kannst du vergleichen und ordnen.
a Handelt es sich bei allen Angaben auf den Karten um Größen?

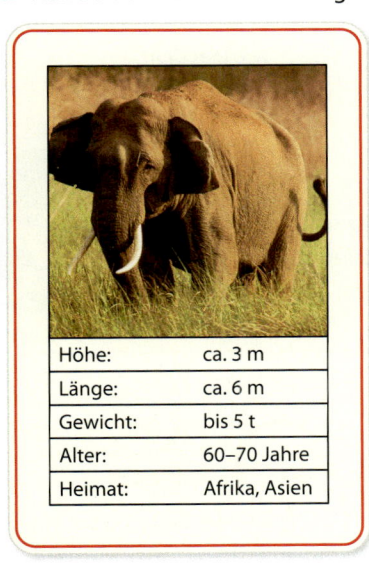

Höhe:	ca. 3 m
Länge:	ca. 6 m
Gewicht:	bis 5 t
Alter:	60–70 Jahre
Heimat:	Afrika, Asien

Größe:	60–85 cm
Gewicht:	bis 14 kg
Alter:	10–20 Jahre
Heimat:	Australien

Länge:	62,74 m
Höhe:	11,32 m
Gewicht:	78,9 t
Geschwindigkeit:	2639 km/h
Einsatzjahre:	1976–2003
Stückzahl:	20

Länge:	4,2 m
Breite:	1,8 m
Höhe:	1,5 m
Fährt bis zu:	245 km/h
Gewicht:	1393–1870 kg
Preis:	ab 27 700 €

b Welche Angaben auf den Spielkarten kannst du vergleichen?
c Gestalte eine weitere Spielkarte.

5 Patrick aus der Parallelklasse, der zwei Wochen lang krank war, fragt dich, was du alles über Größen weißt.
Was antwortest du ihm?

5.2 Geld

1 Im Jahr 2001 wurde in Deutschland und vielen anderen europäischen Ländern die Währung *Euro* eingeführt.
a Welche außer den rechts abgebildeten Münzen und Scheinen gibt es beim Euro sonst noch?
Schreibe alle Münzen und Scheine, die du kennst, in der Reihenfolge ihres Wertes untereinander.
b Welche anderen Währungen gab es anstelle des Euro?
c Kennst du andere Währungen in Europa?
d Welche Währungen gibt es in Ländern außerhalb Europas?

2 Marcel hat viele 1-Cent-Münzen gesammelt; davon kauft er sich nun ein Eis für 1,19 €.
Mit wie vielen 1-Cent-Münzen muss er bezahlen?

> **M** Der *Euro* ist die Währung in den Ländern der Euro-Zone. Ein Euro (1 €) ist genauso viel wert wie hundert Cent (100 ct). 
>
> 1 € = 100 ct

Übungsaufgaben

Bei 3,25 Euro muss man 3 Euro und 25 ct bezahlen.

3 Euro 50 ct kann man auch so schreiben: 3,50 Euro.

Wie viel Cent sind 13,45 Euro und wie viel Euro sind 2 374 ct?

1 Jule bekommt ab und zu die Cent-Münzen aus Vaters Geldbeutel. Heute sind insgesamt 32,85 € drin.
Wie viele Cent davon bekommt Jule? Begründe deine Antwort.

3 Jetzt wird's strategisch!
Rechne die Geldbeträge um und beschreibe, wie du vorgehst.

> **M** Die Umrechnungszahl bei Geld ist 100.
>
> € → ct: · 100 oder das Komma 2 Stellen nach rechts
> ct → €: : 100 oder das Komma 2 Stellen nach links

2 Wenn du Geldbeträge wie im Beispiel aufteilst, bekommst du Euro und Cent.
529 ct = 500 ct + 29 ct = 5 € + 29 ct = 5 € 29 ct
73,94 € = 73 € + 94 ct = 73 € 94 ct
a 836 ct
b 3 354 ct
c 132,95 €
d 8 573,57 €
e 48 302 ct
f 28 453,05 €

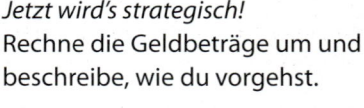

4 Gib die Geldbeträge in Euro und Cent an, zum Beispiel so: 457 ct = 4,57 € = 4 € 57 ct
a 3 € 85 ct
b 1 € 10 ct
c 366 ct
d 2 145 ct
e 4,38 €
f 53,99 €
g 1 € 1 ct
h 50 ct
i 120 005 ct

Geld 5.2

5 Schreibe in Euro. Nutze dazu das Komma.
a) 8 € 50 ct
b) 599 ct
c) 15 € 45 ct
d) 22 222 ct

6 Wandle in Cent um.
a) 50 € 67 ct
b) 2,33 €
c) 67,71 €
d) 9 835 € 35 ct

7 Was wurde falsch gemacht? Verbessere die Fehler in deinem Heft.
a) 12 904 ct = 1 290,40 €
b) 4 € 5 ct = 4,5 € = 450 ct
c) 78 ct = 7,80 €

8 Nenne fünf verschiedene Geldbeträge, die zwischen 2 674 ct und 27,03 € liegen, und ordne sie der Größe nach.

9 Beschreibe, wie Ina und wie Josh 356 ct + 7,83 € gerechnet haben.

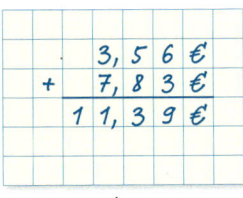

```
    3,5 6 €              3 5 6 ct
+   7,8 3 €          +   7 8 3 ct
  1 1,3 9 €            1 1 3 9 ct
                     = 1 1,3 9 €
    Ina                  Josh
```

M Beim Rechnen mit Größen werden alle Beträge in die gleiche Einheit umgewandelt.

10 Welches Ergebnis ist am größten? Mach zuerst eine Überschlagsrechnung, rechne dann nach.
a) 4,56 € + 12,12 € + 7,39 €
b) 34 ct + 964 ct + 322 ct
c) 6,34 € – 72 ct + 7 € 49 ct
d) 4 253 ct + 3,05 € – 6 € 73 ct

11 Zu jedem roten Kärtchen passt genau eine Lösung. Was wurde bei den anderen beiden Lösungen falsch gemacht?

```
46278 ct – 24 €     5 € + 3 ct
5,30 €   46254 €   438,78 €   5,03 €
```

12 Wie viel fehlt noch auf 20 €?
a) 12 € 58 ct
b) 888 ct
c) 1 € 37 ct

13 Addiere, subtrahiere oder verbinde die Rechenarten so, dass zwei oder drei der roten Geldbeträge die fünf blauen Ergebnisse ergeben.

```
3,25 €      1972 ct     46,09 €
23 € 12 ct  1535 ct     1102 ct
3 € 40 ct   35,07 €     7 € 62 ct
```

a) Wie lauten die Rechenausdrücke?
b) Stimmen die Aussagen der drei Freunde? Begründe deine Meinung mit Beispielrechnungen.
Lina: Werden zwei der Geldbeträge addiert, so ist die Cent-Stelle der Summe entweder 7, 0 oder 4.
Elke: Bei der Subtraktion zweier Beträge stimmt Linas Aussage auch.
Heiko: An den Centbeträgen der Ergebnisse kann ich sehr schnell erkennen, ob mit zwei oder drei Geldbeträgen gerechnet wurde.

14 Beschreibe, wie die drei 6 · 3,57 € rechnen.
Arndt: 6 · 3 € + 6 · 57 ct
Helge: 6 · 357 ct
Franziska: 6 · 3 € + 6 · 50 ct + 6 · 7 ct
Wie lautet das Ergebnis? Wie rechnest du?

15 Multipliziere und dividiere. Beschreibe, wie du vorgegangen bist.
a) 374 € · 13
b) 9 · 3,82 €
c) 12 € 65 ct · 8
d) 258 € : 6
e) 7,80 € : 2
f) 24 € 50 ct : 7

16 Wenn Kunden mit Bargeld bezahlen, muss man an der Kasse gut aufpassen! Schätze die fehlenden Werte erst mit einem Überschlag ab, berechne sie dann im Heft und vergiss die Probe nicht. In welchen Fällen hat der Kunde geschickt bezahlt?

	zu zahlen	gegeben	Rückgeld
a	13,08 €	15,– €	…
b	114,95 €	120,95 €	…
c	29,39 €	…	21,– €
d	42,60 €	…	157,40 €
e	…	25,– €	3,87 €

5.3 Masse

1. Heute wird im Heidelberger Zoo das Gewicht von Tarak, Gandhi, Voi Nam und Thai überprüft.
   a. Schätze das Gewicht der Elefanten.
   b. Wie kann man das Gewicht eines Elefanten überprüfen?
   c. Welche Gewichtseinheiten kennst du?
   d. In welcher Maßeinheit gibt man das Gewicht eines Elefanten sinnvollerweise an?
   e. Erstelle mithilfe des Internets oder eines Tierlexikons einen Zoo-Kartensatz mit 20 Karten. Ordne den Tieren über Kartenpaare ihr Gewicht zu.
   Beispielkartenpaar: Koalabär ⟷ 4 kg bis 14 kg

M Im Alltag und beim Einkaufen spricht man meistens vom „Gewicht". In der Mathematik und Physik bezeichnet man es als „Masse".

Diese **Einheiten** und Abkürzungen werden in Europa bei Masseangaben verwendet:
- Tonne (t)
- Kilogramm (kg)
- Gramm (g)
- Milligramm (mg)

Übungsaufgaben

1. Suche Gegenstände in deinem Klassenzimmer oder zu Hause und schätze ihre Masse ab. Überprüfe deine Schätzung mit einer Waage.

2. In welcher Einheit gibt man die Masse folgender Gegenstände an? Pkw, Orange, Briefmarke, Stuhl, Wurststück, Pferd, Bindfaden, Flugzeug, Moped, Lkw, Geldstück.

3. Was ist schwerer? Eine Tonne Eisen oder eine Tonne Styropor? Muss man einen Unterschied machen, wenn man diese zwei verschiedenen Ladungen mit einem Lkw transportiert?

4. Welche Bedeutung hat dieses Verkehrsschild? (5,5 t)

5. Zeigt die digitale Personenwaage zuhause im Badezimmer „0,0" an? Dann leg eine volle Streichholzschachtel auf die Waage! Warum zeigt sie immer noch „0,0" an?

6. Ich glaube, ich habe die Umrechnungszahl gefunden!

   1 t = 1000 kg
   1 kg = 1000 g
   1 g = 1000 mg

   Wie lautet die Umrechnungszahl bei Masseeinheiten?

7. Schreib im Heft die Masseangaben aus der Stellenwerttafel jeweils in t, kg, g und mg.

t			kg			g			mg		
100	10	1	100	10	1	100	10	1	100	10	1
		3	2	7	0						
				1	5	0	1	8			
							2	0			

Masse 5.3

M Die Umrechnungszahl bei Massen ist 1000.

· 1000 oder das Komma 3 Stellen nach rechts

t → kg → g → mg

: 1000 oder das Komma 3 Stellen nach links

15 Erkläre, wie Jonas gerechnet hat.

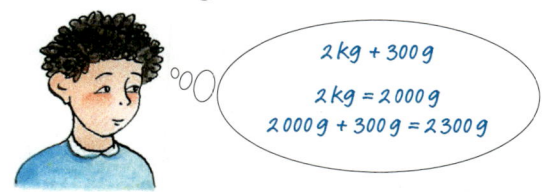

$2\,kg + 300\,g$
$2\,kg = 2000\,g$
$2000\,g + 300\,g = 2300\,g$

Berechne die Aufgaben wie Jonas.
- a 3 kg + 500 g
- b 4 kg + 35 g
- c 1 t + 2 kg
- d 40 000 mg – 2 g
- e 4 t 300 kg + 3 000 g
- f 3 000 000 000 mg – 1 t

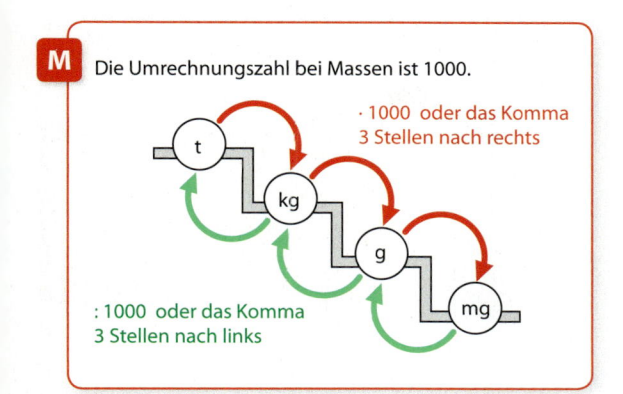

8 Noah hat einen Motorroller gekauft. Der Händler hat ihm gesagt, dass der Roller 100 kg wiegt. Im Fahrzeugschein steht für die Masse aber 99 995 g. Hat der Händler sich vertan?

9 Tim sagt, sein großer Bruder wiege 61 000 g. Gib seine Masse in einer sinnvollen Einheit an. Saskia sagt, dass ihre Mutter 0,034 t mehr wiegt als sie selbst. Wie hätte sie das noch sagen können?

10 Gib in der nächstkleineren Einheit an.
- a 3 kg
- b 25 g
- c 50,4 g
- d 0,4 t

11 Wandle in eine größere Einheit um.
- a 70 000 kg
- b 26 000 g
- c 5 000 mg
- d 45 000 kg

12 Schreibe wie im Beispiel mit zwei Masseeinheiten.
3 562 g = 3 kg 562 g
- a 4 852 g
- b 1 543 mg
- c 11 005 g
- d 44 045 kg

13 Schreibe ohne Komma.
9,465 kg = 9 kg 465 g = 9 465 g
- a 8,784 kg
  8,084 kg
  8,004 kg
- b 4,3 t
  4,03 t
  4,003 t

14 Wandle die Masseangaben um, damit du sie vergleichen kannst, und ordne der Größe nach.
- a 250 g; 2 500 mg; 0,25 kg; 25 000 mg
- b 44 t; 44 444 kg; 40 444 kg; 44,4 t; 40 404 kg

16 Multipliziere oder dividiere. Wandle die Größen in eine sinnvolle Einheit um, falls nötig.
- a 3 000 mg · 5
- b 4 400 g : 20
- c 430 kg · 7
- d 8 t : 40
- e 2,5 t · 50 000
- f 0,009 kg : 3

17 Schreibe mit Komma in der in Klammer angegebenen Einheit.
- a 7 984 kg (t)
- b 15 783 mg (g)
- c 6 g (kg)
- d 30 kg (t)

18 Korrigiere Leanders Hausaufgaben.

a) 4 kg 5 g = 4,5 kg
b) 2 t 400 kg = 2,4 t
c) 7 g 34 mg = 734 mg
d) 4 kg 123 g = 4123 kg
e) 0,9 kg = 9 g

19 Welcher der vier Gewichtsheber ist der stärkste?

0,2048 t
208 040 g
200 kg 840 g
208 040 000 mg

Wie groß ist die Differenz zwischen dem Hantelgewicht des Stärksten und des Schwächsten?

5.4 Zeit

1 Die Uhren werden für unterschiedliche Zwecke verwendet.
  a Was weißt du über die vier Uhrentypen?
  b Kennst du weitere Uhrenarten?
  c Wofür braucht man unterschiedliche Arten von Uhren?

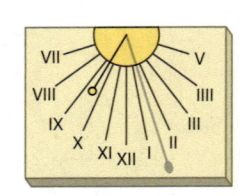

2 Mit welchen Uhren misst man eher eine Zeitspanne? Welche Uhren werden eher verwendet, um Zeitpunkte anzugeben? Finde jeweils mehrere Beispiele.

M **Zeitpunkte** geben eine genaue Uhrzeit an. Eine **Zeitspanne** sagt uns, wie lange etwas dauert.

Um Zeitspannen und Zeitpunkte anzugeben, werden **Zeiteinheiten** verwendet: Sie und ihre Abkürzungen sind überall dieselben:
Sekunde (s)   Tag (d)
Minute (min)   Jahr (a)
Stunde (h)

Für das Umrechnen von Zeiteinheiten gelten unterschiedliche **Umrechnungszahlen**.

$1\,d = 24\,h$ 24
$1\,h = 60\,min$ 60
$1\,min = 60\,s$ 60

T Die Abkürzungen kommen aus dem Lateinischen.
h für hora: Stunde   d für dies: Tag   a für annus: Jahr

Beispiel   Umrechnen von Zeiteinheiten

- in die kleinere Einheit:
  $5\,h\,37\,min = 5 \cdot 60\,min + 37\,min = 337\,min$

- in die größere Einheit:
  $745\,min = 12\,h + 25\,min = 12\,h\,25\,min$
  NR: $745 : 60 = 12$ Rest 25

Beispiel   Berechnung der Zeitspanne von 4:40 Uhr bis 13:27 Uhr

$4{:}40 \xrightarrow{+\,20\,min} 5{:}00$
$5{:}00 \xrightarrow{+\,8\,h} 13{:}00$
$13{:}00 \xrightarrow{+\,27\,min} 13{:}27$

$8\,h + 20\,min + 27\,min = 8\,h\,47\,min = 8{:}47\,h$

Übungsaufgaben

1 Ergänze die Sätze rechts in deinem Heft. Welche Zeiteinheit verwendest du?

2 Bei welchen Sätzen in Aufgabe 1 sind Zeitspannen angegeben, bei welchen Zeitpunkte? Ordne in einer Tabelle und begründe deine Wahl.
Finde weitere Situationen und ergänze sie in deiner Tabelle.

① Der Zug kommt um … an.
② Ich bin am … um … geboren.
③ Das Tor ist in der … gefallen.
④ Für meinen Weg zur Schule brauche ich …
⑤ Ein Monat dauert …
⑥ Bis zum Stundenende sind es noch …
⑦ Meine Geburtstagsfeier beginnt um …

Zeit 5.4

3 Die Uhren zeigen Uhrzeiten desselben Tages an. Zwischen welchen beiden Uhren liegt die größte, zwischen welchen die kleinste Zeitspanne? Gib die Zeitspannen an und beschreibe, wie du sie berechnet hast.

[Uhren: 11:23; 14:39; 08:05]

T $\frac{1}{2}$ h = 30 min; $\frac{1}{4}$ h = 15 min; $\frac{3}{4}$ h = 45 min

9 Simon kommt um 13:50 Uhr von der Schule heim. Er isst $\frac{1}{4}$ h Mittag, geht dann $\frac{1}{2}$ h Fußballspielen und macht danach $\frac{3}{4}$ h seine Hausaufgaben. Anschließend besucht er seinen Freund Tom. Wann kann er zu Tom gehen?

4 Welche Umrechnungszahlen werden bei der Umrechnung von Zeitangaben verwendet? Übertrage die Darstellung in dein Heft und schreibe die Umrechnungszahlen über die Pfeile.

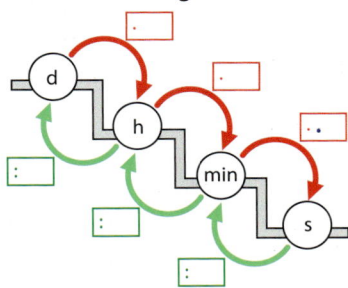

[Diagramm mit d, h, min, s]

10 *Zugverbindungen*
Pia und Emelie suchen mit ihren Smartphones die günstigste Verbindung nach Treuchtlingen.

12:55	Straubing	1	14:29	Straubing	5
	RB 27621			ag 84417	
13:42	Neufahrn	3	14:48	Plattling	8
14:11		1	15:02		4
	ALX 84113			RE 4075	
15:16	München Hbf	26	16:36	München Hbf	25
15:40		18	16:48		18
	IC 2288			IC 2264	
16:52	Treuchtlingen	3	17:19	Augsburg Hbf	1
			17:26		5 Nord
				RE 59130	
			18:20	Treuchtlingen	4

a Sie vergleichen beide Fahrpläne und stellen die Vor- und Nachteile gegenüber.
- Wie lang sind wir unterwegs?
- Wie oft müssen wir umsteigen?
- Wie lang sind die Umsteigezeiten insgesamt?
- Wie lang ist die reine Fahrtzeit?

b Welche Verbindung würdest du wählen? Begründe deine Entscheidung.

5 Zeige ausführlich, wie du umgerechnet hast. Es gibt verschiedene Möglichkeiten.
a 37 min in s
b 9 h in min
c 3 h in s
d 300 s in min
e 5:22 h in min
f 840 min in h

6 Wandle in die nächstgrößere Einheit um.
a 480 s
b 300 min
c 1 140 min
d 6 540 s
e 96 h
f 264 h

7 Wandle in sinnvolle Einheiten um. Verwende verschiedene Schreibweisen.
Beispiel   94 min = 1 h 34 min = 1:34 h
a 100 min
b 134 min
c 192 s
d 46 h
e 1 449 s
f 4 735 min

M   **Millisekunden**
Bei sehr genauen Zeitmessungen verwendet man die Einheit Millisekunde (ms).
$$1\,s = 1\,000\,ms$$

8 Berechne die Zeitspannen und gib das Ergebnis in sinnvollen Einheiten an. Schreib deine Rechnung ausführlich auf. Es gibt mehrere Wege!
a 28 min 45 s + 13 min 12 s
b 8 h + 3 h 42 min + 34 min
c 48 min 23 s + 543 s + 1 h 32 min 22 s
d 8 h − 3 h 43 min − 215 min

11 *Kürzer als eine Sekunde*
Beim Formel-1-Rennen benötigten die beiden besten Teams für den Boxenstopp 8,589 s und 8,736 s. Das langsamste Team brauchte 19,471 s.
a Gib die Zeiten in Millisekunden an.
b Berechne die Zeitunterschiede.

5.5 Längen

1 Früher wurde die Länge von Stoffen in Ellen gemessen. Eine Elle entsprach dem Abstand zwischen Ellbogen und Mittelfingerspitze. Jeder trug also sein eigenes „Messinstrument" mit sich.

Feine Stoffe 4,50 Taler die Elle

Sehr gerne. So messet ihn Euch selbst ab!

Ich würde gerne fünf Ellen Stoff erwerben.

Feine Stoffe 4,50 Taler die Elle

Mit Vergnügen.

Und wieder klimpern die Taler!

4,50 Taler die Elle

a Warum freut sich der Händler gar so sehr?
b Wie könnte man beim Abmessen des Stoffes anders vorgehen?
c Wer aus der Klasse hätte in früheren Zeiten beim Stoffhandel das beste Geschäft gemacht?
d Lena kennt noch ein Körpermaß: die *Spanne*.

> Die Spanne ist bei ausgestreckter Hand der Abstand zwischen Daumenspitze und Spitze des kleinen Fingers.

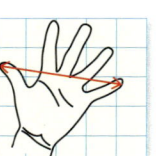

Beschreibe und zeichne ebenso die Körpermaße *Handbreit*, *Fuß*, *Schritt* und *Daumenbreite*. Du kannst auch eigene Maße erfinden.

e Mit welchen Körpermaßen können die eigene Körpergröße, das Schulbuch, eine Tischlänge, ein Bleistift, ein Radiergummi und das Geodreieck gemessen werden?

f Welche Längenangaben aus dem Merkkasten kannst du dir mithilfe deiner Körpermaße gut vorstellen? Wie stellst du dir die anderen vor? Tauscht eure Vorstellungen aus!

M | **Längeneinheiten**

Um die Länge einer Strecke anzugeben, werden folgende **Längeneinheiten** und Abkürzungen verwendet:
Millimeter (mm)
Zentimeter (cm)
Dezimeter (dm)
Meter (m)
Kilometer (km)

Längen 5.5

Übungsaufgaben

1 Ergänze die Maßeinheiten im Heft.
a Entfernung Hof–Selb: 30☐
b Schrittlänge: 1☐
c Durchmesser einer 1-€-Münze: 23☐
d Breite eines DIN-A4-Blattes: 21☐
e Breite eines Fußballtores: 7,32☐
f Höhe einer 1-l-Mineralflasche: 29,5☐

M **Umrechnungszahlen**
Bei Längeneinheiten gilt:

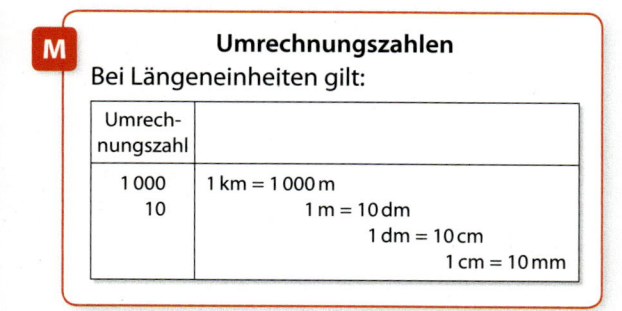

Umrech-nungszahl	
1 000	1 km = 1 000 m
10	1 m = 10 dm
	1 dm = 10 cm
	1 cm = 10 mm

2 Bilde Umrechnungsketten. Welche Umrechnungsstrategie verwendest du jeweils?
Beispiel 2 m = 20 dm = 200 cm = 2 000 mm
a 5 dm   c 1,2 m   e 0,071 km
b 0,3 km   d 8,12 m   f 9 m 3 dm

3 Wandle in die vorgegebene Einheit um und beschreibe, wie du vorgegangen bist.
a 9 dm (mm); 7,3 m (cm); 8 m 8 dm (cm)
b 130 mm (cm); 270 mm (dm); 23 m (km)

4 Wandle um und ordne der Größe nach.
a in mm: 7 cm; 3 dm; 8 m; 3 cm 7 mm; 2,8 cm
b in cm: 44 dm; 12 m; 270 mm; 280 dm; 2 km
c in m: 3 km; 150 cm; 270 dm; 2 km 5 m

5 Kannst du Tims Currysoße-Hausaufgaben wieder in Ordnung bringen?
a 24 m – 900 cm = ▓ m
b ▓ km – 620 m = 880 ▓
c 4,6 km – ▓ m = 29 990 dm

6 Hier ist einiges schief gelaufen. Was wurde falsch gemacht? Verbessere die Fehler in deinem Heft.
a 0,13 km = 13 m   c 5 cm = 50 dm
b 1,3 m = 13 cm   d 3 m 2 cm = 32 cm

7 Aus zwei oder drei roten Längenangaben erhältst du durch Addieren, Subtrahieren oder beidem die sechs blauen Ergebnisse.
Wie lauten die Rechnungen?

12,3 cm	17 cm	47 mm	3 mm
7 cm 3 mm		76 mm	9,7 cm
22,6 cm	2 dm 43 mm		0,3 dm

8 Multipliziere und dividiere.
a 145 m · 17   c 7,12 km : 2
b 20 · 5 km 30 m   d 31 m 50 cm : 7

9 Ein Bleistift der Marke XIQ ist 9 cm lang. In jeder Packung sind zehn Stück. Streichhölzer von QAX sind 5 cm lang. In einer Schachtel sind 30 Stück. Marc nimmt zehn XIQ-Bleistiftpackungen und legt die darin enthaltenen Bleistifte zu einer Kette aneinander. Wie viele QAX-Streichholzschachteln braucht er, um damit eine genauso lange Streichhölzer-Kette zu legen?

10 Der Inselpostbote beliefert die Poststellen.
a Welches ist die kürzeste Route?
b Gestern hatte er eine nur 33,8 km lange Route, weil es für eine Insel keine Post gab. Welche Insel war das und welche Route nahm er?

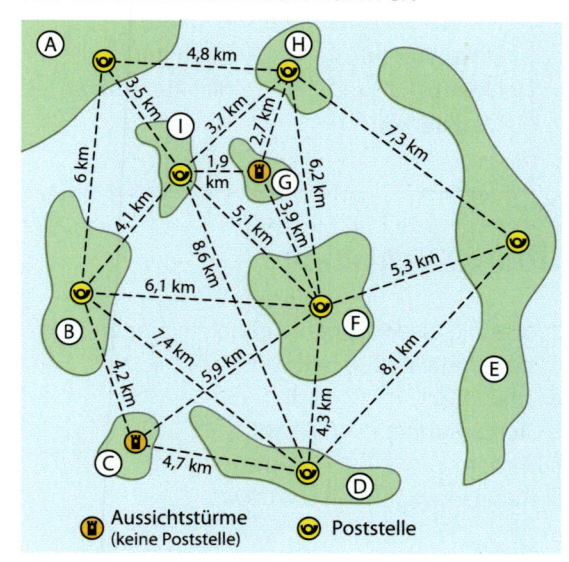

Größen 145

5.6 Hohlmaße

1. Sebastian hat verschieden leere Gegenstände im Haus gefunden und möchte gerne wissen, wie viel Wasser er jeweils einfüllen kann.
a Ordne sie der Größe nach. Beginne mit dem Gegenstand, in den am wenigsten Wasser hineinpasst.

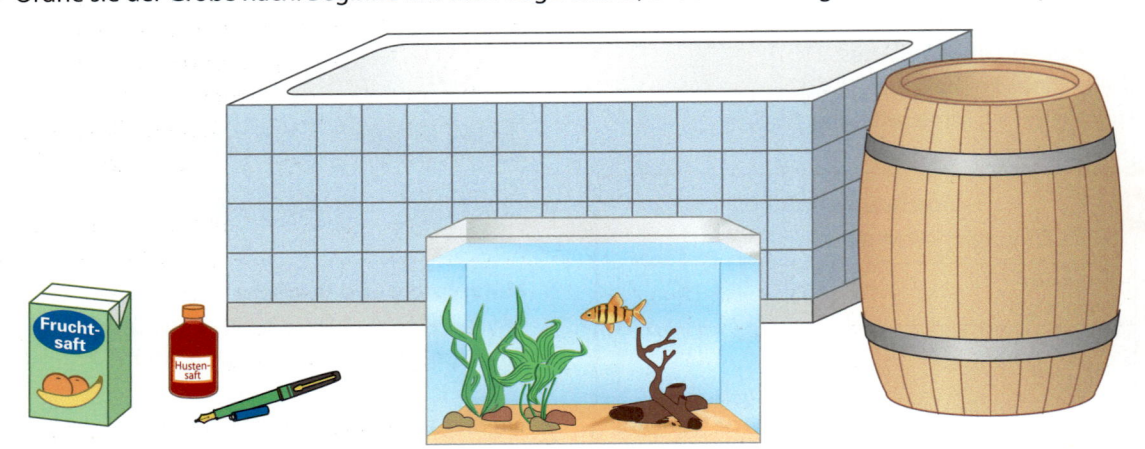

b Seine Mama will ihm helfen und macht ihm zu jedem Gegenstand eine kurze Notiz. Ordne sie richtig zu.

140 Liter   50 Liter   1 Liter

1 Milliliter   100 Liter   300 Milliliter

M Den Rauminhalt, den ein flüssiger oder schüttbarer Körper in einem hohlen Gegenstand einnimmt, bezeichnet man als sein **Hohlmaß**.

Diese Einheiten und Abkürzungen werden in Europa bei Hohlmaßen verwendet:	Bei Hohlmaßen gelten folgende Umrechnungszahlen:	
Hektoliter (hl) Zentiliter (cl)	1 hl = 100 l	100
Liter (l) Milliliter (ml)	1 l = 10 dl	10
Deziliter (dl)	1 dl = 10 cl	10
	1 cl = 10 ml	10

Übungsaufgaben

1. Wandle die Hohlmaßangaben in eine besser passende Maßeinheit um:
a Maßkrug: 10 dl
b Schlagsahne: 0,002 hl
c Eimer: 10 000 ml
d Tanklastwagen: 4 500 000 cl

2. Sortiere deine Berechnungsergebnisse.
a 36 000 ml + 340 hl
b 1 000 l − 45 000 cl
c 300 dl + 3 000 000 ml + 0,7 cl
d 12 l − 12 ml
e 130 dl − 50 cl + 60 ml

Hohlmaße 5.6

3 Ordne die Rauminhalte der Größe nach.

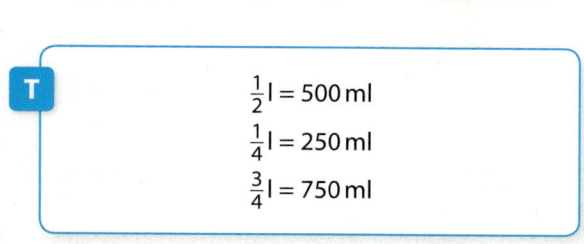

160 000 000 cl   160 000 ml   160 dl   1600 l   16 ml

T
$\frac{1}{2}$ l = 500 ml
$\frac{1}{4}$ l = 250 ml
$\frac{3}{4}$ l = 750 ml

4 Sandra macht für ihren Geburtstag eine Kinderbowle. Sie hat folgendes Rezept. Wie viel Liter Flüssigkeit werden das insgesamt?

Kinderbowle
$\frac{3}{4}$ ℓ Orangensaft
1 ℓ Apfelsaft
$\frac{1}{4}$ ℓ Maracujasaft
$\frac{1}{2}$ ℓ Pfirsichsaft
$\frac{3}{4}$ ℓ Kindersekt (alkoholfrei)
2 Dosen geschnittene Pfirsiche

Alle Zutaten in ein großes Bowlegefäß schütten. Die Pfirsiche abtropfen lassen und dazugeben.

5 Jeweils eine der Maßzahlen ist falsch. Finde heraus, welche Zahl korrigiert werden muss, damit die Gleichheitszeichen überall stimmen.
a 24,03 ml = 0,2403 dl = 2,403 l
b 9,453 hl = 94,53 l = 94 530 cl
c 30 456 ml = 304,56 l = 3 045,6 dl
d 6 003 000 cl = 6 003 hl = 600 300 ml

6 Tina hat eine Erkältung mit starkem Husten und der Arzt hat ihr Hustensaft verordnet. Sie soll dreimal täglich jeweils 0,4 cl davon einnehmen, bis zu sieben Tage lang!
Welche Flasche sollte Tina kaufen?

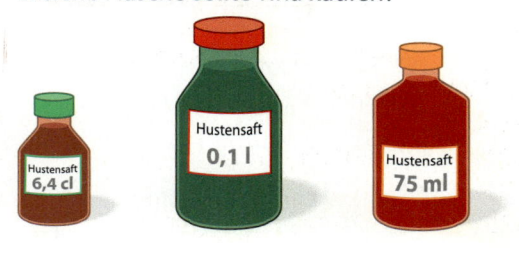

Hustensaft 6,4 cl   Hustensaft 0,1 l   Hustensaft 75 ml

M Ein Liter Wasser hat eine Masse von einem Kilogramm.

7 Tom geht in den Supermarkt zum Einkaufen, da er noch Getränke für seine Grillparty braucht. Da er zu Fuß unterwegs ist und einen Heimweg von fünf Minuten hat, überlegt er sich, was leichter ist, ein Sixpack Wasser mit sechs Flaschen je 1,5 Liter oder eine Getränkekiste mit zwölf Flaschen mit je 0,7 Liter.
Dabei wiegt eine leere Plastikflasche 48 g und eine Glasflasche ist 580 g schwer. Der leere Getränkekasten wiegt noch 1,4 kg und die Plastikverpackung beim Sixpack 32 g.
Was ist leichter? Hilf ihm dabei!

8 Lisa geht einkaufen, dabei vergleicht sie die normalen Preise mit den Angebotspreisen. Ist das Angebot wirklich günstiger? Berechne.

a
Zahnpasta mit Fluor 100 ml — 1,80 €
Zahncreme perlweiß 75 ml — 1,20 €

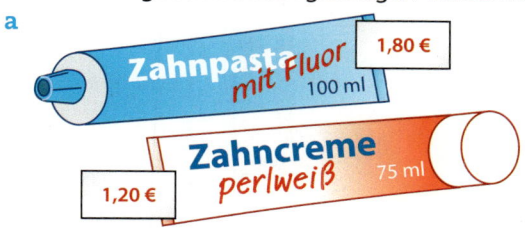

b
Spülmittel Blitz 750 ml — 1,95 €
Spülmittel Ultra 500 ml — 1,98 €

c
12 Limodosen mit je 0,33 l — 17,92 €
6 Limoflaschen mit je 1 l — 10,80 €

Größen 147

5.7 Maßstab

1 Sind alle Tiere gleich groß?
a Such zwei Tiere aus und zeichne sie so, dass ihr Größenverhältnis zueinander ungefähr stimmt.
b Wie viel Mal kleiner oder größer, als sie in Wirklichkeit sind, musst du die Tiere zeichnen, damit sie jeweils auf eine Seite deines Heftes passen? Vergleiche mit Formulierungen wie: *doppelt/achtmal ... größer/kleiner*.
c Die Größenangaben beschreiben die Tiere in der Wirklichkeit. Um wie viel Mal größer oder kleiner sind sie hier ungefähr dargestellt?

Höhe 72 cm

Höhe 2,1 m

Länge 9 cm

Länge 12 mm

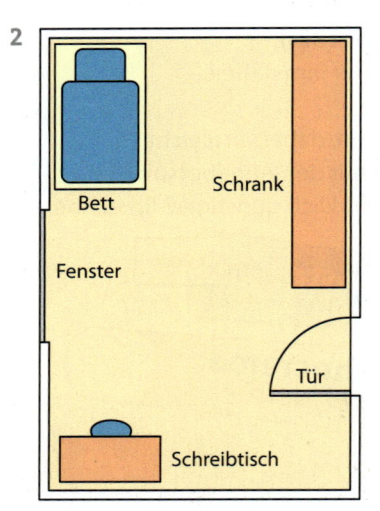

2 Im Plan ist Peters neues Zimmer mit den Möbeln darin im Maßstab 1 : 100 (sprich: *1 zu 100*) abgebildet.
Er misst die Länge seines Bettes ab:
Peter überlegt:
1 cm auf dem Plan entsprechen 100 cm in Wirklichkeit.

Bettlänge: 2 cm
Bettbreite: 1,2 cm

$$1\,\text{cm} \xrightarrow{\cdot\,100} 100\,\text{cm}$$

Bettlänge $\quad 2\,\text{cm} \xrightarrow{\cdot\,100} 200\,\text{cm}$

Bettbreite $\quad 1{,}2\,\text{cm} \xrightarrow{\cdot\,100} 120\,\text{cm}$

Das Bett ist in Wirklichkeit 2 m lang und 1,2 m breit.

a Bestimme die wirkliche Größe weiterer Gegenstände im Zimmer.
b Wie lang und breit ist das Zimmer?
c Was könnte der Maßstab 1 : 100 bedeuten?

M Aus dem **Maßstab** kann man berechnen, wie groß ein abgebildeter Gegenstand in Wirklichkeit ist.

verkleinerte Abbildung	vergrößerte Abbildung
1 : 100 (1 zu 100)	80 : 1 (80 zu 1)

Die vordere Zahl gilt immer für eine Länge in der Abbildung. Die Maßeinheiten sind dieselben. Also:

1 cm im Plan entspricht 100 cm in der Wirklichkeit.	80 cm im Plan entsprechen 1 cm in der Wirklichkeit.

Beispiel Architektenplan	Beispiel Mikroskopfoto
Maßstab 1 : 100; Pkw 5 cm lang	Maßstab 10 : 1; Milbe 1 cm lang
$1\,\text{cm} \xrightarrow{\cdot\,100} 100\,\text{cm}$	$10\,\text{cm} \xrightarrow{:\,10} 1\,\text{cm}$
$5\,\text{cm} \xrightarrow{\cdot\,100} 500\,\text{cm}$	$1\,\text{cm} \xrightarrow{:\,10} 1\,\text{mm}$

Maßstab 5.7

Übungsaufgaben

1 Zeichne die Ziffern ab und vergrößere oder verkleinere sie dabei im angegebenen Maßstab. Ein Kästchen in der Zeichnung entspricht einem Heftkästchen.

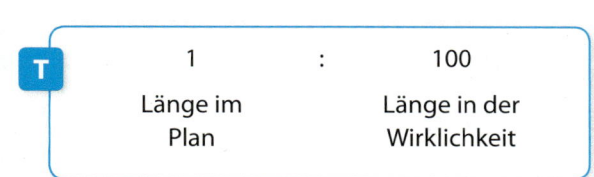

a 1:7

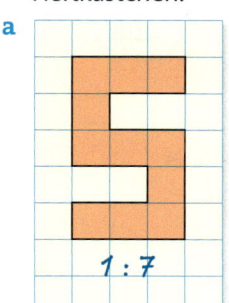

b 4:1

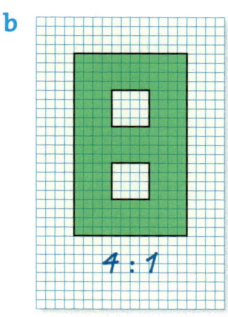

T

1	:	100
Länge im Plan		Länge in der Wirklichkeit

2 Wie lang sind die Strecken in der ersten Tabellenzeile in Wirklichkeit? Schreib ins Heft.

Maßstab	1 cm	5 cm	10 cm	25 cm
1 : 10	…	…	…	…
1 : 25	…	…	…	…
1 : 30 000	…	…	…	…
10 : 1	…	…	…	…

3 Diese Strecken sind aus Landkarten entnommen. Wie groß sind die Entfernungen in Wirklichkeit? Rechne die Ergebnisse in sinnvolle Einheiten um.
a 20 cm (1 : 10 000)
b 4 cm (1 : 100 000)
c 8,5 cm (1 : 20 000)
d 15 cm (1 : 15 000)
e 6 cm (1 : 125 000)
f 12 cm (1 : 750 000)

4 Welche Länge hätten diese Strecken in einer Zeichnung? Rechne die Ergebnisse in sinnvolle Einheiten um.
a 10 km (1 : 10 000)
b 5 km (1 : 1 000)
c 250 km (1 : 5 000 000)
d 150 m (1 : 2 500)
e 1 mm (50 : 1)
f 7,5 km (1 : 25 000)

5 Zeichne einen Plan deines Schulgebäudes mit Schulhof in dein Heft.
a Beschreibe, wie du vorgehst, und gib den Maßstab an.
b Begründe die Wahl deines Maßstabs.

6 Es soll jeweils auf ein DIN-A4-Blatt gezeichnet werden.
a Finde zu jeder Beschreibung das Kärtchen mit dem passenden Maßstab.
b Berechne die Größen in der Abbildung mithilfe des Maßstabs und zeichne dann ins Heft.

Hausfront: 16 m x 10 m
Auto: 4,5 m
Käfer: 8 mm
Straße zum Wasserturm: 2 km

1 : 100   20 : 1   1 : 50   1 : 10 000

7 Für Modelleisenbahnen der Spur H0 werden die Fahrzeuge im Maßstab 1 : 87 hergestellt.

a Dieses Modell der Güterzuglokomotive *Schweizer Krokodil* ist 223 mm lang.
Wie lang ist das Original? Rechne sinnvoll!
b Die erste Schnellzuglokomotive mit dem Spitznamen *Schöne Württembergerin* wurde 1909 gebaut. Sie war 20 m 88 cm lang.
Wie lang ist ein H0-Modell dieser Lokomotive?

8 Am Rand von Landkarten findet man oft solche Angaben. Bestimme die Maßstäbe der Karten.
a 0 20 40 60 80 100 m
b 0 5 10 15 20 25 km
c 0 10 20 30 40 km

Größen 149

5.8 Dreisatz

1 Benni hat sich am Kiosk fünf Tütchen mit Fußball-Sammelbildern gekauft und 3 € bezahlt. Jonas möchte sich acht Tütchen kaufen. Er hat noch 5 € in der Tasche.
Reicht sein Geld dafür aus?
Wie gehst du vor?

Lena und ihre Mutter treffen auf dem Wochenmarkt ihre Nachbarin, die gerade drei Schälchen Erdbeeren für 8,40 € gekauft hat. Lena darf die Erdbeeren kosten und schlägt vor, Marmelade einzukochen. Am Früchtestand möchten die beiden dann acht Schälchen kaufen – einen Preisnachlass beim Kauf von größeren Mengen gibt es leider nicht!

Lena überlegt: Die dreifache Menge kostet den dreifachen Preis, die achtfache Menge kostet den achtfachen Preis.
Zum Ausrechnen des Gesamtpreises der acht Schälchen schreibt sich Lena auf einem Zettel *drei Sätze* auf:
Ihre Mutter muss für die Erdbeeren also 22,40 € bezahlen.

> 3 Schalen Erdbeeren kosten: 8,40 €
> 1 Schale Erdbeeren kostet: 8,40 € : 3 = 2,80 €
> 8 Schalen Erdbeeren kosten: 2,80 € · 8 = 22,40 €

M Solche Aufgaben lassen sich durch das Formulieren von drei Sätzen einfach lösen. Dieses Vorgehen nennt man deshalb **Dreisatz**.
Man schließt zuerst auf eine Einheit und dann auf das gesuchte Vielfache.

In einer Tabelle kann man die Vorgehensweise übersichtlich darstellen.

Menge	Preis
3	8,40 €
1	2,80 €
8	22,40 €

Übungsaufgaben

1 Berechne die fehlende Größe im Kopf.
a Zehn Flaschen Limonade kosten 9 €.
Wie viel kosten drei Flaschen?
b Drei Übernachtungen im Jugendgästehaus kosten 75 €.
Wie viel muss man für fünf Übernachtungen bezahlen?
c Sieben Brötchen kosten 4,20 €.
Wie hoch ist der Preis für zehn Brötchen?
d Für 20 l Benzin hat Frau Renning 30 € bezahlt. Herr Marx hat an derselben Tankstelle 30 l getankt.

2 Ergänze die Tabellen im Heft. Überlege dir zu zwei davon einen passenden Aufgabentext.

a
Masse	Preis
7 kg	28,00 €
1 kg	…
4 kg	…

b
Menge	Preis
5 l	10,50 €
…	…
12 l	…

c
Anzahl	Masse
5	40 kg
…	…
16	…

d
Zeit	Lohn
5 h	…
…	…
8 h	96,00 €

5.8 Dreisatz

3 Löse die Aufgaben mithilfe von drei Sätzen oder einer Tabelle.
a Mit 45 l Benzin im Tank fährt Herr Pollak mit seinem Auto 720 km weit.
Wie weit kann er mit 22 l fahren?
b Neun Energieriegel kosten 5,85 €.
Wie viel musst du für fünf Energieriegel bezahlen?
c 3 m Stoff für ein Faschingskostüm kosten 12,60 €. Leonie benötigt nur 2 m.
d Ein Hubschrauber legt bei gleich bleibender Geschwindigkeit 345 km in zwei Stunden zurück. Welche Strecke hat der Hubschrauber nach drei Stunden zurückgelegt?

4 Aylin kauft einen Strauß mit 15 Rosen und bezahlt dafür 25,50 €.
a Wie viel kosten Sträuße mit 7, 13 und 21 Rosen?
b Herr Fritz hat seiner Frau zum Geburtstag einen großen Rosenstrauß gekauft und 51 € bezahlt. Wie alt ist Frau Fritz geworden?

5 Im Baumarkt wird Wandfarbe in 20-l-Eimern verkauft. Ein Farbeimer reicht bei einmaligem Anstrich für bis zu 120 m² Streichfläche.
a Fabian überlegt: Dann reichen zum Streichen der 48 m² in meinem Zimmer 8 l Farbe!
b Wie viele Liter Farbe benötigt man für eine Fläche von 228 m²?
c Reichen fünf 10-l-Eimer für 320 m² Fläche?

6 Zu ihrem Geburtstag erwartet Irene viele Gäste. Sie möchte einen Nudelsalat für zwölf Personen vorbereiten. Im Kochbuch findet sie aber nur ein Rezept für fünf Personen.

Nudelsalat (für ca. 5 Personen)
500 g Nudeln
300 g Lyoner Wurst
5 Paprika
5 Gewürzgurken
250 g Erbsen
400 g Mais
5 Esslöffel Mayonnaise
5 Esslöffel Essig
Salz, Pfeffer, Kräuter

a Berechne die Mengen an Zutaten, die Irene für zwölf Personen braucht.
b Lege eine andere Personenzahl fest und berechne die Zutatenmengen.

7 Bei Metzger Rau kostet 1 kg Rumpsteak 16 €.
a Wie viel muss man für 300 g, 500 g und 700 g bezahlen?
b Beschreibe deine Vorgehensweise in einem kurzen Text.

T Manchmal kannst du leichter rechnen, wenn du nicht auf eine Einheit (zum Beispiel 1 Brötchen, 1 kg, 1 €) schließt, sondern eine andere geeignete *Zwischengröße* wählst.

8 Wähle eine geeignete Zwischengröße und fülle die Tabellen in deinem Heft aus.

Beispiel

Flaschen	Preis
14	16,80 €
7	8,40 €
21	25,20 €

: 2, · 3

a
Masse	Preis
20 kg	30 €
…	…
70 kg	…

b
Zeit	Weg
60 min	3 km
…	…
140 min	…

9 Familie Schnelle möchte ein Baugrundstück kaufen. Ein erstes Angebot liegt vor: Das 392 m² große Grundstück soll 82 320 € kosten.
a Berechne den Preis für einen Quadratmeter.
b Zwei weitere Grundstücke mit demselben Quadratmeterpreis stehen auch in der engeren Auswahl.
Herr Schnelle hat Skizzen erstellt:

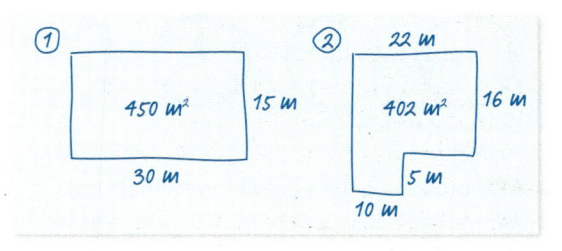

① 450 m², 15 m, 30 m
② 22 m, 402 m², 16 m, 5 m, 10 m

Zeichne beide Grundstücke im Maßstab 1 : 500. Berechne jeweils die Grundstückspreise.

5.9 Umgang mit Größen

1 Die Masseangaben *Zentner* und *Pfund*

> 1 Zentner = 50 kg   1 Pfund = 500 g

a Wie viele Kilogramm wiegt ein Dreipfundbrot?
b Wandle in Zentner um: 250 kg; 650 kg; 0,5 t
c Wandle in Pfund um: 7 500 g; 4 kg; 2,5 kg
d Wandle in kg um: 12 Zentner; 7,5 Zentner; 2,5 Zentner; 13 Pfund; 3,5 Pfund

2 Der Zirkus *Grandioso* muss täglich zehn Elefanten verpflegen.

> Tägliche Futtermenge von einem Elefanten:
> 1 Zentner Heu
> 40 Pfund Brot
> 20 kg Äpfel

a Reichen 500 kg Heu, 500 kg Brot und eine halbe Tonne Äpfel am Tag aus, wenn alle Elefanten gleich viel bekommen?
b Wie viele Tonnen Heu, Brot und Äpfel benötigen die zehn Elefanten in einem Jahr?
Wievielmal wäre das dein Körpergewicht?

3 Aufgrund der Drehung der Erde um ihre Achse ist es in San Francisco an der Westküste der USA noch Nacht, wenn es bei uns schon lange Tag ist. Man sagt auch, dass Europa dem amerikanischen Kontinent „in der Zeit voraus" ist. Asien wiederum ist Europa zeitlich voraus. Die Erde ist deshalb in Zeitzonen eingeteilt.

San Francisco 03:00   New York 06:00   Berlin 12:00   Tokio 20:00

a Wie groß ist jeweils die Zeitverschiebung?
b Wie spät ist es in San Francisco, wenn es bei uns 8:00 Uhr ist?
c Die Uhren zeigen in Tokio 3:00 Uhr an. Welche Uhrzeit zeigen die Uhren in Deutschland und San Francisco?

d Ein Flugzeug benötigt 7 h 45 min für den Flug von Frankfurt/Main nach New York. Es startet um 11:50 Uhr.
Welche Uhrzeit liest ein Passagier auf seiner Armbanduhr bei der Landung in New York ab? Auf welche Zeit muss er seine Uhr umstellen?
e In Tokio startet um 17:46 Uhr Ortszeit ein Flugzeug und landet in München um 21:06 Uhr Ortszeit.
Wie spät war es in München zum Zeitpunkt des Starts? Wie lange war das Flugzeug unterwegs?

4 Janine und Harry schauen sich im Online-Shop die Einkäufe anderer Kunden an:

Kunden, die diesen Artikel gekauft haben, kauften auch:

★★★★★ Minitaschenlampe 1,99 €
★★★★★ Fußball 9,45 €
★★★★☆ Fankappe 6 €
★★★★☆ Springseil 3 € 95 ct
★★★★☆ Sport T-Shirt 8,49 €

a Janine würde gerne einen Fußball und eine Fankappe kaufen. Sie überlegt sich, wie sie im Laden mit möglichst wenigen Scheinen und Münzen bezahlen könnte.
b Harry entscheidet sich für Taschenlampe, Springseil und T-Shirt. Wie viele Euro mehr oder weniger als Janine müsste er bezahlen?
c Was würdest du kaufen, wenn du 20 € hättest?
d Finde heraus, welche drei Artikel von Kunden gekauft wurden, die 19,40 € bzw. 12,44 € bezahlen mussten. Beschreibe, wie du vorgegangen bist.

5 Lara hat der Tageszeitung die aktuellen Daten über Sonne und Mond entnommen.

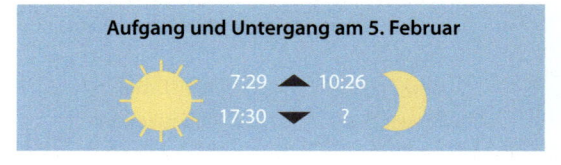

> **Aufgang und Untergang am 5. Februar**
> ☀ ▲ 7:29   🌙 ▲ 10:26
> ☀ ▼ 17:30   🌙 ▼ ?

a Berechne die Sonnenscheindauer an diesem Tag.
b Der Mond ist am 5. 2. für 7 h 51 min am Himmel. Wann geht er unter?

Umgang mit Größen 5.9

6 *Olympische Medaillen*
a Vergleiche die Leistungen der Sportler.
b Vergleiche sie mit den aktuellen Weltrekorden.

Bei der Olympiade 1904 in St. Louis (USA) gewann der Amerikaner Samuel Jones mit 1 800 mm die Goldmedaille im Hochsprung. 1984 siegte der Deutsche Dietmar Mögenburg mit 235 cm.

Im Weitsprung gewann in Paris 1900 der Amerikaner Alvin Kraenzlein mit 71,9 dm. Sein Landsmann Bob Beamon bekam 1968 in Mexico City mit einer Weite von 8 900 mm die Goldmedaille.

33 dm reichten bei der ersten Olympiade der Neuzeit 1896 in Athen dem Amerikaner William Welles Hoyt zum Sieg im Stabhochsprung. Der Franzose Renaud Lavillenie übersprang 2012 in London 597 cm.

Die sechzehnjährige Schülerin Ulrike Meyfarth gewann 1972 in München mit 1,92 m die Goldmedaille im Hochsprung. 12 Jahre später gelang ihr das in Los Angeles mit 20,2 dm noch einmal.

7 In einer Minute macht ein Mensch 20 Atemzüge, ein Kolibri 200.
a Wievielmal schneller atmet ein Kolibri im Vergleich zum Menschen?
b Wie viele Atemzüge ergeben sich durchschnittlich für einen Menschen (für einen Kolibri) in acht Stunden (an einem Tag)?

8 Die Keimdauer einer Tomatenpflanze beträgt rund zehn Tage. Corinna und Bernadette wollen für ihr Gartenbeet zwölf Tomatenpflanzen ziehen. Wie lang ist die gesamte Keimdauer?

9 Kamele speichern in ihren Höckern Fett und im Magensystem Wasser, damit sie großflächige Wüstengebiete ohne Nahrung durchqueren können. Beim Auffüllen des Wasserspeichers können Kamele innerhalb von zehn Minuten 120 l auf einmal trinken. Wie viel Wasser nimmt es in zehn Sekunden auf, wenn es gleichmäßig trinkt?

10 Aus der Rechnung einer Stadtverwaltung an den Besitzer eines Einfamilienhauses über das verbrauchte Trinkwasser ist zu ersehen, dass für 1 000 Liter Wasser einschließlich Abwasser ein Betrag von 3,00 € zu bezahlen ist.
a In diesem Haus wird durch eine vierköpfige Familie täglich durchschnittlich 24-mal die Toilettenspülung betätigt, wobei jedesmal eine Wassermenge von 9 l verbraucht wird. Der Installateur bietet dem Hausbesitzer zu einem Preis von 60 € den Einbau eines neuen Spülkastens mit einer Spartaste an. Damit könnte bei der Hälfte aller Spülvorgänge der Wasserverbrauch von 9 l auf 4 l reduziert werden. Hat sich der Einbau nach zwei Jahren bezahlt gemacht?
b Im gleichen Haus gehen durch einen tropfenden Wasserhahn in einer Minute 2 ml Wasser verloren. Wie viel wäre das pro Tag bzw. pro Jahr?

11 In einem Aufzug ist ein Schild angebracht, auf dem vier Personen abgebildet sind. Darunter steht, dass die maximale Belastbarkeit des Aufzugs von 300 kg nicht überschritten werden darf.
a Wie viel dürfte eine Person höchstens wiegen, wenn alle gleich schwer wären?
b Können auch mehr als vier Personen mit dem Aufzug fahren?
c Überleg dir eine weitere Aufgabe dazu und löse sie.

Größen 153

5.9 Umgang mit Größen

T Bei langen Textaufgaben hilft es dir, wenn du nur die wichtigsten Angaben notierst, die du zum Lösen der Aufgabe benötigst. Bei Aufgabe 12 zeigen wir dieses Vorgehen.

12 Alexander und seine Eltern möchten im Wald einen Korb Steinpilze sammeln. Sie starten um 8:35 Uhr. Nach *2 h 45 min* kehren sie in eine 10 km entfernte Waldschenke ein. Unterwegs haben sie noch drei weitere Pilzsucher getroffen und *18 Minuten* Pause gemacht.
Am nächsten Tag fahren Alexander und sein Freund Lukas mit dem Fahrrad zur Waldschenke. Sie sind dabei rund *dreimal so schnell* wie bei der Pilzsuche und fahren ohne Pause durch. Wann sind die Freunde abgefahren, wenn sie die Waldschenke um *10:23 Uhr* erreicht haben?

Gegeben:
Tag 1: insgesamt 2 h 45 min unterwegs mit 18 min Pause
Tag 2: Ankunft 10:23 Uhr; dreimal so schnell
Gesucht: Wann sind sie losgefahren?
Lösung:
2 h 45 min – 18 min = 2 h 27 min
2 h 27 min : 3 = 147 min : 3 = 49 min
49 min vor 10:23 Uhr → 09:34 Uhr
Antwort: Sie sind um 09:34 Uhr losgefahren.

13 Auf einer Gewerbemesse lockt ein Aussteller Besucher mit einer Rätselaufgabe an den Stand. Die Teilnehmer sollen angeben, wie viel ein blauer und wie viel ein brauner Koffer wiegen. Alle Koffer sind leer.

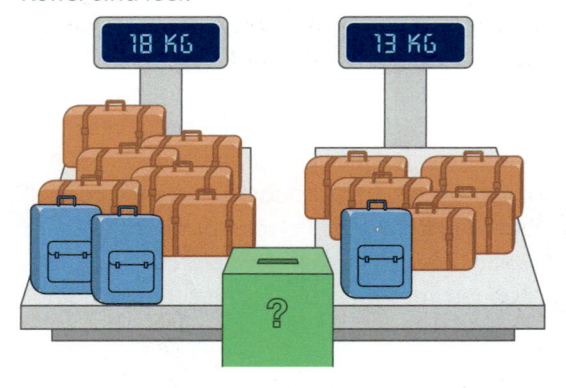

14 Zur Einführung des Euro im Jahr 2002 wurden rund 5 Milliarden 1-€-Münzen geprägt. Diese Münze ist 3 mm dick und wiegt 7,50 g.
a Wie hoch wäre ein Turm aus allen diesen Münzen?
b Wie schwer wäre der Turm?

15 In der Tabelle ist in Milligramm die Menge an Eisen (Fe), Calcium (Ca), Magnesium (Mg) und Vitamin C angegeben, die in 100 g bestimmter Lebensmittel enthalten ist.

Lebensmittel	Fe	Ca	Mg	Vitamin C
Hackfleisch	2	4	33	–
Schweinefilet	3	2	22	–
Putenbrust	1	13	20	–
Zanderfilet	1	49	50	1
Lachs	1	13	29	1
Karotten	2	41	17	7
Pfifferlinge	7	4	14	6
Tomaten	1	9	14	25
gek. Kartoffeln	1	10	15	14
Äpfel	1	7	6	12
Bananen	1	8	36	11
Orangen	0	42	14	50
Erdbeeren	1	24	15	62
Baguette	1	18	19	0
Reis	3	23	157	–

a Wie viel Magnesium nimmst du zu dir, wenn du 100 g Putenbrust, 100 g Karotten und 200 g Reis isst?
b Stelle eine Mahlzeit zusammen, bei der du genau 11 mg Eisen zu dir nimmst.
c Stelle den Magnesium-Anteil in den verschiedenen Gemüse- und Obstsorten mithilfe eines Diagramms übersichtlicher dar.
d Julia meint: „Wenn ich etwas esse, das viel Eisen enthält, nehme ich gleichzeitig auch viel Magnesium zu mir."
Hat sie Recht? Begründe deine Antwort.
e Stelle weitere Fragen für deine Mitschüler und beantworte sie auch selbst.

5.10 Mach dich fit!

Geld

1 Wandle um.
a in Cent: 24 €; 74,58 €; 3 € 97 ct; 17 € 3 ct
b in Euro: 300 ct; 6 360 ct; 20 308 ct

2 Berechne.
a 17,45 € + 6,78 € + 2,32 €
b 37,37 € − 370 ct + 53 € 18 ct
c 3,61 € · 6
d 6 € 72 ct : 7
e 39 € + 4 · 12 €
f 10 · 8,50 € + 7 · 25 ct

3 Ordne die Größen. Beginne mit der kleinsten.

| 83 € 1037 ct | 84307 ct | 80 € 347 ct | 84,37 € |

4 *Fantasy-Spielfiguren*
a Helene kauft für 7,06 € Figuren. Welche könnten das gewesen sein? Bestätige deine Vermutung mit einer Rechnung.
b Duygu muss für ihre Figuren 13,42 € bezahlen. Sie hat viel Kleingeld und bezahlt so, dass sie nur Euro-Münzen zurückbekommt.
Wie könnte Duygu bezahlt haben? Begründe deine Meinung mithilfe einer Rechnung.
c Jan kauft einen fliegenden und einen zweiköpfigen Drachen, einen Pegasus und ein Einhorn. Schätze mit einer Überschlagsrechnung, ob er mehr ausgegeben hat als Helene. Überprüfe deine Schätzung mit einer Rechnung.
d Felix behauptet: „Am Preis, den Helene bezahlen muss, kann ich ohne zu rechnen sehen, dass sie vier Figuren gekauft hat. Ich kann auch sofort sehen, ob jemand 5, 6 oder 7 Figuren gekauft hat." Stimmt seine Behauptung? Begründe deine Antwort mit Worten und mit einer Rechnung.

Masse

5 *Umwandlungen*
a Wandle in die nächstkleinere Einheit um.
7 kg; 950 g; 8,45 kg; 10,5 t
b Wandle in die nächstgrößere Einheit um.
6 000 kg; 4 000 g; 34 600 kg; 9 009 g
c Wandle in die kleinere Einheit um:
8 kg 500 g; 3 t 505 kg; 5 kg 3 g; 6 t 87 kg 980 g

6 Berechne.
a 7 kg + 3 000 g − 0,5 kg
b 12 g 800 mg − 3 g 19 mg
c 198 kg : 9
d 0,75 kg · 6

7 Ordne die Massen der Größe nach.

| 3500 kg | 3 t | 4,5 kg | 1 t 500 kg |

8 Die Schnellfähre zwischen Brake und Sandstedt hat eine maximale Tragfähigkeit von 220 Tonnen.
a Wie viele Autos mit 1,5 t Masse könnten transportiert werden, wenn jeweils ein Fahrer mit durchschnittlich 70 kg an Bord ist? Überschlage zuerst, bevor du rechnest!
b Wie viele Autos könnten transportiert werden, wenn alle mit fünf Personen besetzt wären?
c Auf der Fähre gibt es Platz für vier Lkw mit jeweils 20 t Gesamtmasse einschließlich Fahrer. Wie viele Pkw könnten von der Masse her noch mitgenommen werden, wenn vier voll beladene Lkw an Bord sind?

9 Herr Müller wiegt 82,3 kg, seine Frau wiegt 65,5 kg. Zusammen mit Sohn Alfred wiegen sie 200 kg. Wie viel wiegt Alfred?

Preisschilder: 1,89 ct; 1,29 ct; 1,79 ct; 1,59 ct; 1,99 ct; 1,69 €; 1,89 €; 1,39 €

5.10 Mach dich fit!

Zeit

10 Wandle in die angegebene Einheit um.
a 24 h (min) c 7 320 s (min)
b 21 min (s) d 780 min (h)

11 Wandle in sinnvolle Einheiten um:
3 850 s = 64 min 10 s = 1 h 4 min 10 s = 1:04:10 h
a 128 min   b 438 s   c 2 145 min   d 8 500 s

12 Ergänze die fehlenden Einheiten im Heft.
a 23 h = 1 380 □   c 11 □ = 39 600 □
b 1 020 s = 17 □   d 3 000 □ = 3 □

13 Gib die Ergebnisse in sinnvollen Einheiten an.
a 47 min + 53 min
b 53 min − 6 min 22 s + 34 s
c 1 328 min : 8
d 6 · 13 min + 48 min

14 Ordne der Größe nach.

74 min | 1 h 742 s | 1 h 13 min | 67 min 454 s

15 Tinas Trainingspensum für den 5 000-m-Lauf:

Mo	74 min
Di	1 h 12 min
Do	14–14:45 Uhr, 17:20–18 Uhr
Sa	morgens 48 min; abends 35 min
So	9:49–10:55 Uhr

a Am Montag hat sie um 15:25 Uhr begonnen, am Dienstag um 17:37 Uhr. Wann hat sie aufgehört?
b Wann hat sie am längsten, wann am kürzesten trainiert?
c Wie weit liegen diese Zeiten auseinander?
d Wie lange hat sie an den fünf Tagen trainiert?
e „Nächste Woche trainiere ich nur an vier Tagen, aber insgesamt gleich lang wie diese Woche." Wie lange will Tina täglich trainieren?
f Übernächste Woche trainiert Tina am Wochenende 3 h 38 min. Wie lange hat sie an drei Tagen unter der Woche trainiert, wenn sie wieder auf die gleiche Gesamtzeit wie in den anderen Wochen kommt?

Länge

16 Wandle in die angegebene Einheit um.
a 12,3 dm (cm)   d 32 500 m (km)
b 7,5 km (m)   e 2,05 m (mm)
c 7 400 cm (m)   f 7 km 4 m (m)

17 Gib das Ergebnis in Metern an.
a 35 m + 75 cm   d 2,13 m · 5
b 150 mm + 172 cm + 3 m   e 6,4 m : 8
c 9,3 dm + 7 cm − 10 mm   f 0,042 km : 12

18 Ordne die Längen der Größe nach.

0,751 m | 70,4 cm | 7,5 dm | 705 mm

19 Lara fährt täglich 2,25 km zur Schule.
a Welche Strecke fährt sie in einer Schulwoche?
b Im Mai hat sie nur eine Woche und vier Tage Unterricht. Im Juni sind es vier Wochen. Welche Strecke fährt sie in dieser Zeit?
c Ein Schuljahr dauert 42 Unterrichtswochen. Welche Strecke fährt Lara im Schuljahr?

20 Lia plant mit ihrer Klasse einen Wandertag. Sie starten vom Parkplatz aus.

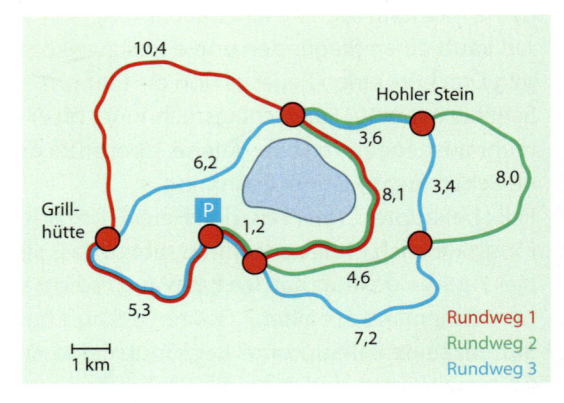

a Lia möchte auf dem kürzesten Weg zum Hohlen Stein, danach zur Grillhütte und zurück zum Parkplatz gehen. Wie lang ist der Weg, den sie plant?
b Welche Strecke hat man gewählt, wenn die Wanderung genau 25 km lang ist?
c Welcher ist der kürzeste und welcher der längste der drei Rundwege?

Mach dich fit! — 5.10

Hohlmaße

21 Wandle in die angegebene Einheit um.
 a 3,5 cl (ml)
 b 4 l (cl)
 c 7 300 ml (dl)
 d 610 cl (l)
 e 2 l 50 cl (cl)
 f 8,6 l (ml)

22 Berechne und gib in sinnvollen Einheiten an.
 a 735 ml + 43 cl
 b 3,6 l + 5 ml − 80 cl
 c 4 · 17 l + 135 l
 d 7,2 l : 9

23 Ordne der Größe nach.

 0,45 l   415 ml   4 dl   42,5 cl

24 Rauminhalte überall
 a In welcher Maßeinheit würdest du die Rauminhalte dieser Körper angeben?
  ① Wasserflasche ② Coladose ③ Putzeimer
 b Ordne die Rauminhalte den Körpern ① bis ③ zu. Wandle vorher in eine andere Volumeneinheit um, dann geht es einfacher!
  (A) 330 ml (B) 150 cl (C) 100 dl

25 Aus vier Quadern mit unterschiedlichen Rauminhalten soll ein Turm gebaut werden.
  ① 5 l ② 120 hl ③ 2 l ④ 3 000 ml
 Ordne die Quader der Größe nach und berechne dann den Rauminhalt des Turms.

26 Die 5a veranstaltet eine Party. Zu trinken gibt es drei Kisten Wasser mit zwölf 0,7-l-Flaschen und zwei Kisten Saft mit je sechs 1-l-Flaschen.
 a Es wird davon ausgegangen, dass jeder Gast drei Gläser mit 400 ml Inhalt trinkt.
  Wie viele Gäste werden erwartet?
 b Wie viele Flaschen Wasser und Saft braucht man, wenn jeder der erwarteten Gäste vier Gläser à 0,15 l trinkt?
  Gibt es mehrere Möglichkeiten?

Maßstab

27 Welche Länge haben diese Strecken in einer Zeichnung?
 a 90 m (1 : 1 000)
 b 30 km (1 : 200 000)
 c 7 mm (30 : 1)
 d 3,4 cm (10 : 1)

28 Welche Länge haben diese Strecken in Wirklichkeit? Gib die Größen in geeigneten Einheiten an.
 a 3 cm (1 : 6)
 b 7 cm (1 : 10 000)
 c 16 cm (1 : 25 000)
 d 24 cm (80 : 1)

29 Zeichne ein Pferd, ein Flugzeug und Bayern in dein Heft. Verwende jeweils eine ganze Heftseite. Welchen Abbildungsmaßstab wählst du? Begründe deine Maßstabswahl!
 a Pferd: Höhe 2,10 m, Länge 270 cm
 b Flugzeug: Länge 34 m
 c Bayern: N-S ca. 360 km, W-O ca. 380 km

30 Welcher Maßstab gilt hier?
 a 45 km → 9 cm
 b 0 — 70 — 140 m

Dreisatz

31 Berechne im Kopf!
 a Zwei Bleistifte kosten 1,20 €. Wie viel muss man für neun Bleistifte bezahlen?
 b Für drei Einzelfahrscheine bezahlt man am Automaten 6,30 €.
  Wie hoch ist der Preis für sieben Tickets?
 c Tinas Mutter hat für zwei Nachhilfestunden 36 € bezahlt. Was kosten fünf Stunden?

32 Wähle zur Berechnung eine geeignete Zwischengröße.

 a
Anzahl	Preis
12	156 €
…	…
8	…

 b
Menge	Preis
250 g	3,20 €
…	…
625 g	…

 c 1,6 l Motorenöl kosten 30,40 €. Was bezahlt man für 2,4 l?
 d Austräger Sven erhält für 60 Prospekte 3,60 €. Wie viel bekommt er für 45 Prospekte?

Größen 157

Grundwissen

Größen

Größen bestehen aus einer Maßzahl und einer Maßeinheit.

⬇

Maßzahl → 80 g ← Maßeinheit
Größe

Geld

Als Maßeinheiten für das Geld verwenden wir Euro (€) und Cent (ct).

⬇

1 € = 100 ct

Massen

Die üblichen Maßeinheiten für Größen, die die Masse angeben, sind:

Tonne (t), Kilogramm (kg), Gramm (g), Milligramm (mg)

⬇

1 t = 1 000 kg
1 kg = 1 000 g
1 g = 1 000 mg

Zeit

Die wichtigsten Maßeinheiten für die Zeit sind Jahr (a), Tag (d), Stunde (h), Minute (min), Sekunde (s) und Millisekunde (ms).

⬇

1 a = 365 d
1 d = 24 h
1 h = 60 min
1 min = 60 s
1 s = 1 000 ms

Längen

Die Maßeinheiten für die Länge sind Kilometer (km), Meter (m), Dezimeter (dm), Zentimeter (cm) und Millimeter (mm).

⬇

1 km = 1 000 m
1 m = 10 dm
1 dm = 10 cm
1 cm = 10 mm

Hohlmaße

Die üblichen Maßeinheiten für Hohlmaße sind Hektoliter (hl), Liter (l), Deziliter (dl), Zentiliter (cl) und Milliliter (ml).

⬇

1 hl = 100 l
1 l = 10 dl
1 dl = 10 cl
1 cl = 10 ml

Größen 5.11

Maßstab

Am Maßstab erkennt man, wie groß ein abgebildeter Gegenstand in Wirklichkeit ist.

⬇

verkleinerte Abbildung
1 : 100 *(1 zu 100)* bedeutet:
1 cm im Plan entspricht 100 cm in Wirklichkeit.

vergrößerte Abbildung
80 : 1 *(80 zu 1)* bedeutet:
80 cm im Plan entsprechen 1 cm in Wirklichkeit.

Dreisatz

Man schließt zuerst auf eine Einheit und dann auf das gesuchte Vielfache.

⬇

2 kg Äpfel kosten 3,00 €.
1 kg Äpfel kostet 3,00 € : 2 = 1,50 €.
5 kg Äpfel kosten 1,50 € · 5 = 7,50 €.

In einer Tabelle kann man die Vorgehensweise übersichtlich darstellen.

Menge (kg)	Preis (€)
2	3,00
1	1,50
5	7,50

: 2, · 5 (links) ; : 2, · 5 (rechts)

Manchmal ist es einfacher, wenn man nicht auf eine Einheit schließt, sondern eine andere geeignete **Zwischengröße** wählt.

⬇

Menge (kg)	Preis (€)
5	7,50
2,5	3,75
7,5	11,25

: 2, · 3 (links) ; : 2, · 3 (rechts)

Umrechnungszahlen

Massen

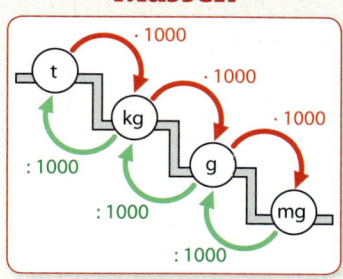

t — kg — g — mg
· 1000 (jeweils), : 1000 (zurück)

Zeit

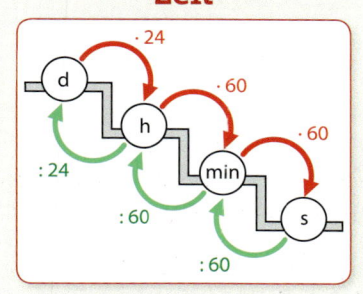

d — h — min — s
· 24, · 60, · 60
: 24, : 60, : 60

Längen

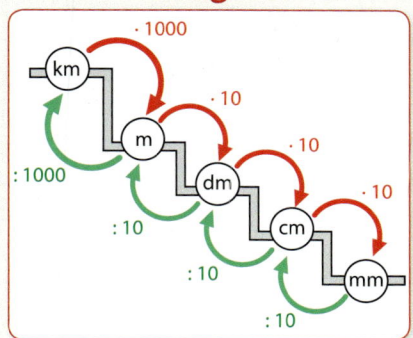

km — m — dm — cm — mm
· 1000, · 10, · 10, · 10
: 1000, : 10, : 10, : 10

Hohlmaße

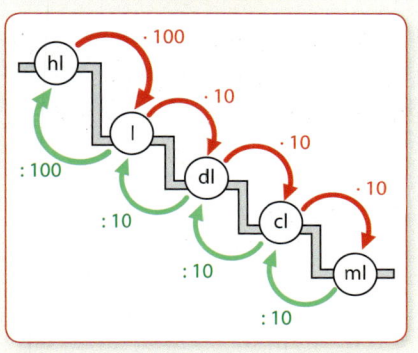

hl — l — dl — cl — ml
· 100, · 10, · 10, · 10
: 100, : 10, : 10, : 10

5.12 Mehr zum Thema: Zeitzonen

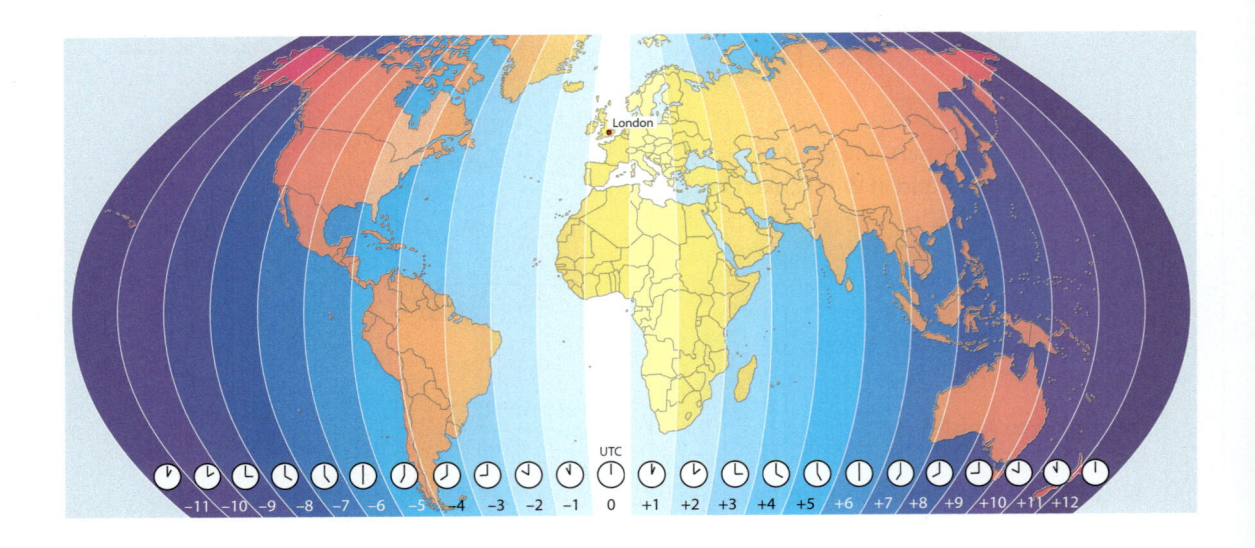

Jeder Ort auf der Welt hatte früher seine eigene Uhrzeit, die sich am Stand der Sonne orientierte. Wenn es damals zum Beispiel in Hamburg 12 Uhr Mittag war, dann war es in München schon 12:13 Uhr. Die Unterschiede wurden umso größer, je weiter die Orte in west-östlicher Richtung voneinander entfernt lagen.

Mit dem Aufkommen der Eisenbahn mussten die Uhren ständig umgestellt werden. Auch die Koordination von Fahrplänen gestaltete sich kompliziert. Deshalb wurde im Jahr 1884 auf der internationalen Meridiankonferenz in Washington eine Einteilung der Welt entlang der Längengrade in 24 Zeitzonen beschlossen. Die Idee dabei war, dass innerhalb einer Zeitzone immer die gleiche Uhrzeit gelten sollte, unabhängig vom Stand der Sonne. Bei einem Wechsel von einer Zeitzone in die benachbarte östliche wird die Uhr eine Stunde vorgestellt, bei einem Wechsel Richtung Westen eine Stunde zurück.

Stell dir vor, in Deutschland gäbe es zwei Zeitzonen. Was könnte dann passieren, wenn du deinen Vater auf einer Reise nach Berlin begleiten würdest?

Ausgangspunkt der Unterteilung ist eine Linie vom Nordpol zum Südpol durch Greenwich, einem Ortsteil von London. In dieser Zeitzone gilt die koordinierte Weltzeit „UTC" (universal Time, coordinated). Je nachdem, wo man sich auf der Erde befindet, errechnet sich die lokale Uhrzeit, indem man von der koordinierten Weltzeit die zugehörige Anzahl Stunden abzieht oder zu ihr hinzuzählt.

Da Deutschland eine Zeitzone östlich von Greenwich liegt, errechnet sich unsere Zeit, indem wir zur Weltzeit eine Stunde hinzuzählen. Unsere Zeitzone wird daher mit „UTC+1" abgekürzt.

New York beispielsweise liegt fünf Zeitzonen westlich von Greenwich, weshalb dort die Kurzbezeichnung „UTC-5" lautet. Da New York also sechs Zeitzonen westlich von Deutschland liegt, beträgt der Zeitunterschied sechs Stunden.

Warst du im Urlaub schon einmal in einem Land, in dem man die Uhr umstellen musste?

Hattest du schon einmal ein Erlebnis, bei dem Zeitzonen eine Rolle gespielt haben?

6

Umfang und Flächeninhalt ebener Figuren

6.1 Umfang

1 Auf dem Schulhof soll mit Klebeband ein Volleyballfeld markiert werden. Das gesamte Spielfeld hat die Seitenlängen 18 m und 9 m.
a Wie viele Meter Klebeband werden für die äußeren Linien insgesamt benötigt?
b Jasmin läuft entlang der Linien einmal um ihre Spielfeldhälfte. Welche Gesamtstrecke legt sie zurück?
c Im Abstand von 3 m zur Mittellinie befindet sich die Angriffslinie. Tamara ist der Meinung, dass die Vorderzone (rot umrandet) auf einer Spielfeldhälfte von 24 m Klebeband begrenzt wird. Hat sie Recht?

M   **Umfang einer Figur**
Addiert man alle Seitenlängen einer Figur, erhält man ihren **Umfang** u.

Bei Rechtecken und Quadraten lässt sich der Umfang besonders einfach ermitteln.
Rechteck: $u = a + b + a + b = 2 \cdot a + 2 \cdot b$
Quadrat: $u = a + a + a + a = 4 \cdot a$

Beispiel   Umfang des Rechtecks

$b = 2\,\text{cm}$, $a = 4\,\text{cm}$

$u = 4\,\text{cm} + 2\,\text{cm} + 4\,\text{cm} + 2\,\text{cm}$
$u = 2 \cdot 4\,\text{cm} + 2 \cdot 2\,\text{cm}$
$u = 8\,\text{cm} + 4\,\text{cm}$
$u = 12\,\text{cm}$

Beispiel   Umfang des Quadrats

$a = 25\,\text{mm}$

$u = 25\,\text{mm} + 25\,\text{mm} + 25\,\text{mm} + 25\,\text{mm}$
$u = 4 \cdot 25\,\text{mm}$
$u = 100\,\text{mm}$

Übungsaufgaben

1 Welchen Umfang hat eine Seite deines Mathebuches? Miss die Länge und die Breite möglichst genau.

2 Zeichne ein Rechteck mit a = 4 cm und b = 6 cm sowie ein Quadrat mit a = 3 cm. Bestimme jeweils den Umfang.

3 Ergänze die unvollständigen Figuren im Heft zu Rechtecken. Ermittle ihren Umfang.
a 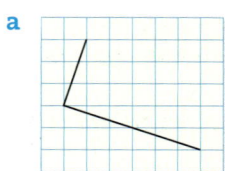
b

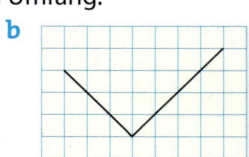

Umfang 6.1

4 Berechne den Umfang eines Rechtecks mit den Seitenlängen a und b.
Achte darauf, dass Länge und Breite dieselben Maßeinheiten haben!
a a = 6 cm; b = 9 cm
b a = 8 m; b = 8 m
c a = 2,5 cm; b = 7 cm
d a = 3 dm; b = 14 cm
e a = 1,5 m; b = 70 cm
f a = 8 cm; b = 35 mm

5 Jans Eltern haben ein kleines Schwimmbecken im Garten. Es ist 8 m lang und 4 m breit.
a Wie lang ist der Beckenrand?
b Schwimmbecken bei Olympischen Spielen sind 50 m lang und 25 m breit.
Bestimme die Länge des Beckenrandes.

6 Bestimme die jeweils fehlende Seite des Vierecks.
a Ein Rechteck ist 4 cm lang, der Umfang beträgt 22 cm.
b Ein Quadrat hat den Umfang 36 dm.
c Ein Rechteck ist 6,5 cm breit, sein Umfang misst 29 cm.
d Der Umfang eines Rechtecks beträgt 7 dm; es ist 18 cm lang.

7 Ein Fußballfeld kann eine Länge zwischen 90 m und 120 m und eine Breite zwischen 45 m und 90 m haben.
Berechne die Differenz zwischen dem größtmöglichen und dem kleinstmöglichen Umfang.

8 Zeichne die Eckpunkte der Rechtecke in ein Koordinatensystem. Miss ihre Seitenlängen und vergleiche die Umfänge. Gibt es gleiche Umfänge? x ∈ [0; 7] / y ∈ [0; 7]
① A(1|2); B(2|1); C(4|3); D(3|4)
② E(4|0); F(6,5|0); G(6,5|2); H(4|2)
③ Q(5|3); R(5,5|3,5); S(3|6); T(2,5|5,5)

9 Ein Rechteck hat den Umfang u = 20 cm. Welche Länge und welche Breite kann das Rechteck haben?
Gib mehrere Lösungen an und zeichne drei verschiedene Rechtecke.

10 Bestimme jeweils den Umfang der Figuren und vergleiche sie.

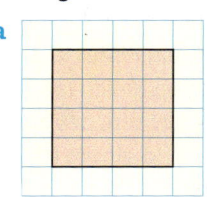

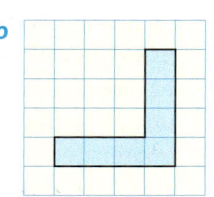

a   b

Zeichne weitere passende Beispiele. Du kannst sie auch mit Streichhölzern legen.

11 Wie ändert sich jeweils der Umfang? Zeichne jeweils ein Beispiel.
a In einem Quadrat wird die Seitenlänge verdoppelt.
b In einem Rechteck werden Länge und Breite halbiert.
c In einem Rechteck wird die Länge verdoppelt, die Breite bleibt gleich.
d In einem Rechteck wird nur die Breite verdreifacht.

12 Die Linien eines Tennisplatzes sollen erneuert werden.
a Wie viele Meter weißes Kunststoffband braucht man dafür?
b Platzwart Jung behauptet: „Wenn man kein Doppel spielen würde, dann könnte man über 50 m Band einsparen." Stimmt das?

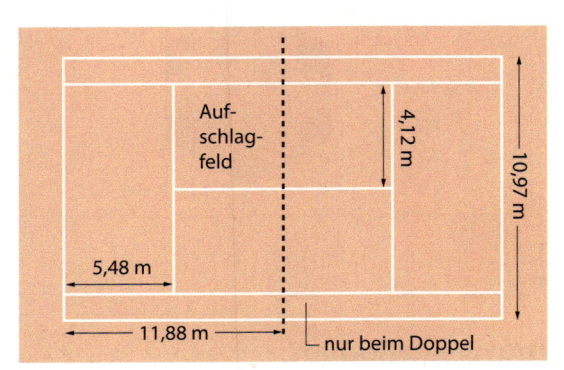

Aufschlagfeld
4,12 m
10,97 m
5,48 m
11,88 m
nur beim Doppel

Umfang und Flächeninhalt ebener Figuren

6.2 Umfang von Vielecken

1 Im Stadtrat wird der Bau eines Freibades beschlossen. Es soll zwei Becken bekommen: ein Planschbecken in Form eines Fünfecks, bei dem alle Seiten gleich lang sein sollen und ein größeres, sechseckiges Becken, das aus einen abgegrenzten Teil für Schwimmer und einem für Nichtschwimmer besteht. Beide Becken sollen mit Platten umgeben werden. Dazu muss man den Umfang der beiden Becken kennen.

a Addiere die einzelnen Teilstücke zum Umfang des großen Beckens.
b Wie groß ist der Umfang des Planschbeckens?

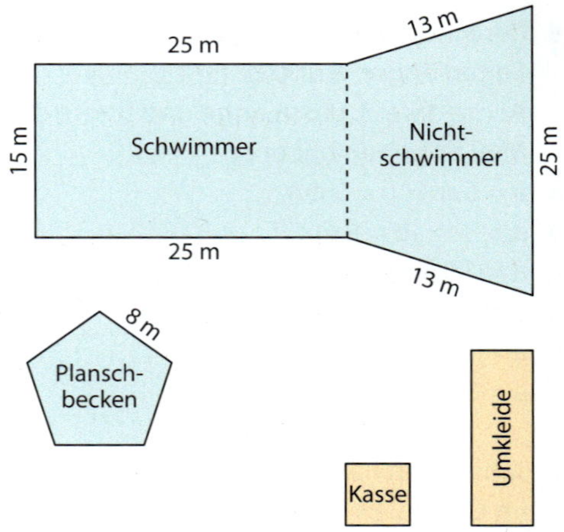

Lösung: Umfang des Sechsecks
u = 25 m + 13 m + 25 m + 13 m + 25 m + 15 m

Da einige Seitenlängen zweimal vorkommen, kann man auch schreiben:
u = 2 · 25 m + 2 · 13 m + 25 m + 15 m
u = 50 m + 26 m + 25 m + 15 m = **116 m**

Lösung: Umfang des Planschbeckens
u = 8 m + 8 m + 8 m + 8 m + 8 m = 40 m

M Alle Figuren mit mehr als vier Eckpunkten fasst man zur Gruppe der **Vielecke** zusammen. **Regelmäßige** Vielecke haben gleich lange Seiten und je zwei benachbarte Seiten schließen den gleichen Winkel ein. Auch hier enthält man den Umfang, indem man alle Seitenlängen addiert.

Regelmäßiges Sechseck   **Unregelmäßiges** Sechseck

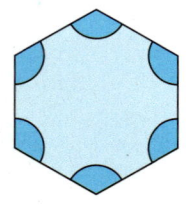

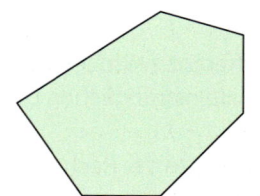

Übungsaufgaben

1 Welche der abgebildeten Vielecke sind regelmäßig, welche unregelmäßig?

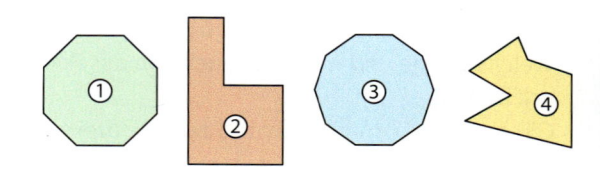

Umfang von Vielecken 6.2

2 Zeichne alle Punkte des Sechsecks in eine Koordinatensystem: A(1|1), B(5|1), C(5|6), D(3|6), E(3|8) und F(1|8). Bestimme den Umfang des Sechsecks durch Messung. $x \in [0; 7] / y \in [0; 9]$

3 Herr Bauer möchte sein Grundstück mit einem Zaun versehen. Wie viele Meter Zaun braucht er?

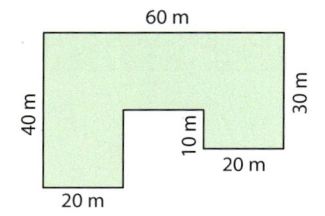

60 m
40 m
30 m
10 m
20 m
20 m

4 Ein regelmäßiges Vieleck hat einen Umfang von 72 cm. Jede Seite ist 12 cm lang. Wie viele Ecken hat das Vieleck?

5 Dieses Achteck hat eine unregelmäßige Form. Im Koordinatensystem hat ein Kästchen eine Seitenlänge von 1 cm. Bestimme den Umfang des Achtecks.

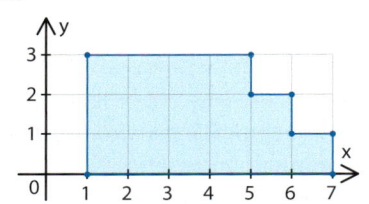

6 Zeichne einen Kreis mit dem Radius 4 cm und markiere einen Punkt A auf dem Kreis. Dort stichst du mit dem Zirkel ein (gleicher Radius bleibt eingestellt!) und zeichnest einen kurzen Bogen, der den Kreis im Punkt B schneidet (im Uhrzeigersinn!). Vom Punkt B aus kommst du weiter zum Punkt C, und so geht es immer weiter, bis du wieder im Punkt A landest. Wenn du nun alle Punkte der Reihe nach miteinander verbindest, entsteht ein Vieleck.
Was für ein Vieleck ist es? Welchen Umfang hat es?

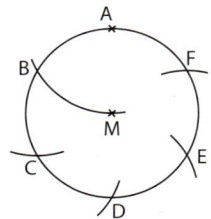

7 Schneide aus Papier zwei gleich große Rechtecke mit den Seitenlängen a = 2 cm und b = 5 cm heraus. Lege die beiden Rechtecke so zusammen, dass du einmal ein Sechseck als Gesamtfigur erhältst und anschließend so, dass ein Achteck entsteht. Bestimme für beide Vielecke jeweils den Umfang. Was fällt dir auf?

8 Man kann fünf kleine Quadrate so zusammenlegen, dass die nebenstehende Figur herauskommt. Wenn man nun den Umfang dieser Figur kennt, kann man die Seitenlänge dieser kleinen Quadrate ermitteln. Wie geht das?
Berechne die Seitenlänge der kleinen Quadrate bei einem Umfang der Figur von u = 24 cm.

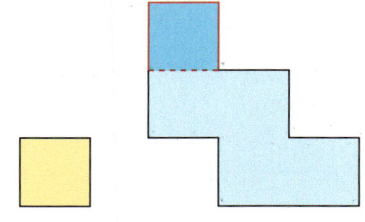

9 Das kleine Sechseck besteht aus drei kleinen Quadraten mit einer Seitenlänge von jeweils 1 cm. Von diesen kleinen Sechsecken passen 11 in das große 12-Eck lückenlos hinein. Zeichne das 12-Eck in dein Heft und versuche die Sechsecke darin unterzubringen. Welchen Umfang hat das 12-Eck?

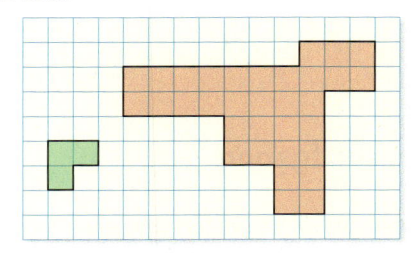

10 Der Umfang eines Sechsecks ABCDEF ist 21 cm lang. Die einzelnen Seitenlängen sind so, wie in der Zeichnung vorgegeben. Versuche mit diesen Angaben das Sechseck ABCDEF so zu zeichnen, dass eine der Diagonalen eine Länge von 7 cm bekommt.

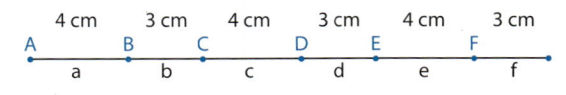

4 cm 3 cm 4 cm 3 cm 4 cm 3 cm
A   B   C   D   E   F
  a   b   c   d   e   f

Umfang und Flächeninhalt ebener Figuren

6.3 Flächen vergleichen

1 Hier sollen die Fassaden von Häusern farbig gestrichen werden. Bei welcher Hauswand haben die Maler am längsten zu arbeiten?
Wie hast du herausgefunden, welche Hauswand die größte ist?

2 Bestimme die Größe der Figuren. Welche kannst du leicht miteinander vergleichen?

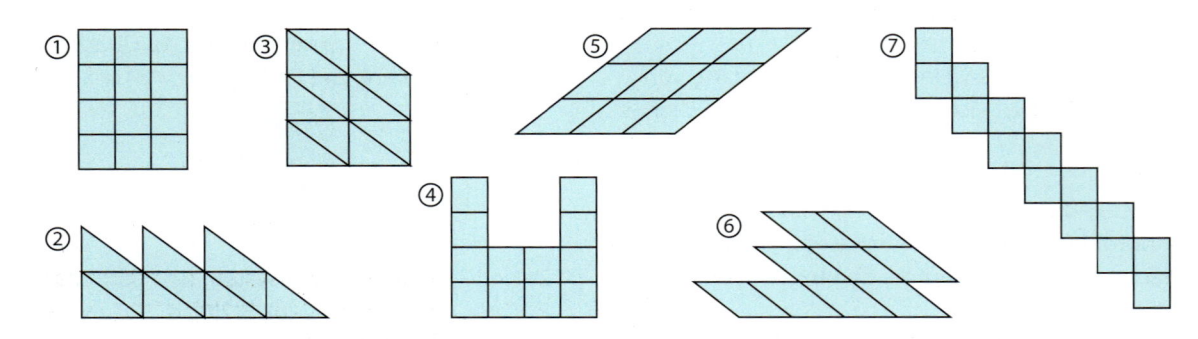

Die **Größe einer Fläche** kannst du durch Auslegen mit gleich großen Teilflächen bestimmen. Unterschiedliche Flächen lassen sich gut miteinander vergleichen, wenn sie mit gleichen Teilflächen ausgelegt werden können.

M Die Größe einer Fläche wird durch ihren **Flächeninhalt** angegeben.
Flächen mit unterschiedlichen Formen können denselben Flächeninhalt haben.

Übungsaufgaben

1 Überlegt zu zweit, wie oft die gelbe Teilfläche in jede rote Figur passt.

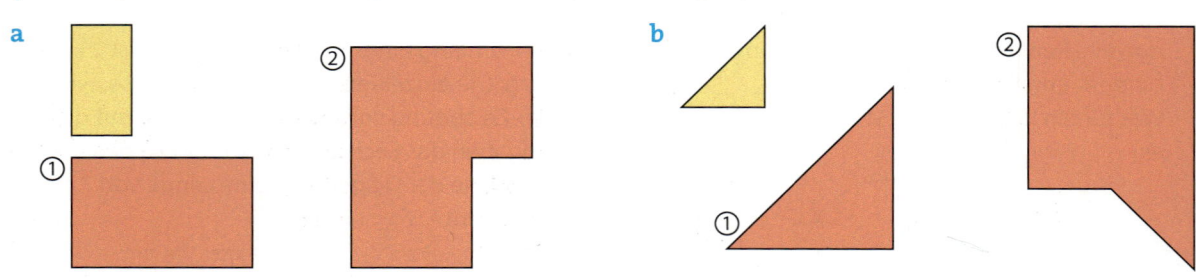

a

b

166 Umfang und Flächeninhalt ebener Figuren

Flächen vergleichen 6.3

2 Zeichne die Figuren auf ein Blatt Papier. Zerschneide eine Figur und versuche, mit den Teilstücken die andere auszulegen. Überprüfe so, ob die Flächeninhalte gleich sind.

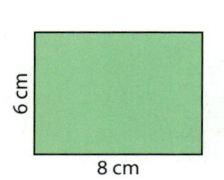

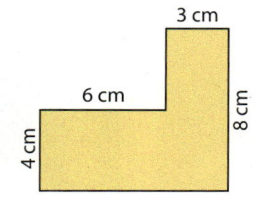

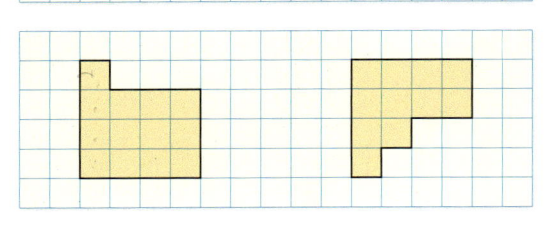

> **T** Um die Größe von Flächen zu bestimmen oder um Flächen zu vergleichen, verwendet man am besten **Einheitsquadrate**. Überlege dir vorher, wie groß du die Einheit sinnvollerweise wählst.

3 Gib die Größe der Figuren als Anzahl von Kästchen an. Zeichne jeweils drei weitere Figuren, die denselben Flächeninhalt haben.

a   b

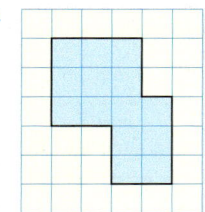

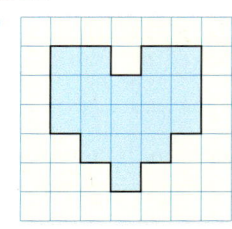

4 Wie groß sind hier die Flächeninhalte?

a   b

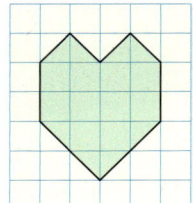

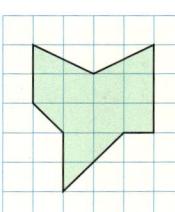

5 Gib den Flächeninhalt der Figuren in Kästchen und deren Umfang in Zentimetern an. Vergleiche jeweils deine Ergebnisse.

a

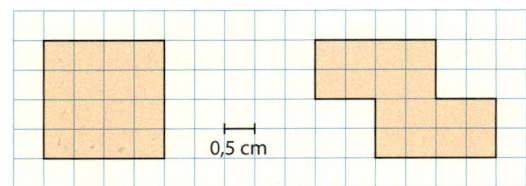

b

6 Miss die einzelnen Strecken ab und übertrage die Figur in dein Heft.
Teile die Fläche in zwei gleich große Flächen auf. Wie gehst du vor?

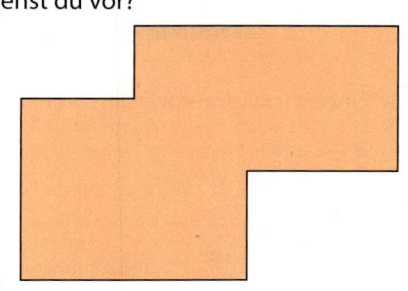

7 Zeichne ein Koordinatensystem und darin das Rechteck ABCD mit A(0|0), B(2|0), C(2|3), D(0|3), das Parallelogramm EFGH, mit E(3|3), F(6|0), G(6|2) und H(3|5), und das 7-Eck PQRSTUV, mit P(7|0), Q(8|0), R(8|4), S(9|5), T(7|5), U(6|4) und V(7|4):
Zerlege die drei Figuren in kleinere Teilflächen so, dass man sehen kann:
Sie haben alle den gleichen Flächeninhalt!

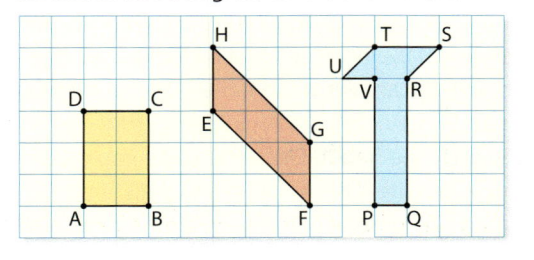

8 Wer in der Klasse hat die größte Handfläche? Zeichne die Umrisse deiner Hand auf Karopapier und bestimme ihre Größe. Vergleiche mit deinen Mitschülern.

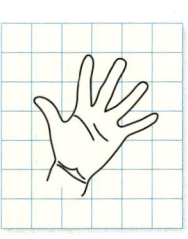

Umfang und Flächeninhalt ebener Figuren

6.4 Flächenmaße

1 Lars soll den Flächen die passenden Flächeneinheiten zuordnen. Hilf ihm beim Zuordnen der Kärtchen zu den Gegenständen!

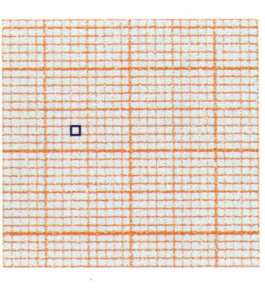

Folgende Einheitsquadrate werden als Flächeneinheiten verwendet:

M
Ein Quadrat mit der Seitenlänge:	1 m	1 dm	1 cm	1 mm
… hat den Flächeninhalt:	1 m² (Quadratmeter)	1 dm² (Quadratdezimeter)	1 cm² (Quadratzentimeter)	1 mm² (Quadratmillimeter)

Übungsaufgaben

1 Bringe Flächenmaße und Gegenstände im Heft zusammen!
 a 1 cm²   c 9 cm²
 b 168 cm² d 2 m²

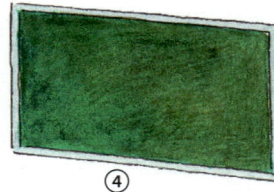

2 Laura hat zwar richtige Zahlen verwendet, aber bei den Maßeinheiten für die Flächeninhalte hat sie sich vertan. Verbessere die Maßeinheiten im Heft.
 a Geodreiecke haben Flächeninhalte von ca. 67 *m²*.
 b Eine Heftseite (DIN A4) ist 6 *cm²* groß.
 c Das große Fenster in meinem Zimmer hat eine Glasfläche von 75 *cm²*.
 d Tante Adelheid hat mir eine Postkarte mit einer Fläche von 150 *mm²* geschickt.

3 Wie oft passt das kleine in das große Quadrat?
 a Schätze zuerst ab und beschreibe dann deine Überlegungen dazu!
 b Überprüfe deine Idee: Zeichne ein Quadrat mit der Seitenlänge 1 dm in dein Heft und füll es mit kleinen Quadraten (Seitenlänge 1 cm)!

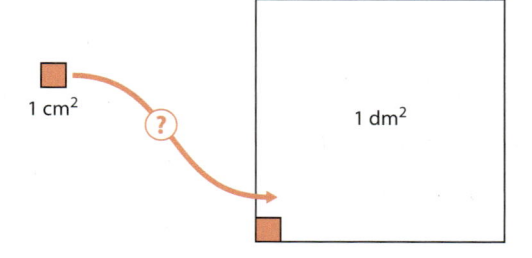

Flächenmaße 6.4

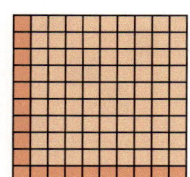

Du hast sicher herausgefunden, dass man das große Quadrat mit genau **100** kleinen Quadraten auslegen kann.
Das kleine Quadrat passt genau zehnmal in eine Reihe. Zehn dieser Reihen bilden dann das große Quadrat.

Beispiel $1\,cm^2$ (cm-Quadrat) = $100\,mm^2$ (mm-Quadrate)

M Wird die Maßeinheit **kleiner**, so wird die Maßzahl **größer**.

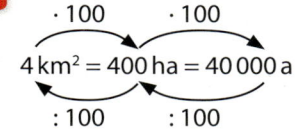

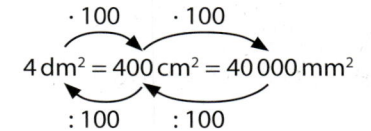

$$\underset{:100\quad :100}{\overset{\cdot 100\quad \cdot 100}{4\,km^2 = 400\,ha = 40\,000\,a}} \qquad \underset{:100\quad :100}{\overset{\cdot 100\quad \cdot 100}{4\,a = 400\,m^2 = 40\,000\,dm^2}} \qquad \underset{:100\quad :100}{\overset{\cdot 100\quad \cdot 100}{4\,dm^2 = 400\,cm^2 = 40\,000\,mm^2}}$$

Wird die Maßeinheit **größer**, so wird die Maßzahl **kleiner**.

Die **Umrechnungszahl** zwischen Flächeneinheiten ist 100.

4 Wandle jeweils in die nächstkleinere und nächstgrößere Einheit um.
Erkläre an einem Beispiel, wie du vorgehst!
- **a** $230\,m^2$
- **b** $49\,dm^2$
- **c** $45\,ha$
- **d** $12\,a$
- **e** $100\,cm^2$
- **f** $9\,900\,dm^2$
- **g** $25\,000\,cm^2$
- **h** $1\,600\,m^2$
- **i** $2\,000\,a$

T Flächeninhalte können besser verglichen werden, wenn sie beide in der gleichen Maßeinheit angegeben sind.

5 Ordne der Größe nach.
a $35\,a$; $9000\,m^2$; $40\,000\,cm^2$; $70\,000\,mm^2$; $81\,000\,dm^2$
b $270\,ha$; $27\,km^2$; $2700\,a$; $270\,000\,000\,cm^2$; $270\,000\,dm^2$
c $800\,m^2$; $820\,dm^2$; $8\,200\,000\,mm^2$; $820\,000\,cm^2$; $80\,a$

6 Jeweils eine der Maßzahlen ist falsch. Finde heraus, welche Zahl korrigiert werden muss, damit die Gleichheitszeichen überall stimmen.
- **a** $710\,km^2 = 71\,000\,ha = 7\,100\,000\,m^2$
- **b** $1\,690\,000\,dm^2 = 169\,000\,m^2 = 169\,a$
- **c** $8\,250\,m^2 = 82\,500\,000\,cm^2 = 825\,a$
- **d** $375\,000\,000\,mm^2 = 3\,750\,dm^2 = 375\,m^2$

7 Wie heißt der Schwindler mit der langen Nase?
Tobias: Der Flächeninhalt eines Heftkästchens beträgt ein Viertel von $1\,cm^2$.
Patrick: Hundert Heftkästchen sind $1\,dm^2$ groß.
Paul: Acht Heftkästchen haben einen Flächeninhalt von $2\,cm^2$.
Simon: $25\,mm^2$ ist der Flächeninhalt eines Kästchens im Heft.

8 Für eine neue Parkplatzfläche wird ein Gelände von $8\,a$ asphaltiert. Die Straßenwalze benötigt zum Verdichten von $1\,m^2$ Asphalt drei Minuten. Der Fahrer arbeitet jeden Tag 8 Stunden lang. Wie viele Tage ist er mit der Planierungsarbeit beschäftigt?

Umfang und Flächeninhalt ebener Figuren

6.5 Flächeninhalt

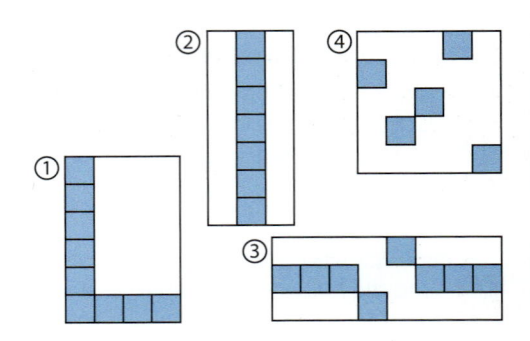

1 Bestimme die Anzahl der kleinen Quadrate, die insgesamt in die Flächen gelegt werden können.
   Erkläre deinem Nachbarn, wie du vorgegangen bist!
   a Welche Fläche ist die kleinste bzw. größte?
   b Ordne die Flächeninhalte der Größe nach.
   c Um welche Art von Figuren handelt es sich?

Legt man ein Rechteck mit 1 cm² großen Quadraten aus, kann man seinen **Flächeninhalt** A durch Abzählen der Teilflächen bestimmen: A = 24 · 1 cm² = 24 cm²

Einfacher ist es, wenn man zunächst eine einzelne Reihe von ausgelegten Flächenquadraten betrachtet:
Eine 6 cm lange Reihe besteht
aus 6 Quadratzentimeter-Flächen: 6 · 1 cm² = 6 cm²

In das 4 cm breite Rechteck
passen 4 solche Reihen: 4 · 6 cm² = 24 cm²

Wenn man die Länge und Breite des Rechtecks kennt, kann man mit ihrem Produkt
den Flächeninhalt berechnen: A = 6 cm · 4 cm = 24 cm²

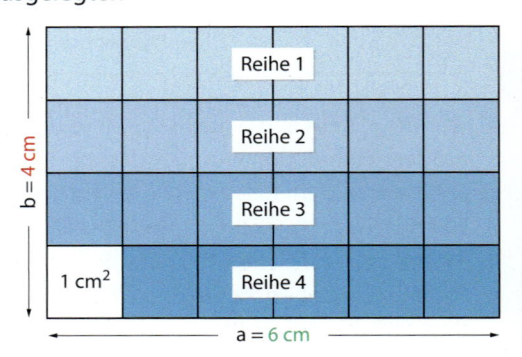

M **Flächenhalt von Rechtecken**
Die Länge a und die Breite b werden miteinander multipliziert.

Flächeninhalt A = Länge · Breite

Rechteck:
   A = a · b

Quadrat:
   A = a · a = a²

Übungsaufgaben

1 Findest du den Flächeninhalt heraus, ohne dabei Rasterquadrate oder Heftkästchen zu verwenden?
   Du kannst deine Ergebnisse durch Zeichnen überprüfen.

a 1 cm   b 1 m   c 1 dm   d 2 cm

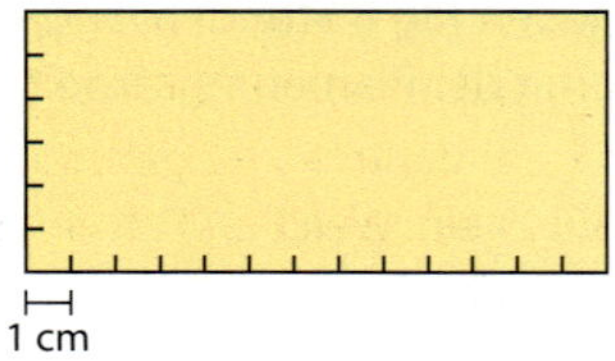

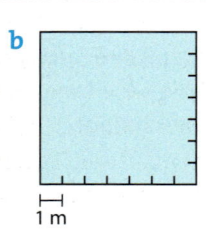

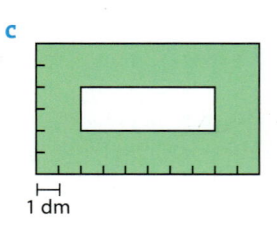

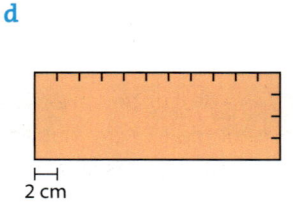

Flächeninhalt 6.5

2 Welches Viereck hat den kleinsten und welches den größten Flächeninhalt? Rechne aus!

a (Quadrat, 14 cm)
b (Rechteck, 5 cm breit)
c (Rechteck, 4 cm × 4 cm)
d (Rechteck, 6 cm)

6 Die Flächeninhalte gehören zu Rechtecken, die natürliche Zahlen als Maßzahl für Länge und Breite haben.

$24\ cm^2$ $30\ cm^2$ $59\ cm^2$ $72\ cm^2$

Finde jeweils alle möglichen Maßzahlen für Länge und Breite!

7 Ein rechteckiges Grundstück hat einen Flächeninhalt von 16 a. Seine Längsseite ist 80 m lang.
a Wie lang ist seine kürzere Seite?
b Das Grundstück soll in 4 gleich große quadratische Teilflächen zerlegt werden. Welche Seitenlängen haben die quadratischen Teile?

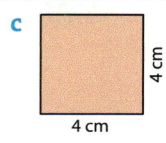

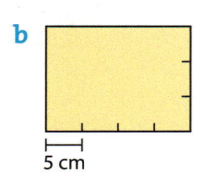

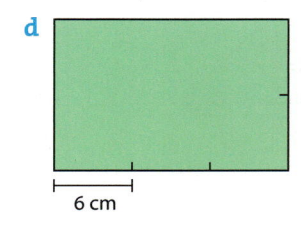

> **T** Die Maßzahlen von Länge und Breite müssen dieselbe Einheit haben!

3 Welches Rechteck ist das größte?
Berechne den Flächeninhalt der Rechtecke mit den angegebenen Seitenlängen. Zeichne alle Rechtecke in dein Heft. Überprüfe deine Ergebnisse mithilfe der Zeichnungen.
a a = 5 cm; b = 60 mm   **c** a = 7 cm; b = 0,5 dm
b a = 30 mm; b = 9 cm   **d** a = 8 cm; b = 40 mm

4 Berechne die Werte, die in der Tabelle fehlen. Wie viele Quadrate haben sich eingeschmuggelt?

	a	b	c	d
Länge	21 cm	4 cm	8 dm	1 km
Breite	21 cm	…	45 dm	250 m
Fläche	…	920 mm²	…	…

	e	f	g	h
Länge	40 mm	17 mm	28 cm	…
Breite	36 cm	…	120 mm	20 cm
Fläche	…	289 mm²	…	…
Umfang	…	…	…	245 cm

8 Nimm dein Mathematikheft quer, zeichne auf ein leeres Blatt unten links ein Koordinatensystem und in dieses Quadrate wie in der Abbildung. 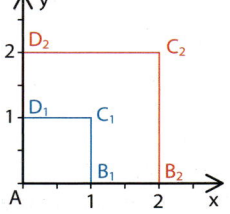
Die Quadrate müssen alle den gemeinsamen Punkt A(0|0) haben, die Punkte B und D sollen auf den Achsen liegen.
a Erhöhe die Seitenlänge der Quadrate in 1-cm-Schritten und zeichne so viele Quadrate ein, wie auf das Blatt passen.
b Berechne den Flächeninhalt aller Quadrate. Kommen dir die Ergebnisse bekannt vor?

9 Erkennst du jeweils eine Regel?
Wie verändert sich der Flächeninhalt eines Quadrates, wenn …
a … die Seitenlänge *oder* die Seitenbreite verdoppelt, verdreifacht oder vervierfacht wird?
b … die Seitenlänge *und* die Seitenbreite verdoppelt, verdreifacht oder vervierfacht werden?

10 Kevins Eltern kaufen sich ein Grundstück und planen, darauf ein Haus zu bauen. Das Haus hat eine rechteckige Grundfläche, soll 8 m lang sein und einen Umfang von 26 m haben. Die Grundfläche des Hauses nimmt dann genau den zehnten Teil des Grundstücks ein. Welchen Flächeninhalt in a hat das Grundstück?

5 Zeichne drei unterschiedliche Rechtecke, die den Flächeninhalt 12 cm² haben. Bestimme jeweils ihren Umfang. Was fällt dir auf?

Umfang und Flächeninhalt ebener Figuren

6.6 Flächeninhalt von Vielecken

1 Ines hat vier Teile eines Tangram-Spiels gefunden:

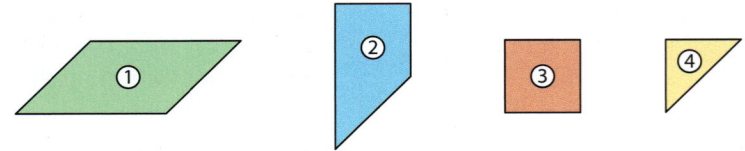

a Sie baut sie zu einem Pfeil zusammen:

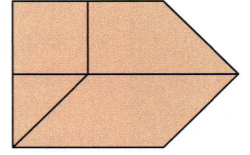

Ihr Vater möchte wissen, ob sie den Flächeninhalt dieses Fünfecks berechnen kann. Ines zögert. Die Mutter hilft ihr, indem sie die Tangram-Figuren zu einem Sechseck neu zusammensetzt:

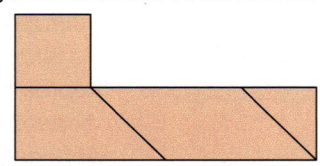

b Jetzt kann Ines den Flächeninhalt leichter berechnen. Überlegt zu zweit, wie das geht.

> **M** Viele Vielecke lassen sich durch Zerlegen auf einfache Figuren, wie Rechtecke oder Quadrate zurückführen. Deren Flächeninhalte kann man mit den Formeln berechnen.
> A = a · b oder A = a²

Übungsaufgaben

1 Berechne den Flächeninhalt der Vielecke durch Zerlegung in Rechtecke und Quadrate:

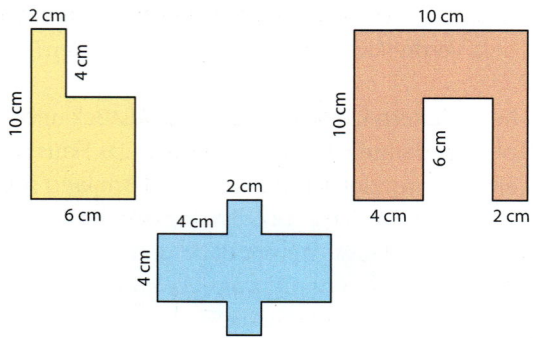

2 Die Punkte A bis G sind die Eckpunkte eines Siebenecks. Bestimme seinen Flächeninhalt durch Rechnung. 1 LE ≙ 1 cm.

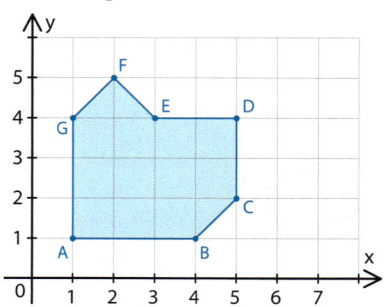

172 Umfang und Flächeninhalt ebener Figuren

Flächeninhalt von Vielecken 6.6

3 Im Koordinatensystem sind die Bausteine von Ines'Tangram abgebildet. Zeichne das Koordinatensystem auf kariertes Papier ab und schneide dann die Figuren aus. Lege sie zusammen mit deinem Nachbarn zu Vielecken zusammen.

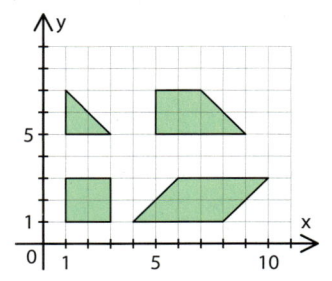

a Alle Vielecke, die man aus diesen Tangram-Figuren zusammensetzen kann, haben den gleichen Flächeninhalt. Wie groß ist er?

b Mit diesen Tangram-Figuren kann man verschiedene Arten von Vielecken zusammensetzen. Legt je ein 8-Eck und ein 9-Eck zusammen.

c Haben flächengleiche Vielecke auch immer gleiche Umfänge? Hier sind zwei flächengleiche 7-Ecke, die man mit den Tangram-Figuren zusammensetzen kann. Zeichne die beiden Figuren ins Heft ab und miss ihre Umfänge.

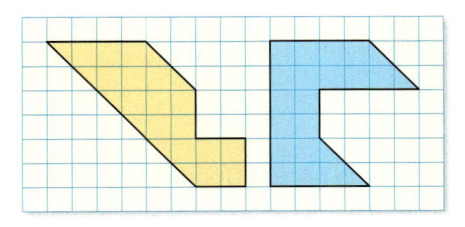

4 Hier ist ein Blechstück abgebildet, das in der Mitte eine quadratische Aussparung hat. Berechne seinen Flächeninhalt. Ein Kästchen hat eine Seitenlänge von 1 cm.

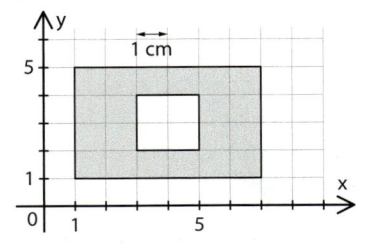

5 Aus vier Streichhölzern kannst du ein Quadrat legen. Wenn du noch zwei dazu nimmst, erhältst du ein doppelt so großes Rechteck. Was für Figuren lassen sich mit sechs Streichhölzern bauen? Warum kann man mit sechs Streichhölzern kein Quadrat zusammenlegen?

6 Die Punkte A bis H sind die Eckpunkte eines Achtecks. $x \in [0; 8] / y \in [-1; 6]$
A(2|5), B(1|4), C(1|2), D(3|0), E(5|0), F(7|2), G(7|4), H(6|5).

a Zeichne die Punkte in ein Koordinatensystem und verbinde sie zum Achteck.

b Warum ist das Achteck nicht regelmäßig? Erkläre kurz.

c Um den Flächeninhalt des Achtecks zu berechnen, kann man nun die Hilfspunkte P(1|0), Q(7|0), R(7|5) und S(1|5) mit dazu einzeichnen und das Achteck zum Rechteck ergänzen. Wie lässt sich nun der Flächeninhalt berechnen? Was ergibt die Rechnung?

7 Mit sechs Streichhölzern kann man sich ein Sechseck, aber auch ein Rechteck legen. Mit acht Streichhölzern kann man ein Achteck, aber auch wieder ein Rechteck bauen. Warum kann man aber mit sieben Streichhölzern kein Rechteck bauen? Überlege zusammen mit deinem Nachbarn.

8 Eine Hausfassade soll gestrichen werden. Ein Kästchen in der Zeichnung hat eine Seitenlänge von 1 m.

a Welchen Flächeninhalt hat die Hausfassade?

b Wie teuer kommt der Anstrich, wenn für den Quadratmeter Farbe 9 € bezahlt werden müssen?

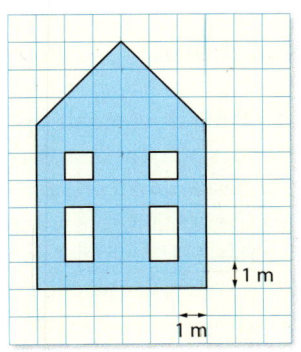

6.7 Flächengleiche Rechtecke und Quadrate

Christiane hat vier gleiche grüne Rechtecke, vier gleiche blaue Rechtecke und vier gleiche rote Quadrate aus Papier ausgeschnitten – Maße in cm. Wie du siehst, haben die blauen Rechtecke und die roten Quadrate denselben Umfang. Die grünen Rechtecke haben einen kleineren Umfang.

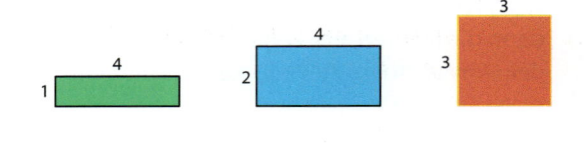

1 Christine fällt etwas auf: Wenn sie die vier roten Quadrate zu einer großen Fläche zusammenlegt, passen darüber „nahtlos" die vier blauen Rechtecke, wie im Bild.
a Schneide Vierecke aus Papier mit den gleichen Maßen wie Christiane und lege die Figur nach.
b Passen die blauen Rechtecke wirklich genauso wie gezeichnet auf die große rote Fläche? Und wenn ja – woran liegt das?
c Auch die vier grünen Rechtecke passen auf die rote Fläche – sogar noch leichter. Wie geht das?

2 Uwe überlegt: „Wenn vier Rechtecke über vier Quadrate passen und in der Mitte noch ein Loch bleibt – dann muss die Fläche eines Quadrats größer als die eines Rechtecks sein!"
a Rechne nach, dass sowohl ein blaues als auch ein grünes Rechteck eine kleinere Fläche als ein rotes Quadrat haben.
b *Eine knifflige Überlegung:* Wenn ein Rechteck mit demselben (blau) oder einem kleineren Umfang (grün) wie das rote Quadrat immer auch einen kleineren Flächeninhalt hat: Was kannst du dann über den Umfang eines Rechtecks sagen, das den gleichen Flächeninhalt wie das rote Quadrat hat? Schreibe deine Schlussfolgerung auf und erkläre sie deinem Nachbarn.

Es ergibt sich folgende Regel:

> **M** Haben ein Rechteck und ein Quadrat den **gleichen Umfang**, dann hat das **Quadrat** immer den **größeren Flächeninhalt**.
> Haben ein Rechteck und ein Quadrat den **gleichen Flächeninhalt**, dann hat das **Quadrat** immer den **kleineren Umfang**.

Übungsaufgaben

1 Ein Quadrat ① mit der Seitenlänge 6 cm und zwei Rechtecke sind gegeben. Rechteck ② hat die Seitenlängen a = 4 cm und b = 9 cm, Rechteck ③ hat die Seitenlängen a = 3 cm und b = 12 cm. Ist der Flächeninhalt von ①, ② und ③ gleich? Rechne nach. Vergleiche die Umfänge von ①, ② und ③. Was ergibt sich?

2 Ein Quadrat und ein Rechteck haben den gleichen Umfang, nämlich u = 800 mm. Das Rechteck hat eine Seitenlänge a = 15 cm.
a Berechne die andere Seitenlänge b des Rechtecks.
b Berechne die Flächeninhalte von Quadrat und Rechteck.

6.8 Mach dich fit!
Umfang und Flächeninhalt

1 Bestimme den Umfang des Rechtecks.
a) a = 3 cm; b = 2,5 cm
b) a = 12 dm; b = 6,5 dm
c) a = 32 mm; b = 6,5 cm
d) a = 3,5 m; b = 23 dm

2 Der Umfang eines Fußballfeldes beträgt 420 m, der Abstand zwischen den Toren 120 m. Wie lang ist die Grundlinie (Torauslinie)?

3 Janinas rechteckiges Zimmer ist 4,50 m lang und 3,50 m breit. Die Tür ist 90 cm breit. Ihr Zimmer bekommt einen neuen Teppichboden. Wie lang ist die Teppichbodenleiste?

4 Wie groß ist diese Figur? Lege selbst eine passende Maßeinheit fest.

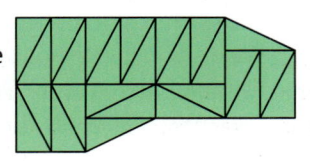

5 In welchen Maßeinheiten würdest du diese Flächen angeben?
a) Briefmarke   d) Fingernagel   g) Bodensee
b) DIN-A4-Heft e) Wohnzimmer   h) 5-€-Schein
c) Waldgebiet   f) Schlossgarten

6 Berechne Umfang und Flächeninhalt der beiden „Buchstaben". Ein Kästchen hat eine Seitenlänge von 1 cm.

7 Wandle jeweils in die nächstkleinere und nächstgrößere Einheit um.
a) 5,12 dm²   d) 753 a   g) 0,8 a
b) 179 dm²   e) 26 m²   h) 2,375 cm²
c) 8,5 m²   f) 679 cm²   i) 8,93 ha

8 Bestimme den Flächeninhalt des Rechtecks.
a) a = 4 cm; b = 7 cm   c) a = 21 mm; b = 8,5 cm
b) a = 9 dm; b = 6,5 dm   d) a = 3,5 m; b = 17 dm

9 Bestimme die fehlende Größe des Rechtecks.

Länge	Breite	Umfang
12 cm	…	35 cm
…	2,5 dm	74 cm
6,5 m	…	26 m
3,7 cm	…	10,6 cm

10 Bestimme die fehlenden Größen des jeweiligen Rechtecks:

Länge	Breite	Umfang	Flächeninhalt
4 dm		24 m	
	1 dm		40 cm²
		44 dm	121 dm²

11 Im Abstand von 1 m zum Rand einer rechteckigen Baugrube wird ein Absperrband gespannt. Die Grube ist 25 m lang und 16 m breit. Reicht eine 100-m-Rolle? Zeichne eine Skizze!

12 Zeichne die Figuren in dein Heft und vergleiche ihre Größe. Wie gehst du vor?

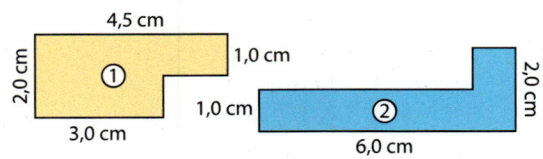

13 Hier stimmt die Maßzahl, aber die Maßeinheit ist nicht korrekt. Kannst du sie korrigieren?
a) Poster: 40 cm²   d) Pool: 36 a
b) Haustür: 2,4 dm²   e) Handydisplay: 50 mm²
c) Garten: 9 km²   f) 1-ct-Münze: 200 dm²

14 Berechne die Gesamtflächen und sortiere die Ergebnisse der Größe nach!
a) 400 cm² + 9 dm²   d) 0,3 m² – 750 cm²
b) 15 dm² + 0,7 m²   e) 8 dm² – 0,07 m² + 30 cm²
c) 0,06 ha – 250 m²   f) 2 km² – 600 a

6.8 Mach dich fit!

15 Zeichne jeweils zwei unterschiedliche Rechtecke mit dem angegebenen Flächeninhalt. Vergleiche die Umfänge.
- a 20 cm²
- b 18 cm²
- c 32 cm²
- d 45 cm²
- e 60 cm²
- f 51 cm²

16 Ilka behauptet: „Wenn ich bei einem Rechteck die Länge verdopple und die Breite halbiere, dann bleibt der Umfang gleich."
Hat sie Recht?

17 Tinis Eltern haben einen Carport. Er ist 48 dm lang und 24 dm breit. Sie wollen ihn mit quadratischen Platten auslegen lassen. Eine Platte hat eine Seitenlänge von 40 cm und kostet 4 €. Tini rechnet aus, wie teuer das Auslegen des Carports wird.

18 Davids Eltern studieren den Plan ihrer neuen Terrasse. Am Rand soll sie mit rötlichen quadratischen Platten ausgelegt werden. Diese Platten haben eine Kantenlänge von 30 cm.
- a Bestimme den Umfang der Terrasse.
- b Wie viele rötliche Randplatten werden benötigt?

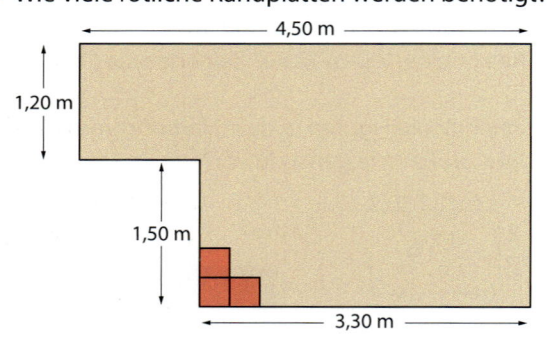

19 Bestimme die ungefähre Größe des Sees.

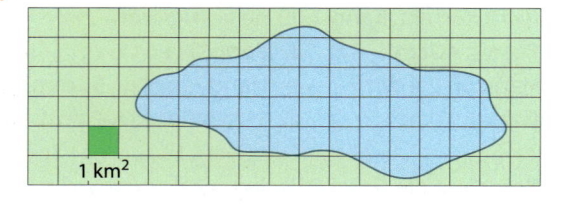

20 Die Kreisstadt möchte ein 3,2 ha großes Baugebiet in Bauplätze aufteilen und verkaufen. Für Straßen, Spielplatz und Grünflächen werden 110 a benötigt.
- a Wie viele Bauplätze zu 7 a ergibt das?
- b Welcher Quadratmeterpreis wird gefordert, wenn ein Erlös von 1 995 000 € geplant ist?

21 Bauer Scholze bezahlt pro Quadratmeter Weizensaatgut 2 Cent. Welche Kosten entstehen auf einer Anbaufläche von 3 ha?

22 Die Schmidts wollen ihre Küche (3 m x 4 m) neu fliesen. Eine 16er-Packung der Fliesen, die sie sich ausgesucht haben (25 cm x 25 cm), kostet 20 €. Es stehen höchstens 300 € zur Verfügung. Kommen sie damit aus?

23 Die Nachrichten berichten von einem großen Waldbrand in Portugal. 6 400 ha Wald sind den Flammen bereits zum Opfer gefallen. Stell dir diese Waldfläche als Fläche eines Quadrates vor. Welche Seitenlänge hätte dieses Quadrat?

24 Die Maße von Familie Hubers Grundstück:
Garage (a):   6 m (quadratisch)
Garageneinfahrt (b):   6 m (quadratisch)
Pool (c):   6 m x 4 m
Gemüsebeet (d):   40 dm x 60 dm
Fußweg (e):   200 cm breit
Terrasse (f):   40 dm x 30 dm
- a Berechne den Flächeninhalt des Fußwegs, des Hauses und der Rasenfläche.
- b Berechne den Umfang des Grundstücks, des Grundstücks ohne Fußweg und des Hauses ohne und mit Terrasse.

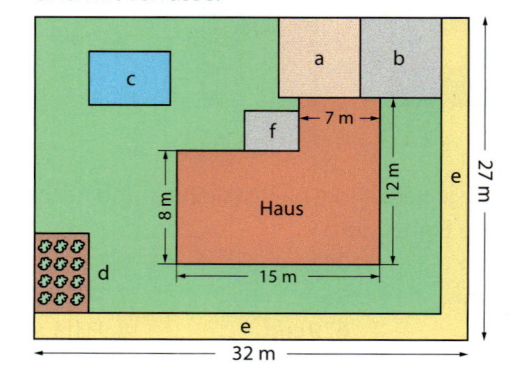

Mach dich fit! 6.8

25 Im Koordinatensystem sind zwei Vierecke abgebildet. Sie bilden zusammen ein 7-Eck. Zeichne das Viereck aus dem Koordinatensystem ab und berechne seinen Flächeninhalt. Ein Kästchen hat eine Seitenlänge von 5 mm.

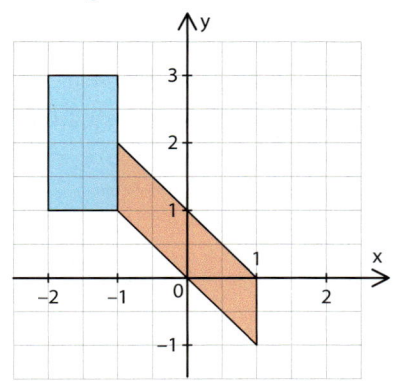

26 Ein regelmäßiges Sechseck hat eine Seitenlänge von 2 cm. Man kann drei Diagonalen einzeichnen. Wie lang ist jede Diagonale?

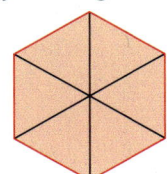

27 Die Front einer Scheune soll neu gestrichen werden. Die Scheune besitzt drei Fenster. Zwei davon haben eine quadratische Form mit einer Seitenlänge von 1 m, das dritte ist 2 m breit und 1 m hoch. Wie viel m² Fläche müssen gestrichen werden?

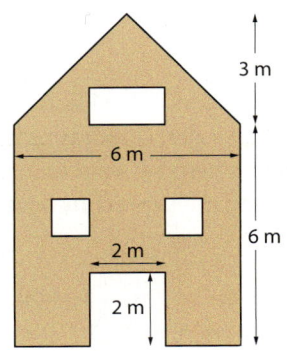

28 Ein DIN-A4-Blatt Papier ist ungefähr 30 cm hoch und 21 cm breit. Um einen Flieger zu bauen, musst du es mehrfach falten.
a Wenn du mit einer Ecke anfängst, wird die Gesamtfläche kleiner. Miss den Umfang, den das Blatt nun hat, und berechne den neuen Flächeninhalt. Runde auf ganze Zahlen. 
b Der Flieger ist noch nicht fertig. Du musst das Papier nochmals falten: Wie groß ist der Umfang jetzt und wie groß ist nun die Fläche? Runde.

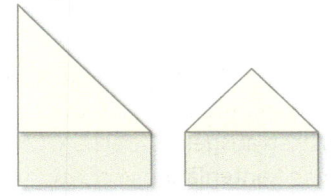

Nun kannst du den Flieger zu Ende falten. Hoffentlich fliegt er gut!

29 Aus Streichhölzern kann man Quadrate bauen. Fangen wir mit dem kleinsten an: Man braucht vier Streichhölzer für das kleinste Quadrat und acht für das nächst größere.
a Wie viele Streichhölzer braucht man für das nächste und das übernächste Quadrat? Wie geht die Reihe weiter?
b Nimm an, dass ein Streichholz 5 cm lang ist. Wie groß ist dann der Flächeninhalt des ersten, zweiten und dritten Quadrats? Wie geht diese Reihe wohl weiter?

30 Schneide aus Papier drei gleiche Rechtecke mit den Seiten a = 4 cm und b = 2 cm aus. Lege sie so zusammen, dass sie mit mindestens einer kurzen und/oder langen Seite vollständig aneinander liegen. So entstehen Rechtecke, Sechsecke oder Achtecke. Welche Umfänge haben die neu entstandenen Figuren? Mache einige Versuche und zeichne diese Figuren.

Umfang und Flächeninhalt ebener Figuren

6.9 Grundwissen

Rechteck und Quadrat

In einem **Rechteck** sind gegenüberliegende Seiten zueinander **parallel** und gleich lang. Benachbarte Seiten sind zueinander **senkrecht**.

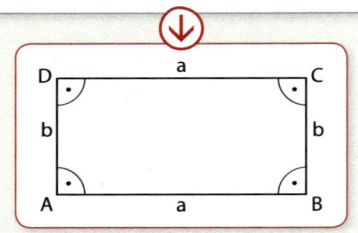

Das **Quadrat** ist ein besonderes Rechteck. Alle vier Seiten sind gleich lang.

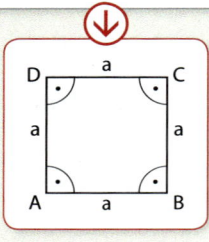

Flächeninhalt

Die Größe einer Fläche wird durch ihren **Flächeninhalt A** angegeben.

Flächeninhalt von Rechtecken:

$$A = \text{Länge} \cdot \text{Breite}$$

Rechteck
$A = a \cdot b$

Quadrat
$A = a \cdot a$

$b = 4\,\text{cm}$, $a = 8\,\text{cm}$

$A = 8\,\text{cm} \cdot 4\,\text{cm}$
$ = 32\,\text{cm}^2$

$a = 5\,\text{cm}$

$A = 5\,\text{cm} \cdot 5\,\text{cm}$
$ = 25\,\text{cm}^2$

Vielecke

Haben Figuren 5, 6, oder noch mehr Ecken, so nennt man sie 5-Eck, 6-Eck oder ganz allgemein **Vieleck**. Man unterscheidet **regelmäßige Vielecke** von **nicht regelmäßigen**. Regelmäßige Vielecke haben gleich lange Seiten, und zwei benachbarte Seiten schließen immer den gleichen Winkel miteinander ein.

Regelmäßiges 6-Eck Unregelmäßiges 6-Eck

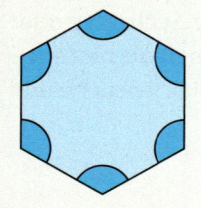

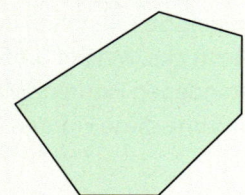

Flächenmaße

Als Grundeinheit für den Flächeninhalt verwenden wir den **Quadratmeter**. Bei Flächenmaßen verwendet man zur Umwandlung die **Umrechnungszahl 100**.

$1\,\text{km}^2 = 100\,\text{ha (Hektar)}$
$1\,\text{ha} = 100\,\text{a (Ar)}$
$1\,\text{a} = 100\,\text{m}^2$
$1\,\text{m}^2 = 100\,\text{dm}^2$
$1\,\text{dm}^2 = 100\,\text{cm}^2$
$1\,\text{cm}^2 = 100\,\text{mm}^2$

Umfang und Flächeninhalt ebener Figuren 6.9

Umfang

Addiert man alle **Seitenlängen** einer Figur, erhält man ihren **Umfang u**.

Rechteck
$u = 2 \cdot a + 2 \cdot b$

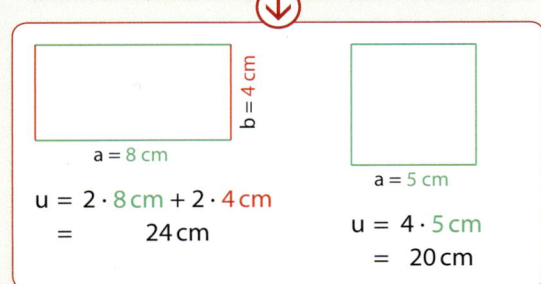

Quadrat
$u = 4 \cdot a$

$b = 4\,cm$, $a = 8\,cm$
$u = 2 \cdot 8\,cm + 2 \cdot 4\,cm$
$ = 24\,cm$

$a = 5\,cm$
$u = 4 \cdot 5\,cm$
$ = 20\,cm$

Beziehungen zwischen Rechteck und Quadrat

Wenn ein Quadrat und ein Rechteck denselben Flächeninhalt haben, dann hat das Quadrat den kleineren Umfang.

Wenn ein Quadrat und ein Rechteck denselben Umfang haben, dann hat das Rechteck den kleineren Flächeninhalt.

Zerlegen von Vielecken

Die Flächeninhalte von vielen Figuren kann man oft dadurch berechnen, dass man sie in kleinere Teilfiguren zerlegt, die man dann leichter berechnen kann.

1 In diesem Beispiel wird die Ausgangsfigur in zwei Dreiecke und ein Rechteck zerlegt. Das Rechteck hat die Seitenlängen 4 cm und 2 cm. Die beiden Dreiecke bilden zusammen ein Quadrat mit der Seitenlänge 2 cm

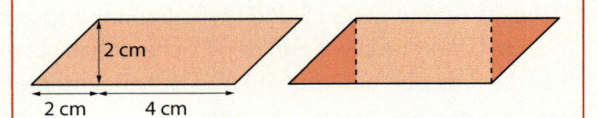

$A = 4\,cm \cdot 2\,cm + 2\,cm \cdot 2\,cm$
$ = 8\,cm^2 + 4\,cm^2 = 12\,cm^2$
Rechteck   Quadrat
Neu zusammengesetzt:

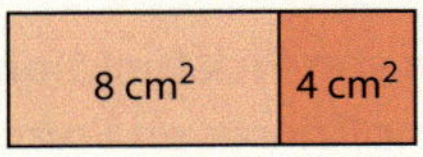

$8\,cm^2$ $4\,cm^2$

$A = 8\,cm^2 + 4\,cm^2 = 12\,cm^2$

2 Hier wird ein 8-Eck in ein Rechteck, ein Quadrat und ein halbes Quadrat zerlegt:

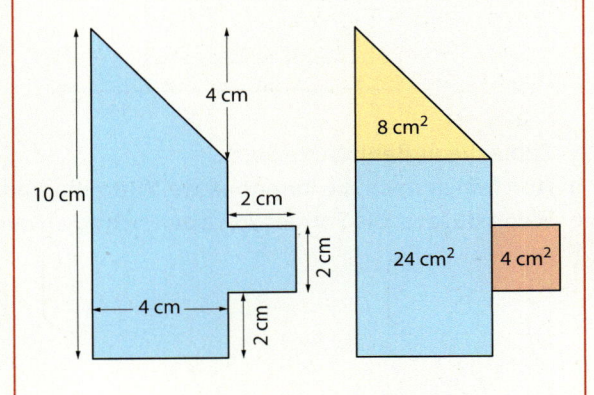

$8\,cm^2$
$24\,cm^2$ $4\,cm^2$

6.10 Mehr zum Thema: Flächen von Vielecken

Der österreichische Mathematiker **Alexander Pick** hat eine raffinierte Methode gefunden, wie man den Flächeninhalt eines Vielecks in einem Gitternetz bestimmen kann. Dazu muss man nur Gitterpunkte zählen. Nehmen wir als Vieleck ein Quadrat, das „schräg" im Koordinatensystem liegt.

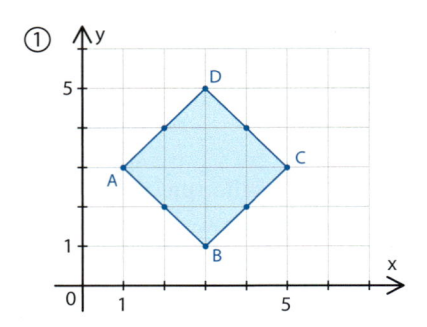

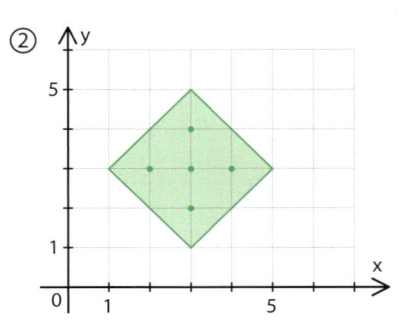

Die Methode von Pick geht so: Wir zählen zunächst die Gitterpunkte auf den Begrenzungslinien der Figur ①. Hier sind es 8 und wir nennen sie **Außenpunkte**. Dann zählen wir die Gitterpunkte im Inneren der Fläche ②. Es sind genau 5 und sie heißen **Innenpunkte**.
Und wie bekommen wir nun den Flächeninhalt? Dazu halbieren wir die Zahl der Außenpunkte, addieren dazu die Zahl der Innenpunkte und ziehen hinterher noch die Zahl 1 ab. Wir erhalten die Anzahl A der Kästchen, aus denen die Figur besteht.

A = Außenpunkte : 2 + Innenpunkte − 1;

In unserem Beispiel erhalten wir A = 8 : 2 + 5 − 1 = 8.

1 Überprüfe das Ergebnis, indem du die Fläche des Quadrats auf eine andere Weise bestimmst.

2 Das Verfahren von Pick funktioniert bei allen Vielecken, deren Eckpunkte auf einem Gitter liegen, selbst bei komplizierteren Formen. Hier haben wir ein Achteck als Umriss einer Kirche. Welchen Flächeninhalt hat es? Ein Kästchen hat einen Flächeninhalt von 1 cm^2.

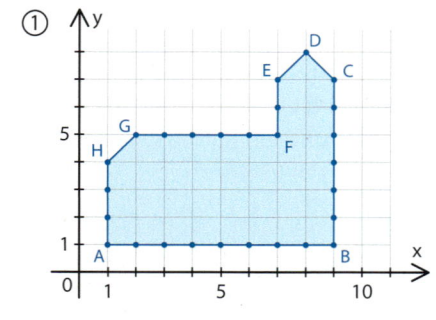

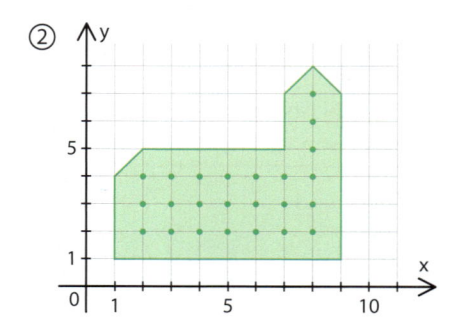

a Zähle die Außenpunkte ab.
b Nun fehlen noch die Innenpunkte. Wie viele sind es?
c Wenn du jetzt die Formel von oben richtig anwendest, solltest du eine Fläche von 36,5 cm^2 erhalten.

7

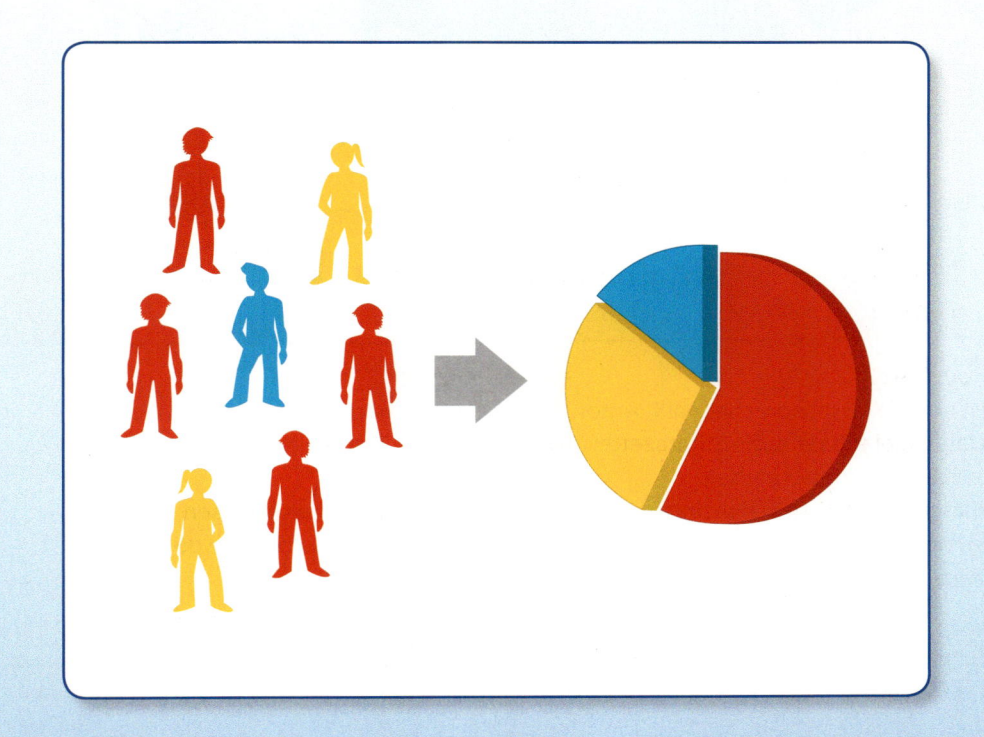

Daten

7.1 Daten sammeln

In der 5a ist heute Klassensprecherwahl! Anton, Max, Lina und Mona haben sich zur Wahl aufstellen lassen. Marie zieht die Stimmzettel aus der Urne und liest die Namen vor. Tom wird an der Tafel mitschreiben.
In deiner Klasse übernimmt vielleicht ein Mitschüler oder euer Lehrer das Vorlesen der Namen. Höre gut zu und schreibe in deinem Heft mit. Entscheide selbst, wie du die Stimmen notieren willst.

Mona, Max, Lina, Anton, Max, Max, Lina
Max, Lina, Lina, Mona, Anton, Max, Mona, Max
Lina, Mona, Max, Lina, Anton, Max, Mona, Mona
Max, Max, Lina, Mona, Anton, Lina, Max, Max

1 Setzt euch zu dritt zusammen und vergleicht eure Aufzeichnungen.
a Wie viele Stimmen hat jeder Kandidat bekommen und wer wird Klassensprecher?
b Welche Aufzeichnung ist besonders übersichtlich? Warum?

Daten sammeln 7.1

> **M** Für die verschiedenen Möglichkeiten, Umfragedaten aufzuschreiben, gibt es in der Mathematik Fachbegriffe:
> - In einer **Urliste** sind die Daten so aufgeschrieben, wie sie bei der Umfrage gesammelt wurden. Sie sind noch nicht übersichtlich geordnet.
> - In einer **Strichliste** werden die gesammelten Daten übersichtlich dargestellt. Du notierst kleine Striche in einer Tabelle und fasst sie in Fünfer-Päckchen zusammen. So kannst du die Antworten leicht zählen.
> - In einer **Häufigkeitsliste** stehen Zahlen anstelle der Striche.

2 Ordne die Begriffe *Urliste*, *Strichliste* und *Häufigkeitsliste* den Umfragelisten ①, ② oder ③ zu und erkläre deine Zuordnung in deinem Heft.

Umfrage: Welches ist dein Lieblingshaustier?

①

Hund	8
Katze	6
Hase/Nagetier	11
Vogel	3
Reptil	3

②

Hund	Katze	Hase/Nagetier	Vogel	Reptil
₩ III	₩ I	₩ ₩ I	III	III

③ Zwergkaninchen, Hund, Papagei, Chamäleon, Meerschweinchen, Schäferhund, Nymphensittich, Katze, Dalmatiner, Hamster, Perserkatze, Katze, Kaninchen, Rauhaardackel, Katze, Rennmaus, Schildkröte, Labrador, Hund, Ratte, Boxer, Katze, Husky, Zwerghamster, Angoramesrschweinchen, Katze, Zwergkaninchen, Wellensittich, Hamster, Schlange, Hase

3 Frau Schröter will wissen, wie viel Zeit ihre Schüler täglich am Computer verbringen. Sie macht in ihrer Klasse eine Umfrage, deren Ergebnis sie auf ihrem Block notiert.
Übertrage die Tabelle zu dieser Umfrage in dein Heft und vervollständige sie.

Zeit in Minuten	0	1–30	31–60	61–90	91–120	mehr
Strichliste						
Anzahl						

20 min; 45 Minuten; 60 min; gar nicht; 1 Stunde; 45 min; 1 h 30 min; 30 min; 10 min; Viertelstunde; –; 90 Minuten; 1½ h; Dreiviertelstunde; 60 min; 2–3 Stunden; 2 h; 15 Minuten; 70 min; 0 min; 1,5 Stunden; 1 Stunde; eine Viertelstunde; 40 min; 2 Stunden; 15 min; 50 min; 1 h; 40 Minuten; 1 h 10 min

7.1 Daten sammeln

Übungsaufgaben

1 In der Jahrgangsstufe 5 wurden 53 Schüler zu ihren Hobbys befragt.

	Mädchen	Jungen
Computer	|||| ||||		|||| |||| |||| |||| |||
Fußball	||||	|||| |||| |||| ||||	
Reiten	|||| ||		
Lesen	|||| |||| |||| ||	|||| |||| ||||
Basketball	||	|||| |||
Tennis	|||| ||||	||
Turnen	|||| |||| |||| ||		
Musik machen	|||| |||	||||
Musik hören	|||| |||| |||| |||| ||||		|||| |||| ||||
Sonstiges	|||| |||| |||	|||| ||||	

a Welches Hobby wird insgesamt am häufigsten genannt?
b Wie viele Schülerinnen und Schüler üben eine Ballsportart aus?
c Vergleiche die Hobbys der Mädchen mit denen der Jungen.
d Was könnte mit *Sonstiges* gemeint sein?
e Warum enthält die Liste viel mehr Striche, als Schüler befragt wurden?

2 Frage 20 Personen (Mitschüler, Familie, Nachbarn) nach der Jahreszeit, in der sie geboren wurden, und notiere die Antworten in einer Strichliste im Heft.

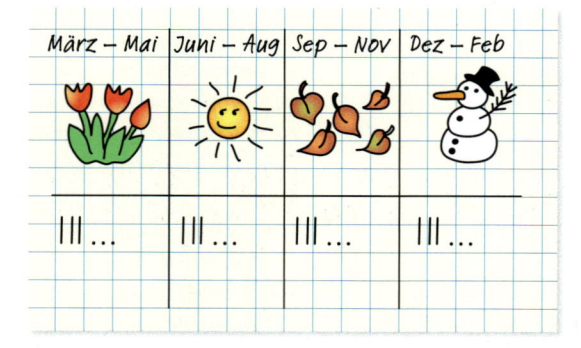

März – Mai	Juni – Aug	Sep – Nov	Dez – Feb
||| ...	||| ...	||| ...	||| ...

Überrascht dich das Ergebnis?

3 Schätze jeweils vor den Experimenten in **a** und **b**, welches Ergebnis du erhalten wirst.
a Wirf 40-mal eine Münze und lege eine Strichliste an.

Zahl	Wappen
	...	|| ...

b Wirf 40-mal zwei Münzen und notiere die Ergebnisse in einer Strichliste.

...	...	...

c Erkläre die unterschiedlichen Ergebnisse.

4 Die Klassenlehrerin führt in der 5b eine anonyme Umfrage durch. Jeder Schüler schreibt auf, wie viel Taschengeld er pro Monat bekommt. Hier siehst du die Urliste:

> 11 €; 10 €; 10 Euro; 10 Euro; 7 Euro 50 Cent;
> 13 Euro; 15 Euro; gar nichts; 12 €; 17 €;
> zehn Euro; 25 Euro; 10 Euro; 15 €; 5 €;
> 15 Euro; 15 Euro; 12,50 €; zwanzig Euro; 20 €;
> 10 €; 14 €; 17,50 €; 11 €; 15 Euro; fünf Euro;
> 8 €; 17 €; 0 Euro; 12 € 50 ct

a Erstelle eine Strichliste und eine Häufigkeitsliste. Überlege vorher, wie du die Geldbeträge in deiner Tabelle sinnvoll einteilen kannst.
b Welche Informationen kannst du aus den Listen ablesen? Notiere drei Sätze.
c Wie viele Schüler erhalten mehr als 15 €?
d Wie viele Schüler haben höchstens 10 € zur Verfügung?
e Niko sagt: „Mindestens die Hälfte unserer Klasse bekommt mehr als 10 €."
Hat er Recht? Begründe deine Meinung.

184 Daten

7.2 Daten darstellen

Hannes: Es ist ungerecht, dass in den Minitüten immer so wenig rote Gummibärchen sind.

Lara: Ja, finde ich auch. Die esse ich am liebsten.

Julian: Ich glaube, in den Tüten sind gleich viele von jeder Farbe. Aber lasst uns unsere drei Tüten ausleeren und das überprüfen.

1. Hat Julian Recht? Erkläre das **Bilddiagramm**.

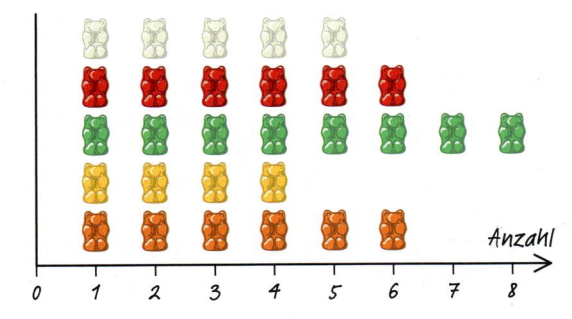

2. Lara hätte es gerne anders: Sie legt die Gummibärchen ordentlich übereinander und zeichnet Rahmen um die Säulen.
Vervollständige ihr **Säulendiagramm** im Heft.

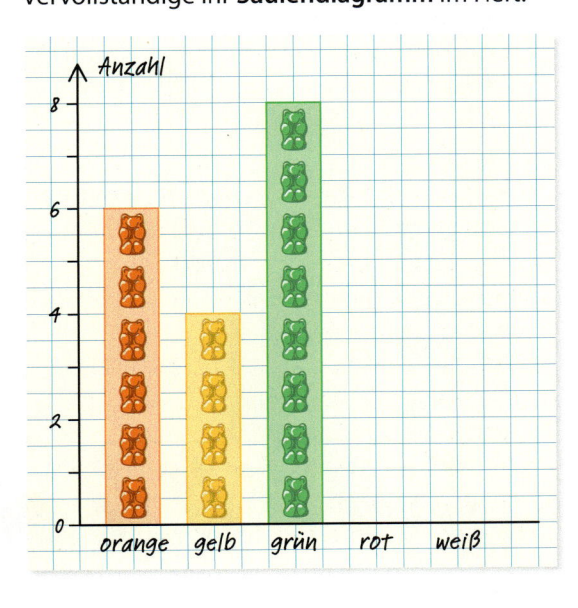

3. Wenn du die Beschriftung der Achsen des Säulendiagramms vertauschst, entsteht ein **Balkendiagramm**. Zeichne es im Heft!

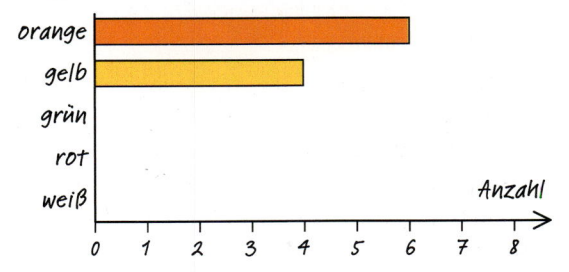

4. Hannes zeichnet die Verteilung der Gummibärchen als **Kreisdiagramm**. Ordne den Anteilen c, d und e die Farben der Gummibärchen zu.

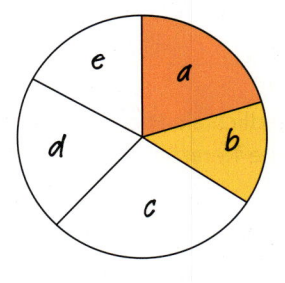

5. Du kannst die Verteilung der Gummibärchen auch in einem **Streifendiagramm** darstellen. Übertrage und vervollständige es.

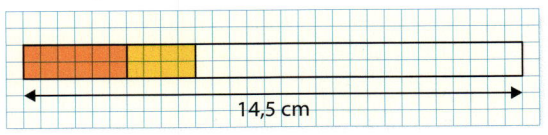

14,5 cm

7.2 Daten darstellen

Übungsaufgaben

Ich kann mir die Namen der verschiedenen Diagrammtypen am besten mit Eselsbrücken merken.

1 Suche für jedes Diagramm eine Eselsbrücke, um den Namen zuordnen zu können.

2 Die Fußball-Bundesliga gibt es seit der Spielzeit 1963/64. Aus der Strichliste unten kannst du entnehmen, wie oft die Vereine bis zum Jahr 2016 deutscher Meister geworden sind. Erstelle ein Säulendiagramm mit allen Vereinen, die mindestens zweimal deutscher Meister waren. Wähle für jede Säule eine andere Farbe.

Verein	Strichliste
1. FC Kaiserslautern	II
1. FC Köln	II
1. FC Nürnberg	I
Borussia Dortmund	IIII I
Borussia Mönchengladbach	IIII I
Eintracht Braunschweig	I
FC Bayern München	IIII IIII IIII IIII IIII
Hamburger SV	III
TSV 1860 München	I
VfB Stuttgart	III
VfL Wolfsburg	I
Werder Bremen	IIII

3 Tiere werden unterschiedlich alt. Hier findest du das Höchstalter für einige Tierarten:

Hummer 45 Jahre Frosch 20 Jahre
Uhu 65 Jahre Esel 100 Jahre
Gorilla 60 Jahre Löwe 30 Jahre

Stelle das Alter der Tiere in einem Balkendiagramm dar. Überlege vorher, wie du die Länge der Balken festlegen möchtest.

4 Das Schulbistro der Einstein-Realschule möchte sein Essensangebot verändern. Deshalb macht die Chefin eine Umfrage bei den Schülern. Hier siehst du das Ergebnis als Häufigkeitsliste.

Bistro Einstein

Welche Speisen würdest du gerne in der Mittagspause kaufen?

Speise	Anzahl
Pizza	450
Salat	301
Nudelgerichte	175
Würstchen	53
Belegte Brötchen	298
Hamburger	225

Zeichne ein Bilddiagramm. Überlege dir vorher, welche Bilder du wählst und für wie viele Nennungen ein Symbol jeweils stehen soll.

5 Die 27 Schüler der Klasse 5d haben ihre Lieblingsbeschäftigungen in den Ferien notiert. Übertrage Häufigkeitsliste und Säulendiagramm in dein Heft und vervollständige sie dort.

Beschäftigung	Anzahl
Freunde treffen	
Ausflüge unternehmen	6
in Urlaub fahren	
Verwandte besuchen	2
Hobbys nachgehen	

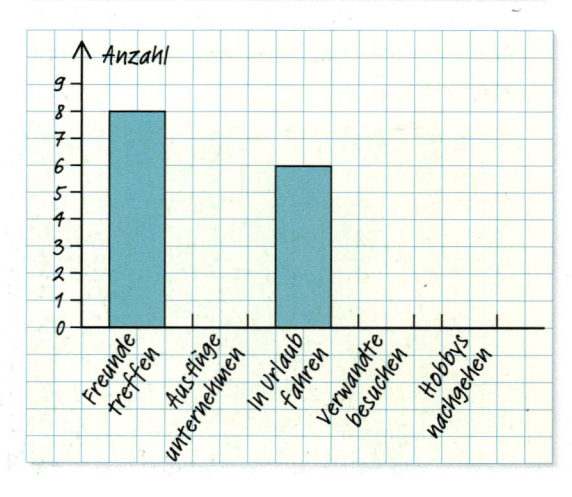

Daten darstellen 7.2

> **T** Manche Aufgaben aus der Statistik kann man sehr übersichtlich mit einer **Vierfeldertafel** lösen.

6 Die Klasse 5a hat 32 Schüler und Schülerinnen, davon 12 Mädchen. In der Klasse gibt es 11 Fahrschüler. Das sind Schülerinnen und Schüler, die nicht zu Fuß oder mit dem Fahrrad kommen. 9 Jungen sind keine Fahrschüler.
Wie viele Mädchen und wie viele Jungen aus der Klasse 5a sind Fahrschüler?

a Übertrage die folgende Tabelle in dein Heft.

Klasse 5 a	Mädchen	Jungen	gesamt
Fahrschüler	…	…	11
Nichtfahrschüler	…	…	…
gesamt	12	…	…

b Fülle jetzt diese Tabelle so weit wie möglich mit den gegebenen Informationen aus. Zwei Zahlen sind bereits eingetragen.
c Berechne jetzt, welche Zahlen in den noch freien Feldern stehen müssen, und beantworte die Frage der Aufgabenstellung.

> **T** Die wesentlichen Daten stehen jetzt in den vier rot unterlegten Feldern. Deshalb nennt man eine solche Tabelle auch **Vierfeldertafel**.

7 Erstelle zu der abgebildeten Urliste eine Strichliste, eine Häufigkeitsliste und ein passendes Diagramm.

> ### Wie kommst du zur Schule?
> Bus, Fahrrad, zu Fuß, Rad, zu Fuß, Auto, zu Fuß, ich laufe, Bus, Fahrrad, Rennrad, Bus, Auto, zu Fuß, zu Fuß, Fahrrad, im Auto, Bus, laufe, Bus, Rad, Auto, Fahrrad, Bus, zu Fuß, Bus, Fahrrad, Rennrad, Auto, Fahrrad

8 Der Turn- und Sportverein Pestenhausen hat fünf Abteilungen. Beim Volleyball sind es 40 Sportler. Die Fußballer stellen mit 50 Mitgliedern die größte Abteilung, die Turner mit 20 Mitgliedern die kleinste. Jeweils 25 Mitglieder hat der Verein beim Tennis und beim Badminton.

a Notiere übersichtlich, wie viele Mitglieder die einzelnen Abteilungen haben.
b Wie viele Mitglieder hat der Verein insgesamt?
c Zeichne ein Streifendiagramm, das die Anteile der jeweiligen Abteilungen darstellt.
d Wie würde das Streifendiagramm aussehen, wenn sich in jeder Abteilung die Zahl der Mitglieder verdoppelt? Beschreibe mit Worten oder zeichne das Diagramm.

9 An der Kasse wird jeder Kunde des Baumarktes *Nägel & Leim* nach seiner Postleitzahl gefragt. Die Angaben der Kunden werden in einer Strichliste festgehalten.

Besucherstatistik Kasse 2   31. 1. 2014

69115	₩₩ ₩₩ ₩₩ ₩₩ ₩₩ ₩₩ ₩₩ ₩₩
69117	₩₩ ₩₩ ₩₩ ₩₩ I
69120	₩₩ ₩₩ ₩₩ ₩₩ ₩₩ ₩₩ IIII
69121	₩₩ ₩₩ ₩₩ ₩₩ ₩₩ II
68161	₩₩
20099	I

a Erstelle ein passendes Diagramm.
b Warum hast du dich für diesen Diagrammtyp entschieden? Welche Diagramme sind nicht geeignet? Erkläre, warum nicht.

7.3 Daten auswerten

1 Die Klasse 5c hat über die verschiedenen Vorschläge zum Jahresausflug abgestimmt.

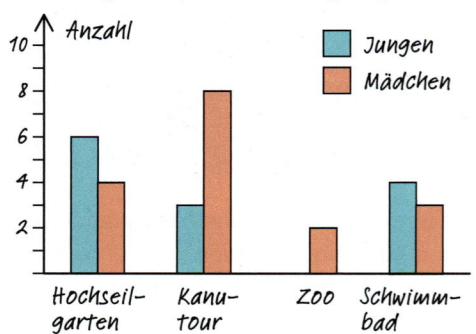

a Welches Ausflugsziel hat die meisten Stimmen bekommen?
b Welches ist das beliebteste Ausflugsziel der Mädchen, welches das der Jungen?
c Wie viele Kinder sind in der Klasse 5c, wenn jedes nur eine Stimme abgeben durfte?
d Moritz: „Das ist ungerecht. Die Mädchen haben sich abgesprochen. Es hat sich über die Hälfte der Mädchen für dasselbe Ziel entschieden. Wir wenigen Jungen hatten gar keine Chance."

2 Das Kreisdiagramm zeigt die Sitzverteilung im Bayerischen Landtag nach der Wahl 2013.

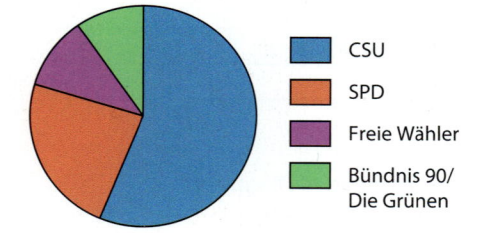

a Die SPD erreichte bei der Wahl 42 Sitze. Die anderen drei Parteien stellen jeweils 18, 19 und 101 Abgeordnete.
Ordne die Anzahl der Sitze den Parteien zu.
b Um eine Regierung zu bilden, braucht man mehr als die Hälfte der Sitze. Dazu müssen sich oft zwei oder mehr Parteien zusammentun. Hätten SPD, Bündnis 90 / Die Grünen und Freie Wähler nach der Wahl von 2013 in Bayern eine Regierung bilden können?

3 Sophie wirft einen Blick auf die Hausaufgaben ihrer kleinen Schwester und entdeckt einige Fehler. Beschreibe, was bei den Diagrammen fehlt oder falsch gemacht wurde.

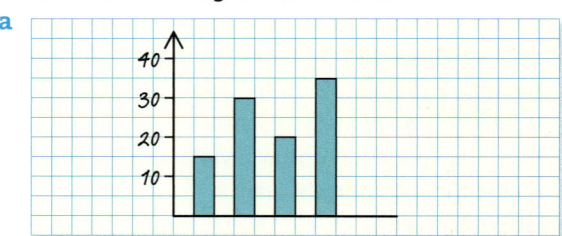

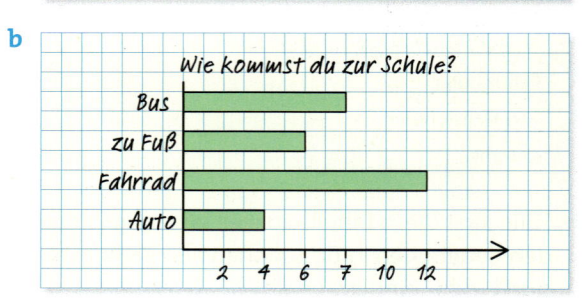

4 Die 28 Schüler der Klasse 5b haben ihren Klassensprecher gewählt.

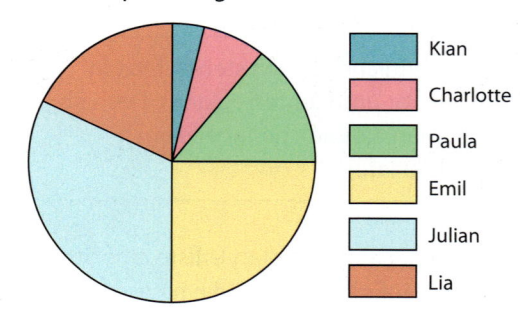

a Wer wird Klassensprecher, wer Stellvertreter?
b Am Kreisdiagramm erkennt man genau, wie viele Stimmen Julian und Lia zusammen bekommen haben. Erkläre dies.
c Wie viele Stimmen hat Emil bekommen?
d Setzt euch zu zweit zusammen und findet heraus, wie viele Stimmen jeder erhalten hat.

T Ihr dürft das Kreisdiagramm abpausen und dann Hilfslinien einzeichnen, die Schere benutzen, falten …

7.3 Daten auswerten

5 Hier siehst du jeweils dieselben Daten mithilfe von vier verschiedenen Diagrammtypen dargestellt. Marius hat einen Monat lang aufgeschrieben, wofür er sein Taschengeld ausgibt:

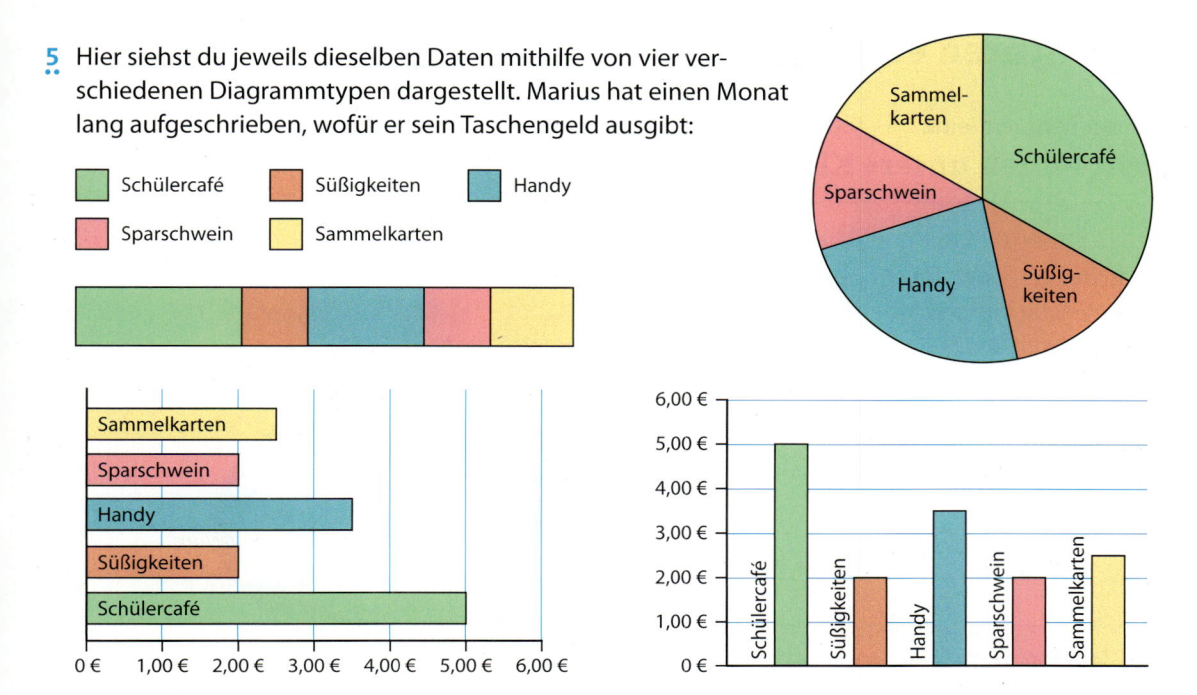

- Schülercafé
- Süßigkeiten
- Handy
- Sparschwein
- Sammelkarten

Beantworte die Fragen und schreibe immer dazu, aus welchen Diagrammen du die Antwort am besten ablesen kannst.

a Gibt Marius für Essen (Schülercafé und Süßigkeiten) die Hälfte seines Geldes aus?
b Seine Mutter sagt: „Für deine Sammelkarten verbrauchst du ein Viertel deines Taschengeldes!" Stimmt das?
c Wie viel Euro steckt Marius in sein Sparschwein?
d Wie viel Euro beträgt der Unterschied zwischen seinen Ausgaben fürs Handy und für Süßigkeiten?
e Wie viel Taschengeld bekommt er insgesamt?

6 Ein Strichmännchen steht für 10 000 Menschen.

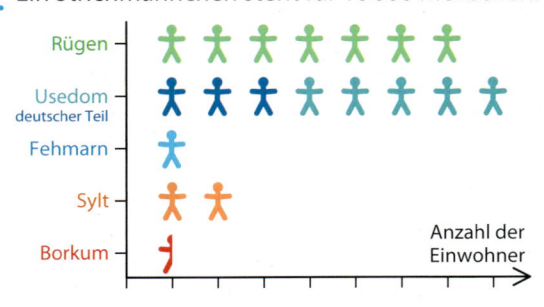

a Erkläre das Bilddiagramm.
b Warum ist für Borkum nur ein halbes Strichmännchen dargestellt?
c Wie viele Einwohner haben die Inseln jeweils?
d Wie erklärst du dir die Darstellung für Usedom?
e Finde die genauen Einwohnerzahlen heraus. Welchen Nachteil hat das Diagramm?

7 Schüler haben ihre Körpergrößen gemessen.

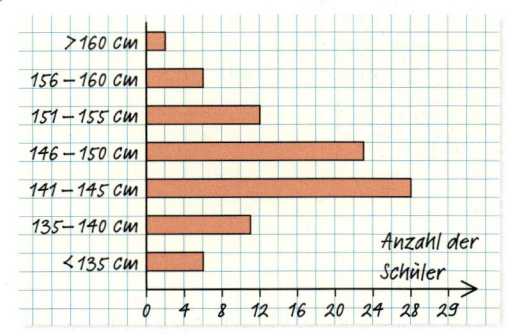

! Berichtige falsche Aussagen:
a Fünf Schüler sind kleiner als 135 cm.
b Weniger als zehn Schüler sind größer als 155 cm.
c Die Hälfte der Schüler ist kleiner als 146 cm.
d Es sind 90 Schüler in Jahrgangsstufe 5.
e 17 Schüler sind höchstens 140 cm groß.

7.4 Strategie

7.4 Wir führen eine Umfrage durch

Unser Beispielthema:
Wir lernen unsere Klasse kennen

① Fragestellungen

Bildet 3er- oder 4er-Gruppen und überlegt euch:
- Welche Informationen wollen wir bekommen?
- Mit welchen Fragestellungen erhalten wir diese Informationen?

Beispiele für Fragen zu unserem Thema:
- Wie viel Zeit benötigst du für deinen Schulweg?
- In welchem Ort/Stadtteil wohnst du?
- Wann bist du geboren?
- Welche Hobbys hast du?
- Wie viel Zeit benötigst du pro Woche für deine Hausaufgaben?

Wie viel Zeit benötigst du für deinen Schulweg?
- ☐ 0–5 min
- ☐ 6–10 min
- ☐ 11–15 min
- ☐ 16–20 min
- ☐ 21–25 min
- ☐ 26–30 min
- ☐ 31–35 min
- ☐ > 36 min

Ich benötige genau .... Minuten.

② Fragebogen

Gestaltet einen Fragebogen, der für die Befragten übersichtlich ist.
Gleichzeitig soll er es euch ermöglichen, die Antworten ohne große Umstände in eure Listen zu übertragen.

③ Umfrage

Wie viele Personen sollen befragt werden?
Macht entsprechend viele Kopien von eurem Fragebogen und führt eure Umfrage durch.

④ Auswerten

Legt zum Auswerten der Fragebögen eine Strichliste und eine Häufigkeitsliste an.

⑤ Darstellen

Fasst eure Ergebnisse in einem geeigneten Diagramm zusammen.

⑥ Präsentieren

Präsentiert eure Ergebnisse der ganzen Klasse.

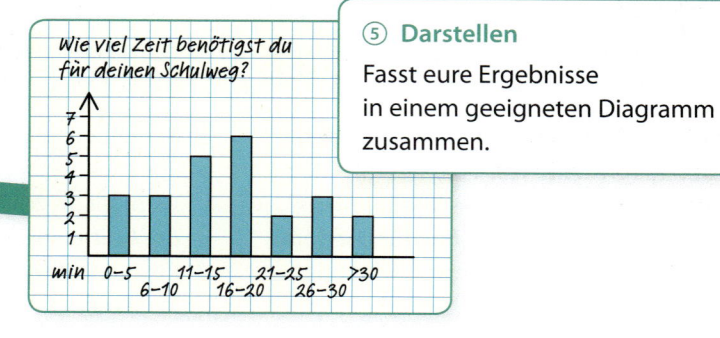

7.5 Mach dich fit!

Daten sammeln

1 Yasmin jobbt bei der Drogerie Walter, wo sie bei der Inventur mitarbeitet. Sie zählt die heruntergesetzten *Brooklyn*-Schminkartikel vom Wühltisch.
Benenne die drei Listen und ergänze die Listen ② und ③ in deinem Heft.

① Wimperntusche, Wimperntusche, Puder, Puder, Lidschatten, Puder, Lippenstift, Lidschatten, Lidschatten, Wimperntusche, Puder, Lidschatten, Lippenstift, Puder, Puder, Lippenstift, Puder, Wimperntusche, Puder, Lidschatten, Puder

②
Wimperntusche	IIII
Puder	
Lidschatten	
Lippenstift	

③
Wimperntusche	4
Puder	
Lidschatten	
Lippenstift	

2 Tobias Knöpfle erzählt zu Hause von seinem Tag bei der Verkehrszählung:

Es fuhren fünf Motorräder vorbei, richtig tolle Maschinen! Autos waren es zehnmal so viele. Es kamen zwei Linienbusse und drei Fahrräder. Zwischendurch kam ein Lkw mit Möbeln, zwei mit Tiefkühlkost, noch zwei Motorräder, zwei Lastwagen mit Getränken und ein Lkw vom Umzug-Express. Dann fuhren noch zwei Reisebusse mit japanischen Touristen und eine Gruppe von acht Mountainbikern vorbei.

Notiere die Anzahlen der unterschiedlichen Fahrzeuge mithilfe von Strich- und Häufigkeitsliste übersichtlich in deinem Heft.

3 **Wie lang ist dein Schulweg?**
300 m 12 km 7 km 1,5 km 2 km
3400 m 8,5 km 150 m 1½ km 3 km
2800 m 15 km 4200 m 2,5 km
1200 m 6 km 5000 m 3,2 km
700 m 9 km 4 km 5 km 3000 m
0,5 km 6300 m 4,6 km 1700 m

Notiere die Umfrageergebnisse übersichtlich. Überlege zuerst, wie du die Daten sinnvoll gruppieren kannst.

Daten darstellen

4 Stelle das Abstimmungsergebnis über die Ziele für den SMV-Ausflug als Balkendiagramm dar.

Nürnberg	München	Augsburg	Regensburg	Straubing
1	4	13	5	9

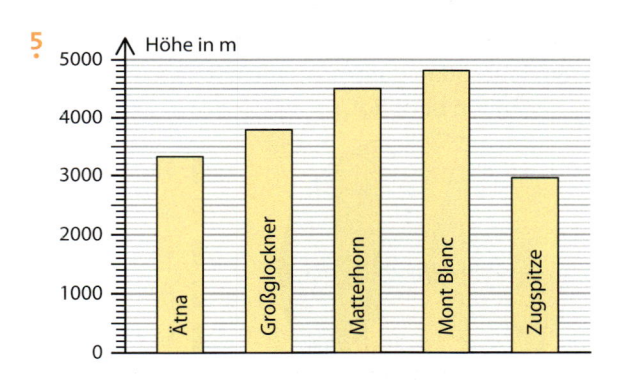

5 (Diagramm: Höhe in m)
- Ätna: ca. 3300
- Großglockner: ca. 3800
- Matterhorn: ca. 4500
- Mont Blanc: ca. 4800
- Zugspitze: ca. 3000

a Bestimme die Höhen der einzelnen Berge.
b Wie viel höher als Deutschlands höchster Berg ist der Mont Blanc?

6 Karibik-Cocktail *Tout jus Madame*:

90 ml Ananassaft
50 ml Mangosaft
40 ml Maracujasaft
30 ml Coconut Cream
20 ml Grenadinesirup

Zeichne ein Streifendiagramm.

7.5 Mach dich fit!

Daten auswerten

7 Matthias und Franzi haben einige Mitschüler nach ihrer Lieblingsfarbe befragt. Die Antworten haben sie in einem Balkendiagramm abgebildet.

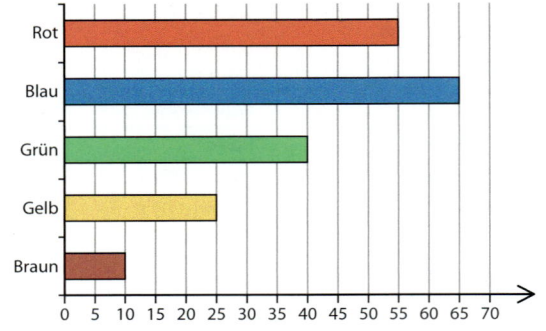

Lies am Diagramm ab:
a Wie viele Kinder geben Grün als ihre Lieblingsfarbe an?
b Genau 55 Kinder haben die gleiche Lieblingsfarbe. Welche Farbe ist das?

8 Im Kreisdiagramm ist dargestellt, wie viele Stunden Sebastian durchschnittlich für seine Tagesaktivitäten benötigt.

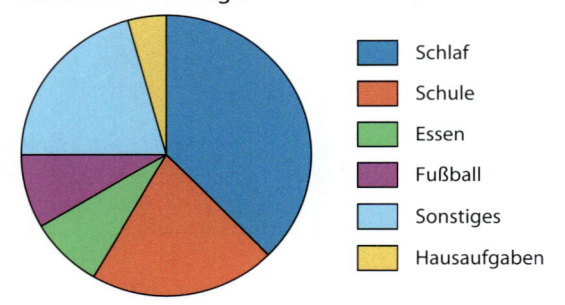

a Lies im Diagramm ab, wie viele Stunden Sebastian mit welcher Aktivität verbringt.
b Wie ist dein Tagesablauf? Gibt es große Unterschiede zu Sebastian?
c Stelle deinen Tagesablauf in einem Kreisdiagramm dar und vergleiche dann mit deinem Nachbarn.

9 Für das große Projekt *Schulradiosender* wurden die Schüler der Anne-Frank-Schule nach ihrer liebsten Musikrichtung befragt:

Elektro	Rock	Pop/Hip-Hop	Schlager	Sonst.
78	67	181	22	39

Zeichne ein Bilddiagramm. Überlege vorher, für wie viele Nennungen ein Bild stehen soll.

10 Die Tabelle zeigt die Medaillengewinne bei den olympischen Sommerspielen 2012.

London 2012	Gold	Silber	Bronze
Deutschland	11	19	14
Australien	7	16	12
Jamaika	4	4	4

a Von welchem Land ist die Medaillenverteilung im Diagramm dargestellt?
b Aus dem Diagramm lässt sich nicht ablesen, wie viele Medaillen gewonnen wurden. Was kannst du tun, um das zu ändern?

11 Wahlergebnisse werden häufig in einem Kreisdiagramm dargestellt.
a Erkläre, warum sich dieser Diagrammtyp dafür besonders gut eignet.
b Welchen Diagrammtyp würdest du wählen, um darzustellen, wie viele Einwohner verschiedene Länder haben? Warum?

12 Ein Cheeseburger (120 g) besteht aus Kohlenhydraten, Fett und Eiweiß. Der Rest ist vor allem Wasser. Im Diagramm sind die Anteile der Nährstoffe übersichtlich dargestellt.
Welche der Angaben **a**, **b** oder **c** ist richtig? Begründe deine Entscheidung.

	Kohlenhydrate	Fett	Eiweiß	Wasser
a	62 g	3 g	5 g	50 g
b	43 g	13 g	16 g	48 g
c	38 g	5 g	7 g	70 g

Grundwissen Daten 7.6

Daten und Listen

Daten sind die Ergebnisse, die bei Umfragen oder Beobachtungen gesammelt werden.

⬇

Umfrage in der Klasse
Wie viele Geschwister seid ihr?
Antworten:
zwei Kinder, drei Kinder, ein Kind …

In einer **Urliste** sind die Daten so aufgeschrieben, wie sie bei der Umfrage gesammelt wurden. Sie sind noch nicht übersichtlich geordnet.

⬇

Urliste
2; 3; 1; 2; 1; 2; 6; 1; 1; 2; 4; 1; 1; 2; 1; 3; 2; 1

In einer **Strichliste** werden die gesammelten Daten übersichtlich dargestellt. Du notierst kleine Striche in einer Tabelle und fasst sie in Fünfer-Päckchen zusammen.

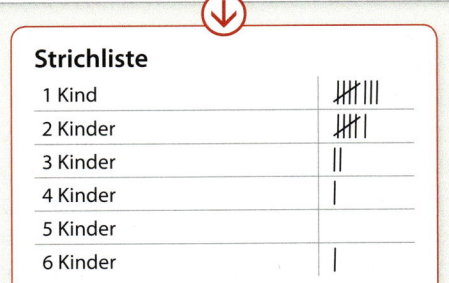

⬇

Strichliste

1 Kind	||||| |||
2 Kinder	|||||	
3 Kinder	||
4 Kinder		
5 Kinder	
6 Kinder		

In einer **Häufigkeitsliste** stehen Zahlen anstelle der Striche.

⬇

Häufigkeitsliste

1 Kind	8
2 Kinder	6
3 Kinder	2
4 Kinder	1
5 Kinder	0
6 Kinder	1

Diagramme

Im **Bild-, Säulen-** und **Balkendiagramm** kannst du die einzelnen Zahlenwerte direkt ablesen. Du siehst zum Beispiel, dass acht Einzelkinder in der Klasse sind.

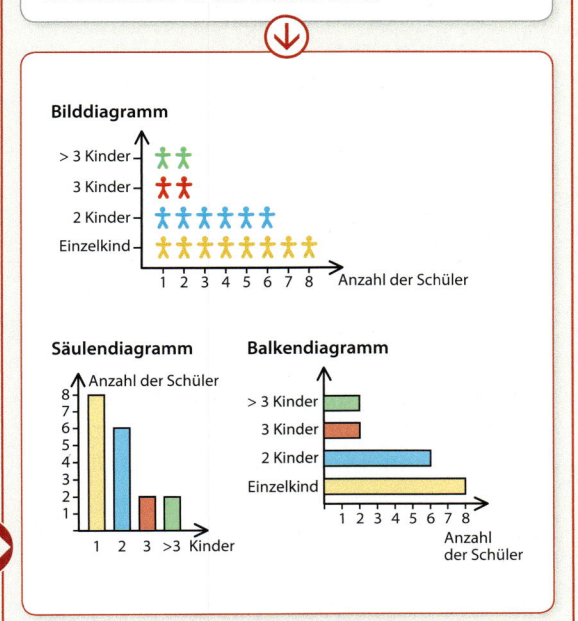

⬇

Bilddiagramm

Säulendiagramm **Balkendiagramm**

Im **Kreis-** und **Streifendiagramm** kannst du die einzelnen Anteile vom Ganzen vergleichen. Du siehst zum Beispiel, dass mehr als die Hälfte der Schüler Geschwister haben.

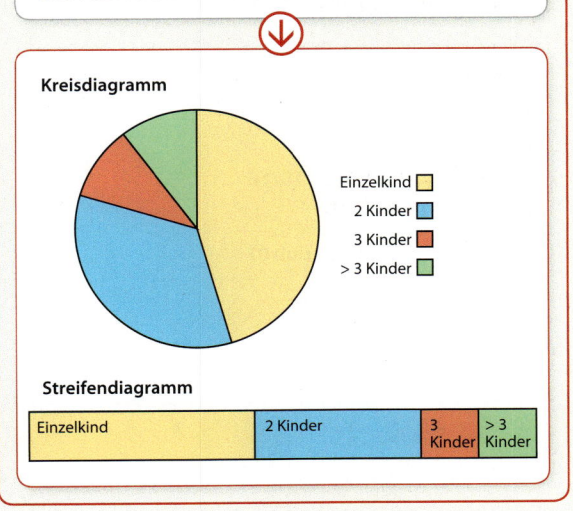

⬇

Kreisdiagramm

Streifendiagramm

7.7 Mehr zum Thema: Liniendiagramme

Temperaturverläufe

Frau Schmitt, die Klassenlehrerin der 5a, fragt ihre Schülerinnen und Schüler, wo sie in den Sommerferien ihren Urlaub verbracht haben und erfährt Erstaunliches.
Lara erzählt vom heißesten Tag ihres Familienurlaubs in Spanien:

Als ich in den Sommerferien im Urlaub war, betrug die Temperatur am heißesten Tag schon am Morgen 20 °C. Mittags um 14 Uhr war es so warm, dass wir uns im Schatten aufhalten mussten.

- Kannst du aus dem Diagramm ablesen, um wie viel Uhr es am Morgen bereits 20 °C hatte?
- Finde nun heraus, wie warm es um 14 Uhr mittags war.
- Was erfährst du noch aus diesem Diagramm?

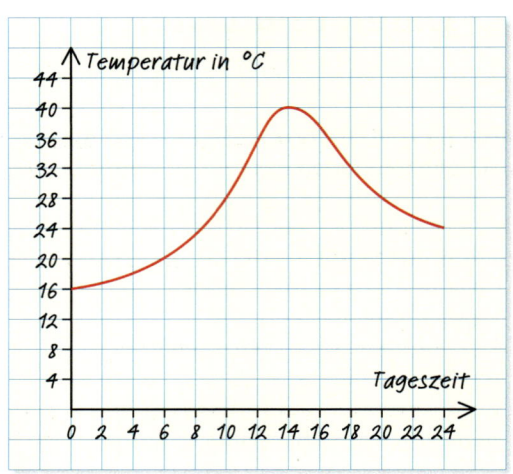

M Du kennst bereits verschiedene Diagrammarten. Das Diagramm, das du oben siehst, nennt man **Liniendiagramm**. Liniendiagramme werden zum Beispiel verwendet, um Temperaturverläufe darzustellen.

Es gibt noch andere Begebenheiten, die man mit Liniendiagrammen veranschaulichen kann:

Tabellensprünge

Schau dir das Liniendiagramm an und stelle deinem Nachbarn mindestens drei Fragen, die er mithilfe des Diagramms beantworten kann.

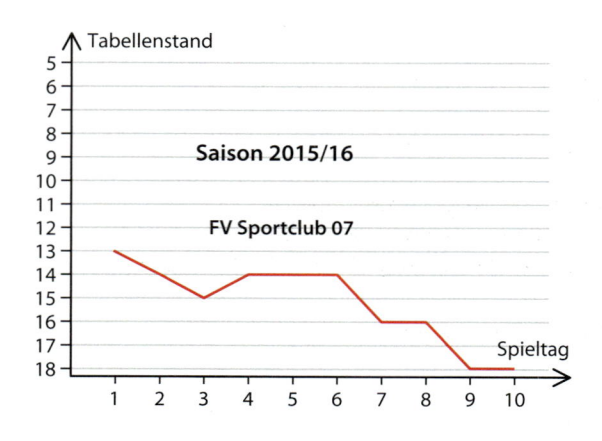

Diagrammkombination

Erstelle für den Freizeitpark *Spaßpark* anhand des Diagramms eine Prognose, in welchen Monaten des kommenden Jahres besonders viele Besucher kommen werden. Begründe deine Vorhersage.

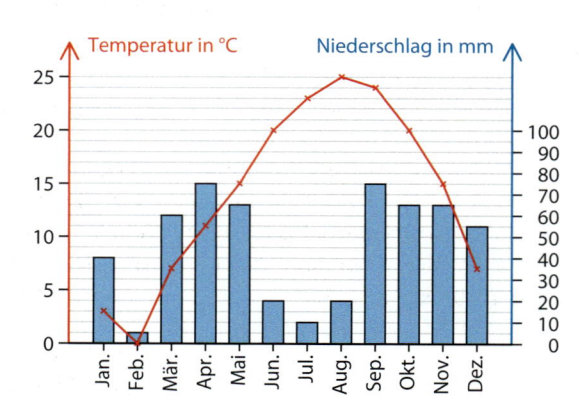

194 Daten

Lösungen zu den Mach-dich-fit!-Aufgaben

Kapitel 1

Seite 27

1 a 116 < 161   c 3 416 < 4 316   e 12 789 < 12 798
   b 1 211 > 1 112   d 72 > 27   f 238 480 < 283 840

2 a 40   180   280   c 40   48   54   60   e 270   390   510   630
   b 75   150   250   325   d 238   241   244   251

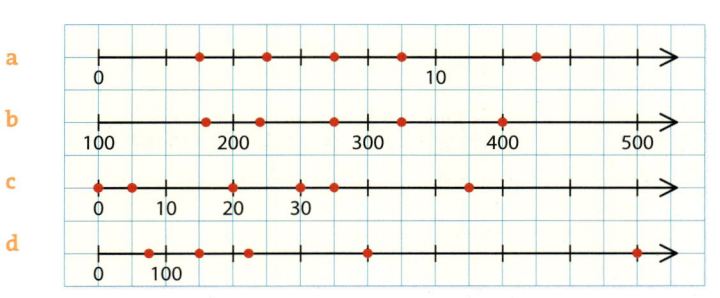

3
   a
   b
   c
   d

4 a 25 > 20   c 3 > 5   e 1 < 5   g 50 > 45 > 40
   b 13 < 15   d 3 < 5 < 6   f 15 > 14 > 13   h 8 < 12 < 18

5 a 56 < 65 < 555 < 565 < 600 < 655 < 656   b 121 < 131 < 212 < 213 < 232 < 311 < 321
   c 9 908 > 9 898 > 9 890 > 9 880 > 9 090 > 9 009 > 8 999
   d 900 090 > 900 009 > 900 008 > 800 080 > 800 009 > 800 008 > 90 009
   e 221 > 212 > 211 > 122 > 121 > 112   f 996 > 969 > 966 > 699 > 696 > 669

6 a Den Abstand zwischen 20 und 70 berechnet Ali so: 70 − 20 = 50
      Ali berechnet die Mitte (Hälfte) des Abstandes: 50 : 2 = 25
      Diese Hälfte addiert er nur zu kleineren Zahl 20: 20 + 25 = 45
   b 128 − 64 = 64; 64 : 2 = 32; 64 + 32 = 96   c 35

7 $3 \cdot 100\,000 + 5 \cdot 10\,000 + 6 \cdot 1\,000 + 9 \cdot 100 + 8 \cdot 10 + 2 \cdot 1$
   3HT 5 ZT 6T 9H 8Z 2E
   dreihundertsechsundfünfzigtausendneunhundertzweiundachtzig

   $9 \cdot 1\,000\,000 + 2 \cdot 100\,000 + 7 \cdot 10\,000 + 1 \cdot 1\,000 + 5 \cdot 1$
   9M 2HT 7ZT 1T 5E
   neun Millionen zweihunderteinundsiebzigtausendfünf

   $2 \cdot 10\,000\,000 + 3 \cdot 1\,000\,000 + 5 \cdot 100\,000 + 7 \cdot 10\,000 + 5 \cdot 1\,000 + 8 \cdot 100 + 4 \cdot 10 + 5 \cdot 1$
   2 ZM 3 M 5HT 7 ZT 5 T 8H 4Z 1E
   dreiundzwanzig Millionen fünfhundertfünfundsiebzigtausendachthundertfünfundvierzig

8 a einundzwanzig Milliarden zwei Millionen sechshundertfünfzehntausenddreihundertzwölf
   b fünf Billionen neunzig Milliarden fünfhundert Millionen vierhunderttausenddreihunderteins
   c neunhundertsechzig Trillionen vierhunderteins Billiarden achthundertzwanzig Billionen drei Milliarden
      siebenhundertsiebenundvierzig Millionen einhundert
   d 8 000 000 000 = acht Milliarden   e 40 000 000 000 000 = vierzig Billionen

9 a $3 \cdot 10^2$ c $27 \cdot 10^7$ e $520 \cdot 10^9$
   b $5 \cdot 10^5$ d $1 \cdot 10^6$ f $1 \cdot 10^{12} + 230 \cdot 10^9$

Lösungen zu den Mach-dich-fit!-Aufgaben

10 99 939   10 930

11 a $2 \cdot 10^5 < 4 \cdot 10^5 < 5 \cdot 10^5 < 6 \cdot 10^5 < 9 \cdot 10^5$
  b $4 \cdot 10^3 < 4 \cdot 10^5 < 4 \cdot 10^6 < 2 \cdot 10^7 < 4 \cdot 10^7$
  c $33 \cdot 10^2 < 333 \cdot 10^1 < 30 \cdot 10^5 < 3 \cdot 10^8 < 33 \cdot 10^7$

Seite 28

12
2 478   2 487   2 748   2 784   2 847   2 874
4 278   4 287   4 728   4 782   4 827   4 872
7 248   7 284   7 428   7 482   7 824   7 842
8 247   8 274   8 427   8 472   8 724   8 742
Es gibt 24 Möglichkeiten: (4 · 3 · 2 · 1 = 24)

13 a 9   3   234   17   107   0   ⇒   93 234 171 070   **c** 234   17   107   ⇒   23 417 107
  b 0   107   17   3   9   234   ⇒   1 071 739 234   **d** 9   3   234 0   ⇒   932 340

14 a 12 Zander   **b** 200 Heringe   **c** Zander 7-mal und Karpfen 5-mal

15 a 900   **b** 90   **c** 100

16

Berg	Höhe gerundet	Höhe exakt	Land
Mount Everest	8 800 m	8 848 m	Nepal/Tibet
Aconcagua	7 000 m	6 958 m	Chile
Denali	6 200 m	6 229 m	USA (Alaska)
Kilimandscharo	5 800 m	5 895 m	Tansania
Montblanc	4 800 m	4 807 m	Frankreich/Italien/Schweiz
Zugspitze	3 000 m	2 964 m	Deutschland/Österreich

17 a 5,80 € / 6,00 €   **c** 18,70 € / 19,00 €   **e** 0,50 € / 1,00 €
  b 3,50 € / 3,00 €   **d** 0,50 € / 0,00 €   **f** 160 ct / 2,00 €

18 a 200; 300; 700; 1 000   **b** 1 000; 1 000; 7 000; 37 000

19

Schalke 04	61 100	61 000
BVB	80 400	80 000
HSV	52 500	53 000
1. FC Nürnberg	40 600	41 000
FC Bayern	71 100	71 000
VfB Stuttgart	49 800	50 000
Werder Bremen	40 400	40 000
Bayer Leverkusen	27 900	28 000

  b 28 000 < 40 000 < 41 000 < 50 000 < 53 000 < 61 000 < 71 000 < 80 000.

20 a 1; 2; 3; 4   **c** 358; 368; 378; 388; 398;   **e** 41; 42
  b 12;   408; 418; 428; 438; 448   **f** 88
  d 14

Lösungen zu den Mach-dich-fit!-Aufgaben

Seite 29

21 Richtiges Ergebnis: 1 000. Der Fehler liegt darin, dass stufenweise gerundet wurde.

22 17 750 < 17 800 < 17 849

23 Mindestens: 97 500; höchstens: 98 499

24 Überschlag: 1,30 € + 1,40 € + 1,40 € + 6 € + 15 € = 25,10 €; Genau: 24,99 €

25

Zehnersystem	römisch	Zweiersystem
19	XIX	10011
26	XXVI	11010
53	LIII	110101
46	XLVI	101110
159	CLIX	10011111
185	CLXXXV	10111001
132	CXXXII	10000100
216	CCXVI	11011000
103	CIII	1100111

26 systematisch: **A**nne, **L**ea, **I**na, **B**en

ALIB ALBI ABLI ABIL AIBL AILB
BAIL BALI BLAI BLIA BIAL BILA
LAIB LABI LBAI LBIA LIAB LIBA
IABL IALB IBAL IBLA ILAB ILBA

Es gibt 24 Möglichkeiten: (4·3·2·1 = 24). Im Februar gibt es aber weniger als 24 Schultage.

Baumdiagramm:

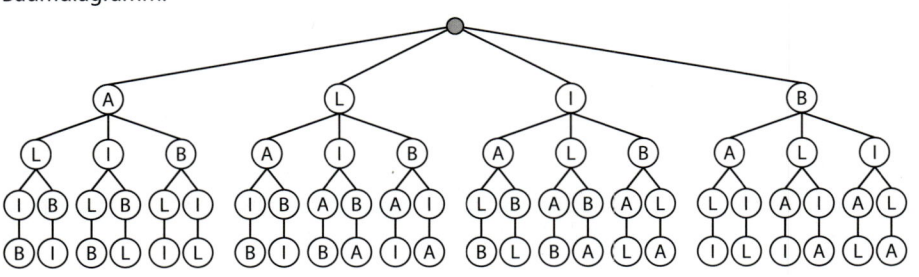

27 a 6 Möglichkeiten **b** 18 Möglichkeiten

28 a

Solos	Duette	Terzette	Quartett
A; B; C; D	AB; AC; AD; BC; BD; CD	ABC; ABD; ACD; BCD	ABCD
4	6	4	1

Lösungen zu den Mach-dich-fit!-Aufgaben

b

Solos	Duette	Terzette	Quartett	Quintett
A; B; C; D; E	AB; AC; AD; AE; BC; BD; BE; CD; CE; DE	ABC; ABD; ABE; ACD; ACE; ADE; BCD; BCD; BCE; CDE	ABCD; ABCE; ABDE; ACDE; BCDE	ABCDE
5	10	10	5	1

29 Zum Beispiel 4 Hersteller und 5 Netzanbieter: 4 · 5 = 20 Kombinationen

Kapitel 2

Seite 63

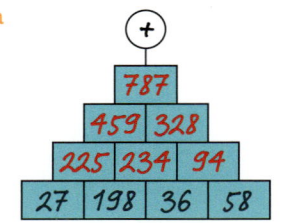

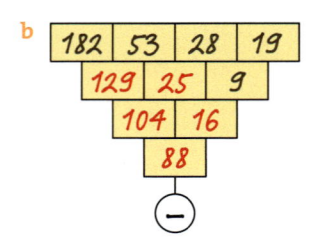

1 a Pyramide (+): 787; 459, 328; 225, 234, 94; 27, 198, 36, 58

b Pyramide (−): 182, 53, 28, 19; 129, 25, 9; 104, 16; 88

2 a **42** + 57 = 99
  Summand Summand Summenwert
  Summe

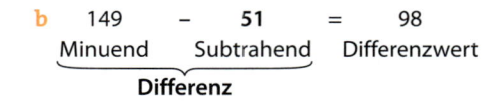

b 149 − **51** = 98
  Minuend Subtrahend Differenzwert
  Differenz

3 Überschlag: 54 € + 33 € + 13 € = 100 €. Der Betrag von 100 € reicht aus. Genaues Ergebnis: 99,67 €

4 a 118 **b** 82 **c** 250 **d** 171 **e** 71 **f** 439

5 Kommutativgesetz (Vertauschungsgesetz): In einer Summe darf man die Summanden beliebig vertauschen.
Beispiel: 13 + 20 + 37
  = 13 + 37 + 20
  =   50 + 20
  =   70

Assoziativgesetz (Verbindungsgesetz): In einer Summe darf man die Summanden beliebig zusammenfassen bzw. Klammern beliebig setzen.
Beispiel: 14 + 92 + 108
  = 14 + (92 + 108)
  = 14 +   200
  =   214

6 a 1 434 **b** 1 671 **c** 12 **d** 3 476

7 a 538 + (538 + 347) = 1 423 **b** 12 431 − 8 427 − 995 = 3 009

8 a 15 932; Ü: 10 000 + 2 500 + 3 500 = 16 000 **c** 2 958; Ü: 7 400 − 3 900 − 600 = 2 900
  b 26 648; Ü: 600 + 9 200 + 16 900 = 26 700 **d** 5 469; Ü: 18 800 − 2 700 − 10 600 = 5 500

9 108 €

Lösungen zu den Mach-dich-fit!-Aufgaben

10 a 58 b 194 c 533 d 62

11 a 536 m; 472 m b 475 m

12 a 242 − 113 + 102 + 65 = 296 b Beispiel: (102 + 65) + (242 − 113) = 296

13 Der 1. Summand ist 7, der 2. Summand ist 10. 7 + (7 + 3) − 10 = 7

14 a 3 936; 512; 678; 3 125; 385 925; 116
  b Beispiele:

  123 · 32 = 3 936
  Faktor Faktor Produktwert
  Produkt

  Potenz → 8^3 = 8 · 8 · 8 = 512
  Basis Exponent Potenzwert

  4 068 : 6 = 678
  Dividend Divisor Quotientenwert
  Quotient

Seite 64

15 a Andi rechnet zuerst den Produktwert von 4 · 25 aus, da es leichter ist 14 · 100 zu rechnen als 56 · 25.
  b Er wendet das Verbindungsgesetz an.
  c Vertauschungsgesetz: 8 · 10 = 10 · 8; Verteilungsgesetz: 7 · (8 + 10) = 7 · 8 + 7 · 10

16 a 4 255 ct = 42,55 € b 40 Flaschen Apfelsaftschorle

17 a 1 560 b 33 000 c 3 600 d 3 600 e 39 000 f 243 000

18 a (6 · 4) · (5 · 16) = 1 920, die Klammern können weggelassen werden.
  b 7^4 = 2 401 c 72 : ☐ = 6, also 72 : 12 = 6
  d 126 : (84 : 6) = 9, die Klammer kann nicht weggelassen werden.

19 a 30 Monate = $2\frac{1}{2}$ Jahre b Rate: 40 € pro Monat

20 a 3^2 = 3 · 3 = 9; die Basis wurde mit dem Exponenten vertauscht.
  b 2 · 12 = 24; 2 · 12 bedeutet 12 + 12. Der Exponent bei 12^2 gibt an, wie oft die Zahl 12 mit sich selbst multipliziert wird.
  c 78 : 6 ≠ 6 : 78; das Vertauschungsgesetz wurde fälschlicherweise bei der Division angewendet.
  d 954 : 9 = 106; die Ziffer 0 wurde beim Dividieren vergessen.

21 a
```
  9 7 1 · 1 7
  ─────────
  9 7 1 0
  6 7 9 7
  ─────────
  1 6 5 0 7
```
b
```
  5 9 3 · 8 3 2
  ─────────
  4 7 4 4 0 0
    1 7 7 9 0
      1 1 8 6
  ─────────
  4 9 3 3 7 6
```
c
```
  7 7 2 : 4 = 1 9 3
  4
  ───
  3 7
  3 6
  ───
    1 2
    1 2
    ───
      0 0
```

22 a 71 · 43 = 3 053 b 741 : 3 = 247 c z. B.: 1^{743}, Die Basis muss 1 sein.

23 a Der Produktwert verdreifacht sich ebenfalls. c Der Potenzwert wird verdreifacht.
  b Der Quotientenwert verdoppelt sich.

24 a 1 092 b 18 c 1 000 d 584

25 Individuelle Lösung. Die Begriffe kannst du auf den Seiten 66 und 67 nachlesen.

Lösungen zu den Mach-dich-fit!-Aufgaben

26 a 1 064 b 100 c 12 d 49

27 a 8 422 b 74 c 142 d 6 802 e 6 776 000

Seite 65

28 a

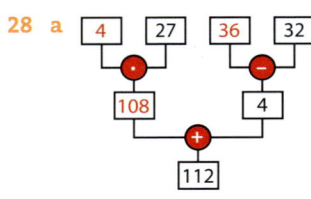

```
   [4] [27]   [36] [32]
     (·)       (−)
    [108]     [4]
        (+)
       [112]
```

4 · 27 + 36 − 32

b

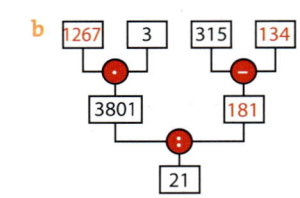

```
  [1267] [3]   [315] [134]
     (·)         (−)
    [3801]      [181]
          (:)
         [21]
```

1 267 · 3 : (315 − 134)

29 a (17 + 33 + 84) · (215 − 98) = 15 678 b 3 618 : 9 − 17 · 21 = 45

30 Mona (Rechnung links) hat ausmultipliziert. Geschickter wäre es gewesen, die Klammer zuerst zu berechnen.
Ines (Rechnung rechts) hat den Faktor 14 ausgeklammert und dann die Klammer zuerst berechnet, um sich einen Rechenvorteil zu verschaffen.

31 a 1 926 € b 1 905 € c 2 815,25 €

32 a Addiere zu 528 den Quotienten aus 144 und 12. Ergebnis: 540
 b Subtrahiere vom Produkt der Zahlen 23 und 12 die Summe aus 18 und 125. Ergebnis: 133

33 a ca. 1 110 Treppenstufen b 222 Sekunden bzw. 3 Minuten 42 Sekunden
 c Unter dem Stichwort „Olympiaturm" findest du im Internet einen Lexikonartikel.

34 a [0] [2] [4] [6] [8] e [0] [3] [6] [9]
 b [2] [6] f [2]
 c [0] [5] g [2] [8]
 d [0] [1] [2] [3] [4] [5] [6] [7] [8] [9] h [0] [3] [6] [9]

35 Eine Primzahl ist eine Zahl größer als 1, die nur durch 1 und sich selbst teilbar ist.

36 a Primzahlen: 37; 41; 53; 61; 79; 139
 b 26 = 2 · 13; 32 = 2 · 2 · 2 · 2 · 2 = 2^5; 42 = 2 · 3 · 7; 81 = 3 · 3 · 3 · 3 = 3^4;
  85 = 5 · 17; 93 = 3 · 31; 118 = 2 · 59; 121 = 11 · 11;
  144 = 12 · 12 = 2 · 2 · 3 · 2 · 2 · 3 = 2 · 2 · 2 · 2 · 3 · 3 = $2^4 \cdot 3^2$

37 a [17] b [jede beliebige Zahl] c [180] d [ggT]

38 a ggT(17;34) + kgV(17;34) = 17+34 = 51 c ggT(15;35)+ggT(5; 45) = 5 + 5 = 10
 b ✓ d ✓

39 Individuelle Lösung entsprechend der Beschreibung auf Seite 62.

Lösungen zu den Mach-dich-fit!-Aufgaben

Kapitel 3

Seite 85

1 a $2 > -5$ c $-36 < -33$ e $-400 < 380$
   b $-41 < -38$ d $-121 > -122$ f $-998 < -989$

2 a, b, c (Zahlengeraden)

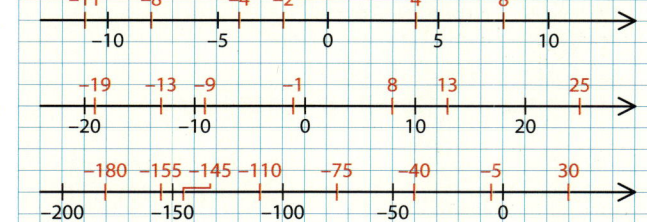

3 a, b, c (Zahlengeraden)

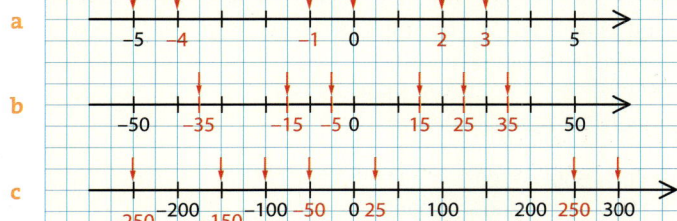

4 a –
   b In Bayern, Baden-Württemberg und in Sachsen liegt die Tageshöchsttemperatur unter 0 °C.
   c Im Ruhrgebiet ist es mit 6 °C Tageshöchsttemperatur am wärmsten.

5 a $-32 < -31 < -23 < -12 < -11 < 11 < 12 < 21 < 31$
   b $-656 < -655 < -600 < -56 < 65 < 505 < 555 < 565$

6 Zeitstrahl:
- Gründung Roms
- Rom wird Republik
- Vernichtung Karthagos
- Julius Caesar Diktator
- Besetzung Britanniens
- Reichsteilung
- Ende des Weströmischen Reiches
- Karl der Große gekrönt

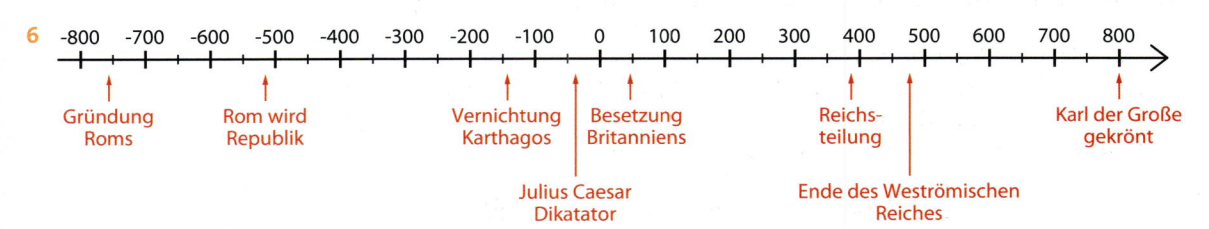

7 a Betrag: 10   Gegenzahl: −10   d Betrag: 101   Gegenzahl: −101
   b Betrag: 22   Gegenzahl: +22   e Betrag: 987   Gegenzahl: −987
   c Betrag: 49   Gegenzahl: +49   f Betrag: 1 234   Gegenzahl: +1 234

8 a $|-9| = 9$ c $26 < |-27|$
   b $-13 < |-12|$ d $|-77| < |-88|$

9 Den größten Betrag hat die Zahl $+66\,556$, den kleinsten Betrag hat die Zahl $-55\,655$.

Lösungen zu den Mach-dich-fit!-Aufgaben

10 a (+13) + (+3) b (+13) − (+3) c (−13) + (−3)

11 a (+13) + (+14) = (+27) c (−13) + (−12) = (−25) e (−214) + (−125) = (−339)
    b (+25) + (−13) = (+12) d (−35) + (+12) = (−23) f (+505) + (−209) = (+296)

12 a (+25) − (+13) = (+12) c (−46) − (−12) = (−34) e (−46) − (−120) = (+74)
    b (+12) − (−8) = (+20) d (−105) − (+12) = (−117) f (+343) − (−425) = (+768)

13 a (+9) + (+11) = 9 + 11 = 20 e (+29) − (+16) = 29 − 16 = 13
    b (+13) + (−11) = 13 − 11 = 2 f (−11) − (+15) = −11 − 15 = −26
    c (−51) + (+12) = −51 + 12 = −39 g (−16) − (−92) = −16 + 92 = 76
    d (−217) + (−474) = −217 − 474 = −691 h (+1 122) − (−3 125) = 1 122 + 3 125 = 4 247

14 a 275 + 160 = 435 d 52 − 47 = 5 g 780 − 925 = −145
    b −162 + 93 = −69 e 174 − 324 = −150 h −449 + 626 = 177
    c −13 + 15 = 2 f −33 − 42 = −75 i −946 − 253 = −1 199

15 6 + 11 = 17. Antwort: Der Temperaturunterschied beträgt 17 °C.

16 a 8 + |−7| = 15 |8 − 7| = 1 c |+15| − |−4| = 11 |4 − 15| = 11
       Antwort: Die Aussage ist falsch.   Antwort: Die Aussage ist wahr.
    b 8 + (−7) = 1 |8 − 7| = 1 d |−6 − 9| = 15 |−6| + |−9| = 15
       Antwort: Die Aussage ist wahr.   Antwort: Die Aussage ist falsch.

17 a 236 − 547 + 164 − 53 = 236 + 164 − 547 − 53 = 400 − 600 = −200
    b −897 − 875 + 397 + 475 = −875 + 475 − 897 + 397 = −400 − 500 = −900
    c −1 289 + 531 − 211 + 199 = −1 289 − 211 + 531 + 199 = −1 500 + 730 = −770

18 a Gesucht ist die Zahl −103. c Gesucht sind die Zahlen −46 und 46.
    b Gesucht ist die Zahl 1.

19 a 25 · (−3) = −75 d (−15) · (+10) · (−10) = 1 500 g 50 · (−10)³ · 10 = −500 000
    b (−2) · (−10) = 20 e (−3) · (−4) · (−12) = −144 h (−2)⁷ · (−5)⁶ = −2 000 000
    c (−1) · 2 843 = −2 843 f (−10) · (−100)² = −100 000

20 a 384 · 135 = 51 840 c −101 · 123 = −12 423 e −3⁵ = −243
    b −127 · (−236) = 29 972 d (−2)¹⁰ = 1 024

21 a 108 : (−12) = −9 d (−176) : (−22) = 8 g (+512) : (+64) = 8
    b (+39) : (−13) = −3 e 216 : (−18) = −12 h (−35) : (−35) = 1
    c 169 : (+13) = 13 f (−729) : (+27) = −27

22 a Gesucht ist die Zahl 6. c Gesucht ist die Zahl −18. e Gesucht ist die Zahl 50.
    b Gesucht ist die Zahl −9. d Gesucht ist die Zahl −32. f Gesucht ist die Zahl −7.

23 a 24 · (−6) : 16 = −9 c 18 · 53 : (−9) = −106 e (−63) · 57 : 9 = −399
    b (+33) : (−11) · (+87) = −261 d (−18) · (−12) : (−24) = −9 f (+5) · (+27) : (−15) = −9

24 a −7 · (−8) > −9 · (−10) · (−11) d −12 · 25 = 5 · 12 · (−5)
    b 1² · (−1) < 1 · (−1)² e 11² · (−11) < −121 · (−11)
    c −21 · (−31) = 31 · 21 f 17 · 0 · (−32) · (−37) < 37 · 17 · 32

Lösungen zu den Mach-dich-fit!-Aufgaben

25
- **a** $-44 \cdot 7 : (-8) = 224$
- **b** $(-36) \cdot 24 : (-3)^3 = 32$
- **c** $63 \cdot [-27 : (-3)] = 567$
- **d** $-28 \cdot 39 : (-2)^2 = -273$
- **e** $(-11) \cdot (-11) : (+11)^2 = 1$
- **f** $-3^5 : 9^2 \cdot (-16) = 48$
- **g** $72 : [-56 : (-7)] = 9$
- **h** $+343 \cdot (-45) : (+9) = -1715$

26
- **a** $7 \cdot (-5) + 10 = -25$
- **b** $-23 - (-4) \cdot (-5) = -43$
- **c** $-37 - 7 \cdot (-13) = 54$
- **d** $(-102) : (-3) - 4 \cdot 11 = -10$
- **e** $-52 - 70 : 14 - 4 \cdot (-8) = -25$
- **f** $(-48) : (-2) \cdot (-3) - 2 = -10$
- **g** $(65 - 40) \cdot (-15) = -375$
- **h** $(35 - 113) : (-3) = 26$
- **i** $156 : (99 - 111) = -13$
- **k** $(25 + 75) : (25 - 75) = -2$
- **l** $(-5 + 22) \cdot (-8 - 9) = -289$
- **m** $(-45 - 15) : (-45 + 15) = 2$

27 $[2 + (-3) + (-5) + (-4) + (-5) + (-4) + (-2)] : 7 = -3$
Antwort: Die durchschnittliche Mittagstemperatur betrug in dieser Woche $-3\,°C$.

28 In der dritten Zeile wurde die Rechenregel „Punkt- vor Strichrechnung" nicht eingehalten. Die Aufgabe lautet richtig:
$-2 \cdot (19 - 14) + (-28 + 31) \cdot (22 - 30) =$
$-2 \cdot 5 + 3 \cdot (-8) =$
$-10 + (-24) = -34$

29
- **a** $156 : (-83 + 57) = -6$
- **b** $(-3) \cdot [-87 - (-33)] = 162$
- **c** $[-84 + (-8) \cdot 7] : (-7) = 20$
- **d** $[(-3) \cdot 2^2 \cdot 7 - 133] : 7 = -31$
- **e** $[3^2 + (-4)^2 - 5^2] : 6 = 0$
- **f** $[323 : (2 - 19)] : (-19) = 1$
- **g** $[(-8)^2 + (-6)^2] : (-10) = -10$
- **h** $[6^2 - 4 \cdot (-5)^2] : (-2)^3 = 8$

Kapitel 4

Seite 126

Grundlagen: Punkte, Strecken, Geraden

1 12 Teilstrecken à 4 m. Gesamtweg: 48 m.

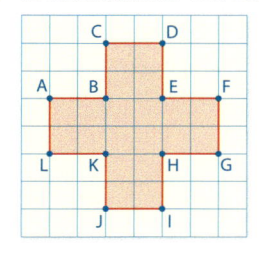

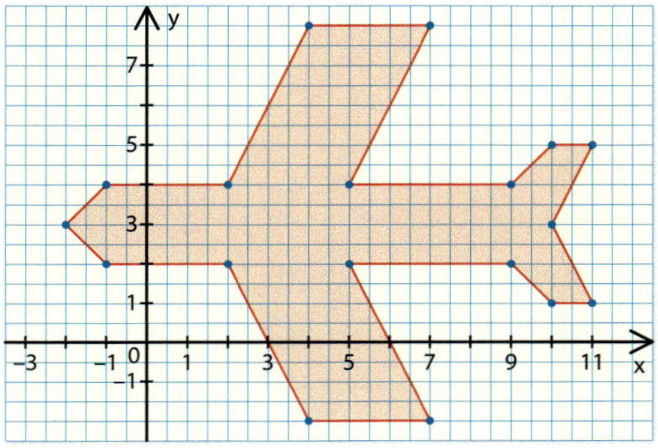

2 2 Halbgeraden und 3 Geraden. (Halbgeraden als Teilmengen von Geraden sind nicht gemeint.)
Geraden: AB, FH, BC (= HC = HB)
Halbgeraden: [BF, [CG
[CG ∥ AB, Senkrechte kommen nicht vor.

3
- **a** n ∥ k, j ∥ l;
- **b** n ⊥ g, g ⊥ k
- **c** h ⊥ i; g ⊥ k; d(n; k) = 2,3 cm; d(j; l) = 0,6 cm

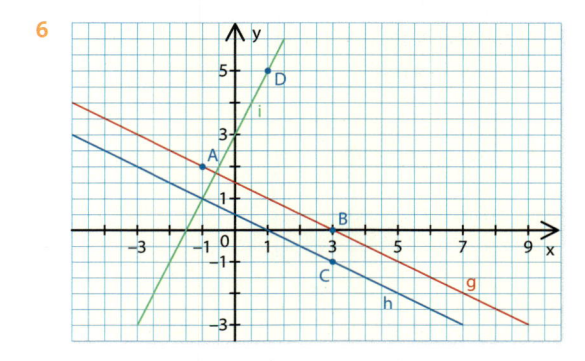

5 A(−1|6), B(0|3), C(3|2), D(0|1), E(−1|−2), F(−2|1), G(−5|2), H(−2|3).

Lösungen zu den Mach-dich-fit!-Aufgaben

Seite 127

Kreise

7 30°

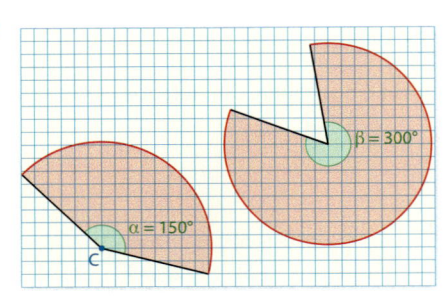

9 Koordinaten: M(1|−1), C(−2|−4), D(4|2)
Die Halbgeraden [CP und [DP stehen senkrecht zueinander und verlaufen parallel zu jeweils einer Koordinatenachse. Sie schneiden Segmente aus dem Kreis aus, die Strecken $\overline{PD}$ und $\overline{PC}$ sind Kreissehnen.

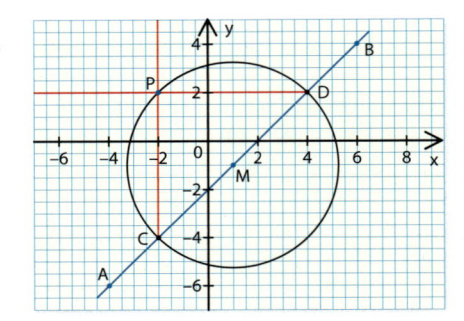

8

Winkel

10 a b 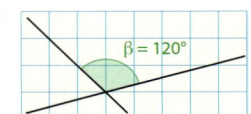 c

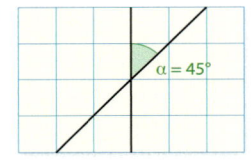

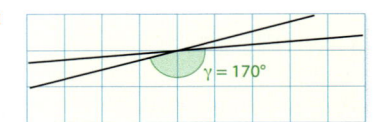

11 a 113°   b 90°   **12** Richtig: 120° bzw. 240°   **13** a 150°   b 6°

14 Koordinaten: C(−4|−2)

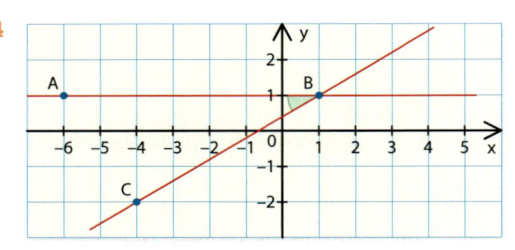

15 a   b

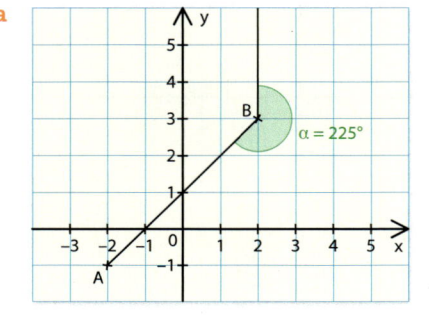

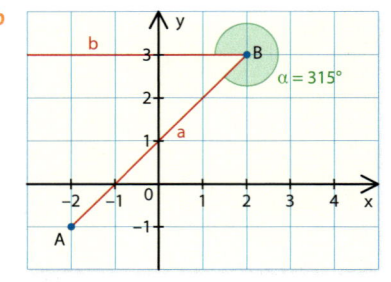

Lösungen zu den Mach-dich-fit!-Aufgaben

16 b und c sind richtig

Dreiecke

17 a Stumpfwinklig: 1, 4, 7, 9, 10, 11; rechtwinklig: 3, 8 ; gleichschenklig: 1, 5 , 6;
b 1, 11;   **c** Sie enthalten nur spitze Innenwinkel.

Seite 128

18 Zeichnung, wie vorgeschrieben.

Vierecke

19
1: Drachenviereck
2: Parallelogramm
3: Gleichschenkliges Dreieck
4: Rechtwinkliges Dreieck
5: Rechteck
6: Rechtwinkliges Dreieck
7: Rechteck
8: Quadrat

20 Vier Streichhölzer: Raute (= besonderes Parallelogramm);
Sechs Streichhölzer: Rechteck, Parallelogramm, Drachen;
Nicht möglich: Trapez, Raute, Quadrat; Grund: Ungleiche Seitenlängenpaare.

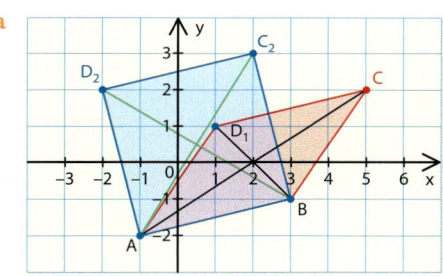

21 a
b Messung mit dem Geodreieck. Seitenlängen: 4,1 cm, 3,6 cm und 2,8 cm in jedem Teildreieck gleich.
c $C_2(2|3)$
d Längen der Diagonalen: 5,8 cm ; beide Diagonalen sind gleich lang und stehen aufeinander senkrecht.

22 a 1 und 2   **b** 1 und 2   **c** 4 und 5
d Parallelogramme und Quadrate sind Trapeze mit besonderen Eigenschaften, darüber hinaus sind keine besonderen Vierecke möglich.

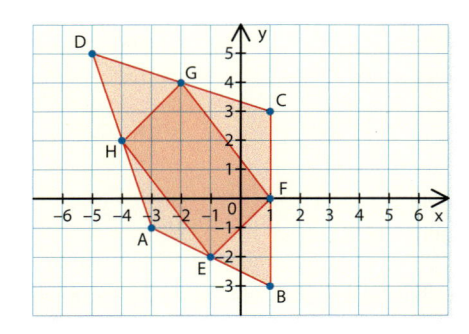

23
a E(−1|−2), F(1|0), G(−2|4), H(−4|2)
b EFGH ist offensichtlich ein Parallelogramm.
c Es wird immer wieder ein Parallelogramm entstehen. Erklärung: Das Viereck ABCD kann man sich zerlegt vorstellen in ΔBCD und ΔBDA.
Die Seitenmitten der beiden Dreiecke sind dann die Eckpunkte paralleler Seiten zur jeweiligen Grundseite. Gleiches gilt für eine Zerlegung in die Dreiecke ΔABC und ΔACD.

Seite 129

Körper

24 A und E (Kugel), C und K (Prisma, Quader), D und I (Kegel), G und H (Quader, evtl Würfel); B und F (Pyramide)

25 A zu (6), B zu (1), C zu (5), D zu (3), E zu (4), F zu (7), G zu (2);

26 b ist falsch.

Lösungen zu den Mach-dich-fit!-Aufgaben

27

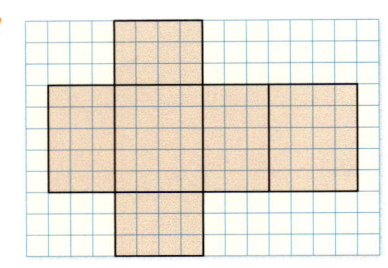

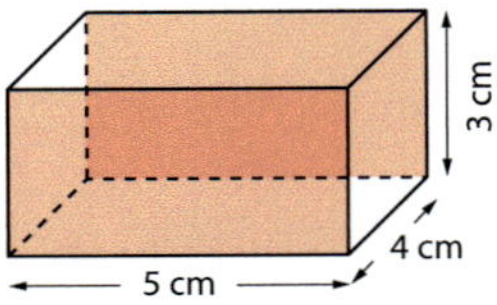

28

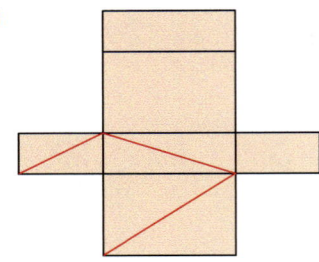

Die Diagonalen in den Seitenflächen sind 7,2 cm, 6,3 cm und 4,5 cm lang.

29 Ein Quader hat 12 Kanten: 4 · 12 cm + 4 · 8 cm + 4 · 6 cm = 48 cm + 32 cm + 24 cm = 104 cm
Ein Drahtstück der Länge 1 m reicht nicht.

30

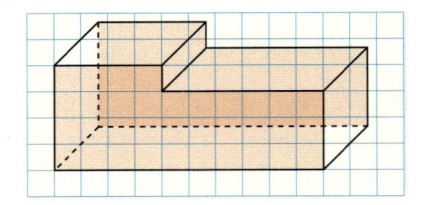

31 Der zweite Körper hat bei gleicher Höhe und Breite die doppelte Länge. Also ist auch sein Rauminhalt doppelt so groß

Kapitel 5

Seite 155

1 a 24 € = 2 400 ct; 74,58 € = 7 458 ct; 3 € 97 ct = 397 ct; 17 € 3 ct = 1 703 ct
  b 300 ct = 3 €; 6 360 ct = 63,60 €; 20 308 ct = 203,08 €

2 a 26,55 €   **b** 86,85 €   **c** 21,66 €   **d** 96 ct   **e** 87 €   **f** 86,75 €

3 80 € 347 ct (83,47 €) < 84,37 € < 83 € 1 037 ct (93,37 €) < 84 307 ct (843,07 €)

4 a Individuelle Lösungen
  b Mehrere Lösungsmöglichkeiten. Einige Beispiele:
    gegeben 14,42 € ⇒ Rückgeld 1 €   gegeben 15,42 € ⇒ Rückgeld 2 €
    gegeben 16,42 € ⇒ Rückgeld 3 €   gegeben 23,42 € ⇒ Rückgeld 10 €
  c 7,16 € ⇒ Er hat 10 ct mehr ausgegeben als Helene.
  d Alle Preis enden auf 9. An der letzten Ziffer eines Vielfachen kann ich erkenne, wie viele Figuren gekauft wurden.
    Beispiel Helene: Sie zahlt 7,0**6** €, der Betrag endet auf **6** weil 4 · 9 = **36**
    Bei 5 Figuren endet der Betrag auf **5** weil 5 · 9 = **45**
    Bei 6 Figuren endet der Betrag auf **4** weil 6 · 9 = **54**
    Bei 7 Figuren endet der Betrag auf **3** weil 6 · 9 = **63**
    Achtung: Ist der Betrag z. B. 23,66 €, endet er auf **6**. An der Höhe des Betrag sieht man, dass nicht nur 4 Figuren gekauft wurden, sondern 14.

Lösungen zu den Mach-dich-fit!-Aufgaben

5 a 7 kg = 7 000 g;   950 g = 950 000 mg   8,45 kg = 8 450 g   10,5 t = 10 500 kg
   b 6 000 kg = 6 t   4 000 g = 4 kg   34 600 kg = 34,6 t   9 009 g = 9,009 kg
   c 8 500 g   3 505 kg   5 003 g   6 087 980 g

6 a 9,5 kg oder 9 500 g   **b** 9 781 mg   **c** 22 kg   **d** 4,5 kg

7 4,5 kg < 1 t 500 kg < 3 t < 3 500 kg

8 a 1 500 kg (Auto) + 70 kg (Fahrer) = 1 570 kg → ca. 1 600 kg = 1,6 t
   Überschlag: 220 t : 1,6 t = 137,5 → Es können ca. 137 Autos mit Fahrern transportiert werden.
   Genau: 220 000 kg : 1 570 kg = 140,13 → Es können ca. 140 Autos mit Fahrern transportiert werden.
   b 70 kg · 5 = 350 kg (Fünf Autoinsassen)
   1 500 kg (Auto) + 350 kg (Autoinsassen) = 1 850 kg → ca. 1 900 kg = 1,9 t
   Überschlag: 220 t : 1,9 t = 115,8 → Es können ca. 115 Autos transportiert werden.
   Genau: 220 000 kg : 1 850 kg = 118,9 → Es können ca. 118 Autos transportiert werden.

9 200 kg – 82,3 kg – 65,5 kg = 52,2 kg → Alfred wiegt 52,2 kg.

Seite 156

10 a 1 440 min   **b** 1 260 s   **c** 122 min   **d** 13 h

11 a 2 h 8 min = 2:08 h   **b** 7 min 18 s = 7:18 min
   c 35 h 45 min = 1 d 11 h 45 min = 1 d 11:45 min   **d** 141 min 40 s = 2 h 21 min 40 s = 2:21:40 h

12 a 23 h = 1 380 **min**   **b** 1 020 s = 17 **min**   **c** 11 **h** = 39 600 s   **d** 3 000 **ms** = 3 s

13 a 100 min = 1 h 40 min   **b** 2 832 s = 47 min 12 s
   c 166 min = 2 h 46 min   **d** 126 min = 2 h 6 min

14 1 h 742 s (1:12:22 h) < 1 h 13 min (1:13 h) < 74 min (1:14 h) < 67 min 454 s (1:14:34 h)

15 a Montag Trainingsende: 16:39 Uhr
   Dienstag Trainingsende: 18:49 Uhr
   b Am Donnerstag hat sie am meisten trainiert, am Sonntag am wenigsten.
   c Der Unterschied beträgt 19 Minuten.
   d An diesen 5 Tagen trainierte sie 382 min = 6 h 22 min
   e Sie will an jedem der vier Tage 95 min trainieren.
   f An den Wochentagen hat sie 2 h 42 min = 162 min trainiert.

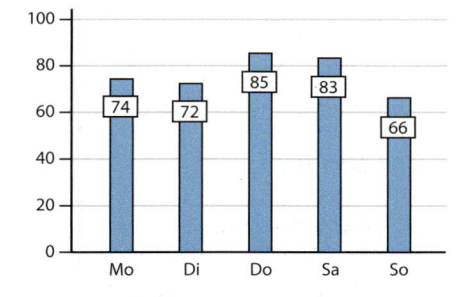

Mo: 74, Di: 72, Do: 85, Sa: 83, So: 66

16 a 12,3 dm = 123 cm   **d** 32 500 m = 32,5 km
   b 7,5 km = 7 500 m   **e** 2,05 m = 2 050 mm
   c 7 400 cm = 74 m   **f** 7 km 4 m = 7 004 m

17 a 35 m + 75 cm = 3 500 cm + 75 cm = 3 575 cm = 35,75 m
   b 150 mm + 172 cm + 3 m = 15 cm + 172 cm + 300 cm = 487 cm = 4,87 m
   c 9,3 dm + 7 cm – 10 mm = 93 cm + 7 cm – 1 cm = 99 cm = 0,99 m
   d 2,13 m · 5 = 213 cm · 5 = 1 065 cm = 10,65 m
   e 6,4 m : 8 = 640 cm : 8 = 80 cm = 0,8 m
   f 0,042 km : 12 = 42 m : 12 = 420 dm : 12 = 35 dm = 3,5 m

Lösungen zu den Mach-dich-fit!-Aufgaben

18 0,751 m = 751 mm; 70,4 cm = 704 mm; 7,5 dm = 750 mm; 705 mm
70,4 cm < 705 mm < 7,5 dm < 0,751 m

19 a 2,25 km · 10 = 22,5 km
b Mai: 2,25 km · 18 = 40,5 km; Juni: 2,25 km · 40 = 90 km; Insgesamt: 40,5 km + 90 km = 130,5 km
c 2,25 km · 10 = 22,5 km; 22,5 km · 42 = 945 km

20 a 1,2 km + 4,6 km + 3,4 km + 3,6 km + 6,2 km + 5,3 km = 24,3 km
b 1,2 km + 8,1 km + 10,4 km + 5,3 km = 25 km
c roter Rundweg: 1,2 km + 8,1 km + 10,4 km + 5,3 km = 25 km (kürzester Rundweg)
grüner Rundweg: 1,2 km + 4,6 km + 8 km + 3,6 km + 8,1 km + 1,2 km = 26,7 km
blauer Rundweg: 1,2 km + 7,2 km + 3,4 km + 3,6 km + 6,2 km + 5,3 km = 26,9 km (längster Rundweg)

Seite 157

21 a 35 ml **c** 73 dl **e** 250 cl
b 400 cl **d** 6,1 l **f** 8 600 ml

22 a 1 165 ml **b** 2 805 ml **c** 203 l **d** 8 dl

23 4 dl < 415 ml < 42,5 cl < 0,45 l

24 a ① ml, l ② ml, l ③ l
b ② = (A) / 0,33 l ① = (B) / 1,5 l ③ = (C) / 10 l

25 2 l < 3 000 ml < 5 l < 120 hl; Gesamt = 2 l + 3 l + 5 l + 12 000 l = 12 010 l

26 a 31 Personen (jeder trinkt 1,2 l; 25,2 l Wasser, 12 l Saft)
b Es werden 18,6 l an Getränken benötigt. Es gibt zwei Möglichkeiten:
18 Flaschen Wasser und 6 Flaschen Saft oder 8 Flaschen Wasser und 13 Flaschen Saft

27 a 9 cm **b** 15 cm **c** 21 cm **d** 34 cm

28 a 18 cm **b** 700 m **c** 4 km **d** 3 mm

29

	Originalgröße	Maßstab	Abbildungsgröße
Pferd	Höhe: 2,1 m Länge: 270 cm	1 : 10	Höhe: 21 cm Länge: 27 cm
Flugzeug	34 m	1 : 170	20 cm
Bayern	N – S 360 km W – O 380 km	1 : 2 000 000	N – S 18 cm W – O 19 cm

30 a 1 : 500 000 **b** 1 : 3 500

31 a 5,40 € **b** 14,70 € **c** 90 €

32 a 4 → 156 € : 3 = 52 € **b** 25 g → 0,32 €; **c** 45,60 € **d** 2,70 €
8 → 104 € 625 g → 25 · 0,32 € = 8 €

Lösungen zu den Mach-dich-fit!-Aufgaben

Kapitel 6

Seite 175

Umfang und Flächeninhalt

1. **a** 11 cm **b** 37 dm **c** 194 mm **d** 11,6 m

2. 90 m

3. 15,1 m = 151 dm

4. 26 Einheitsflächen (= 13 Rechtecke). Wenn ein Rechteck 2 Einheitsquadrate enthält, dann beträgt der Flächeninhalt 26 cm².

5. **a** cm², **c** ha (km²) **e** m² **g** km²
   b dm², **d** cm² (mm²) **f** a (ha) **h** cm²

6. Umfang „E": 22 cm, „H": 24 cm; Fläche: „E": 10 cm², „H": 11 cm²;

7. **a** 512 cm² = 5,12 dm² = 0,0512 m²
   b 17 900 cm² = 179 dm² = 1,79 m²
   c 850 dm² = 8,5 m² = 0,085 a
   d 75 300 m² = 753 a = 7,53 ha
   e 2 600 dm² = 26 m² = 0,26 a
   f 67 900 mm² = 679 cm² = 6,79 dm²
   g 80 m² = 0,8 a = 0,008 ha
   h 237,5 mm² = 2,375 cm² = 0,02375 dm²
   i 893 a = 8,93 ha = 0,0893 km²

8. **a** 28 cm² **b** 58,5 dm² **c** 1 785 mm² **d** 595 dm²

9.

Länge	Breite	Umfang
12 cm	5,5 cm	35 cm
12 cm	2,5 dm	74 cm
6,5 m	6,5 m	26 m
3,7 cm	1,6 cm	10,6 cm

10.

Länge	Breite	Umfang	Flächeninhalt
4 dm	116 dm	24 m	464 dm²
4 cm	1 dm	28 cm	40 cm²
11 dm	11 dm	44 dm	121 dm²

11. Absperrband Länge: 25 m + 2·1 m = 27 m,
    Breite: 16 m + 2·1 m = 18 m;
    Umfang: u = 2·27 m + 2·18 m = 90 m.
    Eine Rolle Absperrband reicht aus.

12. Man kann die Fläche ① in zwei Rechtecke mit der Breite 1 cm zerlegen. Eines hat dann die Länge 3 cm, das andere 4,5 cm.
    Flächeninhalt von 1: A = 4,5 cm² + 3 cm² = 7,5 cm².
    Die Fläche von ② lässt sich in ein Rechteck und ein Quadrat zerlegen.
    Flächeninhalt von ②: A = 6 cm² + 1 cm² = 7 cm².
    Die beiden Flächen sind also nicht gleich groß.

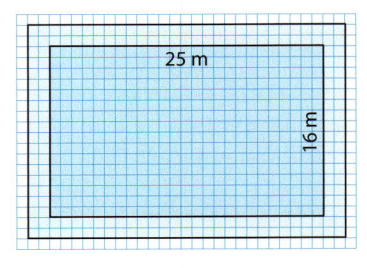

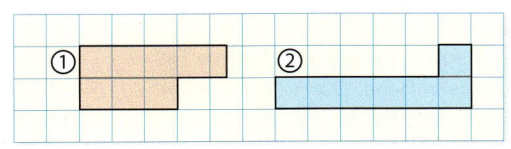

13. **a** Poster 40 dm² **c** Garten 9 a **e** Handydisplay 50 cm²
    b Haustür 2,4 m² **d** Pool 36 m² **f** 1-ct-Münze 200 mm²

Lösungen zu den Mach-dich-fit!-Aufgaben

14 **a** 13 dm² **c** 350 m² **e** 130 cm²
 b 85 dm², **d** 2 250 cm² **f** 194 ha;
 Geordnet nach der Größe:
 130 cm² < 13 dm² < 2 250 cm² = 22,5 dm² < 85 dm² < 350 m² < 194 ha;
 (e < a < d < b < c < f)

Seite 176

15 **a** Seiten: (1) a = 4 cm, b = 5 cm oder (2) a = 10 cm, b = 2 cm;
 b Seiten: (1) a = 2 cm, b = 9 cm oder (2) a = 3 cm, b = 6 cm;
 c Seiten: (1) a = 2 cm, b = 16 cm oder (2) a = 4 cm, b = 8 cm;
 d Seiten: (1) a = 3 cm, b = 15 cm oder (2) a = 9 cm, b = 5 cm;
 e Seiten: (1) a = 2 cm, b = 30 cm oder (2) a = 3 cm, b = 20 cm oder (3) a = 4 cm, b = 15 cm oder
  (4) a = 5 cm, b = 12 cm oder (5) a = 6 cm, b = 10 cm;
 f Seiten: (1) a = 3 cm, b = 17 cm oder (2) a = 2 cm, b = 25,5 cm.

 Die Umfänge inhaltsgleicher Rechtecke sind nicht gleich.
 a (1) 18 cm, (2) 24 cm   **d** (1) 36 cm, (2) 28 cm
 b (1) 22 cm, (2) 18 cm   **e** (1) 64 cm, (2) 46 cm, (3) 38 cm, (4) 34 cm, (5) 32 cm
 c (1) 36 cm, (2) 24 cm   **f** (1) 40 cm, (2) 55 cm

16 Die Behauptung ist falsch, wie ein Gegenbeispiel ergibt: Sei a_1 = 8 cm, b_1 = 4 cm → u_1 = 24 cm,
 dann ist a_2 = 16 cm und b_2 = 2 cm → u_2 = 36 cm.

17 Fläche des Carports: 48 dm · 24 dm = 1 152 dm². Eine Platte hat eine Fläche von 4 · 4 dm² = 16 dm².
 Dann werden 1 152 : 16 = 72 Platten benötigt.
 Dies bedeutet 72 · 4 = **288** Euro Kosten.

18 **a** Umfang: u = 14,4 m
 b Beim Auszählen der Platten pro Seitenlänge muss auf die Eckplatten geachtet werden, damit diese nicht
  zweifach gezählt werden. Man erhält so eine Zahl von 5 + 4 + 3 + 14 + 8 + 9 = 43 Platten. Dazu kommt
  noch eine zusätzliche Eckplatte an der inneren Kante der Terrasse. Gesamtzahl der Platten also: 44.

19 Ungefähre Größe: 38 km².   **20** **a** 320 a − 110 a = 210 a; 210 a : 7 = 30 Plätze;
   b 1 995 000 : 21 000 = 95; 95 Euro pro m².

21 3 ha = 30 000 m²; 30 000 · 2 = 60 000; Er bezahlt 60 000 ct; = 600 Euro

22 Fläche: 3 · 4 m² = 12 m²; Fläche einer Fliese: 625 cm²; Bedarf: 120 000 cm² : 625 cm² = 192.
 192 Fliesen werden benötigt, dies entspricht 192 : 16 = 12 Packungen.
 Damit belaufen sich die Kosten auf 240 Euro. Der Etat ist also ausreichend.

23 6 400 ha entsprechen 64 000 000 m², ein Quadrat mit dieser Fläche hätte eine Seitenlänge von 8 000 m.
 Probe: 8 000² m² = 64 000 000 m².

24 **a** Fußweg: 30 m · 2 m + 27 m · 2 m = 114 m²
  Haus: 15 m · 8 m + 7 m · 4 m = 148 m²
  Rasenfläche: 27 m · 32 m − 148 m² − 2 · 36 m² − 24 m² − 12 m² − 24 m² − 114 m² = 470 m²;
 b Umfang des Grundstücks: u = 2 · 32 m + 2 · 27 m = 118 m;
  Grundstück ohne Fußweg: u = 30 m + 25 m + 30 m + 25 m = 110 m;
  Haus ohne Terrasse: 54 m; Haus mit Terrasse: ebenfalls 54 m;

Lösungen zu den Mach-dich-fit!-Aufgaben

Seite 177

25 Man kann das Vieleck in ein Rechteck mit 10 mm und 20 mm Seitenlänge zerlegen und weiterhin in 8 teilweise halbierte Quadrate mit 5 mm Seitenlänge.
Die Fläche beträgt dann $A = 10 \cdot 20\,mm^2 + 8 \cdot 25\,mm^2 = 400\,mm^2$

26 Diagonalenlänge: 4 cm.

27 Gesamtfläche der Front: Großes Quadrat + halbiertes kleines Quadrat
$6\,m \cdot 6\,m + 3\,m \cdot 3\,m = 45\,m^2$;
Ausgesparte Fenster- und Türflächen: $2 \cdot 1\,m \cdot 1\,m + 2\,m \cdot 1\,m + 2\,m \cdot 2\,m = 8\,m^2$;
Restfläche: $45\,m^2 - 8\,m^2 = 37\,m^2$;

28 a Nach einmaligem Falten:
Umfang: $u_1 = 30\,cm + 21\,cm + 9\,cm + 29{,}7\,cm$ (gemessen) $= 89{,}7\,cm \approx 90\,cm$;
Flächeninhalt: $9\,cm \cdot 21\,cm + 0{,}5 \cdot 21^2\,cm^2 = 409{,}5\,cm^2 \approx 410\,cm^2$;
b Nach zweimaligem Falten:
Umfang: $u_2 = 21\,cm + 2 \cdot 9\,cm + 2 \cdot 14{,}9\,cm \approx 69\,cm$;
Flächeninhalt: $9\,cm \cdot 21\,cm + 0{,}25 \cdot 21^2\,cm^2 = 299{,}25\,cm^2 \approx 300\,cm^2$.

29 a Für das nächste Quadrat 12 Streichhölzer, für das übernächste 16.
Reihenentwicklung
(4 – 8) – 12 – 16 – 20 – 24 …

b Erstes Quadrat: $25\,cm^2$,
Zweites Quadrat: $100\,cm^2$.
Reihenentwicklung:
(25 – 100) – 225 – 400 – 625 – 900 …

30 ①: Rechtecke: 20 cm, 28 cm; ②: Sechsecke: 24 cm, 28 cm; ③: Achtecke: 24 cm, 28 cm;

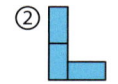

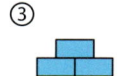

Kapitel 7

Seite 191

1 ① Urliste; ② Strichliste; ③ Häufigkeitsliste

Wimperntusche	IIII
Puder	HHT IIII
Lidschatten	HHT
Lippenstift	III

Wimperntusche	4
Puder	9
Lidschatten	5
Lippenstift	3

2

	Strichliste	Häufigkeitsliste
Motorräder	HHT II	7
Autos	HHT HHT HHT HHT HHT HHT HHT HHT HHT HHT	50
Busse	IIII	4
Fahrräder	HHT HHT I	11
Lastwagen	HHT I	6

Lösungen zu den Mach-dich-fit!-Aufgaben

3 Individuelle Lösungen. Z. B.

Schulweg in km	0 – 1 km	1,1 – 2 km	2,1 – 5 km	5,1 – 10 km	mehr als 10 km
Strichliste	IIII	IIII	IIII IIII I	IIII	II
Häufigkeitsliste	4	5	11	5	2

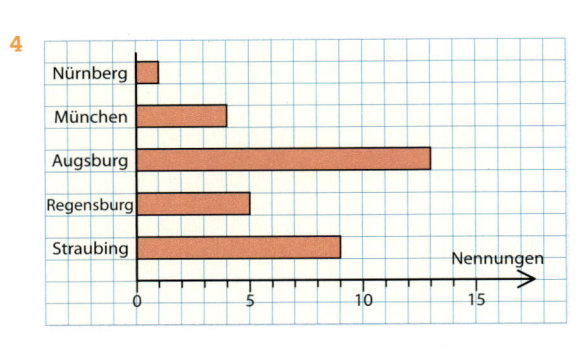

4

5 a Ätna: 3 300 m; Großglockner: 3 800 m; Matterhorn: 4 500 m; Mont Blanc: 4 800 m; Zugspitze: 2 950 m
   b 1 850 m

6

Seite 192

7 a 40 Kinder   **b** Rot

8 a Schlafen 9 h; Schule 5 h; Essen 2 h; Fußball 2 h; Sonstiges 5 h; Hausaufgaben 1 h.
   b, c Individuelle Lösungen

9 Eine CD steht für 10 Nennungen.

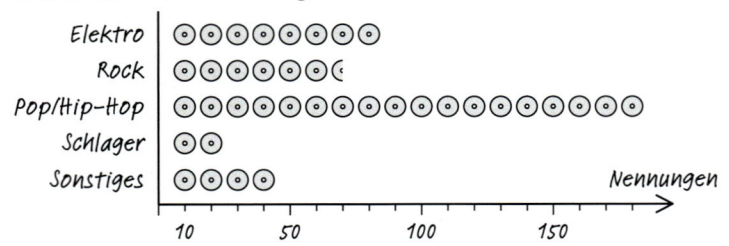

10 a Australien
    b Man kann in die Anteile des Kreisdiagramms die Anzahl der Medaillen eintragen bzw. eine Legende ergänzen. Eine andere Möglichkeit wäre, anstatt des Kreisdiagramms ein Säulen-, Balken- oder Bilddiagramm zu zeichnen.

Lösungen zu den Mach-dich-fit!-Aufgaben

11 a Im Kreisdiagramm sind die einzelnen Anteile am Ganzen klar erkennbar. Dadurch sind Mehrheitsverhältnisse und Koalitionsmöglichkeiten der verschiedenen Parteien gut zu erkennen.

  b Es bietet sich die Darstellung im Säulen-, Balken- oder Bilddiagramm an, da hier die Einwohnerzahlen an der Achse abgelesen werden können. Auch kann gut gesehen werden, ob ein Land beispielsweise doppelt so viele Einwohner hat wie ein anderes.

12 Tabellenzeile b) ist richtig.
Da die Felder für Kohlenhydrate und Wasser im Streifendiagramm eine ähnliche Größe haben, kommt Zeile c) nicht in Frage (der Unterschied zwischen 38 g Kohlenhydrate und 70 g Wasser ist zu groß).
Das Wasser-Feld ist etwas größer, als das Kohlenhydrat-Feld. Antwort b) ist deshalb richtig.

Stichwortverzeichnis

A
abschätzen 19, 30, 137
Abstand 94, 130
Addition 34, 66
Addition negativer Zahlen 74, 88
Assoziativgesetz der Addition 42, 66, 76
Assoziativgesetz der Multiplikation 46, 66, 80
ausklammern 54, 67
ausmultiplizieren 54, 67
Außenwinkel 102

B
Balkendiagramm 185, 193
Basis einer Potenz 47
Baumdiagramm 23, 31
Betrag 72, 88
Bezugsgröße 20, 30
Bilddiagramm 185, 193

D
Dezimalsystem 13, 30
Diagonale 116, 132
Differenz 37, 66
Differenzwert 37, 66
Distributivgesetz 54, 67, 82
Dividend 49, 67
Division 49, 67
Division negativer Zahlen 78, 89
Divisor 49, 67
Drachen 115, 132
Drehsinn eines Winkels 101, 131
Dreieck 113, 132
Dreisatz 150
Durchmesser 98, 131

E
Ecke 117, 133
Eckpunkt 113, 132
Einheitsquadrat 167
Eratosthenes 59
Exponent 47

F
Faktor 44, 66
Fläche 117, 133
Flächeninhalt 166, 170, 172, 174, 178
Flächenmaß 168, 178
Förster-Dreieck 106

G
ganze Zahlen 70, 88
Gegenzahl 72, 88
Geld 138
ggT 61, 67
gleichschenkliges Dreieck 113, 132
Gerade 92, 130
Größen 136 ff.
größer oder gleich 11, 30
größter gemeinsamer Teiler 61, 67

H
Halbgerade 92, 130
Häufigkeitsliste 183, 193
Hochzahl 47
Höhenwinkel 106
Hohlmaß 146

I
Innenwinkel 102, 113, 132

K
Kante 117, 133
Kantenmodell 119
Kegel 118
kgV 61, 67
Klammern 41, 66 f.
KlaPS-Regel 52
kleiner oder gleich 11, 30
kleinstes gemeinsames Vielfaches 61, 67
Kommutativgesetz der Addition 42, 66, 76
Kommutativgesetz der Multiplikation 46, 66, 80
konkaves Viereck 115
konvexes Viereck 115
Koordinatensystem 96
Körper 117 ff., 133
Kreis 98, 131
Kreisdiagramm 185, 193
Kreislinie 98, 131
Kreisteile 111, 131
Kugel 118

L
Länge einer Strecke 92, 130
Längen 144
Längeneinheiten 144
Liniendiagramm 194

M
Masse 140
Maßeinheit 136
Masseneinheiten 140
Maßstab 148
Maßzahl 136
messen 137
Millisekunde 143
Minuend 37, 66
Multiplikation 44, 66
Multiplikation negativer Zahlen 78, 89

N
Näherungswert 17
natürliche Zahlen 10 ff., 30
Nebenwinkel 109, 131
negative Zahlen 70
Netz 120

O
ordnen 11, 30

P
parallel 94, 130
Parallelogramm 115, 132

Stichwortverzeichnis

Pick, Alexander 180
Potenz 47
Potenzwert 47
Primzahl 59, 67
Prisma 118
Produkt 44, 66
Produktwert 44, 66
Punkt 92, 130
Punktschreibweise eines Winkels 101, 131
Pyramide 118

Q
Quader 122, 133
Quadernetz 122
Quadrat 115, 132
Quadratzahl 47
Quersumme 58
Quotient 49, 67
Quotientenwert 49, 67

R
Radius 98, 131
Rastermethode 19
Raute 115, 132
Rechteck 115, 132
rechtwinkliges Dreieck 113, 132
regelmäßiges Vieleck 164, 178
römische Zahlen 21, 31
runden 17, 30
Rundungsstelle 17

S
Säulendiagramm 185, 193
schätzen 19 f., 30
Scheitelpunkt 100, 131
Scheitelwinkel 109, 131
Schenkel 100, 131
Schrägbilder 124, 133
Segment 111, 131
Seite 113, 132
Sektor 111, 131
senkrecht 94, 130
Sieb des Eratosthenes 59

SOMA-Würfel 134
Spitze 117
Stellenwert 11
Strecke 92, 130
Strichliste 183, 193
Stufenschreibweise 13
Stufenzahl 15
stumpfwinkliges Dreieck 114, 132
Subtrahend 37, 66
Subtraktion 37, 66
Subtraktion negativer Zahlen 74, 88
Summand, 34, 66
Summe 34, 66
Summenschreibweise 13
Summenwert 34, 66

T
Teilbarkeit 57, 67
Teiler 56, 67
Textaufgaben, Tipps 43
Trapez 115, 132

U
Umfang 162, 179
Umfrage 190
Umrechnungszahl von Flächeninhalten 169, 178
unregelmäßiges Vieleck 164, 178
Urliste 183, 193
Ursprung 96

V
Verbinden der Grundrechenarten 52 ff., 82, 89
Verbinden von Addition und Subtraktion 40
Verbindungsgesetz der Addition 42, 66
Verbindungsgesetz der Multiplikation 46, 66
vergrößerte Abbildung 148
verkleinerte Abbildung 148
Vertauschungsgesetz der Addition 42, 66

Vertauschungsgesetz der Multiplikation 46, 66, 80
Verteilungsgesetz 54, 67
Vielfache 56, 67
Vierecke 115, 132
Vierfeldertafel 187
Vorzeichenregeln 76, 79, 81

W
Winkel 100, 131
Winkel messen 105 ff.
Winkel zeichnen 107 f.
Winkeleinteilung 103, 131
Winkelfeld 100
Winkelgröße 100, 131
Winkelscheibe 104
Winkelweite 100, 131,
Wortform einer Zahl 13
Würfel 120, 133
Würfelnetz 120, 133

X
x-Achse 96

Y
y-Achse 96

Z
zählen 23, 31
Zahlen, natürliche 10 ff., 30
Zahlen, römische 21, 31
Zahlengerade 70, 88
Zahlenstrahl 11, 30
Zählprinzip 23
Zahlsystem 13, 21 f., 31
Zehnerpotenz 15
Zehnersystem 13, 30
Zeit 142
Zeiteinheiten 142
Zeitpunkt 142
Zeitspanne 142
Zweiersystem 22, 31
Zylinder 118

Bildquellenverzeichnis

Allgemeiner Hinweis zu den in diesem Lehrwerk abgebildeten Personen:
Soweit in diesem Buch Personen fotografisch abgebildet sind und ihnen von der Redaktion fiktive Namen, Berufe, Dialoge und ähnliches zugeordnet oder diese Personen in bestimmte Kontexte gesetzt werden, dienen diese Zuordnungen und Darstellungen ausschließlich der Veranschaulichung und dem besseren Verständnis des Buchinhalts.

Seite 10/ob: REUTERS/Tobias Schwarz; un: REUTERS/Sergei Karpukhin.
Seite 11/ob. re: Fotolia – © highwaystarz.
Seite 17: Shutterstock/AGIF
Seite 19/ob. li, ob. re: mauritius images/Image Source; un. li: Glow Images/Tetra;
    un. re: mauritius images/United Archives.
Seite 20/ob. re: IMAGO; un. li: mauritius images/Alamy;
    un. re: mauritius images/imageBROKER/Martin Siepmann.
Seite 21: Glow Images/Westend61.
Seite 28/Mi. li: Glow Images/Superstock RM.
Seite 29/Mi. li: Fotolia – © uwimages.
Seite 32: NASA/Goddard Space Flight Center.
Seite 38/un. re: IMAGO.
Seite 40/ob. re: Fotolia – © Christian Schwier.
Seite 44/ob. li: mauritius images/imageBROKER/Pierre Pavot.
Seite 48/Mi. re: Fotolia – © unpict.
Seite 61/Mi. re: Shutterstock.
Seite 68/ob. li: mauritius images/all mauritius images; Mi. re: Fotolia – © TwilightArtPictures;
    un. li: mauritius images/BY.
Seite 84/Mi. re: Fotolia – © T. Linack.
Seite 90/Mi. li: Fotolia – © foto-tech
Seite 92:/ob. li: Fotolia – © Marina.
Seite 105/ob. li: Hans-Peter Waschi
Seite 108/Mi. li: Fotolia – © Marcel Schauer
Seite 136/ob. re: JUNIORS.
Seite 137/ob. re: TOPICMedia Service – © imagebroker/Martin Siepmann; Mi. li: Juniors Bildarchiv – WILDLIFE/J. Rajput;
    Mi. Mi: Juniors Bildarchiv – WILDLIFE – © S. Muller;
    Mi. re: laif – © Sebastien Dufour/Allpix; un. re: mauritius images/Motoring Picture Library/Alamy.
Seite 138/ob. re, Mi. li: Colourbox.com; Mi. re: Hans-Peter Waschi.
Seite 140/ob. re: REUTERS/Ronen Zvulun.
Seite 148/ob. li: Shutterstock – © Eric Isselee; ob. re, un. li: Colourbox.com;
    un. re: images.de – © BIOSphoto.
Seite 149/Mi. re: IMAGO.
Seite 153/li: (1, 2, 4) picture-alliance/dpa; (3) REUTERS/Maxim Shemetov;
    ob. re: Fotolia – © Chee-Onn Leong.
Seite 154/ob. re: mauritius images/James Boardman/Alamy.
Seite 168: ob, von li nach re: (1) TOPICMedia Service – © imagebroker.net; (2) Colourbox.com;
    (3) Colourbox; (4): Hannes Klein, Wiesloch.
Seite 183/Mi. li: Fotolia – © Happy monkey; Mi. re: Glow Images/ImageBROKER RM.
Seite 191/un. re: Fotolia – © Netfalls.